浙东运河文化研究丛书

浙东运河
与海上丝绸之路

徐淑华　著

The
Zhedong Canal
and the Maritime
Silk Route

ZHEJIANG UNIVERSITY PRESS

浙江大学出版社

·杭州·

图书在版编目（CIP）数据

浙东运河与海上丝绸之路 / 徐淑华著. -- 杭州 ：
浙江大学出版社，2024.8
ISBN 978-7-308-24968-3

Ⅰ．①浙… Ⅱ．①徐… Ⅲ．①运河－历史－浙江
Ⅳ．①K928.42

中国国家版本馆 CIP 数据核字(2024)第 096439 号

浙东运河与海上丝绸之路
ZHEDONG YUNHE YU HAISHANG SICHOU ZHI LU

徐淑华　著

策划统筹	金更达　宋旭华
责任编辑	潘丕秀
责任校对	蔡　帆
封面设计	杭州浙信文化传播有限公司
出版发行	浙江大学出版社
	（杭州市天目山路 148 号　邮政编码 310007）
	（网址：http://www.zjupress.com）
排　　版	杭州浙信文化传播有限公司
印　　刷	绍兴市越生彩印有限公司
开　　本	710mm×1000mm　1/16
印　　张	24.75
字　　数	355 千
版 印 次	2024 年 8 月第 1 版　2024 年 8 月第 1 次印刷
书　　号	ISBN 978-7-308-24968-3
定　　价	98.00 元

浙江大学出版社市场运营中心电话（0571）88925591；http://zjdxcbs.tmall.com

"绍兴文化研究工程成果文库"序

文化是观察世界的窗口，每一种文化都有其独特的符号、价值和历史。文化是理解自身的钥匙，我们的身份认同、思维方式、行为模式等，都深深打上了文化的烙印。文化更是纵览时空的明灯，它映射着我们来时的足迹，照亮了我们前行的道路。

绍兴是中华文明体系中一个极具辨识度的地域样本，早在近万年前的新石器时代早中期，嵊州小黄山就有於越先民繁衍生息。华夏文明的重要奠基人尧、舜、禹等，都在绍兴留下大量的遗迹遗存和典故传说。有历史记载以来，绍兴境域和地名屡有递嬗，春秋时期为越国都城腹地，秦汉时期为会稽郡，隋唐时期称越州，南宋时取"绍奕世之宏休，兴百年之丕绪"之意改越州为绍兴，至今已沿用近千年。

绍兴地处长江三角洲南翼，神奇的北纬30°线把绍兴和世界诸多璀璨文明发源地联结在一起。绍兴有会稽山脉南北蜿蜒和浙东运河东西横贯，"从山阴道上行，山川自相映发，使人应接不暇"，"千岩竞秀，万壑争流，草木蒙笼其上，若云兴霞蔚"。基于坐陆面海的独特地理环境，越地先民以山为骨为脊，以水为脉为魂，艰苦卓绝，不断创造，形成了与自然风光交相辉映的壮丽人文景观。

越史数千年，可以说是一部跨越时空的文化史诗，它融合了地域特色、人文特质、时代特征，生动展现了绍兴人民孜孜不倦的热爱、追求与创造，早已渗透到了一代又一代绍兴人的血脉中。绍兴文化以先秦於越民族文化暨越国文化为辉煌起点，在与吴文化、楚文化等交流融合中，不断吐故纳新、丰富发展，逐渐形成了刚柔并济的独有特质，这在"鉴湖越台名士乡"彪炳史册的先贤们身上得到充分展现：从大禹的公而忘私、治水定邦，到勾践的卧薪尝胆、发愤图强；从王充的求真务实、破除谶纬，到谢安的高卧东山、决胜千里；从陆游的壮志未酬、诗成万首，到王阳明的知行合一、"真三不朽"；从徐渭的狂狷奇绝、"有明一人"，到张岱的心怀故国、"私史无贰"；从秋瑾的豪迈任侠、大义昭昭，到蔡元培的兼容并包、开明开放；从周恩来"面壁十年图破壁"的凌云志，到鲁迅"我以我血荐轩辕"的"民族魂"……一代代英雄豪杰无不深刻展现着绍兴鲜明的文化品格。

"稽山何巍巍，浙江水汤汤。"世纪之初，时任浙江省委书记习近平同志敏锐感知文化对经济社会发展的独特作用，强调进一步发挥浙江的人文优势，把"加快建设文化大省"纳入"八八战略"总体布局。他曾多次亲临绍兴调研文化工作，对文化基因挖掘、文化阵地打造、文化设施建设、文化队伍提升、人文经济发展等方面作出重要指示，勉励绍兴为繁荣和发展社会主义文化事业作出新的贡献。习近平总书记还在多种场合反复讲到王充、陆游、王阳明、秋瑾、蔡元培、鲁迅等绍兴文化名人，征引诗文、阐发思想，其言谆谆，其意殷殷。这些年来，绍兴广大干部群众始终把习近平总书记的深情厚爱牢记于心、见效于行，努力把文化这个最深沉的动力充分激发出来，把这个绍兴最鲜明的特质充分彰显出来，把这个共富最靓丽的底色充分展示出来，不断以人文底蕴赋能经济发展，以经济发展助推文化繁荣，全力打造人文经济学绍兴范例。这种人文经济共荣共生的特质，正是这座千年古城穿越时空的独特魅力，也是其阔步前行的深层动力。

2022 年 3 月，为深入贯彻习近平总书记在哲学社会科学工作座谈会上的重要讲话精神，认真落实浙江文化研究工程实施十五周年座谈会精神，绍兴在全省率先启动绍兴市"十四五"文化研究工程，对文化历史与现状展开全面、系统、有序的研究。一方面，借此挖掘和梳理绍兴历史文化资源，繁荣和丰富当代文化建设，规划和指导未来文化发展；另一方面，绍兴文化作为中华文化的重要组成部分，其当代的研究与传承是深入贯彻习近平文化思想的生动体现，对推动中华优秀传统文化保护传承具有重要意义。这是绍兴实施文化研究工程的初心和使命。

绍兴文化研究工程围绕"今、古、人、文"四个方面展开，出版系列图书，打造浙江文化研究工程的"绍兴样板"。在研究内容上，重点聚焦诗路文化、宋韵文化、运河文化、黄酒文化、戏曲文化等文化形态，挖掘绍兴历史文化底蕴；深入开展绍兴名人研究，解码名士之乡的文化基因；全面荟萃地方文献典籍，编纂出版《绍兴大典》，梳理绍兴千年文脉传承；系统展示古城精彩蝶变，解读人文经济绍兴实践。在研究力量上，通过建设特色研究平台、加强市内外院校与研究机构合作、公开邀约全国顶尖学者参与等方式，形成内外联动的整体合力，进一步提升研究层次和学术影响。

2023 年 9 月，习近平总书记再次亲临浙江考察，对浙江提出"要在建设中华民族现代文明上积极探索"的新要求，赋予绍兴"谱写新时代胆剑篇"的新使命。站在新的历史起点上，我们期待，通过深化绍兴文化研究工程，进一步擦亮历史文化名城和"东亚文化之都"的金名片，通过集结文化研究成果，进一步夯实赓续历史文脉、推进文化创造性转化和创新性发展的坚实根基。我们坚信，在习近平文化思想的指引下，坚持历史为根、文化为魂，必将能够更好扛起新的文化使命，打造更多中华民族现代文明建设的标志性成果，创造新时代绍兴文化新的高峰。

是为序。

中共绍兴市委书记　施惠芳

2024 年 8 月

"浙东运河文化研究丛书"序

　　四十余年的水利史、运河史及相关研究厚积薄发，多学科的学者合力推出了"浙东运河文化研究丛书"十卷本，将水利史、运河史研究扩展到水文化、运河文化研究领域，绍兴文化界迎来了又一个丰收季。丛书即将出版，主编嘱我作序。绍兴本就是蕴含深厚历史文化传统的城市，如今重点组织完成一套围绕浙东运河的包括历史、文化、地理、水利等多方面的研究成果，本是顺理成章的事，不需要他人多语。但是绍兴市领导为这个项目的启动和完成注入精力颇多，诸位作者付出了诸多心血和努力，所取得的成绩令人鼓舞，因此必须表示祝贺！并附带着对水文化研究的意义以及水历史与水文化的关系，谈点个人的看法，以就教于方家。

　　历史上的水文化研究蔚为大观。黄河流域的龙山文化、二里头文化，附属于长江流域的三星堆文化、河姆渡文化等，大都保有水文化的内容。当然考古学所揭示出来的物质创造和生产力水平，远落后于当今社会的计算机技术、航天工程所代表的物质进步和科技水平。但由于时代久远，这些远逝的物质成果和精神创造，都已演变成为一种文化符号。可见，文化概念是和历史密切相关的，如都江堰、大运河已被列为世界文化遗产，它们既是文化的物质载体，也是历史文化。进入春秋战国时期，老子、孔子、管子、荀子等先祖，对水的物质性和社会性也有许多深刻的阐释。《管子·水地》揭示了水的物质性，认为水是造就地球、构成生物的基本物质："水者何也？万物之本原也，诸生之宗室也"，"万物莫不以生"。在水的精神文化方面，大师们也都有生动的阐释。例如《荀子·宥坐》记载了孔子和弟子子贡之间的对话，这些对话颇为生动有趣。子贡问孔子：您为什么遇见大水都要停下来仔细观察呢？孔子答曰：你看，水滋养着万种生物，似德；水始终遵循着向低处流的道理，似义；水浩浩荡荡无穷无尽，似道；水跌落万丈悬崖而不恐惧，似勇；水无论居于何种容器，表面都是平的，似法；水满不必用"概"而自然平整，似正；水能深入细小孔隙，似察；水能使万物清洁，似善化；河水虽经过万种曲折，必流向东，似志。因此君子见到大水必然要停下来仔细观察。孔子阐述了对水文化的认知，他说水性，又从水性中提炼出人性和社会性，以及其中蕴含的哲理，展示水文化的美丽、丰富、生动和深刻。类似的认识不胜枚举，这里仅举此例。

近代以来，文科和理科相互融通的理念颇受推崇，许多著名学者纷纷倡导。祖籍绍兴的北大校长蔡元培在1918年前后曾多次在文章中提倡文理融通的理念。他曾力主"破学生专己守残之陋见"，要求学生"融通文、理两科之界限：习文科各门者，不可不兼习理科中之某种（如习史学者，兼习地质学；习哲学者，兼习生物学之类）；习理科者，不可不兼习文科之某种（如哲学史、文明史之类）"。他还指出："治自然科学者，局守一门，而不肯稍涉哲学，而不知哲学即科学之归宿，其中如自然哲学一部，尤为科学家所需要。"他坚信文理融通可以生发新思考和新认识。今时今日，融通的理念更应成为学术界的共识。近现代科学巨匠爱因斯坦也曾致力于科学与人文的相互融通。1931年，他在对加州理工学院学生的演讲中提出："如果你们想使你们一生的工作有益于人类，那么，你们只懂得应用科学本身是不够的。关心人的本身，应当始终成为一切技术上奋斗的主要目标。……在你们埋头于图表和方程时，千万不要忘记这一点！"爱因斯坦自身贯彻实践了他科学应该服务于人文的理念。由此，视文化为政治、经济、科技的原动力，亦无不可。

文化体现出一种思维方式。

无论是东方文明还是西方文明，科学在古代都与人文处于同一体系，后来才发生分化。近百年来，西方更强调分析，而东方更强调综合。历史上的水问题，本来是在多种复杂条件下发生的，如果脱离了人文的背景，将难以获得全面的解读。历史、人文与科学相互融通，才能寻得可信的答案。以水利所属的学科为例，早前它是属于土木工程类的，后来单独分出来，再后来又分属水资源、泥沙、结构、岩土、机电等学科门类。学科门类越分越细，但各学科并非原本就是这样独立存在的，而是由于我们一时从整体上认识不了那么复杂的水问题，于是将其分解成一个个学科来研究，一个学科之中再分若干研究方向。然而细分以后，分解的各个部分就逐渐远离水利的整体，甚至妨碍对整体的理解。对学科的细分促进了认识的深入，但原本的整体被拆分后，在使用单一的、精密的分析方法去解读受多因子影响的问题时，可能得出与实际相差甚远的结论。诺贝尔奖获得者、比利时物理化学家普里高津就认为，"现代科学的新趋势已经走向一个新的综合，一个新的归纳"，他呼吁"将强调实验及定量表述的西方传统，和整合研究的自在系统的中国传统结合起来"，倡导对已有的学科门类进行整合，并要求历史和人文研究的加入。文艺复兴时期，欧洲一些思想家力求在古希腊和古罗马的优秀思想中寻找智慧。如今，我们在科学研究和方法论上是否也需要"复兴"点什么？这种"复兴"或可以使人们的认识得到某种程度的升华。

自然科学需要持有怀疑态度和批判精神，而其来源之一便是比较与融通，便是科学与人文的结合。新的学科生长点往往便生发于可以激发更多想象力的交叉领域研究。苏轼在观察庐山时说："横看成岭侧成峰，远近高低各不同。不识庐山真面目，只缘身在此山中。"大自然千姿百态，有无数个角度可以解读它，科学是一个，人文是另一个，而科学与人文的交叉融合将会使认识更加全面和丰富。既然现代基础科学在继承传统文化的过程中，依然能够推陈出新，正如数学家吴文俊和药理学家屠呦呦的工作所展现的那样，那么像水问题这样以大自然为背景、受人文因素影响更多、边界条件更复杂的学科领域，更要发挥交叉研究的优势。

古往今来，水问题的历史研究相沿不断。即使在近百年来水利科学技术突飞猛进的时代，水问题的历史研究仍不失其光辉，其本质便在于具有整合融通的优势。例如，近几十年来，水利史在着重探讨水利工程技术及其溯源研究的基础上，又加强了水利与社会相互影响的研究，其着眼点是进一步考察社会、政治、经济、文化、环境对水利的影响；同时引入相关自然科学学科如地理、气象和相关社会科学学科如哲学、经济的研究方法，以及开发相关的整合研究途径与方法，在师法古今中引申出对现实水问题，特别是宏观问题有实际价值的意见和办法。

研究水问题，水利史的加入甚至是提供了一条捷径。水利史的研究在大型工程和水利思想建设中的作用是有迹可循的。中国水利水电科学研究院水利史研究所就曾提出有说服力的成果。1989 年，《长江三峡地区大型岩崩与滑坡的历史与现状初步考察》被纳入《长江三峡地质地震专家论证文集》；1991 年提出的"灾害的双重属性"概念，被 2002 年修订的《中华人民共和国水法》所吸收；1991 年在"纪念鉴湖建成 1850 周年暨绍兴平原古代水利研讨会"上提出的"人与自然和谐发展"，被时任水利部部长认为是"破解中国水问题的核心理念"；1994 年完成的"三峡库区移民环境容量研究"项目，提出"分批外迁到环境容量相对宽裕的地区，实施开发性移民"的新方针，由长江水利委员会上报国务院三峡工程建设委员会办公室，两年后直接引起原定的长江三峡水库移民"就地后靠"方针的根本改变。2000 年以来，多项中国灌溉工程遗产的历史研究被国际组织认可，多项工程被纳入世界灌溉工程遗产名录。围绕京杭运河、隋唐运河、浙东运河全线及其重要节点的一系列成果，对中国大运河申遗起到了基础性支撑作用。这些成果是水利史基础研究长期积累的显现，其中一些成果既是水历史研究，又是水文化研究。

现代人有时轻视古人，认为他们的认知"简单"。但哪怕是"简单"的水问题，也包含了最基本的水流与建筑物间错综复杂的相互作用，以及对人与自然关系最基本的理解。这种"简单"其实是在排除了一些非基本的复杂因素的干扰后，问题本质得以更清晰地呈现，体现了大道至简、古今相通的智慧。爱因斯坦曾在 1944 年尖锐地指出："物理学的当前困难，迫使物理学家比其前辈更深入地去掌握哲学问题。"这句话不仅限于物理学范畴，实乃振聋发聩的警世恒言，提醒我们所有学科领域都应重视对历史与文化的探究。在此再一次重申："现代科学技术的发展对古老历史科学提出了新的要求，同时它又为历史研究的深入提供了新的方法和手段。科学的发展非但不应排斥历史与文化，相反地，把历史的经验和信息科学化，正是科学所要完成的重要课题。"

文化还是一种精神。

大禹治水的"禹疏九河""三过家门而不入"的佳话，铸就了中华民族艰苦奋斗的民族精神，其中蕴含的改造与顺应自然、人与自然和谐共生的思想尤为宝贵。世上许多民族有大洪水再造世界的故事流传，但只有大禹治水是讲先民在领袖带领下通过众志成城的奋斗战胜了洪水，奠定了中华大地的繁荣发展，并使得禹文化从此成为民族文化宝库中的一颗璀璨明珠。

又如都江堰飞沙堰与分水鱼嘴和宝瓶口配合，实现了自动调节内外江的分流比，既使枯水期多送水入宝瓶口，又利用凤栖窝前的弯道，强化了弯道环流，使洪水期多排沙到外江，把水力学与河流泥沙动力学原理发挥得近乎完美，可谓"乘势利导，因时制宜"哲学思想在工程实践中的生动应用，深刻诠释了人与自然和谐共生的理念。有赖科学与人文的结合，都江堰实现了运行两千多年的举世公认的卓越成就。

在水文化中，人与自然的和谐是永恒的主题。北宋时期，黄河堤防频繁决溢，治河思想因此空前活跃。苏轼在《禹之所以通水之法》一文中提出："治河之要，宜推其理，而酌之以人情。"这里的"理"，是治河的科学原理，"人情"则是社会。他认为："古者，河之侧无居民，弃其地以为水委。今也，堤之而庐民其上，所谓爱尺寸而忘千里也。"他继承了大禹的治水理念，结合宋代人居情况，建议设置滞洪区以减轻洪灾损失，极有见地。

重视水历史和水文化研究不是一时兴起，它就是中华文化的重要组成部分。在水利科学技术迅猛发展的今天，传统水利工程技术已经陈旧，但随着时代的发展，人们越来越清楚地看到，水利的成败得失不仅取决于对水的运动规律的认知和水利设施安全的保障，也直接受到诸多社会因素的影响。离开广阔而深刻的人文、历史背景来孤立地就水利谈水利是片面的。甚至可以认为，对许多水问题的解答，只靠自然科学是无能为力的，急需人文学科的参与。我们在五千年文明史中积累的许多经验和教训，都来自传统文化。因此，面对水问题，我们需要跨学科的综合视角，将自然科学与人文科学紧密结合。如果我们只寄希望于人为设计的各种各样的模型，其局限性显而易见，我们必须同时向大自然学习，因为大自然才是真正的大师。

以上对水历史和水文化的认识，是我有感于本丛书的布陈表达了类似的理解而就此说点补充的话。

至于夏商周三代之后的我国早期运河工程，《史记·河渠书》就曾历数。司马迁说："此渠皆可行舟，有余则用溉浸，百姓飨其利。"此中所言也包括吴越一带的运河在内。《越绝书》具体记载的有吴国境内太湖西边的胥溪，东边围绕太湖并入长江的常州、无锡、苏州间的水路，再向南横绝钱塘江而直入山阴（即今之绍兴）。山阴再向东则有"山阴故水道"直通曹娥江，这就是本丛书重点讨论的浙东运河的前身。越国有了古代浙东运河之利，就有了向北与吴国争锋以及与诸侯争霸的资本，于是演绎了"卧薪尝胆"和"十年生聚，十年教训"的历史剧目。交通的便利更促进了本地区文化的发展。

学习文化，理解其中丰富的内涵，对研究运河的历史发展大有裨益；同时，深入钻研运河工程和运河历史，也会对其文化内涵有更深度的解读，二者相得益彰，非只注重一方可比。"浙东运河文化研究丛书"十卷本的布陈涵盖了运河史、文化遗存、运河生态廊道、通江达海交通衔接与文化传播、名人行迹、历代文学与诗歌、名城与名镇、民俗与民风、传统产业继承与发扬等诸方面。丛书在以往研究基础上吸纳了最新的研究成果，通过近年来对史料的进一步挖掘和多视角的解读，以及对文化遗存的新发现，还原了浙东运河历史文化的诸多细节，将浙东运河与中国大运河的相关性、独特性及其在中国历史中的地位更为生动地呈现了出来，诠释了主流学界对文化的定义，即文化是"人类知识、信仰和行为的整体。在这一定义上，文化包括语言、思想、信仰、风俗习惯、禁忌、法规、制度、工具、技术、艺术品、礼仪、仪式及其他有关成分"（《不列颠百科全书》国际中文版）。由此也可见本丛书的内容丰富和意义深远。

从书作者们通过努力完成了一项创新性的工作，促进了水利史尤其是运河史和运河文化研究的进一步成长。由此继之，也期待浙东运河与文化交叉研究的再深入，产出更多的优秀成果，让古老的浙东运河展现出时代的风采。

谨致祝贺。

周群一

2024 年 1 月 26 日于白浮泉畔

内容提要

　　本书梳理了浙东运河与海上丝绸之路的发展历史，明晰了二者的发展脉络和变迁轨迹，在考察各自发展历程的基础上，研究不同历史时期浙东运河与海上丝绸之路间的互通关联，动态地探寻浙东运河与海上丝绸之路上港口的变迁、交通航线的发展、由浙东运河与海上丝绸之路连通的区域和国际商贸网络以及浙东运河与海上丝绸之路和浙江地方社会之间的互动影响，在此基础上，进而探究浙东运河与海上丝绸之路的互通关联在历史上应有的地位及影响。

目 录 | C O N T E N T S

第二章 隋唐五代时期浙东运河的修治与海上丝绸之路的发展

目　录 | C O N T E N T S

第三章 宋元时期浙东运河的疏浚与海上丝绸之路的兴盛

目 录 I C O N T E N T S

第五章 清代前期浙东运河的发展与海上丝绸之路的短暂勃兴

目 录 | C O N T E N T S

第六章 清代后期浙东运河的整治与海上丝绸之路的衰落

概　述

　　浙东运河的形成，最早可追溯至春秋末期越国疏凿的山阴故水道，迄今已有 2500 余年的历史，是中国最古老的运河之一。这条初为人工运河的河道经过历代的疏凿，连通了浙东地区诸多的天然水系，起讫的地点也因复杂的自然环境演化及人工修建等因素不断地发生变化，部分河段出现河道改道或增道的情况，因而河道的长度及流经路线亦呈现出不同的形态。浙东运河西起杭州萧山西兴，东至宁波，连接了钱塘江、钱清江、曹娥江、余姚江、甬江等五大水系，又通过浙东海上丝绸之路连通了世界。位于浙东运河西端起点的杭州萧山西兴，过钱塘江经杭州与历史上的大运河连通，从而将浙东运河延伸至中原内陆地区；而位于浙东运河东端的宁波恰好处于浙东运河连接海外国家的关键节点上，其历史上的兴衰变迁亦是浙东运河与海上丝绸之路这条贸易通道的"晴雨表"。

　　浙东海上丝绸之路肇始于秦汉之际。位于会稽海疆的句章，早在春秋末期即为越国的出海港口。当时的句章港虽以军港的定位存在，但这并不影响其在对外贸易中的地位。至迟在汉初，曹娥江已与经过渠化的余姚江、甬江通航。东汉鉴湖的修建在改善运河通航条件的同时，也为浙东地区农业的发展提供了良好的生态环境，以农业为根基，越窑青瓷制造业发展起来。浙东宁绍等地出土文物中的东汉时期越窑青瓷堆塑罐上的胡人形象，表明汉代已有中外间的物资及文化交流的展开。西晋贺循开西兴运河，西起西陵，东至会稽郡城。东晋末年孙恩率起义军从浙东沿海入大浃口（今浙江宁波甬江镇海口）溯甬江而上占领了句章，并经余姚、上虞攻下会稽，这说明会稽与句章间的运河水道已然通畅。南朝时期，西自西兴、东至句章的浙东运河已初具形态。浙东海上丝绸之路也获得了初步的发展，活跃于海上丝绸之路的多为官方的使团人员，私人海上贸易并未形成规模，经浙东运河与海上丝绸之路输出的物品结构较为单一，以越窑青瓷和铜镜为主，说明这时期浙东海上丝绸之路贸易本身处于初始发展阶段，句章港腹地仅限于三江口一带及曹娥江、余姚江及奉化江流域。

隋唐时期浙东运河沿线海塘的修筑、鉴湖的维护以及运河水网的疏治等水利工程建设，推动着以浙东运河为主干道的区域交通网络的完善。隋代开凿的大运河经江南运河、钱塘江与浙东运河连通，浙东海上丝绸之路的贸易通道延伸至隋朝政治中心。越窑青瓷也凭借这一有利的水上交通运贩至国内各地，并经浙东海上丝绸之路实现了大量的外销。浙东海上丝绸之路港口因此获得了空前的发展良机，鄞县从越州独立出来升格为明州。唐代中期以后，明州港成为日本遣唐使以及新罗海商来华贸易的重要登陆口岸。五代吴越国时期，明州区域经济因浙东海上丝绸之路贸易获得了空前的发展，成为东南沿海著名的商港城市。唐长庆元年（821 年），明州州治从小溪迁至三江口，由此拉开了浙东海上丝绸之路繁荣的序幕。

两宋时期，浙东运河与海上丝绸之路均进入了鼎盛时期。曾经在山会平原发挥着巨大作用的鉴湖堙废，以鉴湖为核心的水利体系瓦解，取而代之的是运河水系的形成。南宋年间浙东运河作为国家的水上交通命脉，运河各段经历了大力的修缮，地方的河湖网也进行了大规模的整治，运河航道环境获得整体的优化。宋王朝开放的贸易政策，有力地推动着浙东海上丝绸之路的日趋繁盛。北宋元丰三年（1080 年），明州港被确定为宋与日本和宋与高丽贸易的指定港口。至南宋时，邻近杭州又经浙东运河连通杭州的明州港，无疑成为南宋王朝最为倚重的贸易海港。南宋绍熙五年（1194 年），明州升格为府，更名庆元，成为两浙路最大的贸易港口，也是东亚海域的国际贸易大港。且从宋代开始，明州港与南海诸国有了直接的贸易往来。元至元十四年（1277年），元政府设立庆元市舶司，庆元在浙东海上丝绸之路上的元与日本和元与高丽之间的交通贸易中据有主体地位。宋元时期浙东运河与海上丝绸之路贸易线上的杭州港兴起。虽然杭州在北宋初年便设置了市舶司，但港口的自然条件远逊色于宁波，即便如此，杭州依然凭借其作为连通浙东运河与海上丝绸之路和江南运河之间的交通枢纽地位，吸引了众多的浙东海上丝绸之路商船前来贸易。

明代前期浙东运河迎来了三江闸水利控制工程的建设，从此浙东运河航运的水位和水量通过沿海大闸的调控始终保持在一个适宜的位置，加之对运河淤塞段的疏浚及塘路的整治，运河水路通航顺畅。浙东海上丝绸之路在明政府实行的朝贡贸易和"海禁"并行的政策下，处于异常艰难的发展环境中。在明政府主导的朝贡贸易体系中，浙东运河与海上丝绸之路成为中日之间勘合贸易的交通要道。明嘉靖三年（1524年）宁波争贡之役后中日朝贡贸易陷于停顿，葡萄牙海商则北上来到浙东沿海，私人海上贸易日益活跃，浙东运河与海上丝绸之路成为中外海商与内陆交通贸易的关键通道。明中叶以来，中外海商齐集于双屿港，通过浙东运河连通贸易物资的主产地：宁波、绍兴、杭州与长江三角洲市镇，在中国与日本、东南亚之间开展三角贸易，双屿港逐渐被打造为远东国际贸易大港，浙东海上丝绸之路出现了短暂的勃兴。然而，嘉靖二十七年（1548年）明政府一举摧毁了双屿港，中外贸易通道再次受阻，终引发了嘉靖年间愈演愈烈的倭患问题。平定倭乱后，明政府迫于多方压力不得不在漳州月港开海贸易，浙东海上丝绸之路贸易趋于萧条。

清代浙东运河依然是浙东地区内河水运及对外与大运河连通的关键水上通道。浙东海上丝绸之路贸易在复杂多变的贸易环境中渐走向衰落。清初"迁海"时期，只有朝贡贸易为合法的贸易形式，对于民间私人海上贸易实行"海禁"政策。即便如此，浙东运河与海上丝绸之路上依然活跃着诸多海商的身影。为减少违禁贸易的风险，普陀山因其独特的地理方位成为清"海禁"时期浙东海上丝绸之路贸易的主要港口。康熙二十三年（1684年），清政府宣布开海贸易，在其颁布的有利的对外贸易政策下，浙东运河与海上丝绸之路再度兴盛，浙东海上丝绸之路诸港口在对外贸易中呈现出迅猛的发展势头。1715年日本对赴日中国商船实行信牌贸易制度，在信牌的发放中，倾向于邻近生丝产地的宁波及普陀山等港。康熙五十六年（1717年），清政府颁布"南洋禁航令"，原本从事南洋贸易的商船只能前往日本。因此，在诸多有利因素的作用下，浙东海上丝绸之路贸易空前活跃。18世纪前期，宁波港成为国内对日交通贸易第一大港。然而，随着清政府对于赴日采办洋铜政策的变更，宁波因距离洋铜集中的苏州较远，其在浙东海上丝绸之路对日贸易中的地位逐渐被乍浦取代。鸦片战争后宁波港成为最早开放的五口通商口岸之一，但在上海港迅速崛起的影响下，浙东海上丝绸之路上宁波港的帆船贸易量大为萎缩，宁波港逐渐转型为国内沿海贸易港和转运港。在新式航运兴起后，宁波港也完成了由旧式的帆船贸易港向近代轮船港的转变。

浙东运河与海上丝绸之路在历史上的发展虽然时有起落，但从未中断，且保持着其独有的持续性。这条由浙东运河与海上丝绸之路构成的通江达海的贸易通道，成为外国来华使节和贸易商团在浙东沿海港口登陆后前往内陆的主要交通和贸易通道，也是中国使团和商旅前往东亚海域各国的主要航路。活跃在浙东运河沿线区域的中外使节、商旅、僧侣等人士，依托日益完善的交通路线、商贸网络、积淀深厚的中华文化以及独具特色的地域文化，在利用畅达的水陆交通往返于中外之间、促进运河沿线区域经济和商业贸易兴盛的同时，还促成了中外之间的文明交流与互鉴。

历史上浙东运河与海上丝绸之路均有各自的发展轨迹，彼此之间又互通关联，呈现出鲜明的特征。对浙东运河与海上丝绸之路的研究，无论是对于建设"21世纪海上丝绸之路"，优化新时代的河海联运、通江达海的水上交通运输系统，助力打造国内国际双循环战略性开放大通道，还是对于浙东地区深度融入"一带一路"，建设内畅外联的现代交通网络，都具有重要的历史参照价值。

第一章
春秋至南北朝时期浙东运河的疏凿与海上丝绸之路的开启

　　春秋时期，浙东越地开凿出一条人工水道，即山阴故水道，这条人工水道初始以调节水文、助力农业垦殖、保障百姓生产生活用水等为主要目的，日后则成为浙东运河的前身。东汉时期会稽太守马臻在会稽、山阴两县修筑鉴湖，山阴故水道由此被纳入鉴湖水系中，成为浙东运河的主要干道。东晋年间会稽内史贺循依傍鉴湖围堤疏凿了作为漕渠的西兴运河，贯通了由西兴至鉴湖的航道，此后又历经南北朝时期对天然水道的渠化，形成连通钱塘江、钱清江、曹娥江、姚江和甬江五大水系的浙东运河的雏形。越国远距离的近海航运早在春秋时期就已开展，但迄今未能有足够的史料和考古证明有以交易为主的海上贸易往来。秦汉时期，根据现有的考古发现，浙东地区的海外贸易已出现，两晋南北朝时期越窑青瓷输往朝鲜半岛，以商品贸易往来为主要内容的海上丝绸之路正式开启。

第一节　春秋时期越国人工水道的疏凿

一、越国的自然地理环境

早在夏商时期，越族的先祖于越部族就已在会稽地区活动。在漫长的历史演变中，越地的自然地理环境发生了巨大的变化。大约在距今一万年以后，由于海侵，宁绍平原生存环境不断恶化，大部分越族居民不得不迁移至南部原始的丘陵山地。[①] 海侵高峰过后便开始海退，平原面积不断扩大，但此时的平原多为充斥着盐卤的沼泽之地。"在距今 3000 年前后，就有越族居民从会稽山内部北移，垦殖咸潮所不及的山麓冲积扇。也有北移到平原中的一些较大孤丘上，垦殖孤丘附近的坡地。"[②] 然而，滨海平原的沼泽土地上始终充斥着盐卤，随时都会遭受突如其来的海潮和洪水的侵袭，生产生活用水都难以获得保障。正如管仲所述："越之水浊重而洎，故其民愚疾而垢。"[③] 因此，直到春秋时期，越族的活动中心依然坚守在平原南部的山区，过着"随陵陆而耕种，或逐禽鹿而给食"[④] 的原始迁徙生活。这种生存状态一直到公元前 5 世纪越族首领勾践的继位才有了根本的改观。

为带领越族崛起，公元前 496 年，勾践将其居住地由秦余望南"徙治山北"，[⑤] 果断地从会稽山地走出，以紧邻平原农业基地的山麓冲积扇平阳为国都，这表明勾践开始带领越族由山地迈向平原，挑战满是沼泽的山会

---

① 陈桥驿：《越族的发展与流散》，《东南文化》1989 年第 6 期。

② 陈桥驿：《绍兴水利史概论》，盛鸿郎主编：《鉴湖与绍兴水利》，中国书店 1991 年版，第 4 页。

③ （春秋）管仲著，李山译注：《管子》，《水地》，中华书局 2012 年版，第 211 页。

④ （汉）赵晔：《吴越春秋》卷 4《勾践伐吴外传第十》，中华书局 1985 年版，第 135 页。

⑤ （汉）袁康、吴平著，张仲清译注：《越绝书》卷 8《越绝外传记地传第十》，中华书局 2020 年版，第 150 页。

平原。当越族从会稽山地进入宁绍平原时，越王勾践对于遍布的湖沼，曾发出"水属苍天，下不知所止"的感慨。① 公元前490年，吴越之战中战败的勾践，在吴国做了三年俘虏后被夫差释放回国，为洗雪前耻，称霸中原，需要建立一个稳固的对抗吴国的基地，他接纳了范蠡在国都选址上的建议——"今大王欲国树都，并敌国之境，不处平易之都，据四达之地，将焉立霸王之业"，② 建立了勾践小城，即"山阴城也。周二里二百二十三步，陆门四，水门一"。③ 接着又利用沼泽平原上的九座丘阜建立了与小城毗连的山阴大城，大城"城周二十里七十二步"，设有"陆门三，水门三"，④ 范围比小城大十倍。勾践将都城从平阳迁至山阴，为越族全面垦殖开拓广大的沼泽平原提供了一个稳固的政治、经济和军事中心。凭借着坚定的勇气和毅力，勾践带领越族居民开始了"越十年生聚，而十年教训"⑤的艰辛建设国家的历程。

二、山阴故水道——浙东运河的前身

勾践将都城从会稽山地迁至充斥着咸卤的沼泽平原，很大程度上旨在利用平原地区丰富的水土资源发展生产，增强国力。会稽山脉的诸多溪流成为越国发展农业生产的主要水资源。这些溪流多为稽北丘陵自南往北延伸出的众多丘陵分支散发出来的河流涧溪，南宋王十朋称之为鉴

---

① （汉）袁康、吴平著，张仲清译注：《越绝书》卷4《越绝计倪内经第五》，中华书局2020年版，第78页。

② （汉）赵晔：《吴越春秋》卷5《勾践归国外传第八》，中华书局1985年版，第165页。

③ （汉）袁康、吴平著，张仲清译注：《越绝书》卷8《越绝外传记地传第十》，中华书局2020年版，第154页。

④ （汉）袁康、吴平著，张仲清译注：《越绝书》卷8《越绝外传记地传第十》，中华书局2020年版，第154页。

⑤ （春秋）左丘明：《左传》卷12《哀公》，岳麓书社1988年版，第389页。

湖"三十六源之水"，①主要有苦竹溪、型塘溪、丰里溪、兰亭溪、蛟口溪、南池溪、若耶溪、攒宫溪、富盛溪、石泄溪等43条。②这"三十六源之水"从会稽山地诸冲积扇往北流经西小江和东小江下游承受后注入后海（今杭州湾）。后海在未修建海塘和江塘之前，上溯的海水由西小江和东小江这两条潮汐河流倒灌入各溪流，不仅加剧上述两江的洪患，而且造成山会平原北部频繁的内涝，即使在地势较高的平原南部也难以避免。从稽北丘陵下来的溪水在丘陵北麓与海水交汇后，由于常年的冲刷而形成众多洼地，这些洼地积水后逐渐形成为湖泊。洪水和海水不定期地交汇与涌入，又使得丘陵北麓的湖泊被灌溢后逐渐形成湖泽地貌。旱季时节各个湖泊之间并不连通，仅凭河湖港汊联系，洪涝时期潮水倒灌，洪水泛滥，此番景象便是越国民众所处的现实生存环境。因此，越国要崛起就必须大力开发山会平原，通过兴建水利工程、围堤筑塘来拒咸蓄淡，以改造平原的自然环境。勾践在"徙治山北"后便开始了水利工程建设，山阴故水道就是在这样的背景下兴建的。

据《越绝书》记载："山阴故陆道，出东郭，随直渎阳春亭。山阴故水道，出东郭，从郡阳春亭。去县五十里。"③这段史料表明，山阴故陆道和山阴故水道都位于山阴以东，这是两条平行的水陆通道。越国在兴建故水道的同时，将挖出的土方在紧邻故水道的北岸修建了与之平行且配套的山阴故陆道，既可以作为堤塘来拦截后海咸潮对平原的漫溢，也可充当陆上通道。《越绝书》中又记载："练塘者，勾践时采锡山为炭，称炭聚，载从炭渎至练塘，各因事名之。去县五十里。"④山阴故水道"去县五十里"

① （宋）王十朋：《梅溪后集》卷27《杂文·鉴湖说上》，《景印文渊阁四库全书》，集部九〇，别集类，第1151册，台湾商务印书馆1986年版，第600页下栏。

② 盛鸿郎、邱志荣：《古鉴湖新证》，盛鸿郎主编：《鉴湖与绍兴水利》，中国书店1991年版，第30—31页。

③ （汉）袁康、吴平著，张仲清译注：《越绝书》卷8《越绝外传记地传第十》，中华书局2020年版，第175页。

④ （汉）袁康、吴平著，张仲清译注：《越绝书》卷8《越绝外传记地传第十》，中华书局2020年版，第166页.

与练塘"去县五十里"的描述一致，二者具有相同的里程。练塘（今浙江绍兴上虞区东关镇西）因位于平原地势较高处，较少受到潮汐的影响，因而也是越国重要的农业耕作区域，"富阳里者，外越赐义也。处里门，美以练塘田"。① 在山阴故水道东端的练塘，距今萧绍运河北约 200 米处。由此可知，山阴故水道西起山阴城东郭，往东经阳春亭、犬山、直达练塘，沟通曹娥江。② 其流经路线与今浙东运河基本一致。这条东西向水道完全有别于山会平原南北向的天然河流，沟通了山会平原南北诸向几十条河渎的水上交通要道，是越国居民在改造自然环境的过程中由人工疏凿而成的运河，蓄积充足的淡水资源充分满足了农田水利灌溉和人畜用水所需。

山阴故水道疏凿的水路，连通了大越城和曹娥江之间的水路，成为浙东运河的前身，越国因此构建了发达的内河交通运输体系。它通过山会平原上诸多南北向天然河流向南深入会稽山地，连通了越国的冶炼、养殖、纺织、盐业等基地与大越城之间的水上交通，解决了原料及成品的运输问题以及各基地之间的往来互通。大越城也凭借自身在交通运输中的优越地位，成为越国物资外运和商品交流的转运中心，进而提升了在全国交通运输中的地位，经济实力也不断增强，从而大大加快了越国复兴的进程。与此同时，借助山阴故水道的水上交通，以大越城为中心的连通外部的交通航运也更为便捷。山阴故水道往北连通钱塘江和吴国的交通往来，通过吴越间交通要道向西到达浦阳江流域，为越国的对外争霸开辟了有利的战略交通。往东过曹娥江后循天然河道姚江（又名余姚江）至鄞，然后由鄞跨海可达甬句东（今浙江舟山群岛），有利于越国对其沿海边陲地区进行有效统治，并方便了大越城与外越之间的联系。

---

① （汉）袁康、吴平著，张仲清译注：《越绝书》卷 8《越绝外传记地传第十》，中华书局 2020 年版，第 163 页。

② 陈鹏儿：《鉴湖史》，中华书局 2011 年版，第 72—73 页。

三、越国的对外交通

（一）越国的对外陆上交通

越国在疏凿山阴故水道的同时，修建了与其平行的山阴故陆道。《越绝书》的"记地传"记载了越国内部的基本交通概况，从大越城出发标注里程的地名就有30余处：美人宫、乐野、东郭门外南小城、浦阳、夫山、独山大冢、麻林山、若耶大冢、葛山、姑中山、富中大塘、犬山、白鹿山、鸡山、豕山、练塘、木客大冢、官渎、苦竹城、鼓钟宫、舟室、射浦、巫里、巫山、六山、石塘、防坞、杭坞、涂山、朱余、独妇山。由此形成了以大越城为中心，东至东小江流域，南至会稽山地，西达西小江流域，北至后海沿线范围的便捷的区域陆上交通。这些初始的陆上通道便利了越国各地的交通往来，将越国的诸生产基地有机地连通起来，同时也促进了生产和生活基地之间的物资流通。如巫里，"勾践所徙巫为一里，去县二十五里。其亭祠今为和公群社稷墟"。[①] 这里原先是礼神祭祖的地方，在形成节日后成为以节日为名进行城乡物资交流的重要地方。

越国的对外陆上通道，据考证，主要有以下三条：一是由越至姑苏（今江苏苏州）的西北干道，即由大越至固陵（今浙江杭州西兴），渡钱塘江经马嗥（今浙江海盐县境内）、御儿（今浙江桐乡崇福一带）、檇李（今浙江桐乡濮院附近）、射襄（今浙江嘉兴王江泾），然后到姑苏。二是由越至甬东的东干道，即走山阴故陆道，经上虞、余姚、车厩、鄞县至甬句东，联结今宁波和舟山群岛地区。三是由越至写干的西南干道，即由越都经诸暨、乌伤（今浙江义乌）、长山（今浙江金华）、太蕺（今浙江龙游）、姑蔑（今浙江衢州）、定阳（今浙江常山）至写干（今江西余干），与楚国相联结。[②]

---

① （汉）袁康、吴平著，张仲清译注：《越绝书》卷8《越绝外传记地传第十》，中华书局2020年版，第170页。

② 方杰主编：《越国文化》，上海社会科学院出版社1998年版，第199页。

（二）越国的对外水上交通

越国的对外水上交通主要由东西向的航线和南北向的航路组成。东西向的内河航路从后海港口出发，逆钱塘江而上，经富春江、衢江到达姑蔑。这是一条主要用于后方补给的通道。或利用胜吴之后吴国战俘兴筑的吴塘（今浙江绍兴柯桥区湖塘街道古城村），沟通了由山阴小城出水偏门经三山，出湖塘，向西边接固陵，① 过钱塘江后通往太湖流域。南北向的内河航路从后海海塘出发，渡过钱塘江后，由百尺渎北上至吴国国都姑苏，然后循吴古水道，"入大江（今长江镇江段），奏广陵（今江苏扬州）"，② 再从邗沟由江入淮，直至中原王室之地。连通吴越两地的百尺渎建于春秋时期，成为沟通钱塘江和太湖流域最早的联系通道。《越绝书》中也有相应的记载："百尺渎，奏江，吴以达粮。"③ 即从今江苏苏州向南，通过吴江、平望，到浙江嘉兴、崇德，直达钱塘江边。④ 这一航线是吴越争霸南下或北上的水上要道。抑或在渡过钱塘江后入东苕溪古河道，经今德清县至湖州市进入太湖。此外，越国与周边的楚国、魏国、齐国等也都有各自的水路相通。

越国的航海水平在各国中也是屈指可数的。早在公元前 11 世纪，于越就向周成王献过贡物，史载："周成王时，于越献舟。"⑤ 他们先通过海道，再经由济水或黄河运送至周朝的都城丰镐或洛邑。春秋战国时期，我国有五大港口：琅琊（今山东胶南县）、会稽（今浙江绍兴）、句章（今浙江宁波），碣石（今河北秦皇岛）、转附（今山东烟台）。这五大港口

---

① 方杰主编：《越国文化》，上海社会科学院出版社 1998 年版，第 199 页。
② （汉）袁康、吴平著，张仲清译注：《越绝书》卷 2《越绝外记传吴地传第三》，中华书局 2020 年版，第 27 页。
③ （汉）袁康、吴平著，张仲清译注：《越绝书》卷 2《越绝外记传吴地传第三》，中华书局 2020 年版，第 29 页。
④ 李永鑫主编：《绍兴通史》，第 2 卷，浙江人民出版社 2012 年版，第 252 页。
⑤ （唐）欧阳询著，汪绍楹校：《艺文类聚》卷 71《舟车部·舟》，上海古籍出版社 1965 年版，第 1230 页。

连通了全国的海上交通。公元前 473 年，勾践灭吴后迁都琅琊（今山东胶南），越国从此据有全国五大港口中的三个——琅琊、会稽、句章，基本控制了海上交通要道。

以大越城为中心，往北的海上航路可至越国的新都城琅琊。据载，与勾践一起前往琅琊随行的"死士八千人，戈船三百艘"，[①] 如此庞大的随行人员和远距离的航程，说明越国已具备相当高超的远航能力。北上琅琊的路线从后海诸港口起航，出杭州湾，经东海、黄海，到达琅琊。这条海上路线也可转内河进入淮水、泗水，通大河（今黄河），直达中原王室之地，即"沿于江海，达于淮泗"。[②] 此航线是越国新都琅琊和故地的海上通道，也是越国称霸前可以绕道吴国直接北上中原的海上航路。

自会稽由西向东的海上航路，也是从后海的港口起航，沿海岸往东直抵甬句东，再往东南方向可至温州、福建、夷洲（今台湾群岛）、日本诸岛及南海诸国。这是内越与外越各族互通往来的海上必经的通道。史载：吴王夫差二十三年（公元前 473 年）"十一月丁卯，越败吴。越王句践欲迁吴王夫差于甬句东"，"《国语》曰甬句东，越地，会稽句章县东海中州也。案：今鄞县是也"。[③] 甬句东为今舟山群岛，属于越国管辖之地。勾践计划将其政治对手夫差软禁于此，说明此地为勾践的稳固后方，由大越城至舟山的海上航路也已十分成熟。

越国还善于利用越人高超的航海技能，通过与南海的贸易活动获取稀有的珍品以与魏国修好。魏襄王七年（公元前 312 年）四月，"越王使公师隅来，献舟三百，箭五百万及犀角、象齿"。[④] 史载："其时三晋，魏最

---

① （汉）袁康、吴平著，张仲清译注：《越绝书》卷 8《越绝外传记地传第十》，中华书局 2020 年版，第 150 页。
② （宋）毛晃：《禹贡指南》卷 1，"汴河"，《景印文渊阁四库全书》，经部五十，书类，第 56 册，台湾商务印书馆 1986 年版，第 12 页上栏。
③ （汉）司马迁：《史记》卷 31《吴太伯世家第一》，中华书局 1959 年版，第 1475 页。
④ 《竹书纪年》卷下，平津馆刊本，嘉庆十一年（1806 年），第 36 页 b。

强，越王与魏通好，使隅复往南海。求犀象珠玑以修献。隅久在峤外，得诸琛异。"① 越人主要通过位于珠江口的番禺开展航海贸易，"番禺亦其一都会也，珠玑、犀、玳瑁、果、布之凑"。② 秦即便在统一六国后，仍需借助越人与南海地区的贸易优势获得奇珍异宝，"乃使尉屠睢发卒五十万"，以"利越之犀角象齿翡翠珠玑"。③

（三）越国的主要港口

春秋后期，吴、越两国为争夺地区霸权，战事不断，而两国军事实力均体现在水军方面。吴国大夫伍员认为吴国虽能战胜中原国家，但"不能居其地，不能乘其车"，而对于和其自然环境相似、语言风俗相近的越国，"吾攻而胜之，吾能居其地，吾能乘其舟"。④ 因此，为防范吴国的进攻，越国在加强水军训练的基础上，在沿海地区大力兴筑军港码头。

其中固陵港为越国第一大沿海港口。据载："浙江南路西城者，范蠡敦兵城也。其陵固可守，故谓之固陵。所以然者，以其大船军所置也。"⑤ 固陵，紧邻钱塘江南岸，与钱唐的吴山、凤凰诸山隔江相望，有自然内河水道通会稽。通过固陵港，山阴故水道的主航线连通了钱塘江各港口和海上航线。固陵港既可作为越国出钱塘江入太湖水系与吴国争霸的基地，也是越国防守的绝佳之地，可凭钱塘江天堑守住越国城门，保存自身实力。固陵港在修建完成后，越国便以此军港为基地兴兵伐吴，水军均从固陵港出发，出钱塘江航海北上，或是经钱唐沿古苕溪水，从嘉兴直至太湖流

---

① （清）屈大均：《广东新语》卷17《宫语·楚庭》，《历代史料笔记丛刊》，中华书局1985年版，第460页。

② （汉）司马迁：《史记》卷129《货殖列传第六十九》，中华书局1959年版，第3268页。

③ （汉）刘安等著：《淮南子》卷18《人间训》，岳麓书社2015年版，第197页。

④ （春秋）左丘明撰：《国语》卷20《越语上·勾践雪耻》，李维琦点校：《国语 战国策》，岳麓书社2006年，第154页。

⑤ （汉）袁康、吴平著，张仲清译注：《越绝书》卷8《越绝外传记地传第十》，中华书局2020年版，第173页。

域。越国北上争霸，也可从固陵港出发直至琅琊港。公元前482年，越国"发习流二千人，俊士四万，君子六千，诸御千人"，[1] 合计4.9万余人从固陵港出发航海入长江直至苏州，战胜和吞并了吴国。从固陵港所能容纳的这组数字来看，其军事活动蔚为壮观，港口已具相当规模。除了固陵港外，钱塘江南岸还出现了渔浦港（今杭州萧山浦阳江口），在钱塘江北岸则出现了柳浦港（今杭州凤凰山、将台山之西南麓）、定山浦港（今杭州转塘狮子山东麓），这些港口都是以开展军事活动为中心的军港。

随着越地生态环境的变迁，浙东地区原由河姆渡地区通往出海口的航路已无法适应航海需要，具有地利优势的句章港适时出现。公元前473年，越王勾践并吴后为表彰霸功，在其南疆勾余之地筑句章城，史称"勾践之地，南至句无，其后并吴，因大城句，章伯功以示子孙，故曰句章"，[2] 是为句章古港之始。句章的具体地理方位，据宝庆《四明志》记载："古句章县在今县南十五里，面江为邑，城基尚存，故老相传曰城山，旁有城山渡。"[3] 城山在余姚江江边，东距三江口22公里，西去河姆渡不足3公里，溯姚江可直达余姚县城；顺流入甬江经镇海大浃口入海。[4] 句章港作为越国的通海门户，战略位置十分重要，虽有简单的经济贸易活动，但主要是以军港的定位存在，其港口开展的航海活动多与海上军事活动有关，在某种程度上限制了港口贸易功能的发挥。即便如此，句章港在春秋末期开始的远距离航海活动，为日后明州港的崛起奠定了历史的基础。

---

① （汉）赵晔：《吴越春秋》卷6《勾践伐吴外传第十》，中华书局1985年版，第206—207页。

② （南朝宋）范晔：《后汉书》卷58《虞傅盖臧列传第四十八》，中华书局1965年版，第1884页。

③ （宋）罗濬等撰：宝庆《四明志》卷17《慈溪县志卷第二·叙遗》，《宋元方志丛刊》，第五册，中华书局1990年版，第5222页上栏。

④ 郑绍昌：《宁波港史》，人民交通出版社1989年版，第13页。

第二节　秦汉时期的越地航运及鉴湖的兴建

一、秦始皇东巡会稽

秦王政二十四年（公元前 223 年），秦国灭楚。次年王翦又平定了楚国东部的广大江南地区，"降越君，置会稽郡"，[①] 楚地从此由秦统治和管理。然而原服朝于楚的越人并不接受秦的统治，"（春申君死后）后十六年，秦始皇并楚，百越叛去，更名大越为山阴也"。[②] 秦始皇三十三年（公元前 214 年），屠睢战败于南越，秦始皇担心会引发闽越、东海外越与南越的联合，"政更号为秦始皇帝，以其三十七年，东游之会稽。……是时，徙大越民置余杭、伊、攻口、故鄣。因徙天下有罪适吏民，置海南故大越处，以备东海外越。乃更名大越曰山阴"。[③]

秦始皇三十七年（公元前 210 年），秦始皇东巡会稽，《史记》记载了具体的东巡路线："十一月，行至云梦，望祀虞舜于九疑山。浮江下，观籍柯，渡海渚。过丹阳，至钱唐。临浙江，水波恶，乃西百二十里从狭中渡。上会稽，祭大禹，望于南海，而立石刻颂秦德。"[④] 秦始皇从今湖北中部的云梦浮长江而下，沿途经过丹阳后往东南行至钱唐，最终到达越地。《越绝书》也记载了秦始皇东巡的路线，可作为《史记》记载的补充，"道度牛渚，奏东安，丹阳，溧阳，鄣故，余杭轲亭南。东奏槿头，道度诸暨、大越。以正月甲戌到大越，留舍都亭。取钱唐浙江岑石"。[⑤]《史记》

---

① （汉）司马迁：《史记》卷 6《秦始皇本纪第六》，中华书局 1959 年版，第 234 页。
② （汉）袁康、吴平著，张仲清译注：《越绝书》卷 2《越绝外记传吴地传第三》，中华书局 2020 年版，第 49 页。
③ （汉）袁康、吴平著，张仲清译注：《越绝书》卷 8《越绝外传记地传第十》，中华书局 2020 年版，第 179 页。
④ （汉）司马迁：《史记》卷 6《秦始皇本纪第六》，中华书局 1959 年版，第 260 页。
⑤ （汉）袁康、吴平著，张仲清译注：《越绝书》卷 8《越绝外传记地传第十》，中华书局 2020 年版，第 179 页。

记载中的"过丹阳，至钱唐"的南段水道走的是陵水道。陵水道是秦始皇东巡会稽期间，出于控制越国会稽故地的目的而主持开凿的水道。据《越绝书》记载："秦始皇造道陵南，可通陵道，到由拳塞。同起马塘，湛以为陂，治陵水道到钱唐，越地，通浙江。秦始皇发会稽适戍卒，治通陵高以南陵道，县相属。"① 由拳在今浙江嘉兴市西南，据《水经注》记载："由卷县，秦时长水县也。……秦始皇恶其势王，令囚徒十余万人污其土表，以污恶名，改曰囚卷，亦曰由卷也。"② 秦始皇将长水县的河道掘破，改其道往西南方向，在水陆两道均修建通往钱唐及越地的直达通道。陵和陆在古时通用，因而，陵道即为陆道，陵水道即为修建陆道时十余万囚徒开挖土方形成的人工渠道，水道和陆道并行。为保证航运所需的水源，则"同起马塘，湛以为陂"，利用陂湖蓄水来确保日常的正常通航。陵水道的河道成为江南运河浙江段的前身。

综合上述两段秦始皇东巡会稽的路线来看，他于公元前210年十月从咸阳出发，十一月到云梦（今湖北云梦），并从此地浮江而下，从位于姑孰、乌江两地之间的牛渚登岸后，沿着东安、丹阳、溧阳方向循太湖前行，经余杭轲亭南、槿头（今浙江杭州市萧山区）直达钱唐。原本准备渡江过固陵走山阴故水道至大越，但因风大浪急，只能选择在今富阳一带渡过钱塘江，循浦阳江至诸暨，之后沿着若耶溪的路线抵达大越。秦始皇的东巡会稽路线说明钱塘江会不时地因潮汐的影响导致无法通航，浦阳江及若耶溪可以正常通航，由钱塘江经由拳、苏州、丹阳至丹徒入江的江南运河的航道已基本形成。

---

① （汉）袁康、吴平著，张仲清译注：《越绝书》卷2《越绝外记传吴地传第三》，中华书局2020年版，第51页。
② （北魏）郦道元：《水经注》卷29《沔水》，《景印文渊阁四库全书》，史部三三，地理类，第573册，台湾商务印书馆1986年影印本，第448页下栏、449页上栏。

二、东汉马臻修筑鉴湖

西汉年间，北方民众因灾荒、战乱及封侯等原因迁入会稽定居的人员也不在少数。中原人口的大量移入为地广人稀的越地注入了经济发展所需的劳动力资源，加之东汉初年光武帝实行"休养生息"政策，越地人口增长迅速，农业生产也获得了极大程度的恢复和发展。东汉永建四年（129年），秦初设置的会稽郡开始实行吴会分治，设会稽郡郡治于山阴，这是越地经济发展在行政区划上的体现。东汉初年，山会平原南部已出现了因"人多田少"导致的人地矛盾，适宜耕种的土地价格日高，而山会平原北部大片沼泽地却因长期遭受海潮和山洪的侵袭未能获得充分的开发和利用。因此，鉴于西汉以来会稽经济的快速发展和山会平原自然环境产生的江海水潦之害，创设一个有利于会稽社会发展的良好环境已成急切之需，其中兴建大型水利工程消除连年不断的江海水患成为解决这一问题的关键。鉴湖便在此背景下应运而生。

东汉永和五年（140年），会稽太守马臻主持兴修鉴湖，他将分布于会稽山麓诸多分散的湖泊合而为一，在山会平原北面筑堤形成一个巨大的蓄水库，即为鉴湖，又称庆湖、镜湖、贺监湖、照湖、南湖、长湖、大湖等。史载："镜湖，后汉永和五年太守马臻创立，在会稽、山阴两县界筑塘蓄水，水高丈余，田又高海丈余，若水少则泄湖灌田，如水多则闭湖泄田中水入海，所以无凶年。堤塘周回三百一十里，溉田九千顷。"[①]马臻利用山会地区"山—原—海"的台阶式地形以及鉴湖地区河流自南往北的水势特点，以会稽郡城为中心，修筑东西两条大堤。湖堤筑成后，由于从会稽山地下来的"鉴湖三十六源"被拦截，在稽北丘陵山麓冲积扇以下，除了平原上的若干孤立残丘、孤峰外，湖堤以南至稽北丘陵之间的广大平原、洼地、河道及溪流等全部沦为水域，鉴湖由此形成。鉴湖"堤之在会

---

① （唐）李吉甫：《元和郡县图志》卷26《江南道二》，中华书局1983年版，第619页。

稽者，自五云门东至于曹娥江，凡七十二里；在山阴者，自常喜门西至于西小江（一名钱清），凡四十五里"。因为山会平原东部地形略高于西部，马臻在湖中间修了一条驿道作为湖堤，以湖堤为界，鉴湖被分成东湖和西湖。"故湖之形势亦分为二，而隶两县，隶会稽曰东湖，隶山阴曰西湖。东西二湖由稽山门驿路为界，出稽山门一百步有桥曰三桥，桥下有水门，以限两湖。湖虽分为二，其实相通。"①

鉴湖的修建是对沼泽平原的一次大规模改造，为山会平原的发展创设了良好的生态环境，成为会稽发展史上具有重大影响的水利工程。鉴湖湖堤通过拦蓄稽北丘陵"三十六源"之水并将其纳入鉴湖，为鉴湖以北的平原河网提供了充足的水源。鉴湖水面高出湖堤外农田丈余，农田则高出后海海面丈余，从而形成梯形的自流灌溉模式。此后，北部滨海沼泽平原逐渐摆脱了昔日海潮洪水之困，灌溉效益日渐显现，沼泽地次第获得开发，粮食增产迅速。至西晋永嘉（307—313年）以后，会稽已是土肥水美之地，成为部分南下门阀士族选择的徙居之地。通过开荒获得新的土地，客观上推动了会稽的开发和地方经济的发展。

三、秦汉时期会稽郡的对外交通

（一）会稽郡的对外水陆交通

秦始皇修建陵水道，连通了从由拳至钱唐的通道，且和钱塘江相通，成为江南运河浙江段的前身。由拳县的檇李亭（今浙江嘉兴濮院镇东南）、御儿亭，均是从吴县（今江苏苏州）经由拳至钱唐、山阴等地的干道。②这是秦汉时期会稽与太湖流域交通的经典路线，即以山阴（大越）为中心，向西由诸暨经钱唐、由拳行至太湖流域。从秦始皇东巡会稽的路线来

---

① （宋）施宿等撰：嘉泰《会稽志》卷13，"镜湖"，《宋元方志丛刊》，第七册，中华书局1990年版，第6943页上栏、下栏。
② 马新正主编：《桐乡县志》，上海书店出版社1996年版，第576页。

看，会稽郡可西经诸暨、萧山固陵，过钱塘江后由钱唐经由拳到吴，从丹阳、句容到牛渚，从牛渚进入长江后可到达长江沿线地区。

秦始皇二十七年（公元前 220 年），秦始皇开始在全国范围内修建驰道，其中便有从都城咸阳出发通往东海会稽的驰道，即从咸阳出发，循黄河往东过洛阳，经定陶、临淄到达山东半岛的成山角，然后沿海北上到之罘后南下琅邪至东海郡（治今山东郯城县北），从东海郡南下越过淮河和长江，经江乘（今江苏句容市），过吴县、钱唐而至会稽。①

会稽郡的海上交通在越国时期就较为发达，早在周成王时，于越就沿着东海、黄海北上至山东半岛。秦始皇东巡会稽后，返回时从山阴经诸暨到钱唐，再经陵水道至吴，"从江乘渡，并海上，北至琅邪"后，经之罘"并海西，至平原津（今山东平原县西南）"。② 从会稽郡沿东海南下可至东瓯、闽越等地。西汉建元三年（公元前 138 年），东瓯被闽越围困，汉武帝"遣中大夫严助持节发会稽兵，浮海救之。未至，闽越走，兵还"。③ 西汉元鼎六年（公元前 111 年），汉武帝讨伐余善，便由横海将军从句章浮海往福建。从福州至交趾的海上航路至迟在东汉年间也已相当成熟。东汉章帝建初八年（83 年）之前，担任大司农的山阴人郑弘针对"旧交趾七郡贡献转运，皆从东冶泛海而至，风波艰阻，沉溺相系"的情况，"奏开零陵、桂阳峤道，于是夷通，至今遂为常路"。④ 交趾七郡（包括今越南、柬埔寨等地）向汉王朝贡献的路线都是经海路在会稽郡东冶（今福建省福州市）登陆，再经陆路转运到都城。但因海路凶险，所以郑弘奏开零陵（治今广西全州西南）、桂阳（治今湖南郴州）与交趾之间的陆道作为

---

① 肖华忠、李青：《秦汉时期江南地区的陆路交通》，《安徽大学学报（哲学社会科学版）》2012 年第 2 期。

② （汉）司马迁：《史记》卷 6《秦始皇本纪第六》，中华书局 1959 年版，第 263—264 页。

③ （汉）班固撰，（唐）颜师古注：《汉书》卷 6《武帝纪第六》，中华书局 1962 年版，第 158 页。

④ （南朝宋）范晔撰，（唐）李贤等注：《后汉书》卷 33《朱冯虞郑周列传第二十三》，中华书局 1965 年版，第 1156 页。

通用的路线。这说明在东汉初年以前，会稽与岭南的海上交通就已开通为交趾的进贡之路。东汉末年，一些南下的北方人士直接经会稽循海道南下交趾，即可从句章走海路经福州至交趾。如沛郡桓晔"初平中，天下乱，避地会稽，遂浮海客交趾"，[①]袁忠"弃官客会稽上虞。……后孙策破会稽，忠等浮海南投交趾"。[②]

汉代会稽郡与中国台湾、日本列岛的海上交通路线也已开辟。《汉书》记载："会稽海外有东鳀人，分为二十余国，以岁时来献见云。"[③]《后汉书》中也有相关记载："会稽海外有东鳀人，分为二十余国。又有夷洲及澶洲。传言秦始皇遣方士徐福将童男女数千人入海，求蓬莱神仙不得，徐福畏诛不敢还，遂止此洲，世世相承，有数万家。人民时至会稽市。"[④]夷洲和澶洲的地理位置，史学界存有多种观点，但一般认为夷洲为今天的中国台湾，澶洲位于今日本列岛。移居至中国台湾和日本的东鳀人"以岁时来献见"，说明前来会稽的时间是基本固定的，也可知汉代台湾、日本与会稽之间的航道已经较为成熟。

（二）鉴湖航运的主要航线

鉴湖形成后，在改进北部平原水上交通条件的同时，也因为围堤而使得回水上溯，提高了稽北山地河流的水位，便利了南部冲积扇地带的水上运输。[⑤]其东部将山阴故水道纳入湖内，往西可经西小江进入钱塘江，沟通了与钱塘江之间的航运。鉴湖西湖湖堤，可直达钱清九岩广陵，与夏履

① （南朝宋）范晔撰，（唐）李贤等注：《后汉书》卷37《桓荣丁鸿列传第二十七》，中华书局1965年版，第1260页。

② （南朝宋）范晔撰，（唐）李贤等注：《后汉书》卷45《袁张韩周列传第三十五》，中华书局1965年版，第1526页。

③ （汉）班固撰，（唐）颜师古注：《汉书》卷28下《地理志第八下》，中华书局1962年版，第1669页。

④ （南朝宋）范晔撰，（唐）李贤等注：《后汉书》卷85《东夷列传第七十五》，中华书局1965年版，第2822页。

⑤ 孙竞昊：《浙东运河考辨》，《社会科学战线》2019年第12期。

江相连。而夏履江直通西小江，可溯至萧山西陵，船泊钱塘江岸，构筑了由山阴小城出水偏门经三山，出湖塘，接西陵的水上通道。[①]鉴湖往东可至白米堰（今绍兴市上虞区白米堰村），从而沟通了鉴湖与东小江之间的航运。从白米堰渡东小江至姚江后可到余姚、甬东，也可由白米堰往南经蒿口斗门进入东小江后前往剡县及天台等地。

第三节　魏晋南北朝时期浙东运河的形成

一、西晋西兴运河的开凿

东汉永和年间（136—141年）鉴湖形成后，随着斗门、堰闸等排灌设施的日益完善，鉴湖在调蓄山会平原的水涝、灌溉、航运等方面发挥着日益重要的作用。然而，远离鉴湖的耕地的旱涝问题并未能够得到有效解决。鉴湖虽有便捷的自来灌溉系统，但作为山会平原灌溉渠道的内河系统并未能够进行有序的规划，从而影响着灌溉的功效和洪涝的处理。此时的鉴湖湖堤以北尚未有大规模的海塘修筑，后海海潮的侵扰不时地影响着北部平原的垦殖和农业的发展。因此，整理北部平原的内河系统，疏凿一条连通鉴湖下游诸多南北向平行河道的东西向总干渠，优化鉴湖的灌溉和排涝功能以加快山会平原的开发成为会稽水利建设的主要任务。

西晋永嘉元年（307年），会稽内史贺循主持开凿了作为漕渠的西陵运河，即后来所称的"西兴运河"。史载："晋司空贺循临郡，凿此以溉田，虽旱不涸，至今民饱其利。"[②]贺循疏凿运河的初衷在于解决山会平原的灌溉所需。东汉鉴湖的修建很大程度上也是出于这一目的。从这个角度而

---

① 李永鑫主编：《绍兴通史》，第2卷，浙江人民出版社2012年版，第256页。

② （清）李亨特修，平恕、徐嵩纂：乾隆《绍兴府志》卷14《水利志一·山阴县》，《中国地方志集成·浙江府县志辑39》，上海书店1993年版，第358页上栏。

言，西兴运河是一条为了提升鉴湖灌溉效能而开凿的灌溉总渠，是鉴湖工程的配套渠道。西兴运河自西往东，以钱塘江南岸的西陵为起点，过钱清江后进入钱清，往东经山阴县界，穿城而过至城内会稽、山阴两县的界桥小江桥，即"运河，自西兴抵曹娥，横亘二百余里，历三县。萧山河至钱清，长五十里；东入山阴，迳府城中，至小江桥，长五十五里"。①

西兴运河沟通了鉴湖和北部河流的关系，作为平原水网主干贯通山会平原东西，山会平原的大小河渠都与运河相交，形成了纵横交织的稠密的河湖网。鉴湖蓄容的淡水通过河湖水网源源不断地输往平原，灌溉区域也拓展至钱清江以西地区，沼泽平原遂逐渐被改造为良田沃野。北魏时期，已距离运河疏凿 200 余年，灌溉田亩从东汉时期的"九千顷"增至"万顷"。②

西兴运河的疏凿在交通运输领域也有着重要的地位。西兴运河成为浙东运河的西段，沟通了会稽郡城城区河道与鉴湖、平原河道以及钱塘江、钱清江、曹娥江之间的联系，是连接山阴城与钱塘江最为便捷和重要的航运水道，成为浙东运河疏凿里程最长的河段。需要指出的是，西兴运河初建时只是为了提高鉴湖的灌溉效能，河道狭小，并不具备通行大型舟楫的条件。南北朝时，会稽郡已是江南经济富庶之地，水路交通运输发达，西陵有埭，说明运河航运条件大为改善，可供钱塘江与内河的舟楫往来，并实现了会稽郡城与钱塘江之间的水上直航，告别了之前会稽郡城绕道后海到钱塘江南岸港口西陵的交通不便的历史。曹娥江以东的姚江和甬江航道，属于天然的水路，秦汉时期就曾进行渠化。汉武帝于元鼎六年（公元前 111 年）派韩说率领军队征服闽越国便是从姚江、甬江出海。西晋文学家陆云的外甥石季甫出任鄮县县令时，陆云在给其姐姐的信中述及："（鄮）

---

① （明）萧良幹修，张元忭纂：万历《绍兴府志》卷 7《山川志四·河》，宁波出版社 2012 年点校本，第 160 页。

② （北魏）郦道元：《水经注》卷 40《浙江水》，《景印文渊阁四库全书》，史部三三，地理类，第 573 册，台湾商务印书馆 1986 年版，第 590 页上栏。

县去郡治，不出三日，直东而出，水陆并通。"① 此处的水路指的是由曹娥江经姚江往东直至句章的航道。可见，姚江和曹娥江之间的水上航路至迟在西晋已通航。从此，钱塘江和三江口之间直接的水上交通畅通无阻。

至此，经过西晋、东晋、南北朝几代对曹娥江以东天然河道的人工渠化后，姚江、甬江至鄞地的水上通道已然畅通，浙东运河的雏形初显：西起西陵，经山阴、会稽（陈代以山阴分出）至曹娥江边，过渡至上虞百官上浦，经通明江沟通余姚江，再与甬江连接入海。②

二、魏晋南北朝时期会稽郡的对外交通

（一）会稽郡的对外水陆交通

东汉永建四年（129 年），吴、会分治后山阴成为会稽郡郡治。会稽郡的陆路交通以山阴为中心，往东沿着东鉴湖南堤经上虞、余姚可至句章、甬东。往西顺西鉴湖南堤广陵斗门，连接夏履江堤南折，经界塘埠，分别通向诸暨和萧山临浦，一入金衢盆地，一入浙西，通杭嘉湖平原；顺西兴运河北堤，经钱清，到余暨（今杭州市萧山区）西陵，渡钱塘江，为沟通宁绍平原与杭嘉湖平原的交通动脉。由山阴往南，出鉴湖分堤（今绍兴市稽山门），沿若耶溪堤直上诸暨，通向乌伤（今浙江义乌）、长山（今浙江金华）到太末（今浙江龙游）；东折翻石铸岭，经上虞、始宁、剡县，通天台、临海等地。③

在西兴运河修建后，以会稽郡城为中心的水上交通相对更为畅达，其西端起点西陵是钱塘江上的一个重要渡口，在交通及战略上的地位十分关键。南朝宋元嘉（424—453 年）末，"会稽太守随王诞遣兵向建康讨元凶

---

① （晋）陆云：《陆士龙集》卷 9《书·答车茂安书》，《景印文渊阁四库全书》，集部二，别集类，第 1063 册，台湾商务印书馆 1986 年版，第 456 下栏。

② 李永鑫主编：《绍兴通史》，第 2 卷，浙江人民出版社 2012 年版，第 434 页。

③ 李永鑫主编：《绍兴通史》，第 2 卷，浙江人民出版社 2012 年版，第 421 页。

劢，诞自顿西陵，为之后继"。① 王诞之所以自顿西陵，为之后继，主要就是因为从西陵渡过钱塘江后，可经江南运河前往建康，也可从西陵顺钱塘江入海，北上入长江后到达建康。

（二）鉴湖运河航道

山阴故水道在东汉初年被纳入鉴湖（东鉴湖）中，其北岸通过加高和延伸成为鉴湖东湖堤的主要组成部分，在被鉴湖取代后，成为浙东运河的主干工程。晋朝疏凿的西兴运河，全线贯通了从西兴到鉴湖的航线，并形成了从会稽郡城向东通过都赐堰进入曹娥江的鉴湖运河航道。南北朝时期的鉴湖航道以分湖堤为界，分为东鉴湖航道和西鉴湖航道，东西航道各自独立，在南宋鉴湖衰落之前并不相通。西鉴湖过钱清江至西陵后连通钱塘江航道。东鉴湖航道除了有湖内的航道外，还有从都赐门至曹娥江的东湖湖堤航道，全程约 35 公里，② 因其是浙东运河的主干航道，因此又称之为鉴湖运河航道。

为保证航道的畅通，依据运河所经地势和各段水位高低情况设置了一系列堰埭，小型舟楫可以牵挽而过，大型船只需要借助牲畜之力转动绞车拖船过坝。西兴运河疏凿以后，以会稽郡城为中心，往西经运河可走西陵过钱塘江后至钱唐，沿江南运河至建康。这条航道上，自东向西需经历浦阳南津埭（后之梁湖堰）、浦阳北津埭（后之曹娥堰）、西陵埭（后之西兴堰）、柳浦埭等主要堰埭。西陵埭与柳浦埭隔钱塘江南北相望，为当时水路的要冲。柳浦埭在旧杭州城东南五里许钱塘江北岸，自杭州候潮水门至江岸旧有运河名里河，长七里，过柳浦埭入里河，水运穿杭州可北至湖州。③ 运河往东进入鉴湖运河航道后，从浦阳北津埭进入曹娥江后，经浦阳南津埭进入姚江、甬江，到达余姚、鄞、鄮三县，并可从甬江进入东

---

① （清）顾祖禹撰，贺次君、施和金点校：《读史方舆纪要》卷 92《浙江四》，中华书局 2005 年版，第 4216 页。

② 陈鹏儿：《鉴湖史》，中华书局 2011 年版，第 199 页。

③ 姚汉源：《浙东运河史考略》，盛鸿郎主编：《鉴湖与绍兴水利》，中国书店 1991 年版，第 147 页。

海；也可从曹娥江溯江而上至剡县、台州；还可顺曹娥江而下过三江口，往西北入杭州湾航道。这四个埭均为牛埭，商旅过埭时均须交纳过埭税。南朝齐永明六年（488 年），"西陵戍主杜元懿以吴兴岁俭，会稽年登，商旅往来倍岁。西陵牛埭税，官格日三千五百，求加至一倍，计年长百万。浦阳南北津及柳浦四埭，乞为官领摄，一年格外长四百许万"。① 四埭一年的税收相当可观，可知四埭在商旅往来交通中的重要地位。

第四节　秦汉至魏晋南北朝时期
浙东海上丝绸之路的开启

　　浙东地区所在的宁绍平原倚山枕海，是中国海洋文化的重要发源地。中国最早的独木舟就是在位于宁绍平原的跨湖桥文化遗址（8000—7000 年前）中出土的。距今约 7000 年至 5000 年间生活在宁绍平原的河姆渡先民已经使用独木舟和筏等作为水上交通工具。西周周成王（？—公元前 1021 年）时，越国为处理好与西周之间的关系，以越舟作为礼物献给西周王朝。越舟能作为礼物献出，反映出越国在舟船制作方面具有相对精湛的技艺。先秦时期的越人"水行而山处；以船为车，以楫为马；往若飘风，去则难从"，② 显然，这是一个擅长舟楫制作和水上航行的民族。春秋战国时期，越国据有全国五大港口中的三个，其中会稽和句章均位于浙东。临海的天然地貌、娴熟的舟楫制作技艺以及先民丰富的航海经验等，都为浙东海上丝绸之路的兴起提供了现实的条件。

---

① （唐）李延寿：《南史》卷 35《列传第二十五·顾宪之》，中华书局 1975 年版，第 922 页。
② （汉）袁康、吴平著，张仲清译注：《越绝书》卷 8《越绝外记地转第十》，中华书局 2020 年版，第 150 页。

一、秦汉至魏晋南北朝时期浙东地区的社会经济发展概况

（一）秦汉至魏晋南北朝时期浙东地区农业的发展

秦朝建立后，秦始皇出于对越人的防范意识，令越人迁至今浙江西北及安徽南部地区，浙东地区人口基数缩小。虽然秦始皇将北方居民南迁至浙东作为填补，但"江南卑湿，丈夫早夭"①的现状令诸多人士退却北还。《汉书》曾如此描述："厥土涂泥，田下下，赋下上错。"②可知，人口稀少、土地质量不佳、开发程度低以及生产技术落后成为当时浙东地区经济发展的现状。这就使得春秋战国时期已有一定经济基础的越地，由于劳动力短缺等原因得不到有效的开发而趋于衰落，并在较长时期中处于停滞发展甚至倒退的状态之中。西汉中期以来，北方士人和百姓南迁带来先进的中原文明，繁衍生息的人口，水利工程的兴建以及生产技术的改进等诸多因素的综合推动下，浙东地区的经济自东汉初年以来有了较大程度的发展。

浙东地区农业经济的发展，水利工程的兴修是关键。宁绍平原河湖密布，先秦时期便人工疏凿了山阴故水道以作运输和灌溉防洪之用。秦汉时期人工开发利用的水利工程日益增多。除了山会平原的大型水利工程鉴湖外，山阴县的回涌湖；上虞县的白马湖、上妃湖；余姚县的杜湖、白洋湖；句章县的汉陂等都是这一时期浙东地区较具代表性的水利工程。西晋贺循开凿的西兴运河，进一步加快了山会平原水网的建设。南北朝时期，浙东地区除了鄞县的罂脰湖、钱湖，鄞县的方胜碶、余姚的穴湖等水利建设外，山会平原水利工程依然是围绕着鉴湖展开平原河湖网的建设。这时期浙东地区水利建设较为特殊的地方在于，南迁至会稽的豪门世族在发展私家庄园经济的同时，往往会开建与其庄园经济相配套的小型水利设施，

---

① （汉）司马迁：《史记》卷129《货殖列传第六十九》，中华书局1959年版，第3268页。

② （汉）班固著，（唐）颜师古注：《汉书》卷28上《地理志第八上》，中华书局1962年版，第1528页。

但因其仅仅服务于庄园经济，因而发挥的作用也相当有限。即便如此，浙东各地水利工程的兴修，依然为当地农业的发展打下了坚实的基础。

秦汉时期浙东地区的农业耕作模式依然沿用传统的适宜于南方水田耕作的"火耕水耨"的形式。所谓的火耕就是放火焚烧稻秆杂草等物形成土木灰，以土木灰为肥料施于田间；水耨则是在有水的稻田中除去杂草。农业生产技术方面，汉代铁制农具的广为应用，牛耕的使用，以及水稻种植经验的积累，为垦殖更多的土地、提升单位面积产量提供了可能。东汉中期会稽郡生产的粮食除了自给外，还有余粮赈济北方。东汉永初元年（107 年）九月，"调扬州五郡租米，赡给东郡、济阴、陈留、梁国、下邳、山阳"。[1] 粮食的增产反过来又吸引了因战乱南下的北方士族和流民的到来，西晋永嘉之乱后浙东地区逐渐成为北方人士南下的重要选择地。南朝以来，火耕的作业方式继续用于垦殖山丘，农具种类更为丰富，水稻种植面积因水利工程的兴修而扩大，北方人士带来的麦、粟、菽等杂粮品种也开始推广种植，农田复种指数升高，单位面积的粮食产量增加，百姓的生活也相对更有保障，并有粮食进入市场贩销。在以种植粮食为主的前提下，经济作物在汉代开始种植，如茶叶、桑树、杨梅等。谢灵运以"既耕以饭，亦桑贸衣"[2] 来描述东晋时期上虞、剡县百姓以种桑养蚕来换取衣服的生活场景。至南北朝时期，山阴县已是拥有 3 万民户的大县，人口居全国诸县之冠，[3] 而"民多田少"的矛盾就此显现。为此，会稽郡决定将无赀之家徙至余姚、鄞、鄮三县界，开启垦拓宁绍平原东部的进程。

（二）秦汉至魏晋南北朝时期浙东地区手工业的发展

秦汉时期浙东地区的手工业在先秦的基础上获得了新的发展，在铜

① （南朝宋）范晔撰，（唐）李贤等注：《后汉书》卷 5《孝安帝纪第五》，中华书局 1965 年版，第 208 页。

② （南朝宋）谢灵运：《谢康乐集》卷 1《赋·山居赋》，明万历十一年（1583 年）刻本，第 17a。

③ 金普森、陈剩勇主编：《浙江通史》，第 3 卷，王志邦：《秦汉六朝卷》，浙江人民出版社 2005 年版，第 365—366 页。

器、瓷器、纺织及造船等领域均有较大的进步。越地自古以来便有着丰富的铜矿藏量，早在越国时期就已开采铜矿炼铜，在铸造的各种铜器中以兵器、农具居多。战国时期，越国的铜镜铸造发展起来，汉朝时会稽已是全国铜镜的铸造中心，铸造的铜镜以技艺考究、镜面光亮、成像立体及纹饰精美见长。从考古发现来看，会稽生产的铜镜以神兽镜和画像镜为主。今绍兴几乎每个镇都有汉朝的神兽镜、画像镜出土。[①] 孙吴时期，会稽郡铜镜铸造进入最为繁盛的时期，产量惊人，技艺高超，产品在供给国内市场的同时，还远销至日本。南朝时期，铜镜的生产量大为减少。

　　青瓷是浙东地区的特色手工业制品，俗称越窑青瓷。早在商周时期，浙东地区就已烧制出原始瓷。春秋时期，会稽山麓西、北、东三个方向均分布着原始青瓷窑场。战国末期至秦初，浙东原始瓷窑从会稽山北麓往东经"山阴故水道"迁至曹娥江中游地区。[②] 东汉晚期，上虞曹娥江中游地区四峰山脚下小仙坛窑和大园坪窑首先创烧出成熟瓷，至汉末，慈溪上林湖、鄞州东钱湖地区也有零星窑址烧制青瓷。[③] 这时期青瓷产品多为满足日常生活基本所需品种，如罐、盘、钟、盆、碗、罍、锗、碟等，以青釉为主，兼有黑釉，胎质坚硬细密，表面平整光滑。东吴、西晋时期，越窑获得了较大程度的发展，造型和种类更为丰富，除了日常生活用具外，还出现了文房用具，鸡首壶、扁壶、砚台、堆塑罐、尊等都是较为典型的器物。瓷器造型复杂多样，形象生动逼真，纹饰更富于变化，釉层均匀。东晋时期，越窑青瓷发展受到北方人士南迁兴起的庄园经济及土地开发等因素的影响，窑场数量大减，烧制的青瓷数量和类型亦大为减少，以生活器皿和日常用器为主，造型趋于简朴。南朝是浙东青瓷生产、出土器物数量最少、品种最缺的时期。这时期，浙东地区制瓷手工业发展处于低落阶

---

①　金普森、陈剩勇主编：《浙江通史》，第 3 卷，王志邦：《秦汉六朝卷》，浙江人民出版社 2005 年版，第 119 页。

②　魏建钢：《千年越窑兴衰研究》，中国科学技术出版社 2008 年版，第 90—91 页。

③　魏建钢：《千年越窑兴衰研究》，中国科学技术出版社 2008 年版，第 80 页。

段。^①烧制的青瓷主要为日常用器，但这并不妨碍越窑青瓷成为南朝会稽郡输出的主要大宗商品之一。

纺织业在浙东地区有着悠久的历史。在河姆渡遗址出土的牙雕小盅外壁上的蚕纹图案以及作为捻线用的纺轮等纺纱工具，^②证明了史前时代浙东地区就已开始养蚕用于织造。越王勾践统治越国时期，为完成灭吴的霸业，采纳了计然和范蠡的"省赋敛，劝农桑"的策略，^③不仅率先"身自耕作，夫人自织"，^④而且"使女工织细布献之"，一次就"使大夫种索葛布十万"献给吴王。^⑤越国的葛布是以葛为原料织造的布，又名絺素，其特点是质地轻柔、纤巧。十万的葛布可一次拿出献给吴王，说明越国的葛布产量惊人，擅长织布的女工不在少数，亦可窥见越国的纺织业已具备一定的规模。越灭吴后，依然重视丝织业的发展，生产的织物有縠、帛、綵、罗、纱等种类。秦汉时期，浙东地区的布织业发展迅速。东汉建武年间（25—56年），担任尚书令的会稽郡吴县人陆闳，因"美姿貌，喜著越布单衣，光武见而好之，自是常敕会稽郡献越布"。^⑥越布因此在东汉初年作为朝廷贡品上贡。东晋、南朝时期，永兴（今杭州市萧山区）、诸暨成为专门提供宫廷需要的丝织原料基地。^⑦南朝梁时，刘孝绰称赞越布"比

---

① 林士民：《青瓷与越窑》，上海古籍出版社1999年版，第38页。

② 河姆渡遗址考古队：《浙江河姆渡遗址第二期发掘的主要收获》，《文物》1980年第5期。

③ （汉）袁康、吴平著，张仲清译注：《越绝书》卷4《越绝计倪内经第五》，中华书局2020年版，第81页。

④ （汉）司马迁：《史记》卷41《越王勾践世家第十一》，中华书局1959年版，第1742页。

⑤ （汉）赵晔：《吴越春秋》卷5《勾践归外国传第八》，中华书局1985年版，第169—170页。

⑥ （南朝宋）范晔撰，（唐）李贤等注：《后汉书》卷81《独行列传第七十一》，中华书局1965年版，第2682页。

⑦ 李永鑫主编：《绍兴通史》，第2卷，浙江人民出版社2012年版，第427页。

纳方绡,既轻且丽。珍迈龙水,妙越岛夷"。① 南朝宋时,会稽山阴人朱百年"有时出山阴为妻买缯綵三五尺"。② 山阴人戴硕子,"贩纻为业",其子"法兴少卖葛于山阴市"。③ 丝织品已作为商品在市场上销售,说明丝织业已具一定的产量。

春秋战国时期,越人生活在湖泊密布、沼泽遍地的自然环境中,又紧邻浩瀚无际的海洋。"山林幽冥,不知利害所在。西则迫江,东则薄海,水属苍天,下不知所止。交错相过,波涛浚流,沉而复起,因复相还。浩浩之水,朝夕既有时,动作若惊骇,声音若雷霆。波涛援而起,船失不能救,未知命之所维。"④ 正是在这种惊险的水环境中生存发展,舟楫成为百姓日常生活中的主要交通工具,也一并练就了越人较强的海上航行能力。春秋时期,根据舟楫不同的用途,越国制造的舟楫分为戈船、舲、楼船、乘舟、方舟、桴等类型。其中的楼船是一种叠层的大船,越王勾践"初徙琅琊,使楼船卒二千八百人伐松柏以为桴",⑤ 船自身的载重容量相当可观。船种丰富,技艺高超,表明越国的造船业已具备较高的水准。西汉时期,会稽郡已是全国重要的船舶制造基地。汉武帝为平定东越、闽越之乱,任命朱买臣为会稽太守,"诏买臣到郡,治楼船,备粮食、水战具,须诏书

① (唐)欧阳询撰,汪绍楹校:《艺文类聚》卷85《布帛部》,上海古籍出版社 1982 年版,第 1464 页。

② (梁)沈约:《宋书》卷 93《列传第五十三·隐逸》,中华书局 1974 年版,第 2294 页。

③ (梁)沈约:《宋书》卷 94《列传第五十四·恩倖》,中华书局 1974 年版,第 2302—2303 页。

④ (汉)袁康、吴平著,张仲清译注:《越绝书》卷 4《越绝计倪内经第五》,中华书局 2020 年版,第 78 页。

⑤ (汉)袁康、吴平著,张仲清译注:《越绝书》卷 8《越绝外传记地传第十》,中华书局 2020 年版,第 168 页。

到，军与俱进"。① 会稽郡永宁县所造舟楫"弘舸连舳，巨槛接舻"。② 可见，会稽郡在建造楼船方面已有相当的造诣，深得汉朝的信任。

二、秦汉时期浙东海上丝绸之路的肇始

早在新石器时期，生活在会稽山地的越族先民就因自然环境的变更而外迁。据陈桥驿先生的研究，在距今 7000—6000 年前，全新世之初的卷转虫海侵到达最高峰，宁绍平原自然环境急剧恶化，越族中的一支便利用原始的独木舟漂向琉球、南日本、南洋群岛、中南半岛等地，这支外迁的越族即为"外越"的一支。③ 河姆渡遗址中出土的约 7000 年前的木桨④，亦从侧面印证了当时的越人已经具有驾驶独木舟在海上航行的技能。古代中日之间的海路交通，可能从河姆渡文化和绳文文化起就已经开始了，尽管考古学上的证据尚不够充分。⑤

海上丝绸之路东海航线形成于秦汉之际，即公元前 200 年左右。最初的海上航线，是沿着辽东半岛及朝鲜半岛的海岸线南下，然后越过对马海峡到达日本列岛的北部。⑥ 秦汉时期东洋航道的开通，可以徐福东渡传说作为标志之一。⑦ 徐福大规模的航海始于秦始皇二十八年（公元前 219 年），"既已，齐人徐市等上书，言海中有三神山，名曰蓬莱、方丈、瀛洲，仙

---

① （汉）班固撰，（唐）颜师古注：《汉书》卷 64 上《严朱吾丘主父徐严终王贾传第三十四上》，中华书局 1962 年版，第 2792 页。

② （晋）左思：《吴都赋》，（清）胡绍煐撰，蒋立甫校点：《文选笺证》卷 6，黄山书社 2004 年版，第 178 页。

③ 陈桥驿：《越族的发展与流散》，《东南文化》1989 年第 6 期。

④ 河姆渡遗址考古队：《浙江河姆渡遗址第二期发掘的主要收获》，《文物》1980 年第 5 期。

⑤ 安志敏：《长江下游史前文化对海东的影响》，《考古》1984 年第 5 期。

⑥ 龚缨晏：《全球史视野下的海上丝绸之路》，《光明日报》2013 年 10 月 10 日，第 11 版。

⑦ 王子今：《汉武帝时代的海洋探索与海洋开发》，《中国高校社会科学》2013 年第 4 期。

人居之。请得斋戒，与童男女求之。于是遣徐市发童男女数千人，入海求仙人"。[1] "徐市"即为"徐福"。《三国志》记载："长老传言秦始皇帝遣方士徐福将童男童女数千人入海，求蓬莱神山及仙药，止此洲（亶洲）不还。"[2] 虽然在宁波慈溪达蓬山一带至今流传着诸多有关徐福东渡的民间传说，但徐福东渡在浙东海域是否留下相关行踪足迹已难以考究。从考古发现来看，传入日本的新石器时代的稻作文化、干栏式建筑等，都与越地存在着内在的渊源关系，由此也可窥见浙东地区吴越移民跨海东渡并利用海上通道与会稽故地保持着往来。

秦始皇统一六国后五次出巡，其中四次都与海洋有关，从北面的芝罘、碣石到东南的会稽。秦始皇三十七年（公元前 210 年），秦始皇东巡至会稽，"始皇南至湘山，遂登会稽，並海上，冀遇海中三神山之奇药，不得"。[3] 在会稽期间，秦始皇还"登稽岳，刻文石，身在鄞县三十余日"。[4] 鄞县设置于公元前 222 年，秦时属会稽郡，县治在鄞山山麓的鄞廓（又名同谷），即今鄞州东乡宝幢附近，有小浃江通海，是秦汉时期浙东地区入海的起航点之一。鄞山"以海人持货贸易于此，故名。县居贸山之阴，乃加邑为鄞"。[5] 可见秦以前就有滨海居民驾船航行至鄞，与当地居民开展贸易往来。秦二世元年（公元前 209 年），秦二世"东行郡县，李斯从。到碣石，並海，南至会稽"。[6] 从秦始皇和秦二世的出巡路线来看，以会稽为中心的浙东地区已形成了稳定的北上航行路线，会稽成为浙东地区海路交通的重要枢纽。

---

① （汉）司马迁：《史记》卷 6《秦始皇本纪第六》，中华书局 1959 年版，第 247 页。
② （晋）陈寿撰，（宋）裴松之注：《三国志》卷 47《吴主传第二》，中华书局 1959 年版，第 1136 页。
③ （汉）司马迁：《史记》卷 28《封禅书第六》，中华书局 1959 年版，第 1370 页。
④ （晋）陆云：《陆士龙集》卷 9《书·答车茂安书》，《景印文渊阁四库全书》，集部二，别集类，第 1063 册，台湾商务印书馆 1986 年版，第 457 上栏。
⑤ （宋）罗濬等撰：宝庆《四明志》卷 12《鄞县志卷第一·叙山》，《宋元方志丛刊》，第五册，中华书局 1990 年版，第 5146 页上栏、下栏。
⑥ （汉）司马迁：《史记》卷 6《秦始皇本纪第六》，中华书局 1959 年版，第 267 页。

汉代浙东地区在海上交通中的地位日益显现。位于会稽海疆的句章是汉朝浙东地区与海外国家和地区跨海往来的门户。汉代的句章港区已由春秋战国时期的古句章移至"三江口"。句章港由于地处战略要位，史书关于该港的记载多与军事行动有关。西汉元鼎六年（公元前 111 年），东越王余善谋反，汉武帝派遣横海将军韩说率领军队"出句章，浮海从东方往；楼船将军杨仆出武林；中尉王温舒出梅岭；越侯为戈船、下濑将军，出若邪（今绍兴）、白沙。元封元年冬，咸入东越"。① 顾炎武记载："汉武帝遣中大夫严助发会稽兵浮海救东瓯，横海将军韩说自句章浮海击东越，此浙江下海至福建之路。"② 如此大规模的军事行动选择从句章港出海，足见句章港至福建的海上航路已十分通畅，其作为军港的地位进一步稳固，以商贸交流为主要形式的中外互通也开始发端。2004 年 6 月 25 日，日本佐贺县教育委员会发表的文章说："从吉野里遗址弥生中后期的瓮棺中，发现了前汉时期中国制造的铜镜一枚，贝壳首饰 36 点。首饰所用材料，是产于奄美大岛以南的一种经纵向切割加工过的卷贝壳。"③ 这项考古发现，说明至迟在弥生时代，江南人民就已经通过海路到达日本列岛。《后汉书》记载的散布于中国台湾及日本列岛的会稽海外东鳀人时常跨海来到会稽沿海的鄞、鄮、句章进行交易。

浙东地区的南线海上交通，以会稽郡的东冶（今福建福州）作为中继站，凭依已有的句章与东冶以及东冶与交趾之间的交通路线，从句章港沿东海、南海南下至闽越、南越及南洋交趾一带。在宁波的祖关山、高钱村钱大山、姜郎村凤凰山、馒头山等地汉墓群的出土文物中，水晶、琉璃、

---

① （汉）司马迁：《史记》卷 114《东越列传第五十四》，中华书局 1959 年版，第 2982—2983 页。

② （清）顾炎武：《海师日知录》，（清）贺长龄辑：《皇朝经世文编》卷 83《兵政十四·海防上》，沈云龙主编：《近代中国史料丛刊》第七十四辑，文海出版社 1966 年版，第 2944 页。

③ ［日］佐贺县徐福理事会：古川春雄：《从江南出发的海上通道》，《中国（岱山）徐福东渡节暨徐福文化国际研讨会论文集》，2004 年，第 44 页。

玛瑙、玻璃、琥珀等饰件多为当时来自海外的舶来品。[①]浙江上虞隐岭、小越、江山等地出土的东汉时期堆塑罐上的胡俑，头戴尖顶帽，容貌特征为典型的欧罗巴人种地中海类型，这类胡人主要来自古罗马及地中海东部一些国家。三国两晋时期的胡俑在浙江东北部出土最多，这些胡俑多系越窑所产的青瓷胡俑，常位于堆塑罐上。[②]这些胡人形象的陶瓷在浙东地区的大量出现，极有可能是当时中西方文化交流的产物。这些遗存表明汉代随着中外海上交通的开辟，海外贸易商品已开始输入浙东地区。

三、魏晋南北朝时期浙东海上丝绸之路的初步发展

魏晋南北朝时期，浙东海上丝绸之路的贸易范围相对于秦汉时期而言更为广域，涉及日本列岛及朝鲜半岛等地。贸易商品主要为会稽的铜镜、越窑青瓷等地方特色商品，囿于当时较为低下的生产力水平、海上航行的风险以及有限的购买力等因素，贸易的数量和额度也相对较小。

（一）贸易路线

汉代移居日本列岛的会稽海外移民不时跨海行至会稽进行贸易，说明会稽和日本之间已有一条互通的天然海上通道。南北朝时期，建康至日本列岛的海上航线已经开通。在此之前，中日之间的海上交通多从山东半岛横渡渤海至辽东半岛，再经朝鲜半岛西海岸行至东南海岸后，横渡朝鲜海峡驶至日本。据载：倭人"初通中国也，实自辽东而来，故其迂回，如此至六朝及宋，则多从南道浮海入贡，及通互市之类，而不自北方，则以辽东非中国土地故也"。[③]南道就是从南朝首都建康起航，顺长江而下，入东海循岸北上，进黄海南部水域；然后至山东半岛成山角附近向东横渡黄

---

① 林士民：《宁波考古新发现》，中国人民政治协商会议宁波市委员会文史资料研究委员会编：《宁波文史资料》，第 2 辑，1984 年。

② 李刚：《汉晋胡俑发微》，《东南文化》1991 年第 8 期。

③ （元）马端临：《文献通考》卷 324《四裔考一·倭》，中华书局 1986 版，第 2554页上栏。

海，直趋朝鲜半岛西岸中部的瓮津半岛沿海；再由江华湾顺百济所辖的朝鲜半岛西岸南下，到达半岛东南部任那的金海府；继而举帆南渡，经对马岛、壹岐岛纵越朝鲜海峡，航至日本九州北岸的筑紫沿岸；最后由肥前的松浦东驶，经穴门（今关门海峡）入濑户内海，到达摄津的难波津（今日本大阪附近沿海），以及务古水门（今日本兵库偏东处）。[①]日本到南朝的使者走的都是这条"南道"，这是一条不经中原的传统海路，即为中日北路南线。因此，会稽和日本之间的交通经西兴运河、江南运河至建康后，出长江入东海经"南道"驶至日本。

（二）贸易商品

东汉建安元年（196年），孙策跨过浙江，驱逐了汉朝会稽太守王朗，自领会稽太守，控制了吴会地区。吴黄武八年（229年），孙策之子孙权称帝，国号吴。孙吴政权建立初期，水军的力量较为强大，但陆军的实力远逊于曹魏，因此在吴、越原有海上交通的基础上，利用海上通道不断向海外发展势力。

吴黄龙二年（230年），孙权"遣将军卫温、诸葛直将甲士万人浮海求夷洲及亶洲"，"但得夷洲数千人还"。[②]夷洲"在临海东南，去郡二千里，土地无雪霜，草木不死。四面是山。众山夷所居。山顶有越王射的，正白，乃是石也"。[③]卫温、诸葛直从临海郡章安港（今浙江台州椒江北岸金鳌山沿岸）起航至夷洲及亶洲，但并未找到亶洲。"亶洲在海中，长老传言秦始皇帝遣方士徐福将童男童女数千人入海，求蓬莱神山及仙药，止此洲不还。世相承有数万家，其上人民，时有至会稽货布，会稽东县人海

---

① 孙光圻：《中国古代航海史》，海洋出版社2005年版，第170页。

② （晋）陈寿撰，（宋）裴松之注：《三国志》卷47《吴主传第二》，中华书局1959年版，第1136页。

③ （吴）沈莹撰，张崇根辑注：《临海水土志》，中央民族大学出版社1998年版，第1页。

行，亦有遭风流移至亶洲者。所在绝远，卒不可得至。"① 汉时日本列岛居民不时前来会稽进行布匹的贸易活动，说明会稽是当时纺织品交易的重要市场，同时也证实了会稽与日本之间有着畅通的海上通道。

越窑青瓷是这一时期浙东地区外销的主要商品之一。东汉中晚期，上虞曹娥江中游地区的各窑场在前朝积累的陶瓷烧制的丰富经验基础上，成功地烧制出瓷器。三国东吴时期上虞境内的制瓷作坊有40处，比东汉时增加4倍；西晋时制瓷作坊遗址有六七十处，比三国时又增加近1倍。② 浙东地区制瓷业规模增加迅猛可见一斑。西晋和百济交往频繁，在277—290年的十余年间，百济曾8次遣使至西晋。东晋建都建康，百济依然保持和其的紧密联系，向东晋遣使6次，东晋也向百济遣使2次。南朝向百济遣使4次，百济向南朝4个政权遣使27次。③ 两晋南北朝时期与朝鲜半岛的互动交流带动了越窑的输出。从考古发现来看，迄今在百济故地出土的两晋、南北朝时期的中国陶瓷器中的相当部分为越窑青釉瓷，这些越窑青瓷多通过海路输入朝鲜半岛。④ 魏晋南北朝时期，建康成为江南地区的政治与经济中心，浙东地区的物产及手工业制品经运河及长江输入建康等城市。因此，可以判断，越窑青瓷先从曹娥江往西经西兴运河、江南运河运至建康。然后从建康出长江口，沿东海、黄海北上后，在山东半岛成山角附近转向东驶，横越黄海直达朝鲜半岛西海岸的江华湾附近，并由此进入百济。⑤ 也可能从曹娥江经姚江、甬江至三江口，然后通过海路北上经黄海运送至朝鲜半岛。有学者认为，这些早期越窑青瓷向朝鲜半岛输出，

---

① （晋）陈寿撰，（宋）裴松之注：《三国志》卷47《吴主传第二》，中华书局1959年版，第1136页。

② 冯先铭主编：《中国陶瓷》，上海古籍出版社2001年版，第253—254页。

③ 陈尚胜：《中韩交流三千年》，中华书局1997年版，第12页。

④ ［韩］赵胤宰：《略论韩国百济故地出土的中国陶瓷》，《故宫博物院院刊》2006年第2期。

⑤ 孙光圻：《中国古代航海史》，海洋出版社2005年版，第168页。

可被视为海上陶瓷之路的发端。[1]

自东汉以来，会稽已是国内的铜镜铸造中心之一，其中山阴等地以制作神兽镜和画像镜见长。今藏日本东京五岛美术馆的"对置式神兽镜"，其铭文曰："黄武五年二月辛未朔六日庚巳，会稽山阴安本里，思子兮，服者吉，富贵寿春长久。"[2] 从其铭文可知，对置式神兽镜标明铜镜制作的具体地点：会稽山阴一个名叫安本里的地方。迄今日本列岛出土的中国两汉、三国时代的铜镜中，部分铜镜来自吴国地域，这些铜镜被认为是倭人渡海到吴的会稽郡进行贸易的结果，抑或是吴地工匠东渡日本后在当地铸造。[3] 当时的会稽属于吴国地域范围，又是铜镜的重要产地，加之会稽郡与日本之间存在的海上交通线，因此，无论是哪种形式的铜镜制作，都是当时浙东海上丝绸之路中日之间经济文化交流的产物。

（三）贸易港口

魏晋时期的鄞县，"东临巨海，往往无涯，汜船长驱，一举千里。北接青徐，东洞交广，海物惟错，不可称名"，[4] 凭借其所处的地理优势，成为南北近海贸易的重要中转地。句章则已成为浙东地区的海上门户。曹魏咸熙元年（264年）夏四月，"魏将新附督王稚浮海入句章，略长吏（赏林）赀财及男女二百余口"。[5] 可见，此时的句章已是浙东地区重要的通海城邑。随着海上交通事业的发展，句章还频获"海贼"光顾，成为其出没海上的必经要道。东晋隆安三年（399年）十一月，琅琊人"孙恩作乱于会稽，晋

---

① 贺云翔、干有成：《考古学视野下的宁波越窑青瓷与东亚海上陶瓷之路》，《海交史研究》2020 年第 3 期。

② 王铿：《六朝时期会稽郡的海外贸易——以古代中日之间的一条海上航道为中心》，《中华文史论丛》2018 年第 2 期。

③ 王仲殊：《从日本出土的铜镜看三世纪倭与中国江南的交往》，《华夏考古》1988 年第 2 期。

④ （晋）陆云：《陆士龙集》卷 9《书·答车茂安书》，《景印文渊阁四库全书》，集部二，别集类，第 1063 册，台湾商务印书馆 1986 年版，第 456 下栏。

⑤ （晋）安汉、陈寿撰，闻喜、裴松之注：《三国志》卷 48《三嗣主传第三》，中华书局 1959 年版，第 1161 页。

朝卫将军谢琰、前将军刘牢之东讨"。① 东晋隆安四年（400年）五月，恩复入会稽，十一月，刘牢之再次率军征讨，"牢之屯上虞，使高祖（刘裕）戍句章城。句章城既卑小，战士不盈数百人，高祖常被坚执锐，为士卒先，每战辄摧锋陷阵，贼乃退还浃口。""五年（401年）春，孙恩频攻句章，高祖屡摧破之，恩复走入海。"② 孙恩屡次从浃口（今宁波镇海）进攻句章，其濒海要津的地位日益显现。而句章城在隆安四年（400年）被孙恩起义军攻破后，便由"刘裕戍勾章，改筑城于小溪镇，合余姚、鄞、鄮为句章。历前五代至唐初，皆在小溪"。③ 句章县治迁至小溪（今宁波鄞江镇），但由于地理位置较为偏僻，腹地狭小，港口主体分迁至三江口。

尽管此时的句章和鄮县在浙东海上丝绸之路贸易中已有所表现，但规模性的海上贸易并未能够展开。对此，日本学者斯波义信如此评价："秦汉到六朝时候，长江下游尚未进行真正的开发，江苏平原与浙江、福建、江西的山区交通和交换，还是主要依靠钱塘江沿岸的内陆线路进行的，沿海的航海业尚未发达，也反映了宁波平原尚未得到生产性的开发。"④

① （梁）沈约：《宋书》卷1《本纪第一·武帝上》，中华书局1974年，第1—2页。

② （梁）沈约：《宋书》卷1《本纪第一·武帝上》，中华书局1974年，第2页。

③ （清）徐兆昺：《四明谈助》卷42，"城山"，清道光八年（1828年）刻本，第34页a。

④ ［日］斯波义信：《宋代江南经济史研究》，方健、何忠礼译，江苏人民出版社2001年版，第477页。

第二章
隋唐五代时期浙东运河的修治与海上丝绸之路的发展

    汉末至魏晋南北朝时期，虽然政权更迭频繁、政区也随之不断变换，但受益于鉴湖工程和运河的综合效益，山会平原的生产环境获得了根本性的改善，加之大量北方人士南迁带来的先进农业生产技术和农具，至隋唐时期，浙东地区已成江南富庶区域。隋炀帝登基后，开建了通济渠和永济渠，并于大业六年（610年）"敕穿江南河"，①由此疏凿开通了一条以洛阳为中心，北通涿郡、南至余杭的大运河。大运河的贯通将浙东运河的运输线向北延伸至涿郡，得以参与大运河远程客货的运输，浙东区域在国内社会经济中的地位也一并获得提升。浙东地区日渐繁荣的经济，大运河的贯通、浙东运河的初步形成和完善以及明州海港的崛起，这些要素都为浙东海上丝绸之路的蓬勃发展提供了充分的外部条件。浙东海上丝绸之路的贸易范围、贸易商品和贸易路线等相对于前朝而言，都有较大程度的拓展，浙东运河与海上丝绸之路也开启了初始的互通关联。

---

① （宋）司马光编著，（元）胡三省音注：《资治通鉴》卷181《隋纪五》，中华书局1956年版，第5652页。

第一节　隋唐五代时期浙东运河的修治

一、隋唐五代时期后海海塘体系建设与鉴湖水体的北移

隋唐时期，山会平原北部沿海地区大片土地获得开发，这些新开发的土地远离鉴湖，使得鉴湖原有的自流灌溉模式已无法覆盖山会平原地区所有土地。而鉴湖流出之水大多经曹娥江和浦阳江下游入海，原有涵闸等设施所控制的范围和排水量远不能适应排水入海的需要，山会平原依然不时遭受后海海潮的侵袭。为此，修建海塘并将海塘连接成线，利用海塘内的河湖网蓄水以提高内河水位就成为越州水利建设的要务，既可以满足新垦田地的灌溉需求，又能防止海潮入侵。从唐代开始，山会平原地区开始进行大规模的海塘兴筑。此外，通过在灌区疏凿新河，河道增设斗门等设施来进一步完善越州的水利水网建设。

山会平原海塘的修筑，有正式记载的见于唐代。唐代越州开始全线修筑山会平原的海塘，较早修筑的海塘是始建于唐垂拱二年（686 年）的"界塘"："在（山阴）县西四十七里，唐垂拱二年始筑为堤，五十里，阔九尺，与萧山县分界，故曰界塘。"[①] 因海塘位于山阴与萧山交界处，故称为界塘。在越州会稽和上虞境内，唐代修筑（或增修）了防海塘。史载：会稽"东北四十里有防海塘，自上虞江抵山阴百余里，以畜水溉田，开元十年（722 年）令李俊之增修，大历十年（775 年）观察使皇甫温、大和（太和）六年（832 年）令李左次又增修之"。[②] 从这段记载来看，防海塘在唐开元十年（722 年）李俊之增修之前就已存在。此后皇甫温、李左之

---

① （宋）施宿等撰：嘉泰《会稽志》卷 10，"堤塘"，《宋元方志丛刊》，第七册，中华书局 1990 年版，第 6898 页上栏。

② （宋）施宿等撰：嘉泰《会稽志》卷 10，"堤塘"，《宋元方志丛刊》，第七册，中华书局 1990 年版，第 6897 页上栏、下栏。

又增修以完善加固海塘。海塘后因堤经称山，所以也称为"称浦塘"，又因其大部分位于曹娥江口沿岸，曹娥江又名东小江，所以也叫东江塘。防海塘修筑完成后，内河与曹娥江及后海基本上隔绝。会稽防海塘和界塘构成了山会平原的后海海塘，后海海塘又被称为北塘，与北塘相对应的鉴湖和运河上的堤塘则被称为南塘。南塘走向与山阴故水道基本一致。北塘防潮蓄淡，南塘调蓄山水，二者各自发挥优势所长，共同改善山会平原环境，并推动平原北部河湖网的深入整治，从而有效地扩大了水资源的利用范围。

五代吴越王钱镠（852—932 年）建都杭州，为治理钱塘江潮患，在后梁开平四年（910 年）运用全新的"石囤木桩法"修筑了捍海塘，较长时间地抵御了海潮侵扰。钱镠还兴筑西兴塘，"在萧山县西十里，五代时钱镠始筑以遏海潮，内障江水"。[①] 至此，经历唐、五代时期逾 200 年的海塘建设，山会平原北部后海沿岸的海塘体系基本形成，确立了较为完备的基础防潮工程体系。除钱清江口外，山会平原东部内河基本与后海隔绝。浙东运河东端镇海一线的海塘依然处于零星修筑的状态，直到明代才连成一体。山会平原北部通过连线的海塘阻挡潮水，辅以北部平原河网的整理疏导，鉴湖的灌区得以扩展至远离湖水的沿海地区。由于海塘可将上游来水及区域降水拦蓄于山会平原的河湖网内，鉴湖的蓄淡、防洪等功能逐步被北部平原的河湖网所取代，从而促使鉴湖水体开始向北部转移。

二、隋唐五代时期浙东运河的修治

（一）新河的开凿和运道塘的修筑

隋唐五代时期浙东地区社会经济的快速发展，推动着其在区域经济中

---

① （清）穆彰阿、潘锡恩等：嘉庆《重修大清一统志》卷 294《绍兴府一·堤堰》，《续修四库全书》，六一九·史部·地理类，上海古籍出版社 1996 年版，第 120 页上栏。

地位的提升，浙东运河的治理也因此获得重视和加强。在内河水网方面，唐元和十年（815年），越州观察使孟简主持疏凿了"新河"，"新河在府城西北二里"。① 新河是西兴运河城区段的分支运河，它西起于西小路河谢公桥，东至于利济桥接通府河，长约810米，与西兴运河城区段即会稽郡城运河彼此平行，并通过府河和西小路河，与郡城运河环连，纳入全城的运河水系。② 新河的开凿有利于调节供排水量，优化了会稽郡城运河的通航路线，减轻了郡城运河的通航压力。

为便利运河航运，唐元和十年（815年），孟简还修筑了自越州西郭至萧山的长达百里的运河新堤，称为运道塘。《新唐书》记载："（山阴）西北十里有运道塘。"③ 因其是河岸结合陆道的工程，故称运道塘。运道塘位于西兴运河南岸，初建时为土塘，明代弘治（1488—1505年）初年以石子铺砌，渐成一条既是堤岸又是塘路的纤道，这条纤道极大地便利了往返运河的航运船只。运道塘可以直接与东汉马臻所筑的起自五云门，止于曹娥的官塘连接，使漕运和陆运相间，直达已经兴起的明州；有一部分货物还从城内的小江桥转直落江，通过马鞍这个港口，与全国各大沿海城市沟通，使得绍兴商业进一步繁荣。④

（二）唐五代时期鉴湖水系的维护

唐代鉴湖堤塘和后海海塘并存的局面，对鉴湖水系产生了深远的影响。后海海塘的修建将除钱清江出海口外其他河流的入海口隔绝，平原河网的水流通过直落江宣泄出海。为更好地实施对北部平原的灌溉，调制用水流量，唐贞元元年（785年），观察使皇甫政在山阴"东北二十里作朱

---

① （宋）施宿等撰：嘉泰《会稽志》卷10，"水·府城"，《宋元方志丛刊》，第七册，中华书局1990年版，第6879页上栏。

② 邱志荣、陈鹏儿：《浙东运河史》，上卷，中国文史出版社2014年版，第248页。

③ （唐）欧阳修、宋祁：《新唐书》卷41《志第三十一·地理五》，中华书局1975年版，第1061页。

④ 李永鑫主编：《绍兴通史》，第3卷，浙江人民出版社2012年版，第126—127页。

储斗门"。① 为解决朱储斗门修建期间鉴湖灌区的蓄排尤其是排涝问题，皇甫政又在邻近朱储斗门处设置了越王山堰以导流泄洪，史载："（山阴）北三十里有越王山堰，贞元元年，观察使皇甫政凿山以畜泄水利。"② 唐代还在鉴湖堤坝上新设了新迳斗门。唐大和七年（833年），浙东观察使陆亘始置"新迳斗门，在（山阴）县西北四十六里"。③ 新迳斗门修建的主要目的在于泄洪，鉴湖洪水经此斗门直接排入钱清江后入海。

五代吴越国时期，钱镠也非常重视鉴湖的维护和管理。梁贞明元年（915年），吴越王"置都水营使以主水事，募卒为都，号曰撩浅军，亦谓之撩清。……又开东府南湖，即鉴湖。立法甚备"。④ 越州时为吴越国行都，称东府，钱镠创建的"撩浅军"是一支专业疏浚、治水的队伍，主要从事鉴湖流域的浚治河道、养护整修堤闸等事宜。为确保治水的成效，吴越国还制定了完备的管理条款，其中包括禁止豪强任意围垦，"富豪上户，美言不能乱其法，财货不能动其心"。⑤ 在钱镠父子的用心经营下，吴越时期的鉴湖仍然发挥着其应有的作用，正如曾巩所言：鉴湖"系汉历吴、晋以来，接于唐，又接于钱镠父子之有此州，其利未尝废者"。⑥

正是由于隋唐五代时期对鉴湖的精心维护和管理，使得这时期的鉴湖对山会平原的经济发展仍发挥着显著的作用。唐后期韦瓘评价："横合三百余里，决灌稻田，动盈亿计。自汉至今千有余年，纵阳骄雨淫，烧稼

---

① （唐）欧阳修、宋祁：《新唐书》卷41《志第三十一·地理五》，中华书局1975年版，第1061页。

② （唐）欧阳修、宋祁：《新唐书》卷41《志第三十一·地理五》，中华书局1975年版，第1061页。

③ （宋）施宿等撰：嘉泰《会稽志》卷4，"斗门·山阴县"，《宋元方志丛刊》，第七册，中华书局1990年版，第6786页下栏。

④ （清）吴任臣：《十国春秋》卷78《吴越二·武肃王世家下》，中华书局1983年版，第1090页。

⑤ （明）徐光启：《农政全书》卷13《水利·东南水利上》，明崇祯十二年（1639年）平露堂刊本，第6页b。

⑥ （宋）曾巩著，陈杏珍、晁继周点校：《曾巩集》卷13《序·越州鉴湖图序》，中华书局1998年版，第207页。

逸种，唯镜湖含泽，驱波流桴，注于大海，灾凶岁，谷穰熟，俾生物苏起，贫赢育富，其长计大利及人如此。"①与此同时，对鉴湖水系的维护对日后山会平原水系的演变产生了深远的影响。一方面，唐代开始大规模地筑修山会平原北部后海海塘，抵御咸潮，并拦截鉴湖泄入灌区河湖网的淡水，用以蓄水溉田。以西兴运河为主干道的北部内河水网的完善，其日益强大的蓄水功能逐渐取代了鉴湖在蓄水方面的传统优势，后海海塘的地位也因此日渐提升，这就直接导致了鉴湖在南宋年间的堙废。另一方面，这时期的水利工程建设依然围绕着如何继续发挥鉴湖在山会平原中的地位和作用以及优化运河航道而展开，因此，在改善北部平原农田灌溉、防洪蓄淡、航道通畅等方面，鉴湖仍然发挥着积极的作用。

第二节　隋唐五代时期
浙东海上丝绸之路的初步发展

隋唐五代时期，随着经济重心的进一步南移，浙东地区的社会经济也获得了较大程度的发展，农业生产效率提高，手工业也获得了长足的发展，尤其是浙东的丝织、陶瓷、造船、造纸等行业已初具规模和优势，从而为浙东海上丝绸之路上的贸易往来提供了充足的商品来源，海上贸易也在前代发展的基础上呈现出活跃的局面。

---

① （唐）韦瓘：《修汉太守马君庙记》，（宋）孔延之：《会稽掇英总集》卷18，《景印文渊阁四库全书》，集部二八四，总集类，第1345册，台湾商务印书馆1986年版，第149页下栏。

一、隋唐五代时期浙东地区的社会经济发展概况

（一）隋唐五代时期浙东地区的农业发展

隋唐五代时期，由于统治者对农业生产发展的重视，社会经济进入了全面快速发展的时期。浙东地区伴随着大量水利工程的兴修建设，农业生产环境的不断改善、农业器具的改进以及耕作技术的提高，区域经济的开发速度大为加快。唐宣宗时期（847—859年），浙东已成为全国的富庶之地："机杼耕稼，提封七州，其间茧税鱼盐，衣食半天下。"[①]

历史上，浙东地区社会经济的发展与水利建设紧密相关。隋唐以前，山会平原是浙东水利建设的重点区域，浙东其他地区的水利工程数量有限，规模也相对较小。进入唐代以后，奉化、鄞县、慈溪、诸暨、上虞等地都较为密集地修筑了大量大小不一的水利工程。尤其是在唐开元二十六年（738年）明州单独设州后，因"濒海枕江，水难蓄而善泄，岁小旱则池井皆竭"，[②]为确保州城居民的农业生产和生活所需水源，水利工程设施的建设明显加快，据不完全统计，唐代明州开凿或重修的水利工程达二十多项，[③]其数量远超出同时期的山会平原。明州地区对后世影响较大的水利工程，如鄞县的广德湖、东钱湖、它山堰等都在唐代修建。

上述明州众多的水利工程中，它山堰无疑是浙东地区最具创造性的大型水利灌溉工程。唐大和七年（833年），鄞县县令王元暐选取樟溪出口的山峡处一名曰"它山"的突起小阜，筑起一道上小下大的塔型构造的石堰，"堰脊横阔四十有二丈，覆以石版，为片八十有半；左右石级各三十六。岁久沙淤，其东仅见八九。西则皆隐于沙。堰身中擎以巨木，形

---

① （唐）杜牧：《李讷除浙东观察使兼御史大夫制》，（清）董诰等编：《全唐文》卷748，中华书局1983年版，第7753页上栏、下栏。

② （宋）张津等：《乾道四明图经》卷1，"水利"，《宋元方志丛刊》，第五册，中华书局1990年版，第4880页上栏。

③ 傅璇琮主编：《宁波通史（史前至唐五代卷）》，宁波出版社2009年版，第228页。

如屋宇，每遇溪涨湍急，则有沙随实其中，俗谓护堤沙。水平沙去，其空如初，土人以杖试之信然"。① 它山堰将鄞江下游的海潮阻于堰下，并将上游的淡水引入南塘河。南塘河是鄞县西部的主要内河河道，从甬水门流经明州府城，与奉化江连通，经奉化江到达甬江入海口。同时，南塘河水注入明州城内日、月二湖，以供居民用水，并经与月湖连通的支渠流入西塘河。西塘河是浙东运河自明州往西兴的首段河道。如此，它山堰引水南塘河，不仅保障了鄞西河网的内河航运的水源，又通过内河水网沟通了与奉化江以及浙东运河的交通。时人曾高度评价它山堰："民食之所资，官赋之所出，家饮清泉，舟通物货。公私所赖，为利无穷。"② 唐僧元亮曾专门作诗称赞它山偃："叠山横铺两山嘴，截断咸潮积溪水。灌溉民田万顷余，此谓齐天功不毁。"③

越州除了鉴湖水利、海塘修筑外，较具规模和影响的水利工程有上虞的夏盖湖。夏盖湖建于唐长庆二年（822年），由上虞永丰等五乡之民割己田兴建而成，"湖周一百五里"，"又有三十六沟，为引水灌田之道"。按今地形图量算，夏盖湖自身集水面积54.6平方公里，连同白马湖、上妃湖的集水面积，总控制集水面积为85.5平方公里；自身湖面面积（含湖中山丘）为46平方公里。夏盖湖总库容量在1亿立方米上下。湖水正常高水位在4米左右，蓄水量约6000万立方米，是仅次于鉴湖的宁绍平原第二大人工湖。④ 受益于夏盖湖巨大的蓄水量，虞北平原广大农田粮食增产巨大："引灌五乡田十三万亩，兼有菱、芡、芙蕖、茭、苇及鱼虾之利，

---

① （宋）魏岘：《四明它山水利备览》卷上，"堰规制作"，《景印文渊阁四库全书》，史部三三四，地理类，第576册，台湾商务印书馆1986年版，第20页上栏。

② （宋）魏岘：《四明它山水利备览》卷上，"它山水源"，《景印文渊阁四库全书》，史部三三四，地理类，第576册，台湾商务印书馆1986年版，第19页下栏。

③ （宋）魏岘：《四明它山水利备览》卷下，（唐）元亮：《它山歌诗》，《景印文渊阁四库全书》，史部三三四，地理类，第576册，台湾商务印书馆1986年版，第37页下栏。

④ 盛鸿郎：《绍兴水文化》，中华书局2004年版，第128页。

俗谓日产黄金方寸云。"① 唐五代时期浙东地区的水利建设加快了农田水利建设的步伐，产生了显著的经济效益，农业经济地位显著提升。

　　唐代前期，在社会经济恢复和发展的同时，浙东地区人口增长迅速。唐贞观元年（627年），越州人口为25890户，计124010口。至唐天宝元年（742年），越州人口为90279户，计529589口。② 国家政治统一和社会相对安定背景下的人口迅猛增长，为农业生产提供了充足的劳动力资源。农耕技术也在不断地改进，尤其是最适合于水田耕作的"江东犁"的发明和使用、各式水车的推广；一年一作的稻麦种植制度开始普遍实行；水稻复种制度也在推广运用。在上述诸种有利因素的推动下，农业劳动生产效率大为提高，浙东地区的粮食产量相对于前朝有了较大幅度的增加。学者李伯重推测唐代江南地区每亩稻田的产量约为稻3石余，麦田产量约为麦6斗余。③ 虽是估算，但粮食增产无疑是确凿的事实。粮食单位面积产量的提高，提升了浙东在全国经济中的地位，居于浙东核心地位的越州更是成为浙江乃至唐朝政府的重要粮仓，正所谓"赋出天下，而江南居十九。以今观之，浙东西又居江南十九，……今国家都燕，岁漕江南米四百余万石以实京师"。④ 在以种植粮食为主的前提下，经济作物的培育也受到重视，桑、麻、茶等经济作物的种植面积都有所扩大。为适应不断发展起来的丝织业，越州农村开始大规模地种植桑树。唐宝历年间（825—827年），越州籍官员朱庆余笔下的越州故园："桑柘骈闐数亩间，门前五柳正堪攀。"⑤寒山的诗中述及剡县"田舍多桑园"。⑥ 可见，唐代越州桑树成园应是

① （明）萧良幹修，张元忭、张镳纂，李能成点校：万历《绍兴府志》卷7《山川志四·湖》，宁波出版社2012年点校本，第168页。

② （后晋）刘昫等撰：《旧唐书》卷40《志第二十·地理三》，"江南东道"，中华书局1975年版，第1589页。

③ 李伯重：《唐代江南农业的发展》，农业出版社1990年版，第142页。

④ （清）顾炎武著，陈垣校注：《日知录校注》卷10，"苏松二府田赋之重"，安徽大学出版社2007年版，第577页。

⑤ （唐）朱庆余：《归故园》，《全唐诗》卷514，中华书局1960年版，第5877页。

⑥ （唐）寒山：《诗三百三首》，《全唐诗》卷806，中华书局1960年版，第9070页。

常见的景象。

（二）隋唐五代时期浙东地区的手工业发展

农业生产的高度发展为手工业的发展提供了必需的原料。隋唐以前，虽然浙东的丝织业有了一定程度的发展，但仍以织布业为主，丝织品数量相对有限，价格高昂，南朝宋时"民间买绢一匹，至二三千，绵一两亦三四百"。[①]唐代前期，由于主政者的重视，浙东的丝织业开始发展起来。唐宝应元年（762年）至大历五年（770年）担任浙东观察使的薛兼训，"募军中未有室者，厚给货币，密令北地娶织妇以归，岁得数百人。由是越俗大化，竞添花样，绫纱妙称江左矣"。[②]薛兼训将北方丝织技术人才引入越地之举，无疑大大地推进了越地丝织技术的改进和提升。中唐以前，关东（河南、河北二道）是丝织业生产的中心，唐安史之乱后，随着北方丝织技艺的传入，丝织业中心开始逐步南移，并形成了两浙和四川两大丝织业中心。

浙东地区的丝织业产地主要是越州和明州，其中越州成为浙江丝织业发展最为快速的地区，所产丝织品名目众多，织法丰富。唐开元年间（713—741年），越州的土贡中，丝织物上贡的仅有"交梭白绫"。唐贞元年间（785—805年），越州所产的部分丝织品类已优于唐前期中原发达区域，"今江南缣帛，胜于谯、宋"。[③]"自贞元之后，凡贡之外，别进异文吴绫及花鼓歇单丝、吴绫、吴朱纱等纤丽之物，凡数十种。"[④]越州的丝织贡品在唐开元至贞元不到百年的时间内，从个位数增至数十种，说明了丝

---

① （梁）沈约：《宋书》卷82《列传第四十二·沈怀文》，中华书局1974年版，第2104页。

② （唐）李肇：《唐国史补》卷下，《景印文渊阁四库全书》，子部三四一，小说家类，第1035册，台湾商务印书馆1986年版，第450页下栏。

③ （唐）顾况：《国公赠太傅韩公行状》，（清）董诰等编：《全唐文》卷530，中华书局1983年版，第5383页下栏。

④ （唐）李吉甫：《元和郡县图志》卷26《江南道二》，中华书局1983年版，第618页。

织生产技术获得了巨大的提升，越州已成为江南地区新兴的丝织业生产基地。隋炀帝时期（604—618年）越州所织用于进贡的"耀花绫"，"有纹突起，特有光彩，丝女乘樵风于石帆山下，收野蚕茧缫之"。[①]越州的各类丝织品中，以罗、绫、纱最为知名，唐天宝年间（742—756年）作为地方特产上贡朝廷。越州产出的罗品质上乘，史载："越罗，自唐有名，杜甫《缫丝行》有越罗、蜀锦之称，台、越地也。"[②]唐时将越罗与蜀锦并称，也凸显了越罗在丝织品行业中具有的优越地位。越州生产量最大的是绫，"绫梭夜夜织寒衣"[③]是越州常见的场景。越州所产缭绫，"天上取样人间织"。[④]丝织业起步较晚的明州也出现了"其下桑土，蚕緰茧纯，红女织棐，交梭吴绫"[⑤]的景象。唐开元二十六年（738年），"采访使齐浣奏以越州之鄮县置，以境有四明山为名。土贡：吴绫、交梭绫"。[⑥]吴绫、交梭绫能够作为贡品上贡，说明明州的织绫工艺已具相当水准。

五代吴越国统治时期，钱镠实行"保境安民"和"休兵息民"的政策，"世方躞血以事干戈，我且闭关而修蚕织"，[⑦]将纺织业作为振兴国力的重要手段，丝织业呈现出繁荣发展的景象。民间普遍织造绫、绢、罗等，产量巨大，除了用作进贡之外，还通过浙东海上丝绸之路远销海外各国。

越窑青瓷业作为浙东地区的传统行业，自东汉中晚期开始烧制，历经

---

① （宋）施宿等撰：嘉泰《会稽志》卷19《杂纪》，《宋元方志丛刊》，第七册，中华书局1990年版，第7062页下栏。

② （宋）陈耆卿：嘉定《赤城志》卷36《风土门·土产》，《宋元方志丛刊》，第七册，中华书局1990年版，第7559页下栏。

③ （唐）杜牧：《越中》，《全唐诗》卷526，中华书局1960年，第6024页。

④ （唐）白居易：《缭绫》，《全唐诗》卷427，中华书局1960年，第4704页。

⑤ （元）袁桷：延祐《四明志》卷1《沿革考》，《宋元方志丛刊》，第六册，中华书局1990年版，第6141页下栏。

⑥ （宋）欧阳修等：《新唐书》卷41《志第三十一·地理五》，中华书局1975年版，第1061页。

⑦ （清）袁枚：《小仓山房外集》卷8《重修钱武肃王庙记》，博文印书馆民国三十三年（1944年）版，第110—111页。

魏晋南北朝的发展，制瓷技艺更加精湛。隋唐时期，民间盛行饮茶，加之浙东海上丝绸之路贸易对陶瓷品的需求日甚，因而制瓷业发展迅速。随着宁绍平原东部地区的不断开发，自东晋开始，慈溪上林湖地区的越窑发展起来，晚唐以来浙东海上丝绸之路贸易中瓷器的外销量不断增加，上林湖地区越窑的青瓷生产量已难以满足贸易需求，至五代吴越国时期，以生产外销青瓷为主的上林湖越窑窑场相继搬迁至邻近明州海港的东钱湖地区。基于宁绍平原的经济发展和越窑的外销情况，越窑的分布呈现出明显的区位差异。隋唐以前越窑集中分布在越州上虞曹娥江中游地区，隋唐五代以来，越窑窑址从之前的宁绍平原西部开始东移至明州的上林湖、东钱湖地区，呈现为慈溪上林湖、上虞曹娥江中游和鄞州东钱湖三大窑群并存的局面，这三大窑群构成了隋唐五代时期越窑的三大主产区。这一时期的越瓷新品层出，烧制技艺日益精湛。顾况在《茶赋》中将越窑青瓷描述为："舒铁如金之鼎，越泥似玉之瓯。"① 陆羽曾对越窑青瓷与邢瓷做一比较，指出了越窑青瓷的优点并对其倍加赞赏："碗：越州上，鼎州、婺州次；岳州上，寿州、洪州次。或者以邢州处越州上，殊为不然。若邢瓷类银，则越瓷类玉，邢不如越一也；若邢瓷类雪，则越瓷类冰，邢不如越二也；邢瓷白而茶色丹，越瓷青而茶色绿，邢不如越三也。"② 至唐代中晚期，上林湖窑场已成功地烧制出"如冰似玉"的"秘色瓷"，虽是起始阶段，但也反映出越窑工艺技术的日臻完善，提升了越窑青瓷在市场上的竞争力。吴越国时期，越窑青瓷作为国家财政收入的重要来源和向中原王朝进贡的贡器，庞大的需求量推动着窑场的大幅增加，制瓷技艺也更为讲究，尤其是秘色瓷制作之精美细腻已远胜唐朝，成为越窑烧制的顶峰时期。

造船业也是较能体现浙东地区手工制造技艺的行业。自春秋以降，浙东地区的造船业就有扎实的根基。浙东地区东临大海，北接钱塘江，东西有浙东运河连通，水网纵横交错，对船只的需求旺盛，造就了当地兴旺发

---

① （唐）顾况：《茶赋》，（清）董诰等编：《全唐文》卷528，中华书局1983年影印本，第5365页上栏。

② （唐）陆羽等原典：《茶经》，卡卡译注，中国纺织出版社2006年版，第11页。

达的造船业。隋唐五代时期，浙东的越州、台州、明州等地的造船业，无论是官营还是民营都相当发达。隋代统治者曾因惧怕吴越之地民间发达的造船业对其统治构成威胁，专门下诏："吴、越之人，往承弊俗，所在之处，私造大船，因相聚结，致有侵害。其江南诸州，人间有船长三丈已上，悉括入官。"① 当时不仅制造用于内河和近海航运的船只的技艺高超，而且打造远洋航船的技术也很发达。唐贞观二十一年（647年），唐太宗敕"宋州刺史王波利等发江南十二州工人造大船数百艘，欲以征高丽"。② 江南十二州包括了宣、润、常、苏、湖、杭、越、台、婺、括、江、洪。其中位于浙东的有越、台两州。贞观二十二年（648年），唐太宗又"敕越州都督府及婺、洪等州造海船及双舫千一百艘"。③ 所造船只"大者或长百尺，其广半之"，④ 运载量巨大。唐太宗两次钦定的造船地都有越州，足见其对越州建造海上远航船只具备的丰富经验与实力的肯定。明州的造船业自中唐以来有了明显的进步，往返于中日之间开展贸易的唐商将先进的造船技术传到日本。如唐代明州商人李处人就曾在日本肥前国值嘉岛打造海船。⑤ 浙东发达的造船业为海上丝绸之路的蓬勃发展提供了硬件方面的保障。五代吴越国时期，浙东的越州、台州等地设有造船基地，打造的船只以战舰、龙舟和海船最为著名。

---

① （唐）魏征等撰：《隋书》卷2《帝纪第二·高祖下》，中华书局1973年版，第43页。

② （宋）司马光编著，（元）胡三省音注：《资治通鉴》卷198《唐纪十四》，中华书局1956年版，第6249页。

③ （宋）司马光编著，（元）胡三省音注：《资治通鉴》卷199《唐纪十五》，中华书局1956年版，第6261页。

④ （宋）司马光编著，（元）胡三省音注：《资治通鉴》卷199《唐纪十五》，中华书局1956年版，第6259页。

⑤ ［日］木宫泰彦：《日中文化交流史》，胡锡年译，商务印书馆1980年版，第109页。

二、隋唐五代时期浙东海上丝绸之路的贸易环境

隋代在中国历史上虽然只存在了38年，但非常重视与海外国家的邦交与贸易往来，派遣使者出使倭国、百济及赤土国（今马来半岛北部），尝试与这些国家建立起良好的互动关系。隋初设"鸿胪寺卿一人，正第三品，统典客，司仪、崇玄等三署"。^①隋炀帝统治期间（604—618年）重视对外贸易，礼仪外商，令洛阳"三市店肆皆设帷帐，盛列酒食，遣掌蕃率蛮夷与民贸易，所至之处，悉令邀延就坐，醉饱而散。蛮夷嗟叹，谓中国为神仙"。^②为有效地管理对外贸易相关事宜，隋炀帝在建国门外设置四方馆，"以待四方使者，后罢之，有事则置，名隶鸿胪寺，量事繁简，临时损益。东方曰东夷使者，南方曰南蛮使者，西方曰西戎使者，北方曰北狄使者，各一人，掌其方国及互市事。每使者署，典护录事、叙职、叙仪、监府、监置、互市监及副、参军各一人。录事主纲纪。叙职掌其贵贱立功合叙者。叙仪掌小大次序。监府掌其贡献财货。监置掌安置其驼马船车，并纠察非违。互市监及副，掌互市。参军事出入交易"。^③

唐朝作为我国古代最为强盛的封建王朝之一，以其雄厚的国力为后盾，奉行开放的对外政策。唐初统治者吸取和借鉴隋朝灭亡的经验教训，将"君临区宇、深根固本、人逸兵强，九州殷富，四夷自服"^④作为基本国策，对内励精图治，对外积极发展和各国的友好关系。唐朝积极开放的对外政策吸引了海外诸国纷纷前来，主动与其建立外交关系或者展开贸易往来。史载："自梁武、隋炀，诸国使至踰于前代。大唐贞观以后，身

---

① （唐）李林甫等撰，陈仲夫点校：《唐六典》卷18《鸿胪寺》，中华书局2014年版，第505页。

② （唐）魏征等撰：《隋书》卷67《列传第三十二·裴矩》，中华书局1973年版，第1581页。

③ （唐）魏征等撰：《隋书》卷28《志第二十三·百官下》，中华书局1973年版，第798页。

④ （唐）李大亮：《请停招慰突厥疏》，（清）董诰等编：《全唐文》卷133，中华书局1983年版，第1343页上栏。

教远被，自古未通者重译而至，又多于梁、隋焉。"[1]据统计，唐贞观年间（627—649年），唐朝与近二十个国家建立外交关系。开元、天宝间（713—755年），与唐朝有官方往来的国家和地区多达七十余个。[2]唐代陆上丝绸之路因沿线不时受到战争的影响导致传统贸易通道的梗塞，尤其是天宝十年（751年）怛罗斯战役后，中亚被大食控制，唐朝通往西域的陆路交通因此被切断。此后，唐朝将对外贸易的重心转向经海路与海外各国的贸易往来，海上丝绸之路也逐渐取代陆上丝绸之路成为中外经济文化交流的主要通道。

唐朝政府积极的对外贸易政策不仅允许国内商人前往海外开展贸易，而且对于来华外商施以怀柔政策，尊重各国的礼仪风俗，平等交往，允许外国商民来华贸易居住。为加强对海外贸易的管理，唐代前期专门在广州设置了市舶使，"授权管理一切外国商品、外国船只、政府专卖的外国商品的采购等有关事宜，并征收关税"。[3]政府对于外商来华贸易实行优待的举措，"海员从海上来到他们的国土，中国人便把商品存入货栈，保管六个月，直到最后一船海商到达时为止。他们提取十分之三的货物，把其余的十分之七交还商人。这是政府所需的物品，用最高的价格现钱购买，这一点是没有差错的"。[4]然而，实际的操作过程中，一些地方官员违规增加税率，为此，大和八年（834年），唐文宗下达谕令："南海蕃舶，本以慕化而来，固在接以恩仁，使其感悦。如闻比年长吏，多务征求，嗟怨之声，达于殊俗，况朕方宝勤俭，岂爱遐琛，深虑远人未安。率税犹重，思有矜恤，以示绥怀。其岭南、福建及扬州蕃客，宜委节度观察使常加存

① （唐）杜佑：《通典》卷188《边防四·海南序略》，中华书局1988年版，第5088页。

② 黄启臣主编：《广东海上丝绸之路史》，广东经济出版社2003年版，第114页。

③ ［法］索瓦杰译注：《中国印度见闻录》，穆根来等译，《中外关系史名著译丛》，中华书局1983年版，第70页。

④ ［法］索瓦杰译注：《中国印度见闻录》，穆根来等译，《中外关系史名著译丛》，中华书局1983年版，第15页。

问。除舶脚、收市进奉外，任其来往通流，自为交易，不得重加率税。"[1]
唐朝开放的贸易政策下营造的宽松环境赢得了海外商人的信任，促进了中外的经济互通，也带动了文化、宗教等领域的交流。

五代十国时期，国家处于分裂割据的状态，中原地区各政权之间战乱频仍，地处两浙的吴越国却在相对安定的环境中生存和发展起来。为维持和巩固其统治，吴越国一方面向北方的中原小朝廷纳贡称臣，在统辖区域内鼓励生产，大力发展经济；另一方面，凭借优越的海上地理优势，积极发展与海外诸国的贸易，以期获取更多的财政收入，增强国家的经济实力。为了更好地经营与管理对外贸易，吴越国设置了专门管理海上贸易的博易务。《新五代史》记载："是时，江淮不通，吴越钱镠使者常泛海以至中国。而滨海诸州皆置博易务，与民贸易。"[2]博易务在管理吴越国与五代各朝沿海贸易的同时，还负责掌管海外贸易，为吴越国获得了丰厚的收入，史称"航海所入，岁贡百万，王人一至，所遗至广，故朝廷宠之，为群藩之冠"。[3]

总体而言，隋唐五代时期政府积极开放的对外政策、浙东地区相对安定的社会环境以及显著提高的经济发展水平，都为海上丝绸之路的发展提供了良好的外部条件和物质基础。

---

[1] （唐）董浩编：《全唐文》卷75《文宗七·太和八年疾愈德音》，中华书局1983年版，第785页上栏、下栏。

[2] （宋）欧阳修撰，徐无党注：《新五代史》卷30《汉臣传第十八·刘铢》，中华书局1974年版，第335页。

[3] （宋）薛居正等撰：《旧五代史》卷133《世袭列传二》，中华书局1976年版，第1774页。

三、隋唐五代时期浙东运河与海上丝绸之路上的贸易往来

（一）隋唐五代时期浙东运河与海上丝绸之路上的中日贸易

隋唐时期浙东海上丝绸之路上的中日贸易有官方贸易和民间贸易两种形式。隋及唐代前中期，浙东海上丝绸之路上的中日贸易以政府与遣唐使的官方贸易为主，民间物资交易为辅。隋开皇二十年（600年），日本政府首次以官方名义向隋朝"遣使诣阙"，[①]此当为隋朝最早来华的日本遣隋使。遣隋使来隋的路线为北路航线：从大阪湾出发，穿越濑户内海后，从北九州经壹岐、对马到达百济后，从瓮津半岛直接横越黄海以达山东半岛的尖端部分，或者是沿着北朝鲜的高句丽所属的西岸北上，从辽东半岛的尖端经庙岛列岛，到达山东半岛的登州附近。[②]唐代，日本遣唐使开始选择在浙东海上丝绸之路港口登陆。唐显庆四年（659年），日本第四次遣唐使的两艘使船于七月三日从难波的三津浦出发，八月十一日从筑紫的大津浦启程，九月十三日到达百济南端的海岛。九月十四日两船开进大海，因遭遇狂风，十五日，遭遇逆风袭击，由副使津守吉祥率领的第二船于十六日夜半之时"行到越州会稽县须岸山（今舟山群岛南面）。东北风，风太急。二十三日，行到余姚县。所乘大船及诸调度之物留著彼处。闰十月一日，行到越州之底。十月十五日，乘驿入京。二十九日，驰到东京今（今河南洛阳）。天子在东京"。[③]唐显庆六年（661年），遣唐使从越州起航返日，"辛酉年正月二十五日，还到越州。四月一日，从越州上路，东

---

① （唐）魏征等撰：《隋书》卷81《东夷·倭国》，中华书局1973年版，第1826页。
② ［日］藤家礼之助：《日中交流二千年》，张俊彦、卞立强译，北京大学出版社1982年版，第85页。
③ 《日本书纪》卷26，齐明天皇，《国史大系》，第1卷，经济杂志社，1897年，第464—465页。

第二章 隋唐五代时期浙东运河的修治与海上丝绸之路的发展 | **055**

归。七日，行到柱岸山明。以八日鸡鸣之时，顺西南风，放船大海"。[①]8世纪下半叶，中日之间的南路航线开通，日方通过横渡东海至明州、越州等浙东海上丝绸之路港或长江口沿岸港口登陆，南路航线使得明州、越州在中日交通中的地位逐渐提升。

遣唐使对唐进献的礼品，主要有琥珀、玛瑙、黄丝、绵、纻布、金漆等，唐朝按例予以回赠，并依据使节级别进行奖赏。回赠物品以彩帛和香药等为主。事实上，遣唐使在出使唐朝之前，日本政府一般会根据不同级别的人员进行物品的赏赐。唐政府允许掌管蕃客事宜的典客署与遣唐使进行交易。遣唐使中只有部分人允许进入唐都城，大部分人留守在登陆口岸等待入京人员的返回，在数月甚至是一年之久的等待时间中，不排除有人员将日本政府所赐物品在当地交易。据日本学者木宫泰彦推测，日本政府给予使团人员的赏赐主要用以他们在唐期间的旅费，遣唐使回国后则将唐朝政府赏赐给他们的物品或者自行购买的物品在市场上销售获利。[②]可见，中日民间交易在以遣唐使为背景的官方交往下展开已成惯常之例。

唐开成三年（838年）的第十九次遣唐使，是日本派出的最后一次实际出行的遣唐使，中日之间以朝贡贸易为主的官方贸易就此结束。然而，在中日官方贸易中断的背景下，日方对中国商品的需求依然旺盛，从而刺激了两国之间民间贸易的兴起和繁盛，尤其是从9世纪上半叶起，浙东海上丝绸之路上的浙籍海商成为中日民间贸易的主导者。自唐开成四年（839年）起到唐朝灭亡的天祐四年（907年）止，凡七十年间，周光翰、李处人、张支信、李邻德、李延孝、李达、詹景全、言升则等浙籍唐商频繁往来于唐与日本之间，他们多从明州出发，横渡东海，经过肥前国松浦郡值嘉岛入博多津，在那里经营贸易。仅在史籍上载明的就达37次，其

---

① 《日本书纪》卷26，齐明天皇，《国史大系》，第1卷，经济杂志社，1897年，第470页。

② ［日］木宫泰彦：《日中文化交流史》，胡锡年译，商务印书馆1980年版，第106—107页。

中和明州有关的中日商船往来次数有7次之多，[1]占到总数的近1/5。这期间往返于中日之间的船舶，除极少数日本船和新罗船外，绝大多数为唐船。

明州港赴日商船装载的商品以浙东地区的越窑青瓷、越绫和越罗等特色产品为主，另有经卷、佛像、佛画、佛具、书籍、药材、香料等，其中香料和药材有些产自其他国家，经贸易等途径进入国内，又随着浙东海上丝绸之路上的赴日商船转运至日本市场流通。唐大中年间（847—859年）经常往返于唐与日本之间的贸易商人徐公祐写给渡日唐僧义空的书简，其中标注日期为"闰十一月二十四日"的这份书简中，述及时任苏州衙前散将徐公直委托其弟徐公祐给义空带去的物品："白茶垸五口、越垸子五对、青瓶子一件、铜匙三对。"据考证，这封书信的书写时间应该是在唐大中三年（849年）闰十二月二十四日，当时滞留在镇西鸿胪馆的徐公祐，给东寺西

图 2-1　中日交通的门户：日本值嘉岛（遣唐使船寄泊地）[2]

图 2-2　日本鸿胪馆遗址出土的明州上林湖、东钱湖青瓷制品[3]

① ［日］木宫泰彦：《日中文化交流史》，胡锡年译，商务印书馆1980年版，第109—116页。

② 林士民：《再现昔日的文明：东方大港宁波考古研究》，上海三联书店2005年版，彩版，第50页。

③ 宁波市文化局编：《千年海外寻珍：中国宁波"海上丝绸之路"在日本、韩国的传播及影响》，宁波市文化局，2003年，第28页。

院义空的赠品。①越垸子即为越窑青瓷茶碗。1987 年日本福冈发掘出的鸿胪馆遗址，位于九州北部的博多湾中央，在第三次和第六次调查时，均发现了大量越州窑青瓷残片。②可见越窑青瓷是浙东海上丝绸之路输日的主要贸易商品。日本商人也驾船来明州贸易，如神御井。③唐乾符四年（877年），日本商人多治安江从中国购买香药等货物，其所搭乘的商船于该年六月一日自台州出发，七月二十五日到达日本筑前。④

吴越国统治时期（907—978 年），出于增强国力、保境安民的现实所需，钱氏积极发展与日本的友好关系。据统计，在 909 年至 959 年的 50 年间，见于文献记载的吴越国时期中国船舶往返日本共计 15 次，⑤实际上的往来次数应该更多。这时期日本处于醍醐天皇（897—930 年）、朱雀天皇（930—946 年）以及村上天皇（947—967 年）的执政时期，由于日本政府实行消极的对外政策，禁止本国商船前往海外贸易，因而中日海上贸易表现为中国商船单向赴日，往返于中日之间的吴越国贸易商人在两国的政治与经济交流中充当了特使的角色。如海商蒋承勋、蒋衮在从事中日贸易的同时，还曾被钱元璀委以使者的身份向日本献上吴越国的信函和土物。吴越国的赴日商船大多于夏季从以明州为主的浙东海上丝绸之路港口出发，利用季风和海流，横渡东海后至肥前国松浦郡的值嘉岛，进入博多津港，并于八九月份台风季节过后循同样的海路返航。赴日贸易商人往往携带孔雀、羊等珍奇禽兽献给日本政府，贸易商品依然以越窑青瓷、香药及锦绮等为主。贩往日本的香药主要来自广东、福建转口的"蕃货"。锦绮等纺

---

① ［日］龟井明德：《日本古代史料中"秘色"青瓷的记载与实例》，王竞香译，《文博》1995 年第 6 期。

② 李蔚：《从考古发现看唐宋时期博多地区与明州间的贸易往来》，《宁波大学学报（人文科学版）》2007 年第 3 期。

③ ［日］圆仁：《入唐求法巡礼行记》卷 4，崇文书局 2022 年版，第 163 页。

④ ［日］木宫泰彦：《日中文化交流史》，胡锡年译，商务印书馆 1980 年版，第114 页。

⑤ ［日］木宫泰彦：《日中文化交流史》，胡锡年译，商务印书馆 1980 年版，第222—224 页。

织品多为吴越国统治范围内的浙东等地所产。大宰府通常用府库所藏的沙金等物来与吴越商人交易货物。日方将交易所获中国商品，送到京师供天皇御览后，交内藏寮收藏，供需要时进上，如有不需要的，也有时卖给臣下。[①] 吴越国也从日本输入本国所需物件，如用于修建"钱氏捍海塘"的木材便来自日本，史载："钱城其地有椤木营、椤木桥。考之前史，椤木，日本国所献，钱王卧巨石为塘，中贯以铁，大木为桩。"[②] 天台宗缺失的部分宗卷也取自日本："《天台智者教》五百余卷有录而多阙，贾人言日本有之，钱俶置书于其国王，奉黄金五百两，求写其本，尽得之。"[③]

（二）隋唐五代时期浙东运河与海上丝绸之路上的中国与朝鲜半岛诸国的贸易

终唐一代，唐和朝鲜半岛的关系以与新罗的往来最为密切，不仅双方交往次数很多，而且互动内容相当丰富，其中双方的贸易往来和唐与日本贸易类似，9世纪之前以官方的朝贡贸易往来为主。据《新唐书》记载，唐玄宗开元中，新罗兴光王遣使"数入朝，献果下马、朝霞绸、鱼牙绸、海豹皮"，"亦上异狗马、黄金、美髢诸物"，"帝间赐兴光瑞文锦、五色罗、紫绣纹袍、金银精器"。[④] 可知，新罗进贡的物品中，有珍贵的马匹、绸、毛皮、黄金以及工艺品等，唐朝赏赐给新罗的除了金银器皿外，还有高端的丝织品。

9世纪后，随着航海技术的进步以及中朝之间新的海上航路的开辟，唐与新罗之间的民间海上贸易逐渐兴起。浙东地区前往朝鲜半岛的航路，

---

① ［日］木宫泰彦：《日中文化交流史》，胡锡年译，商务印书馆1980年版，第226页。

② （清）倪璠：《神州古史考》，清光绪十五年（1889年）嘉惠堂丁氏刻本，第31页a。

③ （宋）杨忆：《杨文公谈苑》，《日本僧奝然朝衡》，上海古籍出版社1993年版，第9页。

④ （宋）欧阳修、宋祁：《新唐书》卷220《列传第一百四十五·东夷》，中华书局1975年版，第6204—6205页。

如前所述，从浙东明州、台州等地出发，北上横渡黄海后经黑山岛至灵岩，继续往东行驶可至清海镇菀岛港。唐代后期由明州直航至朝鲜半岛的便捷航线为以张保皋代表的新罗海商的崛起提供了交通上的便利和优势，并由此构建了以菀岛清海镇为中心，通过海路连接以明州、台州等为中心的浙东海上丝绸之路。新罗、高丽商人驶抵中国后，浙东明州、台州等地成为其贸易活动重要的据点。越州的青瓷和丝织品等贸易商品通过以张保皋为代表的新罗海商经浙东海上丝绸之路运抵朝鲜半岛。在张保皋经营的菀岛清海镇港遗址，考古发掘现场出土的浙东明州生产的越窑青瓷制品中，以碗、罐为大宗，其中迭烧的松子状支烧印痕颇具特征，这批制品大多生产于明州慈溪上林湖古瓷都，时代为中唐晚期和晚唐早期，这与张保皋商团，贸易活动于浙东明州港的时代相吻合。[①] 唐会昌元年（841年），张保皋被暗杀，此后东亚贸易圈的主导权转移至以明州海商为代表的唐商手中。

唐末及五代十国时期，朝鲜半岛正处于由统一新罗崩解到高丽王朝再统一的过渡时期。吴越国与百济、新罗、高丽均有官方往来，曾"遣使册新罗、渤海王，海中诸国，皆封拜其君长"。[②] 其中百济和新罗都曾向吴越国称臣。9世纪末，甄萱自立为百济王以后，曾数次派遣使者前往吴越国，向吴越国进献"孔雀扇、智异山竹箭"等物。[③] 936年高丽统一朝鲜半岛后，吴越国与朝鲜半岛的交往限于高丽国。据韩国考古发掘报告，以黄海南道峰泉郡圆山里窑、京畿道始兴市芳山洞窑、京畿道龙仁西里窑三窑为例，其窑炉的构筑、规模、用材、工艺及产品型制等，都与五代吴越国时

① 林士民：《东亚商团杰出人物——新罗张保皋》，林士民：《再现昔日的文明：东方大港宁波考古研究》，上海三联书店2005年版，第293页。
② （宋）欧阳修撰，徐无党注：《新五代史》卷67《吴越世家第七·钱镠》，中华书局1974年版，第840页。
③ ［朝鲜］郑麟趾：《高丽史》，世家卷第一，《高丽史一·太祖一》，朝鲜科学院，1957年，第15页下栏。

期的越窑相类似。①

（三）隋唐五代时期浙东运河与海上丝绸之路上的中国与南海诸国的贸易

从晚唐至五代时期，越窑青瓷的制作技艺更为精湛，这也体现在浙东海上丝绸之路上中国与南海诸国的贸易中。根据考古发现，在东南亚地区出土的中国瓷器数量以唐五代时期居多，主要集中在沿海岛屿，尤以在印度尼西亚出土较多。在对南海诸国的贸易中，在到达今苏门答腊岛以前，并不开展实质性的贸易活动，完整的贸易活动发生在当时的海上贸易中间港——室利佛逝王国的都城巨港。可见 9—10 世纪中国与东南亚通过海路贸易的地点可能主要是印度尼西亚的苏门答腊和爪哇两岛。② 其中 20 世纪末期以来在苏门答腊岛东南海域发现的 9 世纪前半叶的黑石号沉船、10 世纪前期至中期的印坦沉船及 10 世纪后半叶的井里汶沉船装载的瓷器颇具代表性，它们分别代表了越窑青瓷在晚唐至五代期间外销的基本情况。黑石号是走南向航线的外贸商船，从广州出发驶向东南亚，在苏门答腊岛的巨港附近沉没。③ 船载物品多数为中国制造，大约为 9 世纪的约 67000 余件中国陶瓷中，有 200 件左右为越窑青瓷，占总数的近 0.03%；而同船上的长沙窑陶瓷数量高达 6 万余件，④ 占总数的近九成。1997 年在印度尼西亚雅加达以北 150 公里印坦油田附近发现的年代约在 10 世纪前期到中期的印坦沉船，正式发掘登记的 7309 件，越窑陶瓷所占的比例约在 20%—30% 之间。井里汶沉船（东南亚本地建造）出水的年代约在 10 世纪后半叶

---

① 李军：《五代越窑青瓷的外销与制瓷技术的传播》，李英魁主编：《宁波与海上丝绸之路》，科学出版社 2006 年版，第 177 页。

② 秦大树、任林梅：《早期海上贸易中的越窑青瓷及相关问题讨论》，《遗产与保护研究》2018 年第 2 期。

③ 辛光灿：《9—10 世纪东南亚海洋贸易沉船研究——以"黑石号"沉船和"井里汶"沉船为例》，《自然与文化遗产研究》2019 年第 10 期。

④ 谢明良：《记黑石号（Batu Hitam）沉船中的中国陶瓷器》，《美术史研究集刊》2002 年第 13 期。

的 49 万多件片器物中，中国陶瓷占了 75%，绝大多部分是越窑青瓷，数量应在 30 万件以上。[1] 从上述三艘沉船出水的越窑青瓷来看，9 世纪前半期进入外销通道的越窑青瓷极为有限。从 10 世纪后半叶开始，越窑青瓷成为取代长沙窑的最大宗外销商品。但唐、五代时期明州港和东南亚的贸易多为经由广州开展的转口贸易。

在南亚，巴基斯坦斑波尔城市遗址出土了晚唐时期越窑瓷的水注；印度古代商业中心布拉夫米那巴德城市遗址，出土了晚唐时期的越窑瓷残片。在西亚的诸多遗址中，伊朗赖伊出土唐代越窑青瓷，内沙布尔出土晚唐时期的越窑瓷碗；伊拉克阿比鲁塔城市遗址发现了唐五代时期的越窑瓷。[2] 当时的海上贸易主要靠信风航行，从中国到巴格达一个往返大约需要两年时间，这对于一个商人来说时间太长了一些。因此当时大部分商船实际上并不是航行全程，而是一种以中间港为中心的接力式贸易或曰转口贸易。[3] 非洲出土的唐、五代时期陶瓷主要集中在埃及开罗南部的福斯塔特（Fustat），该遗址出土的瓷器以 9—10 世纪的浙江越窑青瓷为多，除几片素釉玉壁底碗为晚唐时期外，余者均属五代末期至宋代初期。[4] 日本学者弓场纪知于 1964—1966 年调查的福斯塔特遗址出土的 12705 片中国陶瓷中，越窑青瓷共有 941 片。[5] 另位于苏丹境内的艾扎布发现的多达千余片的陶瓷中，也包括唐末的越窑青瓷。[6] 由于唐代中国在非洲的考古遗存只

---

[1]　秦大树：《拾遗南海补阙中途——谈井里汶沉船的出水瓷器》，《故宫博物院院刊》2007 年第 6 期。

[2]　［日］三上次男：《陶瓷之路》，李锡经、高喜美译，文物出版社 1984 年版，第 117、119、101、99、82 页。

[3]　秦大树：《非洲发现的早期中国贸易瓷器及其发展变化》，李庆新等主编：《海洋史研究》，第十八辑，社会科学文献出版社 2022 年版，第 153 页。

[4]　马文宽、孟凡人：《中国古瓷在非洲的发现》，紫禁城出版社 1987 年版，第 3 页。

[5]　［日］弓场纪知：《福斯塔特遗址出土的中国陶器——1998—2001 年研究成果介绍》，《故宫博物院院刊》2016 年第 1 期。

[6]　陈信雄：《唐代中国与非洲的关系——间接而强势的海路贸易》，吴剑雄主编：《中国海洋发展史论文集》，第四辑，台湾"中央研究院"中山人文社会科学研究所，1991年，141—146 页，151 页。

有陶瓷，在没有其他物品出土的前提下，基本可以判断非洲出土的越窑青瓷应为中转贸易的商品。

吴越国时期，钱氏向中原朝贡的物品包括珊瑚、犀角、象牙、香药等，这些商品也出现在吴越国与朝鲜、日本等国贸易中。但这些商品并非中国土产，主要通过闽、粤商人和东南亚等国的交易转贩至国内各地，或者依靠海外舶商的输入。在吴越国的都城杭州等地就活跃着海外的舶商。忠懿王妃孙氏"常以一物施龙兴寺，形如朽木箸，寺僧未之珍也；偶出示舶上，波斯人曰：此日本龙蕊簪，遽以万二千缗易去"。① 可见，当时有波斯商人前来吴越国贸易。吴越国在与吴国狼牙山江面的激战中，就曾使用产自大食国的火油焚烧吴国的船舰。史载："火油得之海南大食国，以铁筒发之，水沃其焰弥盛。"②

隋唐五代时期浙东海上丝绸之路上的贸易，由于交通方面的便利和成熟的海上交通航线，以与日本、朝鲜半岛的往来较为频繁和密切。根据不同时期国家对外政策、政治局势等因素的变动，呈现出以朝贡贸易为主的官方贸易和以海商为主导的私人海上贸易并存或切换的局面。在与南海诸国的贸易中，浙东海上丝绸之路上的贸易商品主要通过泉州、广州等南方贸易港口转运。唐五代时期在以明州海商为代表的中国海商赴海外开展贸易的同时，也有诸多的日本商人、朝鲜商人及阿拉伯商人前来中国，其中部分商人活跃于浙东海上丝绸之路上，甚至居留中国长期从事海上贸易，将浙江及集散于此的各类商品源源不断地运贩至海外诸国，尤为瞩目的便是越窑青瓷、丝织品等商品的大量外销。

---

① （清）吴任臣：《十国春秋》卷83《吴越七·列传》，中华书局1983年版，第1191页。

② （宋）钱俨：《吴越备史》卷3《文穆王》，《景印文渊阁四库全书》，史部二二二，载记类，第464册，台湾商务印书馆1986年版，第544页下栏。

第三节　隋唐五代时期
浙东运河与海上丝绸之路的互通关联

一、隋唐五代时期浙东运河与海上丝绸之路港口的崛起

（一）隋唐五代时期浙东运河与海上丝绸之路上明州港的崛起

明州港地处浙东沿海，北邻杭州湾，位于南北航线的中心，为常年不冻港，具备发展海上交通和贸易的天然优势条件。但因远离国家的政治统治中心区域，偏隅国家水陆交通的东南段，因而并未能够成为国家战略部署的重心所在。表现在行政区划上，自秦汉以来，该地一直隶属于会稽郡。隋朝统一全国后便着手改革地方行政制度。隋开皇九年（589年），隋在会稽郡置吴州，以州统县，将鄞、鄮、余姚三县归入句章，隶吴州。大业元年（605年），隋废吴州而置越州，句章县属越州。大业六年（610年），隋炀帝"敕穿江南河，自京口至余杭，八百余里，广十余丈，使可通龙舟，并置驿宫、草顿，欲东巡会稽"。① 这条从京口到余杭的河道即为江南运河。江南运河修浚后，大运河全线贯通。大运河在杭州与浙东运河隔江相望，明州作为浙东运河的东端起点，通过浙东运河与大运河相连接，浙东地区与京畿的水上交通全线畅通，极大地改变了其在全国水路交通网中所处的不利局面。唐武德四年（621年），"析故句章县置鄞州，八年州废，更置鄞县，隶越州"。② 此时的鄞县"实兼三县为郡之全境"，辖

---

① （宋）司马光编著，（元）胡三省音注：《资治通鉴》卷181《隋纪五》，中华书局1956年版，第5652页。

② （宋）欧阳修、宋祁：《新唐书》卷41《志第三十一·地理五》，中华书局1975年版，第1061页。

句章、旧鄞、鄮三县，因而"非先鄞县也"。①唐开元二十六年（738 年），浙东采访使齐澣认为鄮县已是海产品和丝绸的集散地，"奏分越州之鄮县置明州，以境内四明山为名"。②将鄮县从越州分出设立明州，州治设在小溪镇，辖鄮县、慈溪、奉化、翁山四县。鄮县从越州独立出来，并由县级升格为州级。值此宁绍平原的社会经济也在快速发展中，运河水网和海塘得到一系列的整治和完善，这些因素都推动着浙东区域经济实力的整体提升，明州在国家的整体战略布局中的地位开始上升。

越州鄮县升格为明州之初时，是全国众多州级机构中的普通一员，并无特别之处。然而，唐中期的安史之乱（755—763 年）后，唐政府逐渐失去了对西北陆上丝绸之路的主导权，海上丝绸之路的重要性开始显现。唐代中后期，明州成为日本遣唐使登陆和返航的主要口岸之一。唐天宝十一年（752 年），以藤原清河为大使的日本第十二次遣唐使在明州和越州登陆，③这是继唐显庆四年（659 年）驶抵越州、再次在浙东海上丝绸之路港口登陆的遣唐使。唐贞元二十年（804 年），日本第十八次遣唐使舶的第二舶由副使石川道益率领在明州港登陆，次年第二舶和在福州登陆的第一舶都从明州起航回国，"五月十八日，于州下鄮县，两船解缆。六月五日，臣船到对马屿下县郡阿礼村"。④日本遣唐使初始登陆明州港，与遣唐使海上航线行进过程中的不确定性有关。中日之间的南岛航线和南路航线在唐登陆的地点往往以长江口作为大的方向，行程中容易受到天气影响不得不临时调整预先设定的地点而选择适宜之地泊岸，扬州、楚州（今江苏淮安）、明州、越州、福州等地都属于可选择的登陆口岸。因而，遣唐使

---

① （明）张时彻：嘉靖《宁波府志》卷 1 下《沿革·鄞》，明嘉靖三十九年（1560 年）刻本，第 9 页 a。

② （唐）李吉甫：《元和郡县图志》卷 26《江南道二》，中华书局 1983 年版，第 629 页。

③ 王勇、［日］中西进主编：《中日文化交流史大系·人物卷》，浙江人民出版社 1996 年版，第 62 页。

④ 《日本后纪》卷 12，恒武天皇，延历廿四年六月，经济杂志社，1913 年，第 56 页。

登陆明州具有相当大的偶然性。唐贞元二十年（804年）遣唐使在明州港登陆，具体的停靠地在明州的三江口。奉化江、余姚江和甬江的交汇处的"三江口据江海之冲，为善后之备"，[①] 是东南沿海重要的商品集散地，经浙东运河连接隋唐大运河，成为唐代水运交通的重要口岸。

从最初相对的随机登陆明州港，到后来明确地将明州作为遣唐使固定的往返港口之一，可以说是明州港历史发展中的一个重要时间节点。从唐中期开始，日本遣唐使漂流至明州港登陆的次数逐渐增加，加之唐与日本、朝鲜半岛海上航线的南移，以明州港为起航及登陆地点的船只数量日增，从而推动着明州港在浙东乃至国内的地位不断地获得提升和关注。唐大历六年（771年），唐政府遂将鄮县县治迁至三江口。长庆元年（821年）三月，"浙东观察使薛戎上言，明州北临鄮江，城池卑隘，今请移明州于鄮县置，其旧城近南高处置县，从之"。[②] 明州州治和鄮县县治互换地点，明州州治从小溪迁移至原鄮县治三江口，从此开启了明州港的崭新发展阶段，成为唐五代时期浙东海上丝绸之路上最为便捷和兴旺的港口。

图2-3　宁波三江口[③]

① （清）钱维乔：乾隆《鄞县志》卷1《建制沿革》，清乾隆五十三年（1788年）刻本，第5页b。
② （宋）王溥：《唐会要》卷71《州县改置下·江南道》，中华书局1955年版，第1273页。
③ 《浙江通志》编纂委员会编：《浙江通志·运河专志》，浙江人民出版社2021年版，彩图第4页。

唐代中后期，约在 9 世纪 30 年代，新罗海商张保皋以清海镇和山东半岛的赤山浦为其海上贸易的主要基地，建立了东亚海域的贸易网络。登州作为通往朝鲜半岛的主要海港，也是张保皋长期在唐和新罗之间开展贸易活动的主要港口。然而，9 世纪中期张保皋海上势力瓦解，新罗因百济问题与日本断交，以及新罗海盗对日本博多津的袭击，导致日本终止了新罗商人的对日贸易权力，原先新罗商人将唐货贩卖至日本的中介贸易已难以为继。安史之乱后，包括登州在内的北方城市经济都遭受重挫，失去了港口依托的腹地。而与登州海上交通最为密切的朝鲜半岛局势的不稳定，也极大地影响了登州至朝鲜半岛及日本的海上航线的安全，登州港在东亚海域的地位渐被削弱。从唐后期开始，大量侨居于登州、明州及台州等地的新罗商人多选择在明州及台州等地起航前往东亚海域开展贸易。

　　当时活跃于东亚海域的新罗商人金清便常从山东半岛前往明州开展贸易。唐光华四年（901 年）三月十八日，牟平县昆嵛山无染院中所立的一块石碑碑文记载了金清的活动轨迹："鸡林金清押衙，家别扶桑，身来青社，货游鄞水，心向金田，舍青凫择鄞匠之工，凿白石竖竺乾之塔。"[①] 这段碑文记述了新罗人金清告别家乡新罗后，侨居于山东牟平县昆嵛山一带，在唐朝担任"押衙"一职。"押衙"是唐朝各州衙署内的武官，主要担负维护地方治安的职责。他还带着货物从登州前往明州进行贸易，因为信仰佛教，所以向昆嵛山无染院布施。可以看出在唐朝任职的金清，以山东半岛作为他在中国居住和贸易的据点，往返于山东半岛和明州之间，同时还依托其为新罗人的背景，从事着唐与新罗之间的海上贸易，通过贸易所获的丰厚利润捐资寺院，以提升在当地的影响力，并有助于贸易活动的顺利开展。金清在明州从事商业活动，说明此时的明州已成为在唐新罗人重要的贸易地点，东亚海域的贸易港口从登州转移至明州。

　　同时期江南经济获得了稳步的发展，明州港的经济腹地广阔，物产丰

---

① 　王昭旭等修，于清泮纂：民国《牟平县志》卷 9《文献志三·金石》，山东印刷局民国二十五年（1936 年）铅印本，第 72 页 a。

富，尤其是浙东海上丝绸之路贸易的大宗商品如瓷器等皆为当地土产，因而从明州起航具有成本和地利方面的优势。尤其是 8 世纪后半叶，随着中日之间南路航线的开辟和航海技术的进步，相对于扬州、楚州及登州等港而言，从明州往返日本的航程和时间都大为缩短。9 世纪上半叶开始，以周光翰、言升则、詹景全、李邻德、张支信、孙忠、盛德言、刘仕献等为代表的越州和明州商人群体，利用他们在组织商品货源、出洋便利等方面的天然优势条件，取代新罗海商成为东亚海域最具实力的海商，由此他们能够根据自身所处的客观环境和贸易条件择优选定贸易路线和港口，明州港无疑是他们从浙东海上丝绸之路往返日本开展贸易最为便利的港口。此外，大量侨居于明州、台州及登州等地的新罗商人也多选择以明州为主的浙东海上丝绸之路港，往返于东亚海域各国间开展贸易。唐后期来华的日本僧人也多以明州为往返中日间的重要港口。日本文德天皇齐衡初年，僧人慧萼"再入唐，登五台山。于岭头得观音圣像。天安二年（858 年），携此像归国，从宁波府故昌县起航"。[1] 在上述诸种因素的影响下，南路航线遂成为中日之间的主要交通航线，明州港开始取代长江口诸港成为中日海上交通的重要港口，从明州港往返日本的航行次数有了明显的增加。据统计，从 839 年日本停派遣唐使至 903 年的 60 余年间，见诸文献记载的中日之间的海上往来就有 37 次，其中明确标注起航地和登陆地的有 16 次，从明州港起航 6 次，返航在明州登陆 1 次，从楚州起航 1 次，返航在楚州登陆 2 次，从台州、广州起航各 1 次，返航时在温州、常州、福州连江县各登陆 1 次。[2] 明州港在中日海上往来中占到总往返次数的 43.8%，远超其他港口，成为唐后期中日海上交通第一大港。

五代时期，吴越国相对和平的环境吸引了大食国商人，他们来越州、明州购买瓷器和丝绸等物回国销售。与吴越国往来密切的高丽商船大多也

---

[1] ［日］早川纯三郎编辑：《通航一览》卷 225《唐国浙江省補陀洛迦山并舟山》，国书刊行会，1913 年，第 576 页上栏。

[2] ［日］木宫泰彦：《日中文化交流史》，胡锡年译，据"日唐间往来船舶一览表"数据统计，商务印书馆 1980 年版，第 109—116 页。

都在明州登陆。前往日本的中国商船络绎不绝，有明确记载的吴越商人前往日本的就有 11 次。[①] 他们的起航和归航地点，"概发自明州，横断东海，经九州、肥前之值嘉岛而入博多湾者也"。[②] 因此，明州港凭借着晚唐以来在浙东海上丝绸之路上日益重要的地位，获得了经济上主要依赖于海外贸易收入的钱氏政权的高度重视。此后明州成为吴越国与东亚各国贸易往来的主要港埠。

隋唐五代时期的明州港，因大运河的开凿而成为大运河连通海外各国的南端门户。与东亚海域的日本、朝鲜半岛等地畅达的海上交通，则搭建起明州畅通的远洋海上孔道。斯波信义认为，明州的崛起"受到了作为大运河延长的浙东河的决定性影响，它作为杭州的外港，分担着以杭州为中心的海产品、农产品和山货集散地的功能"。[③] 据此可知，明州港虽然自身的经济腹地不甚宽广，但浙东运河将其和杭州有机地连接了起来，使其成为杭州对外贸易延伸的通道，从而极大地拓展了原有的腹地。杭州湾在海上交通中存在的天然不足，也为明州港的崛起提供了一个契机。从某种意义上而言，凭借着在浙东运河畅达的水上交通，唐五代时期的明州港获得了关键性的发展机会，成为内陆河道与浙东海上丝绸之路连通的贸易商港，并终在唐后期跃升为与交州、广州、扬州齐名的唐代四大名港之一。

（二）隋唐五代时期浙东运河与海上丝绸之路上台州、越州港的初兴

台州地处中国东部海岸线中段，东濒东海。汉晋时期台州湾的章安古港就已是东南沿海重要的军港。吴黄龙二年（230 年），孙权派遣卫温、诸葛直率甲士万人前往夷洲，便是从章安港起航驶至夷洲。唐五代时

---

① ［日］木宫泰彦：《日中文化交流史》，胡锡年译，商务印书馆 1980 年版，第 223—224 页。

② ［日］木宫泰彦：《中国日本交通史》，陆捷译，王云五主编：《中国文化史丛书》，第二辑，商务印书馆民国二十六年（1937 年）版，第 98 页。

③ ［日］斯波义信著：《宋代江南经济史研究》，方健、何忠礼译，江苏人民出版社 2001 年版，第 480 页。

期，台州成为明州以外浙东海上丝绸之路的又一个重要港口。唐永昌元年（689年），台州司马孟诜闻台州海岛东镇山"中有四墺，极峻险，山上望海中突出一石，舟之往高丽者必视以为准焉"。①东镇山位于今台州大陈岛，道上一块突出的巨石成为往返于台州与高丽间船只的天然航标，可见这里是唐代台州往返于新罗的必经之地，且往返船只对从台州经明州通往新罗的航线已相当熟悉。

随着唐代中后期中日南路航线成为中日海上交通的主要航线，台州港也成为浙东海上丝绸之路上中日之间往来的主要港口之一。唐会昌二年（842年），李处人的商船于八月二十四日从日本值嘉岛开往唐朝，"得正东风六个日夜，法着大唐温州乐城县玉留镇府前头"。②从值嘉岛顺风行驶，六天的时间到达温州乐成镇玉留镇。玉留镇即今天的台州玉环，唐时属乐成县。以六天的时间，便可从值嘉岛驶抵台州，可知由台州往返日本也相当方便。唐乾符四年（877年），崔铎等63人从台州出发前往日本筑前国贸易。③台州作为浙东海上丝绸之路贸易港的功能之外，其所在的天台山麓的国清寺是天台宗的发祥地，向来是佛教徒求法的重要场所，也吸引了众多日本和朝鲜半岛僧人来此求法。

唐代沿海各港口设立的新罗坊是唐与来唐的朝鲜半岛人员贸易往来频繁的见证。为解决朝鲜半岛人士来唐学习和贸易所需，唐政府选择与新罗往来密切的沿海港口州县设立新罗坊，来唐的新罗人士聚居于坊内，从事海上贸易活动。台州黄岩新罗坊可能出现在唐末五代时期，据嘉定《赤城志》记载："新罗坊在（黄岩）县东一里，旧志云：五代时以新罗国人居

—————————

① （宋）陈耆卿：嘉定《赤城志》卷20《山水门二·山》，《宋元方志丛刊》，第七册，中华书局1990年版，第7433页下栏。

② ［日］木宫泰彦：《日中文化交流史》，胡锡年译，商务印书馆1980年版，第121页。

③ ［日］木宫泰彦：《日中文化交流史》，胡锡年译，商务印书馆1980年版，第114页。

此，故名。"[①]临海则有新罗屿，"在（临海）县东南三十里。昔有新罗贾人舣舟于此，故名"，[②]此处的新罗屿当为新罗商船在临海的泊岸之地，他们以此为基地长期从事商业贸易，去世后葬于新罗山。"新罗山在（临海）县西三十里，与八叠岭相望。"[③]

唐五代时期越窑青瓷凭依地理上的便利优势多从明州出海。唐代台州温岭窑的工艺也达到相当高的水平，可与越窑相媲美，除当时国内需求外，剩余的大量产品对外进行贸易，从邻近的海门港、楚门港和松门港出口，远销日本、菲律宾和南洋诸岛。[④]迄今考古发现，未在明州出土有关温岭窑的瓷器，这也进一步印证了温岭窑就近从邻近的台州沿海港出口外销的事实。

唐代东亚海域的部分商船出于对越州商品的需求选择直接驶抵当地采购。据《新唐书》记载，日本东面海屿中"有邪古、波邪、多尼三小王，北距新罗，西北百济，西南直越州，有丝絮、怪珍云"。[⑤]显然，这些岛屿的对外航行多以直达越州、获取当地出产的丝织品为目的。位于越州城西北四十九里后海沿岸的白洋海口，系唐代越州的出海口岸之一，从越州城走西兴运河在柯桥折北经柯水至白洋港出海。[⑥]越州出产的青瓷产品，虽然基本多经明州港出口外销，但不排除有部分产品从越州直接出口外销，或从越州经福建、广东海港远销至南海诸国。因此，唐中期以来越州经济

① （宋）陈耆卿撰：嘉定《赤城志》卷2《地理门·坊市》，《宋元方志丛刊》，第七册，中华书局1990年版，第7298页上栏。

② （宋）陈耆卿撰：嘉定《赤城志》卷19《山水门》，《宋元方志丛刊》，第七册，中华书局1990年版，第7430页下栏。

③ （宋）陈耆卿撰：嘉定《赤城志》卷19《山水门》，《宋元方志丛刊》，第七册，中华书局1990年版，第7427页下栏。

④ 台州地区文管会、温岭文化局：（金祖明执笔）《浙江温岭青瓷窑址调查》，《考古》1991年第7期。

⑤ （宋）欧阳修、宋祁：《新唐书》卷220《列传第一百四十五·东夷》，中华书局1975年版，第6209页

⑥ 陈鹏儿：《鉴湖史》，中华书局2011年，第326页。

的繁荣，亦在一定程度上受到浙东海上丝绸之路贸易的推动。

二、隋唐五代时期浙东运河与海上丝绸之路的贸易通道

（一）浙东运河沿线的区域水陆交通网络

隋唐大运河的全线疏凿，在全国范围内形成了以洛阳为中心，北通涿郡，西连长安，南达余杭的交通运河网，从而将浙东地区的内河航运延伸至中原。基础性的驿路交通在唐代也初步形成，"凡三十里一驿，天下凡一千六百三十有九所。二百六十所水驿，一千二百九十七所陆驿，八十六所水陆相兼。若地势险阻及须依水草，不必三十里"。①驿往往设置在重要的州县，因此驿道所经之地，一般都是人员往来较多的地方。从某种意义上来讲，驿道也等同于商路，商路往往循着驿道不断延伸。因浙江河湖密布，境内有浙东运河和江南运河，因此既有陆驿，也有水驿，或者水陆兼驿。依托运河网络和驿路交通，浙东运河与海上丝绸之路上的区域水陆交通网络此时已初具规模。

唐代越州的水陆交通在《元和郡县图志》的"八到"中有概要性的叙述。越州"西北至上都三千五百三十里。西北至东都二千六百七十里。东至明州二百七十五里。东南至台州四百七十五里。西南至婺州三百九十里。西北至杭州一百四十里"。②越州往西北到杭州，经隋唐大运河可北上至长安和洛阳，也可跨杭州湾到嘉兴，与台州及浙中的婺州间都有相当便捷的水陆交通。

越州往东经浙东运河水路可至明州，也可从陆路到明州。唐代越州到明州已有专门的驿路。元稹出任浙东观察使之前，明州"旧贡蚶走驿达于

---

① （唐）李林甫等撰，陈仲夫点校：《唐六典》卷5《尚书兵部》，中华书局2014年版，第163页。

② （唐）李吉甫：《元和郡县图志》卷26《江南道二》，中华书局1983年版，第618页。

长安"，^① 即明州的海鲜通过驿路经越州、杭州运送至长安。越州往东还可到慈溪，在慈溪县南有凫矶江馆，位于慈溪江边，是为水驿。自慈溪南下，至奉化县，有剡源驿，自奉化南下，至宁海县，有南陈馆，宁海而南，天台县有灵溪馆，自灵溪馆南下而至乐城（今浙江温州乐清市），有上浦馆，复南行即至温州。^②

越州往东南经剡县可至台州。唐代诗人方干隐居浙东期间，写下的有关剡县的诗句中述及："驿路古今通北阙，仙溪日夜入东溟。"^③ 此句透露出唐代的剡县专门设立了驿站，因而从越州到剡县可走驿路。越州也可走上虞江上游的剡溪到剡县。"剡溪，出（剡）县西南，北流入上虞县界为上虞江。"^④ 从剡溪走水路溯流而上还可到台州。唐代诗人崔峒的《润州送师弟自江夏往台州》诗云："远客乘流去，孤帆向夜开。春风江上使，前日汉阳来。别路犹千里，离心重一杯。剡溪木未落，羡尔过天台。"^⑤

越州往西南走陆路可到诸暨，县城内有诸暨驿，继续往南可至义乌县北的待贤驿，从待贤驿往南至义乌县，县城有双柏驿，自义乌而西至婺州，有婺州水馆。^⑥ 越州也可走浦阳江水路经诸暨到浦阳再至婺州。由婺州可至衢州和处州，而衢州和处州二地皆可通往建州（今福建建瓯）。虽然衢州和建州之间被仙霞岭所阻隔，但依然有道路连通，可以从衢州常山县走陆路经信州至建州和广州。处州往东南可至温州，而温州"西南至福

---

① （宋）张津等撰：《乾道四明图经》卷1，"贤守事实十二"，《宋元方志丛刊》，第五册，中华书局1990年版，第4881页上栏。

② 华林甫：《唐代两浙驿路考》，《浙江社会科学》1999年第5期。

③ （唐）方干：《和剡县陈明府登县楼》，《会稽掇英总集》卷4，《景印文渊阁四库全书》，集部二八四，总集类，第1345册，台湾商务印书馆1986年版，第32页上栏。

④ （唐）李吉甫：《元和郡县图志》卷26《江南道二》，中华书局1983年版，第620页。

⑤ （唐）崔峒：《润州送师弟自江夏往台州》，《全唐诗》卷294，中华书局1960年版，第3346页。

⑥ 华林甫：《唐代两浙驿路考》，《浙江社会科学》1999年第5期。

州水陆路相兼一千八百里"。①

明州水陆交通在隋唐大运河开通后也更为畅达。《元和郡县图志》记载：明州"西北至上都三千八百五里。西北至东都二千九百四十五里。东北至大海七十里。西至越州二百七十五里。西南至台州宁海县一百六十里，至州二百五十里"。②明州迁治三江口以后，设置了水驿站，作为明州到长安内河水运的起点。③明州往西经余姚江、曹娥江过越州到西兴，北渡钱塘江后与大运河相通直至洛阳、长安和涿郡，并连通了江南的水网，钱塘江两岸之间便捷的水上贸易通道由此形成。明州往东北方向可到达望海镇，跨海后至翁山县。这是一条浙东地区古老的海上交通路线。明州往南经奉化、宁海可到达台州。唐天宝三年（744年），鉴真和尚一行从鄞县出发前往台州宁海县，由宁海县至始丰县后，"入临海县，导于白峰寻江，遂至黄岩县；便取永嘉郡路，到禅林寺宿"。④鉴真和尚走的这条路虽非最近距离，是从明州经台州宁海县、始丰县、临海县后到黄岩县，再直至永嘉。从明州沿东南方向南下，经台州、温州可至福建、广东等地。唐代乾符四年（877年），王郢兵变，"攻陷望海镇，掠明州，又攻台州，陷之；……诏二浙、福建各出舟师以讨之"。⑤五代梁太祖开平三年（909年），福建王氏入贡中原的路线："自福州洋过温州洋，取台州洋过天门山入明州象山洋，过㳠江，掠洌港，直东北渡大洋抵登、莱岸。"⑥可见由

---

① （唐）李吉甫：《元和郡县图志》卷26《江南道二》，中华书局1983年版，第626页。

② （唐）李吉甫：《元和郡县图志》卷26《江南道二》，中华书局1983年版，第629页。

③ 郑绍昌：《宁波港史》，人民交通出版社1989年版，第23页。

④ ［日］真人元开著，汪向荣校注：《唐大和上东征传》，《中外交通史籍丛刊》，中华书局2000年版，第57、59、60页。

⑤ （宋）司马光编著，（元）胡三省音注：《资治通鉴》卷253《唐纪六十九》，中华书局1956年版，第8189页。

⑥ （宋）司马光编著，（元）胡三省音注：《资治通鉴》卷267《后梁纪二》，中华书局1956年版，第8717页。

明州经台州、温州到福建的海路已相当成熟。由明州港沿海北上可至山东登州、莱州。吴越国时期繁荣的海上贸易也是循着明州沿海北上的这条航线，正所谓"滨海郡邑，皆由两浙回易务，厚取民利"。[①]

借助系统的驿路及连贯的运河交通，浙东地区已形成了集陆路、水路以及海路在内的相对完善和便利的交通网络。越州、明州等浙东地区，往北皆有道路与长安、洛阳相通，南有水路通道与福建、广东等地相通，还有多条海上贸易通道。区域内部交通也便捷发达，并由此向周边发散延伸至全国其他区域。以越州为中心的浙东地区与浙江其他地区及全国重要商业城镇的交通和商路有效地连通起来。

（二）隋唐五代时期浙东运河与海上丝绸之路连通的贸易通道

隋唐大运河全线贯通后，浙东运河成为大运河的自然延伸段，而浙东运河又将明州港与钱塘江连接起来，由此形成了一个南北通畅的水上交通大动脉。"天下诸津，舟航所聚，旁通巴、汉，前指闽、越，七泽十薮，三江五湖，控引河洛，兼包淮海。弘舸巨舰，千轴万艘，交货往还，咪旦永日。"[②]"凭借经余姚、曹娥把宁波与杭州联系起来的水路及浙东运河，宁波实际上成了大运河的南端终点。"[③]明州由原来区域性的通江达海港口逐渐发展成为南北物资汇集的重要集散地，物资经明州既可循浙东运河输往运河沿线城市和地区，也可经海路北上或南下至广大沿海区域后，从各沿海港口输送至广大内陆区域。同时，明州作为浙东海上丝绸之路的起点，从明州港起航可前往日本、朝鲜半岛开展贸易，也可凭倚广州、泉州等贸易港中转开展与南海诸国的贸易。

明州港与日本的贸易通道在 8 世纪中期以后开通并逐渐走向成熟。在

---

① （宋）薛居正等撰：《旧五代史》卷 107《汉书九·列传第四》，中华书局 1956 年版，第 1415 页。

② （后晋）刘昫等撰：《旧唐书》卷 94《列传第四十四·崔融》，中华书局 1975 年版，第 2998 页。

③ ［日］斯波信义：《宁波及其腹地》，施坚雅主编：《中华帝国晚期的城市》，叶光庭等译，中华书局 2000 年版，第 470 页。

这之前，中日之间的贸易航线一般沿用传统的北路航线。即从难波的三津浦起航，沿濑户内海西下，到达筑紫后在大津浦（今日本博多）靠岸，经过壹岐、对马，通过朝鲜南畔与耽罗国（济州岛）之间到达现在的仁川附近，然后或直渡黄海，或沿朝鲜半岛的西岸及辽东半岛的东岸，横渡渤海湾口，在山东半岛的一角登陆。[①] 唐天宝年间（742—756 年），日本与新罗关系交恶，"日本人为了躲避新罗，被迫从长崎越过公海，向着淮河口或者长江口方向行进，有时甚至取道向更南部的杭州湾航行"。[②] "新罗梗海道，更繇明、越州朝贡"，[③] 反映的便是当时中日海上交通中遭遇的现实难题。中日之间不得不另辟新道通航，变迁后的路线即为南岛航线。南岛航线"先从肥前、肥后、萨摩的海岸南下，经过夜久、吐火罗到达奄美附近，从此更西航，渡过东中国海，到达扬子江口附近，返航也是经由这条航线"。[④] 长江口附近港口主要是指明州、越州、扬州、苏州、楚州、福州等港。南岛航线中，港口条件优于江淮诸港的明州、越州逐渐成为中日海上交通的重要起航地和登陆地。浙东运河和隋唐大运河又将明州与洛阳、长安有效地连通起来，因而这一航线开通后立即成为中日海上交通的主要路线之一，明州和越州在中日海上交通中的地位也逐渐显现。

随着中日两国航海经验的积累，海船制造技艺的精进，8 世纪后期，中日之间又开辟了航程更短的南路航线。南路航线从明州、温州、台州、扬州、楚州等港口起航，向东偏北横渡东海，直抵日本肥前松浦郡的值嘉岛（今日本平户岛与五岛列岛）；然后，驶向筑紫的大津浦（今日本博多）

---

① ［日］木宫泰彦：《日中文化交流史》，胡锡年译，商务印书馆 1980 年版，第80 页。

② ［美］爱德华·谢弗（Edward Schafer）：《唐代的外来文明》，吴玉贵译，陕西师范大学出版社 2005 年版，第 34 页。

③ （宋）欧阳修、宋祁：《新唐书》卷 220《列传第一百四十五·东夷》，中华书局1975 年版，第 6209 页。

④ ［日］木宫泰彦：《日中文化交流史》，胡锡年译，商务印书馆 1980 年版，第83 页。

和难波。① 南路航线相对于之前的南岛航线而言更为便捷，虽然所遭遇的风险很大，但在航海技术日臻成熟的背景下，逐渐成为中日海上交通的主要线路。9世纪从事中日贸易的海商，基本上都循着这条航线往返于中日之间。从明州出发横渡东海，一般六七天便可驶抵日本。明州望海镇外面的金塘岛与日本值嘉岛之间的距离仅650公里，利用海流和季风，帆船驾驶一般为5天左右。② 如遇顺风，所需时间更短。唐咸通七年（866年），日僧宗叡"到明州望海镇。适遇李延孝，遥指扶桑，将泛一叶。宗叡同舟，顺风解缆，三日夜间，归着本朝"。③ 可见，宗叡和李延孝等从明州望海镇出海，仅用了3天便驶抵值嘉岛。由于南路航线极大地缩短了中日之间的海上航程，且多在浙东海上丝绸之路上的明州及其附近港口登陆，明州又有浙东运河与隋唐大运河连接沟通与洛阳、长安的交通，所以从明州跨海直航日本的南路航线渐成为中日之间海上交通的主要路线，明州港开始成为中日海上交通的重要港口。五代时期吴越国赴日商船基本多从明州港起航，这也凸显了浙东海上丝绸之路港口在对日交通中的关键地位。

隋唐五代时期明州与朝鲜半岛的航路主要有三条。其一是从明州北上至楚州、登州，在登州与渤海航路相接。按照前往朝鲜半岛的惯常航路行进，即唐贞元年间（785—805年）宰相贾耽所述的"登州海行入高丽渤海道"，④ 具体的航线为"登州东北海行，过大谢岛、龟歆岛、末岛、乌湖岛三百里。北渡乌湖海，至马石山东之都里镇二百里。东傍海壖，过青泥浦、桃花浦、杏花浦、石人汪、橐驼湾、乌骨江八百里。乃南傍海壖，过乌牧岛、贝江口、椒岛，得新罗西北之长口镇。又过秦王石桥、麻田岛、

---

① 孙光圻：《中国古代航海史》，海洋出版社2005年版，第236—237页。
② 傅璇琮主编：《宁波通史（史前至唐五代卷）》，宁波出版社2009年版，第206页。
③ ［日］黑板胜胜美编：《日本三代实录》卷45，光孝天皇，元庆八年三月廿六日条，经济杂志社，1914年，第723页。
④ （宋）欧阳修、宋祁：《新唐书》卷43下《志第三十三下·地理七下》，中华书局1975年版，第1146页。

古寺岛、得物岛，千里至鸭渌江唐恩浦口。乃东南陆行，七百里至新罗王城"。[1] 登州境内有条到达海州（今江苏连云港）、楚州、扬州、杭州、明州等地的南下航线。[2] 因此，明州、杭州可以沿着此条航线北上经登州到达朝鲜半岛。这条航线路程较长，但因是近岸航行，安全相对有保障，成为中朝之间的一条经典路线。其二是从明州出发北上至山东半岛的登州、莱州及密州等港口，向东直航至朝鲜半岛西海岸。其三是从明州、定海、舟山等浙东海上丝绸之路港口出发，向东北斜穿东海与黄海水域，直趋朝鲜半岛西南部沿海，或先趋朝鲜半岛南部水域的济州岛，再转航半岛本土。[3] 日本僧人圆仁记载了明州前往朝鲜半岛的海上交通路线："案旧例，自明州进发之船，吹着新罗境。又从扬子江进发之船，又着新罗。"[4] 即依据旧有惯例，从明州、舟山、定海等港出发，横渡东海、黄海后利用季风便可直至新罗。五代吴越国时期，明州港在吴越国与朝鲜半岛往来中亦发挥着重要的作用，除了从明州港始发前往朝鲜半岛外，来吴越国的高丽商船，大多也都驶抵明州港停泊。

明州港南下至温州、泉州、广州，在泉州、广州与南海航线相接。隋唐五代时期明州与南海诸国的直接海上贸易并未见有相关的文献记载。明州与南海诸国之间的航路应是通过泉州、广州等贸易港口为中转点，将浙东海上丝绸之路从东亚延伸至东南亚、西亚及非洲等地。迄今为止的海外考古发掘，在菲律宾、马来西亚、印度尼西亚、印度、巴基斯坦、伊拉克、伊朗、埃及、苏丹、肯尼亚等诸多国家都出土了唐五代时期越窑青瓷器物，遍及亚非各国沿海重要港口及城市，以陶瓷贸易为主线的浙东海上丝绸之路的路径也渐趋明晰。

唐中后期以来至五代吴越国时期，明州作为对日及朝鲜半岛贸易的主

---

① （宋）欧阳修、宋祁：《新唐书》卷43下《志第三十三下·地理七下》，中华书局1975年版，第1147页。

② 樊文礼：《登州与唐代的海上交通》，《海交史研究》1994年第2期。

③ 孙光圻：《中国古代航海史》，海洋出版社2005年版，第217页。

④ ［日］圆仁：《入唐求法巡礼行记》卷1，崇文书局2022年版，第35页。

要港口，通过以明州港为中心的浙东运河与海上丝绸之路的贸易通道，将集散于明州港的各类商品，经浙东海上丝绸之路输往日本、朝鲜半岛及南海诸国。日本、朝鲜半岛的商舶也多选择登陆明州港，在明州港卸货后，改乘内河船，溯余姚江，经西兴运河至杭州，与大运河相接，经水陆通道将舶来商品输送至国内各个主要商埠。海路交通与内河航运有机地衔接连通，明州因此成为浙东海上丝绸之路贸易往来中的主要中转站。

三、隋唐五代时期浙东运河与海上丝绸之路上的区域商贸网络

活跃在浙东与国内及海外各地的商人群体，利用便捷发达的水陆交通优势，以越州和明州为中心，从事着区域和跨区域的商业贸易，并不断地将贸易拓展至国内各地。

隋朝时期的越州，"川泽沃衍，有海陆之饶，珍异所聚，故商贾并凑"。[①] 唐代中期，浙江东道观察使设立，治越州，辖越州、婺州、衢州、处州、温州、台州、明州等七州。作为浙东地区的政治和经济中心，唐代的越州已是江南经济富庶之地，农业基础良好，手工业产品丰富，"至唐颇多，若编文纱、宝花纹等罗，白编、交梭、十样花纹等绫，轻容、生縠花纱，吴绢，丹砂石，蜜橘，葛粉，瓷器、纸笔"。[②] 唐开元年间（713—741年），明州从越州独立出来后，经济发展的速度大为加快，手工业生产也呈现迅猛发展之势。浙东运河与海上丝绸之路沿线区域的手工业产品如丝织品、剡县藤纸、越窑青瓷等，在国内都具有一定的影响力。镜湖水质的优良使得越州出产的丝织品和藤纸品质上乘，"凡造物由水土，故江

---

① （唐）魏征：《隋书》卷31《志第二十六·地理下》，中华书局1972年版，第887页。

② （宋）施宿等撰：嘉泰《会稽志》卷5，"杂贡"，《宋元方志丛刊》，第七册，中华书局1990年版，第6799页上栏。

东宜纱绫、宜纸者，镜水之故也"。① 除了自给外，多余的农产品和手工业产品均作为商品流入市场。这些商品经商人之手在区域间辗转流通。如"唐贞观中，有会稽人金林数往台州买贩，每经过庙下，祈祷牲醴如法，获利数倍"。② 此处的庙指的是祚圣庙，位于明州象山县和台州宁海县交界处的东门岛上。金林经常往返于家乡会稽和台州之间，通过从事商业贸易获得较为丰厚的利润。而在海中的东门岛上专门设立寺庙祈福，说明往返于这条海上交通要道上的人员不在少数，其中部分当为像金林一样的商人群体。

越州的丝织业在唐代中期以后迅速发展起来，无论是数量还是技艺都有了一个较大的飞跃。据统计，唐后期越州的特殊丝织品达 15 种以上，超越定州，为天下第一。③ 越州生产的罗"唐时擅名天下"，④ "天宝之后，中原释耒，辇越而衣"。⑤ 说明唐代越州的纺织品在国内已具有一定的知名度和市场占有率。诗人刘禹锡诗云："酒法众传吴米好，舞衣偏尚越罗轻。"⑥ 足见越州丝织品因其品质出众而深受大众的喜爱。唐代后期明州设立了官营织锦坊，主要生产吴绫及交梭绫。浙东地区产出的丝织品有相当部分作为贡品租赋上交政府，进入流通领域的，多数限定在区域范围之内，剩下一部分可通过水陆通道运销至国内各地。杜甫《后出塞》诗云：

① （唐）李肇：《唐国史补》卷下，《景印文渊阁四库全书》，子部三四一，小说家类，第 1035 册，台湾商务印书馆 1986 年版，第 450 页下栏。
② （宋）张津等撰：《乾道四明图经》卷 6《象山县·祠庙》，《宋元方志丛刊》，第五册，中华书局 1990 年版，第 4899 页下栏。
③ 朱祖德：《唐代越州经济发展探析》，台湾《淡江史学》第 18 期，2007 年。
④ （清）嵇曾筠等修、沈翼机等纂：雍正《浙江通志》卷 104《物产·绍兴府》，《景印文渊阁四库全书》，史部二七九，地理类，第 521 册，台湾商务印书馆 1986 年版，第 637 页下栏。
⑤ （唐）吕温：《故太子少保赠尚书左仆射京兆韦府君神道碑》，（唐）董浩编：《全唐文》卷 630，中华书局 1983 年版，第 6357 页上栏。
⑥ （唐）刘禹锡：《刘禹锡集》卷 34《诗·酬乐天衫酒见寄》，上海人民出版社 1975 年版，第 326 页。

"云帆转辽海，粳稻来东吴。越罗与楚练，照耀舆台躯。"① 可见越罗经由海路运销至北方地区。

越州的手工业制品中在国内市场占有率较高的还有剡县出产的藤纸，剡纸因卓越的品质在中原地区广受消费者的喜爱，市场需求旺盛，正所谓"过数十百郡，泊东雒西雍。历见言书文者，皆以剡纸相夸"。② 剡纸的外销主要通过便捷的水路交通运至越州，由越州经浙东运河运贩至国内各地，也可由商人直接至越州或剡县采买后经浙东运河或陆路转贩至国内各地。对于越州商品的广销，唐玄宗统治时期孙逖曾有过这样的评价："会稽郡者，海之西镇，国之东门，都会蕃育，膏肆兼倍，故女有余布，而农有余粟。以方志之所宜，供天府之博敛，筐丝绞缟金刀，浮江达河。"③

越州、明州对外销售的手工业制品中以越窑青瓷最为著名，成为行销国内各地的大宗商品。根据目前越窑青瓷在国内的遗存分布来看，隋唐五代时期的越窑除了在浙江省有十分密集的分布外，主要集中在大运河沿线的杭州、苏州、无锡、镇江、南京、扬州、洛阳、开封、西安、北京等地。这些出土的越窑遗存大多产于浙东的上林湖地区、曹娥江中游地区和东钱湖地区三大窑群。④ 越窑青瓷贸易中多采用水路运输的方式。曹娥江中游地区所产越窑青瓷，得益于便利的浙东运河交通，可直接从曹娥江经西兴运河运至西兴，过钱塘江后进入江南运河，北上至大运河与长江交汇处的扬州港。上林湖地区出产的越窑青瓷一般多经东横河进入姚江，在姚江过通明坝后进入上虞的四十里河，过曹娥江后经西兴运河运至西兴，之后的贸易路线与曹娥江越窑青瓷一致。唐代早、中期的越窑青瓷大多在扬州集散，当时的扬州是国内南北水运中心地和货物集散基地。从扬州港经

---

① （唐）杜甫：《后出塞五首》，《全唐诗》卷218，中华书局1960年版，第2293页。

② （唐）舒元舆：《悲剡溪古藤文》，（唐）董浩编：《全唐文》卷727，中华书局1983年版，第7495页上栏。

③ （唐）孙逖：《送裴参军充大税使序》，（唐）董浩编：《全唐文》卷312，中华书局1983年版，第3167页下栏。

④ 魏建钢：《千年越窑兴衰研究》，中国科学技术出版社2008年版，第194页。

运河直达洛阳，之后沿黄河往西可至长安；或从洛阳往东北方向经永济渠至幽州，转走陆路到达契丹辽国；从扬州直接北上也可到涿郡。唐代中晚期，越窑青瓷不再通过扬州港输出。上林湖窑场和东钱湖窑场因距离明州港很近，生产的越窑青瓷经运河直达明州。曹娥江中游地区窑场所产越窑青瓷也可经浙东运河输送至明州。三大窑场的越窑青瓷从明州出海运至沿海各港口城市后，再通过长江、黄河等水系或陆路转运至国内其他地区。五代时期，由于战乱，原先经大运河转走陆路抵达辽国的路线时常遭阻断，运至辽国的越窑青瓷便从明州港出海，行至海州后沿海岸线至渤海湾。

凭倚着浙东运河与海上丝绸之路上以越州、明州为中心的区域商业网络，浙东地区的经济日趋兴盛。唐代后期崔元翰评价："越州号为中府，连帅治所，监六郡，督诸军。视其馆毂之冲，广轮之度，则弥地竟海，重山阻江，铜盐材竹之货殖，舟车包篚之委输，固已被四方而盈二都矣。"[①] 以开展沿海转运贸易和海上远洋贸易为主的明州港，由于唐后期浙东海上丝绸之路的兴起以及腹地的拓展，经济实力和地位获得了极大的提升。自五代吴越国时期以来，明州俨然已成"海道辐凑之地，故南则闽广，东则倭人，北则高句丽，商舶往来，物货丰衍"[②] 的著名商港城市。

四、隋唐五代时期浙东运河与海上丝绸之路和浙东地方社会的互动影响

（一）隋唐五代时期浙东运河与海上丝绸之路上的陶瓷贸易与技艺交流

浙东运河将曹娥江中游、慈溪上林湖及鄞县东钱湖等浙东地区三大窑场与大运河连通，成为越窑青瓷的重要贸易通道，大运河南端的明州港成

---

① （唐）崔元翰：《判曹食堂壁记》，（唐）董浩编：《全唐文》卷523，中华书局1983年版，第5321页下栏。

② （宋）张津等撰：《乾道四明图经》卷1，"分野"，《宋元方志丛刊》，第五册，中华书局1990年版，第4877页下栏。

为海上丝绸之路陶瓷贸易的主要起航港。如此河海相联的水上交通为越窑青瓷的输出提供了得天独厚的运销通道。越窑青瓷贸易的繁盛反过来又推动和加速了青瓷生产的繁荣和技艺的精进，进而带动了区域范围内越窑窑场的持续扩大和青瓷产业的发展，也为浙东海上丝绸之路的发展和繁荣提供了充裕的商品供给。

浙东地区早期越窑青瓷的烧制中心主要分布在上虞曹娥江中游两岸地区，唐代延续曹娥江历史上的水上交通优势，曹娥江中游地区由南朝时期10余处窑增加到40余处。① 生产的越窑青瓷通过曹娥江连通西兴运河，过钱塘江后北上至扬州港。依托扬州港，越窑青瓷与邢窑、长沙窑等瓷器一道外销海外各国。或往东过梁湖堰进入四十里河，经通明坝到达姚江后至明州，循浙东海上丝绸之路运贩至海外各国。进入唐中期后，越窑青瓷的烧制开始大量使用匣钵装烧，瓷器质量大幅提升，并被朝廷指定为贡品。同时期明州港在对外交通中地位的上升，直接带动了上林湖地区窑场贸易瓷产量的快速增长。晚唐时期上林湖地区窑场率先烧制成功秘色瓷，从而打开了越窑青瓷在海内外的知名度。在此背景下，浙东地区越窑窑场增加迅速，并呈现出明显的向东扩展趋势。据有地理交通方位优势及掌握秘色瓷烧制技艺的上林湖地区越窑迅速走向兴盛。据统计，唐代上林湖的窑场就达81处。② 上林湖窑区的贸易陶瓷经北面东横河进入姚江，由姚江可直至明州港；又因唐五代时期上林湖以北地区仍为大海，因此上林湖越窑青瓷还可经杭州湾抵达明州港，之后经浙东海上丝绸之路运贩至海外诸国。相对于曹娥江中游地区的越窑窑场而言，上林湖地区越窑窑场距离明州港更近，因而从唐中晚期开始取代曹娥江中游地区越窑窑场成为越窑青瓷出口外销的主要供货基地。

五代吴越国统治时期，越窑青瓷成为向中原王朝"纳贡称臣"和海外贸易的主要产品。上林湖与曹娥江中游地区两大窑区生产的越窑青瓷已难

① 林士民：《青瓷与越窑》，上海古籍出版社1999年版，第326页。
② 林士民：《浙江宁波古代瓷窑遗址概述》，冯先铭主编：《中国古陶瓷研究》，第二辑，紫禁城出版社1988年版，第16页。

以保证数量庞大的贸易瓷及国内特贡瓷的供给，于是在距离明州港更近、瓷土资源良好及水运交通发达的鄞县东钱湖地区开辟了新的窑场。东钱湖窑场生产的越窑青瓷继承了上林湖地区越窑制造技艺，以生产品质上乘的贸易瓷和贡瓷为主。产品通过钱湖及与钱湖连通的河湖网络，进入鄞县东乡塘河后直接运至明州三江口，从三江口起航经浙东海上丝绸之路运贩至海外诸国。

就瓷窑的历史地理分布而言，唐五代时期浙东地区越窑青瓷窑场区位呈现出渐次东移的规律，在东移过程中新设窑场不断拉近与明州港之间的距离，这也显示出以明州港为主要起航港的浙东海上丝绸之路的陶瓷贸易对上林湖窑场的东扩和东钱湖窑场的设立具有巨大的牵引作用。明州港河海相联的独特地理方位和相对低廉的商品贸易成本，为上林湖和东钱湖窑场越窑青瓷的内运外销创造了有利条件，有力地推动了浙东地区制瓷业的快速发展。而明州港的兴起，很大程度上得益于陶瓷贸易尤其是越窑贸易瓷的外销。明州港实际上成为越窑青瓷外销的主要集散地。这点从现有的国内外有关越窑青瓷的考古遗存得以证实。1973 年发掘的浙江宁波和义路海运码头遗址，出土了晚唐至五代北宋时的 800 多件瓷器，绝大多数为越窑青瓷，也有相当数量的长沙窑瓷器。[①] 1997 年宁波唐宋子城的考古发掘中，出土文物中主要是晚唐时期的越窑青瓷，大多为慈溪上林湖窑场所产，亦有少量长沙窑碎片。这些器物与浙江宁波和义路唐宋遗址出土的越窑、长沙窑器物相一致。[②] 在海外港口、都城遗址中出土唐代大量越窑青瓷，到五代北宋时不但范围扩大，而且品种增多，特别是东方诸国学者通过对上林湖等窑址考察，发表的文章都认为贸易瓷产于上林湖为多。[③]

除越窑青瓷外，从唐中后期开始，以外销为主的长沙窑瓷器也通过明

---

① 林士民：《浙江宁波和义路遗址发掘报告》，林士民：《重现昔日的文明：东方大港宁波考古研究》，上海三联书店 2005 年版，第 146 页。

② 林士民：《浙江宁波市唐宋子城遗址》，林士民：《重现昔日的文明：东方大港宁波考古研究》，上海三联书店 2005 年版，第 89 页。

③ 林士民：《青瓷与越窑》，上海古籍出版社 1999 年版，第 151 页。

州港出洋销往海外诸国。从长沙到明州有畅通的水上交通：一是从湘江上的铜官镇码头装载长沙窑瓷器上船，沿着湘江到岳州，经洞庭湖到达武昌，之后进入长江至扬州，从扬州入大运河到杭州，过钱塘江后经浙东运河至明州。另一条是从湘江进入长江至扬州后，顺江而下至长江口，走海上路线至明州，再从海路南下至福建、广州出海。这反映了晚唐以来明州港作为海上贸易商品的集散地和贸易中转港的地位不断提升。

越窑青瓷作为浙东运河与海上丝绸之路上主要商品输出的同时，制瓷技艺也在不同程度上受到外来文化的影响，表现在青瓷的生产制造上具有一定的异域文化痕迹。唐代输入国内的海外贸易商品中，香料受到百姓的喜爱。根据香料的使用方式，越窑创制出多种造型丰富的青瓷熏炉。随着唐代和西亚之间日益频繁的贸易往来，西亚人民的消费习惯也逐渐被了解，外销占据较大份额的越窑青瓷，在制瓷的造型和装饰中也充分考虑西亚人民的审美和市场需求，创制出有利于销售、受到当地民众喜爱的青瓷制品。鹦鹉作为西亚地区阿拉伯民众最喜爱的动物之一，当地人常以各种造型的鹦鹉图案来装饰器物表面。唐代以鹦鹉图案作为器物装饰的手工艺品在国内较多地出现。唐代越窑青瓷上刻画鹦鹉纹饰的碗和壶、盒，曾大量销往西亚或中东一带。[①]唐代中后期以来，越窑青瓷壶类器物的制作中，壶腹部往往会有葡萄纹、卷云纹、忍冬纹、折枝花纹等西亚地区常见的图案。显然，这类具有典型波斯风格图案作为装饰的越窑青瓷主要是为迎合西亚人民的偏好和需求而设计。唐五代时期越窑青瓷还吸收和借鉴了中亚地区金银器的造型、纹饰和制作技艺。金银器以菱形器身、鱼子地纹，联珠纹边饰、狩猎、胡人、兽纹、带柄及高足为特色。[②]这些独具异域风格的造型及纹饰多被越窑青瓷所采用。在制作技艺方面，越窑青瓷结合瓷器自身的特点，将金银器制作中的錾、凿等工艺演变为刻、划、镂空等制瓷技艺。从商业视角而言，越窑窑场能敏锐地根据市场需求和民众审美来生

① 叶喆民：《中国陶瓷史》，生活·读书·新知三联书店 2006 年版，第 205 页。
② 林士民：《青瓷与越窑》，上海古籍出版社 1999 年版，第 253 页。

产适销商品。从文化交流的视角而言，越窑青瓷在保持传统文化内涵和精湛工艺的基础上，选择性地借鉴和吸收了外来文化中的部分元素，并将其融入青瓷的生产制作中，这本身即是中外文化相互吸收和交融的过程。在此过程中，越窑青瓷的产品更加丰富多元，技艺也获得相应的提高，以其为载体的中华文化也随之得到更为广泛的传播。

越窑青瓷的外销，由于长途运输容易产生损耗，且需要较大的空间容纳装载，因此在商船承载量有限的情况下，远销海外的瓷器远不能满足当地市场庞大的需求。在此背景下，仿制中国陶瓷便成为解决这一难题的现实选择。9世纪后半叶以后，输往日本的越窑青瓷数量大增，虽然进入日本的中国陶瓷包括越窑在内，还有长沙窑瓷器和北方的白瓷，但只有越窑青瓷对日本产生了最为显著的影响。9世纪，日本爱知县西部各窑仿制同时期输入日本的越窑青瓷，成功烧制出灰釉陶。10世纪，还兼烧绿釉陶。[1] 其造型和纹饰也受到越窑青瓷影响，出现了与越窑青瓷刻画花纹同样的暗花。[2] 同时期的朝鲜半岛与中国的往来一直相当密切，尤其是唐中晚期以来在明州港与朝鲜半岛频繁的人员和贸易往来中，浙江越窑青瓷的制造技艺传至朝鲜半岛的西南海岸区域，从而在极短时期内实现了其从陶器向瓷器递进的进程，并在新罗末期即10世纪初期成功烧制出新罗青瓷。[3] 大约从9世纪起，埃及人开始模仿越窑青瓷制作出绿釉陶器。[4] 1912—1920年间发掘的埃及福斯塔特遗址出土的70余万片陶瓷片中，中国瓷片约1万2千片，唐五代时期产品以浙江越窑为最多，其中约一万片左右是当地的仿制品。[5]

---

[1] 王勇、〔日〕上原昭主编：《中日文化交流史大系·艺术卷》，浙江人民出版社1996年版，第164页。

[2] 徐定宝主编：《越窑青瓷文化史》，人民出版社2001年版，第240页。

[3] 林士民：《青瓷与越窑》，上海古籍出版社1999年版，第294页。

[4] 〔日〕弓场纪知：《福斯塔特遗址出土的中国瓷器——1998—2001年研究成果介绍》，《故宫博物院院刊》2016年第1期。

[5] 秦大树：《埃及福斯塔特遗址中发现的中国陶瓷》，《海交史研究》1995年第1期。

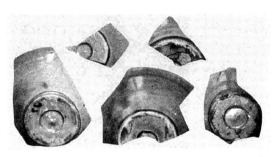

图 2-4　埃及福斯塔特出土的唐五代时期的越窑青瓷 [1]

（二）隋唐五代时期浙东运河与海上丝绸之路和浙东地方社会区域经济的互动

唐代中期以来，浙东运河的疏治改善了河道的运输环境及条件，运河沿线周边地区大量水利工程的兴修又优化了区域性的河湖网络，连同畅达的浙东海上丝绸之路贸易通道，给浙东运河与海上丝绸之路沿线区域带来了诸多的贸易商机。

唐代中期越州成为浙东观察使治所，其工商业也因浙东地区整体交通环境及政治地位的提升获得了空前的繁荣。越州的商品除了在当地销售外，主要通过浙东运河与海上丝绸之路输往国内各地及海外诸国，这就直接带动了沿线交通要冲之地经济的发展。如萧山渔浦，位于钱塘江、富春江、浦阳江三江交汇之处，史载："渔浦为往来之要津。" [2] 钱塘江的船只可从渔浦经钱清江后进入浙东运河到达越州，也可由渔浦经浦阳江往南到达诸暨、婺州、衢州、永嘉等地。据统计，约有 50 余名唐代诗人在游览寻访浙东的过程中经过或在渔浦停留。[3] 这说明唐代的渔浦已成为商旅前

---

① ［日］弓场纪知：《福斯塔特遗址出土的中国瓷器——1998—2001 年研究成果介绍》，《故宫博物院院刊》2016 年第 1 期。

② （清）和珅等撰：《钦定大清一统志》卷 226《绍兴府·浙江》，《景印文渊阁四库全书本》，史部二三七，地理类，第 479 册，台湾商务印书馆 1986 年版，第 206 页下栏。

③ 竺岳兵：《渔浦——浙东唐诗之路的起讫点》，《萧山记忆》第七辑，2014 年，第 50—51 页。

往浙东地区的重要中转地。郑准的《寄进士崔鲁范》诗云："会待路宁归得去，酒楼渔浦重相期。"① 从"酒楼渔浦"的描述得以窥见唐代的渔浦已是商贸兴盛之地。宋时，渔浦已由原来以捕鱼为主的村寨发展成为"渔浦镇，在县西三十里。梁丘希范、宋谢灵运、唐孟浩然皆称为渔浦潭，对岸则为杭之龙山"。②

在浙东运河沿线临江靠水、交通便利之处的农村集市也发展起来，草市的数量逐渐增多。如元稹在《奉和浙西大夫李德裕》诗中所云："鱼虾集橘市，鹤鹭起亭皋。……鱼艇宜孤棹，楼船称万艘。"③ 越州会稽县的平水，"在县东二十五里，镜湖所受三十六源水，平水其一也。……水南有村市桥渡，皆以平水名"，④ 平水市"二小桥通诸暨、嵊县"，⑤"平水之南有五云桥，盖唐时舟舫所经"。⑥ 可见，平水本为镜湖三十六源水之一，因为具有天然的水上航运优势，与周边地区的交通相当便捷，所以成为当地较具一定影响力的草市。上虞的五大夫草市"聚天下之民，鬻天下之货"，商业贸易兴旺可见一斑，很大程度上就是因为其位于虞江"东南廿里"，⑦ 商贾可循浙东运河将商品运至上虞江沿岸销售，并购买集散于此的土产循

---

① （唐）郑准：《寄进士崔鲁范》，《全唐诗》卷694，中华书局1960年版，第7993页。

② （宋）张淏：宝庆《会稽续志》卷3，"镇·萧山"，《宋元方志丛刊》，第七册，中华书局1990年版，第7123页下栏、7124页上栏。

③ （唐）元稹：《奉和浙西大夫李德裕述梦四十韵大夫本题言赠于梦中诗赋以寄一二僚友故今所和者亦止述翰苑旧游而已次本韵》，《全唐诗》卷423，中华书局1960年版，第4647页。

④ （宋）施宿等撰：嘉泰《会稽志》卷10，"水·会稽县"，《宋元方志丛刊》，第七册，中华书局1990年版，第6881页下栏。

⑤ （宋）施宿等撰：嘉泰《会稽志》卷11，"桥梁·会稽县"，《宋元方志丛刊》，第七册，中华书局1990年版，第6917页下栏。

⑥ （宋）施宿等撰：嘉泰《会稽志》卷13，"镜湖"，《宋元方志丛刊》，第七册，中华书局1990年版，第6942页上栏。

⑦ （唐）陆心源：《唐文拾遗》卷30，（唐）余球：《五大夫市新桥记》，（唐）董浩编：（唐）《全唐文》，中华书局1983年版，第10706页下栏。

运河销往他地。借助发达的水陆交通，依托草市这一交易场所，乡村自产的粮食、丝麻织品、茶叶、果蔬、药材、鱼虾、瓷器等农副产品和手工业制品纷纷进入市场流通，商品的丰盛吸引了周边商贩来此收购，同时外来的商品也经商贩之手运至草市交易。如此，不同区域间的商品自如地流通起来。商品交易的利润又刺激乡村人口更多地投身于工商业的生产活动，促进了区域商品经济的发展，并推动了草市日后从乡村市集向工商业市镇的转化。

　　唐中期以来明州港在沿海交通中转港和浙东海上丝绸之路贸易港的地位更加突出，区域经济也因此获得了空前的发展，并带动了明州周边地区经济地位的提升。如明州望海镇的设立虽有加强海防建设的考虑，但与其在海上贸易中所处的特殊地理位置紧密相关。唐元和四年（809年），为加强明州甬江入海口的海防建设，唐政府在鄞东甬江口设立望海镇。唐元和十四年（819年），浙东观察使薛戎上奏："准敕诸道所管支郡别置镇遏守捉兵马者，宜并属刺史，其边于溪洞接连蛮夷之处特建城镇者，则不在此限。今当道望海镇，去明州七十余里，俯临大海，东与新罗、日本诸番接界，请据文不属明州。许之。"① 望海镇从明州析出，直隶浙江东道，海防战略地位获得进一步的提升。又因与"新罗、日本诸番接界"，扼守着明州的出海口，在浙东海上丝绸之路上有着特殊的地位，成为进出明州港船只的重要出入地。唐乾宁四年（897年），钱镠初置望海镇为军事建置，又复隶于明州，并更名为静海镇。后梁开平三年（909年），吴越王钱镠亲巡明州，"以地滨海口，有鱼盐之利，因置望海县，后改为定海县"。② 将望海镇升格为望海县，在将其作为浙东海防前哨阵地的同时，也充分肯定了其在商业贸易中日益重要的地位。

---

① （宋）王溥：《唐会要》卷78《诸使中·诸使杂录上》，中华书局1955年版，第1442页。
② （宋）乐史撰，王文楚等点校：《太平寰宇记》卷98《江南东道十·明州》，中华书局2007年版，第1961页。

（三）隋唐五代时期浙东运河与海上丝绸之路上的中外文化交流

浙东运河与海上丝绸之路畅达的海陆交通既是贸易通道，也是中外文化交流和互动的通道。在中外商品贸易的互通有无中，不同文化之间在不断的碰撞和交流中相互影响。唐五代时期，佛教在东亚各国稳步立足，借助浙东运河与海上丝绸之路这条海上贸易通道，中国与日本、朝鲜半岛之间以佛教交流为主要形式的文化交流也顺势兴起。

唐代众多高僧沿着浙东运河与海上丝绸之路的通道与东亚海域各国展开佛教文化交流，中国先进的文化也借此得以传播。在唐与东亚各国之间的文化交流中，中日之间的佛教文化交流十分频繁，往返于中日之间的僧人众多，其中六次东渡日本的鉴真可谓是唐代中日佛教交流的杰出代表。在鉴真东渡日本的历程中，除第一次外，其余五次皆与明州有关，尤其是鄞县的阿育王寺成为鉴真东渡的一个重要活动地点。唐天宝二年（743年）十二月，鉴真第二次尝试东渡日本，从扬州出发南下的途中遭遇大风，遂在明州海域的下屿山避难。[①] 一个月后，鉴真尝试从此地开始第三次东渡，再次遭遇大风，船只破损毁坏，鉴真被安置在鄞县阿育王寺，其间在越州、杭州、湖州等地"讲律受戒"。[②] 天宝三年（744年），鉴真第四次东渡时离开明州去天台山国清寺，准备从福州启程前往日本，在行至温州时被江东道采访使扣押回扬州。[③] 天宝七年（748年）六月，鉴真第五次东渡，从扬州出海后到越州界三塔山（定海海中的小洋山），停住一月后又顺风至暑风山（舟山群岛附近），又停住一月。之后南下途中遭遇风暴漂流至海南，后北上至广陵，住龙兴寺。天宝七年辞别鉴真的普照于天宝九

---

① ［日］真人元开著，汪向荣校注：《唐大和上东征传》，《中外交通史籍丛刊》，中华书局2000年版，第51—52页。

② ［日］真人元开著，汪向荣校注：《唐大和上东征传》，《中外交通史籍丛刊》，中华书局2000年版，第52、57页。

③ ［日］真人元开著，汪向荣校注：《唐大和上东征传》，《中外交通史籍丛刊》，中华书局2000年版，第58—60页。

年（750年）重回阿育王寺。① 天宝十二年（753年），鉴真第六次东渡终至日本，带去了鄞县的"阿育王塔样金铜塔一区",② 大量的天台宗经疏也一并被带往日本，直接影响了日本天台宗的创立。鉴真本人则建立和完善了日本的受戒制度，开创了日本律宗。

跟随鉴真一同东渡日本的思托也是经浙东海上丝绸之路前往日本的高僧。思托曾在台州开元寺驻锡近十年，对律学及天台宗都有相当高深的造诣，在日本向僧众讲授律学和天台宗教义，并与日僧普照等人共同协助鉴真在奈良营造唐招提寺。这些东渡日本的中国僧人以弘传佛法的形式展开了中日之间的文化交流，并将中国先进的建筑艺术、医药、美术、雕塑等介绍给日本。

唐代日本和朝鲜半岛派遣大量的遣唐使和留学生来华学习中国的先进文化，众多僧人也搭乘遣唐使和唐商的船只来华学习佛法，他们来华求法巡礼的活动多与浙东运河与海上丝绸之路有关。日僧最澄在聆听思托的弘法及研读他带往日本的天台宗典籍后，因"慕天台之法门",③ 决定亲自前往天台求法。唐贞元二十年（804年）八月底，最澄随遣唐使团到达明州鄞县，在明州景福寺、开元寺休整并学习佛法。半月后离开明州，循浙东运河经越州沿水陆通道前往台州天台山巡礼求法。在台州临海龙兴寺师从天台宗道邃和佛陇真觉寺的行满研习天台宗教义，受菩萨戒。翌年从台州前往明州准备回国，但因遣唐使仍在长安，遂接受明州刺史郑审则的建议，经浙东运河过曹娥江后至上虞峰山道场，从当时正在峰山道场弘法的顺晓和尚学习密宗佛法，灌顶授法后，为求取密宗法器，最澄还专门前往越州龙兴寺购买了法器。由越州沿浙东运河返回明州后，唐贞元二十一年

① ［日］真人元开著，汪向荣校注：《唐大和上东征传》，《中外交通史籍丛刊》，中华书局2000年版，第62、67、80、74页。

② ［日］真人元开著，汪向荣校注：《唐大和上东征传》，《中外交通史籍丛刊》，中华书局2000年版，第88页。

③ （宋）赞宁撰，范祥雍点校：《宋高僧传》卷29，"唐天台山国清寺道邃传"，中华书局1987年版，第725页。

（805 年）年五月，最澄从明州出发，循浙东海上丝绸之路的交通通道，携带大量的佛教经卷、法具、佛像等返回日本。回国后选择在比叡山建立了延历寺，创了天台宗，成为日本佛学界最早的门派。最澄之后，圆仁、圆载、圆珍、慧萼、安然等日本名僧和高丽王族高僧义通等朝鲜半岛僧人相继来越州、明州、台州等地学习佛法。

这些来华的僧人在浙东学习佛法时，亲自或雇人手抄佛经或汉籍，并留意和搜集汉籍以备本国所需。如空海回国时途经越州，在向越州节度使求书的信中，明确提及："三教之中，经律论疏传记乃至诗赋碑铭、卜医五明，所摄之教，可以发蒙济物者，多少流传远方"，① 其所求书籍涉及各个类别。另通过政府的赠赐、民间的馈赠以及赴日唐商的运贩等形式，大量的汉籍东传至日本。唐代浙东地区的茶叶也经僧人传至日本，此时的茶叶传播并不是作为商品输出展开的，而是与茶有关的佛教生活方式和审美意识的输出。最澄在天台山学习天台宗期间，深受天台山茶风的熏染，逐渐对茶文化有了较为深刻的了解和体验，回国后在日本贵族和僧侣阶层中介绍和传播茶文化。与最澄同船从明州入唐的空海，在唐元和元年（806 年）回国时带去了大量的茶叶和茶种。唐元和八年（813 年），空海在叙述自己的日常时提及："窟观余暇，时学印度之文，茶汤坐来，乍阅震旦之书。"②

---

① ［日］空海：《遍照发挥性灵集》卷 5《与越州节度使求内外经书启》，［日］壶井国三编纂：《弘法大师全集》，壶井老铺，1900 年，第 108 页。

② ［日］空海：《遍照发挥性灵集》卷 4《献梵字并维文表》，［日］壶井国三编纂：《弘法大师全集》，壶井老铺，1900 年，第 91 页。

第三章
宋元时期浙东运河的疏浚与海上丝绸之路的兴盛

北宋王朝建立后便着手统一全国。在宋太宗的政治压力下，北宋太平兴国三年（978年），吴越国国王钱俶和平归顺北宋，浙东地区免遭战乱。为增加国家的财政力量，稳固统治，北宋政府高度重视经济发达的两浙路地区，浙东地区经济在唐五代基础上获得了进一步的发展。南宋时期，虽然局部地区战乱频仍，但整体环境处于相对和平和稳定的状态，统治者采取了包括奖励农桑在内的多项举措来支持农业和手工业的发展，社会经济获得了高度的繁荣。宋元战争给浙东地区的社会经济带来了较大程度的破坏。此后在元政府推行的促进农业生产发展的措施后，浙东地区社会经济逐渐恢复，但终元一朝，浙东地区社会经济并未能够获得长足的发展和进步。宋代浙东运河的部分河道出现淤浅，制约了其在交通航运中应有的地位和作用，地方政府一直以来也都采取相应的疏浚措施。尤其是南宋定都临安后，将浙东运河的整治和管理提升至国家战略的高度来展开，以此来确保浙东运河的全线畅通。浙东运河遂成为临安往北连接江南运河、往东与明州港相连并贸易海外的关键通道。在宋元时期开放的海外贸易政策下，浙东海上丝绸在隋唐五代初步发展的基础上逐渐趋向于繁盛，贸易范围进一步拓宽，贸易规模扩大。宁波港在浙东海上丝绸之路上的大港地位更为突出，杭州港亦在浙东海上丝绸之路上据有重要的一席之地。

第一节　宋元时期浙东运河的疏浚

一、宋代鉴湖航道的浚治与鉴湖水利体系的瓦解

唐代以来，数量庞大的越窑青瓷的烧制消耗了大量的森林资源，水土资源流失日益严重，鉴湖的泥沙淤积程度也不断加深。宋代，鉴湖的淤积情况更甚，导致鉴湖蓄水容量减少，枯水期湖中部分地势较高的地方露出水面。出于对土地的渴求，鉴湖周围的百姓开始围垦湖田。北宋大中祥符年间（1008—1016年），垦湖为田的有二十七户；庆历年间（1041—1048年），垦湖为田者二户，田四顷。① 政府虽多次下令禁止围垦湖田，但依然难以阻止百姓盗湖为田。北宋熙宁（1068—1077年）中，鉴湖"盗为田九百余顷"。② 可见，此时的围垦湖田已然成风。

北宋末年南宋初年，鉴湖淤浅严重的地方，"湖积堙塞，与堤略平"，③堤堰废弛，严重影响着鉴湖水运的质量和效率。南宋隆兴元年（1163年），绍兴知府吴芾因"鉴湖自江衍所立碑石之外，今为民田者，又一百六十五顷，湖尽堙废。今欲发四百九十万工，于农隙接续开凿。又移壮城百人，以备撩漉浚治，差疆干使臣一人，以'巡辖鉴湖堤岸'为名"。④ 吴芾疏浚鉴湖航道之外，斗门堰闸的整修也是工程重点所在。尤其是北宋宣和年间（1119—1125年）设置的都泗堰闸的完好与否，关系到高丽使臣往来航路

---

① （宋）曾巩著，陈杏珍、晁继周点校：《曾巩集》卷13《序·越州鉴湖图序》，中华书局1998年版，第206页。

② （元）脱脱等：《宋史》卷97《志第五十·河渠志七》，"东南诸水下"，中华书局1977年版，第2407页。

③ 《越（州）山阴县新建广陵斗门记》，绍兴县修治委员会辑：《绍兴县志资料》，第一辑，《中国方志丛书·华中地方·第五三八号》，台湾成文出版社1983年影印本，第481页。

④ （元）脱脱等：《宋史》卷97《志第五十·河渠七》，"东南诸水下"，中华书局1977年版，第2407页。

是否顺畅。南宋隆兴二年（1164年），已为刑部侍郎的吴芾复奏："自开鉴湖，溉废田二百七十顷，复湖之旧。又修治斗门、堰闸十三所。夏秋以来，时雨虽多，亦无泛溢之患，民田九千余顷，悉获倍收，其为利较然可见。"[1]可见，浚治后的鉴湖航段因为涵闸的修缮，缓解了因鉴湖湖水失泄导致的涝灾，民田受益巨大，粮食丰收。然而，吴芾修治鉴湖时并未废除界外之田，以致鉴湖的水位无法复原如初。除了民间盗湖猖獗外，官方也公然围垦鉴湖。至南宋嘉定十五年（1222年），鉴湖已被"今官豪侵占殆尽，填淤益狭，所余仅一衣带水耳"。[2]鉴湖用于蓄泄的堤、斗门等调节设施也相继被废弃。至此，自北宋大中祥符年间（1008—1016年）以来的盗湖为田，其间虽经历了疏浚与围垦之间的多次较量，但对鉴湖的全面围垦已为既成事实。

两宋时期修筑的海塘工程，也在很大程度上影响着鉴湖的变迁。北宋元祐元年（1086年），绍兴知府黄履在山阴北部修建海塘，史称："越明年春，公既为发常平余钱，筑塘捍海，人竞歌之，谓得未曾有矣。"[3]南宋嘉定六年（1213年），绍兴知府赵彦倓修筑了萧山至山阴的北海塘，"役筑塘及裨修共六千一百二十丈，砌以石者三之一，起汤湾迄王家浦，以明年夏毕工"。[4]除重修后海塘外，赵彦倓还在府城西北三十里修筑了西小江塘，"以御小江潮汐"。[5]南宋嘉定十四年（1221年），汪纲增筑塘堤，修筑的"新堤在府城之西门，距西兴踰百里"，修成后，"徒行无褰裳之

---

① （元）脱脱等：《宋史》卷97《志第五十·河渠七》，"东南诸水下"，中华书局1977年版，第2407页。

② （清）徐松辑：《宋会要辑稿》，食货六一之一四九，中华书局1957年版，第5948页上栏。

③ （宋）邵权：《越州重修山阴县朱储斗门记》，（清）阮元编录：《两浙金石志》卷6，浙江书局，清光绪十六年（1890年），第29页a。

④ （宋）张淏：宝庆《会稽续志》卷4，"堤塘"，《宋元方志丛刊》，第七册，中华书局1990年版，第7136页上栏、下栏。

⑤ （明）萧良幹修，张元忭、张鑨纂，李能成点校：万历《绍兴府志》卷17《水利志二·堤塘》，宁波出版社2012年点校本，第351页。

苦，舟行有挽纤之便。田有畔岸，水有储积，其利已博矣"。① 嘉定十六年（1223年），汪纲修筑了"菁江塘，在会稽县东七十余里千秋乡，计长四百余丈"。② 从此，山阴北部海塘得以稳固，基本隔绝了山会平原与后海之间的联系，有力地抵御了海潮对平原的侵袭，逐渐减轻了平原内部对鉴湖的倚赖。

显然，随着鉴湖围垦的逐步推进和山会平原海塘的连接完成，"山会平原的水利系统已从仰承鉴湖的效益下脱颖而出，逐步形成运河水系"。③ 曾经在山会平原的灌溉、防洪、蓄淡及航运方面发挥巨大作用的鉴湖在南宋迅速走向堙废，这也标志着以鉴湖为核心的水利系统的瓦解。鉴湖堙废之后，湖内外水位差消失，在原鉴湖的东湖，曾经被拦蓄成湖的山阴故水道重新出露，加上鉴湖时期新挖的东至曹娥江的延伸水道，稍加整理后就成为浙东运河中的会稽段运河。④ 鉴湖原有的调蓄功能丧失，山会平原的水利进行调整。原鉴湖积水直接流入山会平原北部的内河湖网，在低洼地区形成了若干个新的蓄水湖泊，如瓜渚湖、贺家湖等，这些湖泊通过平原河网相互连通，成为平原的灌溉水源。

二、宋元时期浙东运河的疏治

（一）宋代对浙东运河西兴段的整治

宋代浙东运河西兴段河道因钱塘江河口南侧岸线渐向北淤伸，不时遭受咸潮侵扰。为抵御咸潮进入运河，北宋景德三年（1006年），知越州王

---

① （宋）张淏：宝庆《会稽续志》卷4，"堤塘"，《宋元方志丛刊》，第七册，中华书局1990年版，第7136页下栏。
② （宋）张淏：宝庆《会稽续志》卷4，"堤塘"，《宋元方志丛刊》，第七册，中华书局1990年版第7137页上栏。
③ 陈鹏儿：《绍兴平原现代河网水系形成的探讨》，《浙江水利科技》1981年第4期。
④ 邱志荣、陈鹏儿：《浙东运河史》，上卷，中国文史出版社2014年版，第272页。

砺在西兴运河西端段"置清、浑二水闸，往来者便之"。[1] 至南宋初，西兴运河河道已形成淤积，影响着往来于此的船只。南宋乾道三年（1167年），"萧山县西兴镇通江两闸，近为江沙壅塞，舟楫不通。乾道三年，守臣言：募人自西兴至大江，疏沙河二十里，并浚闸里运河十三里，通便纲运，民旅皆利。复恐潮水不定，复有填淤，且通江六堰，纲运至多，宜差注指使一人，专以开撩西兴沙河系衔，及发捍江兵士五十名，专充开撩沙浦，不得杂役，仍从本府起立营屋居之。"[2] 据此可知，西兴的两个通江闸即清水闸和混水闸因为泥沙淤积导致舟楫通行不畅，于是招募人员疏浚西兴至大江段间二十里的里程，并开浚了闸内里运河十三里的里程。运河疏浚畅通后，无论漕纲往来，还是官民商旅皆获得极大的便利。为防止潮水不时侵袭可能再次出现淤积，绍兴府请求设置专员来管理西兴段河道的泥沙淤积问题，足见绍兴府对疏浚浙东运河西兴段的重视。

宋代，在钱清江与西兴运河的相交区段出现了"运河午贯其中，高于江水丈余"[3] 的高水位差，不仅影响河岸安全，而且舟楫须候潮而行，为此，"南北皆筑堰止水，别设浮桥渡行旅。大舟例剥载，小舟则拖堰而过"。[4] 所筑之堰为建于北宋年间的钱清南堰和钱清北堰，此二堰统称为钱清旧堰。"钱清旧堰在（山阴）县西北五十里"，[5] "钱清南堰营，在山阴县西；钱清北堰营，在萧山县东，额五十人"。[6] 日僧成寻曾记录过北宋

① （宋）施宿等撰：嘉泰《会稽志》卷4，"闸·萧山县"，《宋元方志丛刊》，第七册，中华书局1990年版，第6784页下栏。
② （元）脱脱等：《宋史》卷97《志第五十·河渠七》，"东南诸水下"，中华书局1977年版，第2408页。
③ （宋）周必大：《思陵录》下，《庐陵周益国文忠公集》，邑后学欧阳棨介卿重刊，第8页a。
④ （宋）周必大：《思陵录》下，《庐陵周益国文忠公集》，邑后学欧阳棨介卿重刊，第8页a。
⑤ （宋）施宿等撰：嘉泰《会稽志》卷4，"堰·山阴县"，《宋元方志丛刊》，第七册，中华书局1990年版，第6782页下栏。
⑥ （宋）施宿等撰：嘉泰《会稽志》卷4，"军营·堰营"，《宋元方志丛刊》，第七册，中华书局1990年版，第6776页下栏。

熙宁五年（1072年）大、小舟楫过钱清堰的景象：五月六日，"自五云门过五十里，未时至钱清堰，以牛轮绳越船，最希有也。左右各以牛二头卷船上陆地。船人多从浮桥渡——以小船十艘造浮桥，大河一町许"。[1] 八月二十日，"雨下，卯时，以水牛八头付辘轳绳，大船越堰。船长十丈；屋形高八尺，度一丈二尺也。……申时，至于萧山"。[2] 可见，小船过钱清堰需动用四头牛之力，大船过钱清堰则需八头牛之多，过堰之艰辛得以窥见。浙东运河在宋室南迁建都临安后，从区域性的交通运道一举上升为与国家命运休戚相关的漕运水道，钱清旧堰已难以满足因此而产生的包括人员和物资在内的巨大的舟楫航运需求，出现"每潮汛西下，壅遏不前，则纷然斗攫，甚至殴伤堰卒，革日继夜不得休"[3] 的场景。为确保漕运的畅通，南宋嘉泰元年（1201年），提举茶盐叶籈主持修建了钱清新堰。"钱清新堰，在（山阴）县西北五十一里，嘉泰元年置"，"仍于堰旁各置屋以舍人牛"。[4]

继南宋乾道三年（1167年）浙东运河疏浚后半个世纪，"自西兴至钱清一带为潮泥淤塞，深仅二三尺，舟楫往来不胜牵挽般剥之劳"。为此，南宋嘉定十四年（1221年），"郡守汪纲申闻朝廷，乞行开浚。除本府自备工役钱米外，蒙朝廷支拨米三千石，度牒七道，计钱五千六百贯，添助支遣通计一万三千贯。于是河流通济，舟楫无阻，人皆便之"。[5] 南宋嘉定十七年（1224年），因"萧山有古运河，西通钱塘，东达台、明，沙涨

---

① ［日］成寻著，白化文、李鼎霞校点：《参天台五台山记》，第一，花山文艺出版社2008年版，第20页。
② ［日］成寻著，白化文、李鼎霞校点：《参天台五台山记》，第三，花山文艺出版社2008年版，第79页。
③ （宋）施宿等撰：嘉泰《会稽志》卷4，"堰·山阴县"，《宋元方志丛刊》，第七册，中华书局1990年版，第6782页下栏。
④ （宋）施宿等撰：嘉泰《会稽志》卷4，"堰·山阴县"，《宋元方志丛刊》，第七册，中华书局1990年版，第6782页下栏。
⑤ （宋）张淏：宝庆《会稽续志》卷4，"水·山阴萧山运河"，《宋元方志丛刊》，第七册，中华书局1990年版，第7135页上栏、下栏。

三十余里，舟行则胶。乃开浚八千余丈，复创闸江口，使泥淤弗得入，河水不得泄，于涂则尽甃以达城闉。十里创一庐。名曰施水，主以道流"，[①]汪纲在西兴运河入江口建西兴闸。同年，汪纲"以往来渡者病涉"，在西兴修筑沙路，直达江岸，"长一千一百四十丈"，"糜钱三千万，米千斛，桩条五万有奇，踰月而工成"。建成后，"修阔平广，莫不以为利"。[②]经过反复的疏浚以及闸堰的设置，浙东运河西兴段的通航状况获得了一定程度的改善。但因通航过程中仍需凭依潮汐涨落情况而航行，航行的难度无疑大为增加，因此，即使修建了钱清新堰，还需借助牛力牵引舟楫过堰。

（二）宋元时期对浙东运河上虞段的整治

浙东运河经西兴段到绍兴府城后与曹娥江相交。过曹娥江后，在运河进入上虞县和余姚县交界处后分两支进入宁波。其中一支为南线的"四十里河"，即"运河，在（上虞）县南二百二十步，源出七里湖渔门浦，自皂李湖皆汇于河，西抵梁湖堰，东之通明堰，各三十五里"。[③]梁湖堰在上虞县"西二十五里"。[④]这段运河西起梁湖堰，向东流经至通明堰后汇入姚江，后世又称之为四十里河。其位于曹娥江和余姚江两大潮汐河流之间，航道不时受到海潮起落的影响，且梁湖堰和通明堰之间运河泥沙不断淤积，导致往来舟楫通行艰难。绍兴初年，"高宗次越，以上虞县梁湖堰东运河浅涩，令发六千五百余工，委本县令、佐监督浚治"。[⑤]宋高宗亲身经历和目睹上虞段运河因淤浅导致舟行不畅的问题，于是投入大量的人力物

① （元）脱脱：《宋史》卷408《列传第一百六十七·汪纲》，中华书局1977年版，第12308页。

② （宋）张淏：宝庆《会稽续志》卷4，"堤塘"，《宋元方志丛刊》，第七册，中华书局1990年版，第7136页下栏。

③ （宋）施宿等撰：嘉泰《会稽志》卷10，"水·上虞县"，《宋元方志丛刊》，第七册，中华书局1990年版，第6886页下栏。

④ （宋）施宿等撰：嘉泰《会稽志》卷4，"堰·上虞县"，《宋元方志丛刊》，第七册，中华书局1990年版，第6783页下栏。

⑤ （元）脱脱：《宋史》卷97《志第五十·河渠七》，"东南诸水下"，中华书局1977年版，第2408页。

力，令地方官员疏浚运河。元代梁湖堰因"曹娥江东岸风涛冲激，迁徙不常，元至元庚辰（1340年），迁曹娥驿西，邑簿马合麻重建"。①

通明堰因位于通明江而得名，通明江"在（上虞）县东十里，源出余姚江，其西自运河入于江，有堰曰通明堰"。②宋孝宗淳熙年间（1174—1189年），上虞知县汪大定主持修建通明堰，即为通明北堰，"在（上虞）县东一十里"，③从而渠化了梁湖堰与通明北堰之间的余姚江段河道。因通明北堰"专通盐运"，而"盐运经由需大汛，若重载当碛，则百舟坐困，旬日不得前"，④又于嘉泰元年（1201年）在通明北堰以南设置通明南堰，⑤专通官民之舟，以分流专通盐运之船的通明北堰的航运。元朝末年，通明北堰被毁，通明南堰后为通明坝。

（三）宋元时期对浙东运河余姚—慈溪段的整治

为将曹娥江与姚江有效地连通，同时避免海潮对航行的影响，南宋年间修建了从上虞至余姚的马渚横河，即为浙东运河过曹娥江后进入姚江的北线，其中上虞段又被称为五夫河、百官河。这段河道最早的记载见于南宋嘉泰《会稽志》："五夫河，在（上虞）县北三十五里。源出夏盖湖，曰驿亭堰，凡三十里，东流入余姚县之菁江。"⑥顾祖禹在《读史方舆纪要》

---

① （清）嵇曾筠等修，沈翼机等纂：雍正《浙江通志》卷57《水利六·上虞县》，《景印文渊阁四库全书》，史部二七九，地理类，第520册，台湾商务印书馆1986年版，第478页下栏。

② （宋）施宿等撰：嘉泰《会稽志》卷10，"水·上虞县"，《宋元方志丛刊》，第七册，中华书局1990年版，第6886页下栏。

③ （宋）施宿等撰：嘉泰《会稽志》卷4，"堰·上虞县"，《宋元方志丛刊》，第七册，中华书局1990年版，第6783页下栏。

④ （宋）施宿等撰：嘉泰《会稽志》卷4，"堰·上虞县"，《宋元方志丛刊》，第七册，中华书局1990年版，第6784页上栏。

⑤ （明）徐待聘修：《新修上虞县志》卷4《舆地志四·水利》，"坝"，明万历三十四年（1606年）刻本，第25页b。

⑥ （宋）施宿等撰：嘉泰《会稽志》卷10，"水·上虞县"，《宋元方志丛刊》，第七册，中华书局1990年版，第6886页下栏。

中也有关于五夫河的记载，"又五夫河，在县东北三十里，纳夏盖、白马、上妃诸湖水，东达于余姚之西横河，以注于姚江"。① 因而，马渚横河是利用当地的湖泊沼泽，经人工整治后形成的运河，西起曹娥江东岸上虞百官上堰头（即百官坝），经驿亭往东至余姚西横河，过陡亹坝入姚江干流，成为四十里河的复线。马渚横河和四十里河构成"旧水道北由百官渡抵余姚之菁江，南由曹娥渡抵通明渡"② 的南北双线格局。由于交通地位显要，其运行状况直接关系着南宋社会经济的稳定繁荣。

就在南宋绍兴元年（1131年）十月十三日宋高宗下诏疏浚上虞县梁湖堰东运河后三日，即十月十六日，因"余姚县境内运河浅涩，坝堰隳坏，阻滞纲运"，③ "诏差徐康国、蔡向、失璞，限一日起发前去措置开畎，仍具修整次第及日具逐官所至申尚书省。康国等开具会稽县都泗堰至曹娥塔桥合开掘淘撩河身夹塘，共用七万一千二百一工，诏令和雇人夫开淘，限十日了毕。其合用钱米，令转运司应副。如见阙乏，具令户部借支，具支边数，却令转运司拨还"。④ 宋高宗派遣徐康国等人前往现场，限十日内解决好余姚县运河的问题，可见其对运河的重视程度。

姚江作为浙东运河余姚段的主体，在慈溪县段被称为"前江"，位于"县南十五里。源出余姚县太平山，流为姚江，入县境至丈亭渡分为二：一由车厩渡历县南十五里之赭山渡，又东十五里即鄞县之西渡也；一由丈亭北折而东贯县城中，出东郭抵县东南十五里之茅洲闸，又东南流七里为

———————

① （清）顾祖禹著，贺次君、施和金点校：《读史方舆纪要》卷92《浙江四》，中华书局2005年版，第4229页。

② （清）顾祖禹著，贺次君、施和金点校：《读史方舆纪要》卷92《浙江四》，中华书局2005年版，第4229页。

③ （元）脱脱等：《宋史》卷97《志第五十·河渠七》，"东南诸水下"，中华书局1977年版，第2408页。

④ （清）徐松：《宋会要辑稿》，方域一七之一八，中华书局1957年版，第7605页下栏。

化纸闸，而入定海县境"。① 由于其既是天然河道，又是潮汐河流，航运通常会受到海潮涨落影响，过往舟楫经姚江出余姚城后，往往会在与慈江交汇处的丈亭三江口暂作停留，等待合适时机候潮前行。为避免潮汐对航运带来的不利影响，舟楫多避走姚江而改走更具安全性的慈江。慈江，又名小江、后江、丈亭江，"小江贯（慈溪）县中，出东郭至西渡，又与大江会入于海，随潮上下，大江乘潮多风险，故舟行多由小江"。②

南宋淳祐六年（1246年）秋九月，制守颜颐仲因"自桃花渡（今宁波三江口江北岸）至定海县一带东西南北周回六十里，旧有河港，久不浚治，日侵月占，皆为湮塞，水无可潴，惟仰天雨。晴未十日，即已旱干。农家无计可施，坐待其槁。昔号膏腴，今为硗瘠，食且不给，何以为生。居此方者委可怜，念其次则。里河既已断港，未免冒险涉江，民旅往来，军兵打请，又有风潮不测之患"，③ 遂决定"自桃花渡直定海县西市，依旧来河道尽行开浚。一可潴水泽以溉田亩，一可通舟楫以便军民者也，诚为一方无穷之利"。④ 在颜颐仲的主持下，"越三旬，而六十里故河尽复，广五丈，深丈二尺。役工二十三万九千有奇，总费五十五万七千缗有奇。置碶三，跨桥六。……民便其利而颂其德，因刻石曰颜公渠"。⑤ 这段自三江口桃花渡至定海县的航道即为颜公渠，又名夹江河，由颜颐仲集中鄞县、定海和慈溪三县的力量，在原有河道的基础上对甬江以西、姚江以北连通鄞县、定海及慈溪三县的河道进行开浚，连通了甬江西岸、姚江北岸

---

① （清）顾祖禹著，贺次君、施和金点校：《读史方舆纪要》卷92《浙江四》，中华书局2005年版，第4246页。

② （元）袁桷：延祐《四明志》卷7，"江·慈溪县"，《宋元方志丛刊》，第六册，中华书局1990年版，第6253页上栏。

③ （宋）罗濬等撰：宝庆《四明志》卷4《郡志卷第四·叙水》，《宋元方志丛刊》，第五册，中华书局1990年版，第5034页上栏、下栏。

④ （宋）罗濬等撰：宝庆《四明志》卷4《郡志卷第四·叙水》，《宋元方志丛刊》，第五册，中华书局1990年版，第5034页下栏。

⑤ （宋）罗濬等撰：宝庆《四明志》卷4《郡志卷第四·叙水》，《宋元方志丛刊》，第五册，中华书局1990年版，第5034页下栏。

区域之间的河网。舟楫既可从丈亭经慈溪城区至镇海，又能从桃花渡走颜公渠经西北河网进入慈江至丈亭西行。这条线路成为浙东运河的一条重要支线。

南宋年间，慈江自东向西由丈亭流至慈溪夹田桥后，被民田阻滞而改道，周边百姓生产生活深受其苦。南宋宝祐五年（1257 年）七月，明州知府兼沿海制置使吴潜出资购买民田，在原有河道的基础上修治了慈江中段。史载："大江由丈亭分派四十五里，至慈溪之夹田桥，桥南五里民田阻之，江流不得直达，乃迁出其旁。旱岁无沾丐利，潦则泛滥墟落，苦之。宝祐五年七月，大使丞相以钱一千五百三十一贯四百一十五文市民田，垦河五里，长七百丈有奇，阔三丈六尺，深一丈六尺，凡支军兵日券六千四百九十贯，水由是达茅针碶，慈、定、鄞三邑皆蒙利焉。"① 此处的"大江"指的是姚江，"江流"则为慈江。吴潜还疏凿了北起慈溪东南夹田桥西的慈江，南至姚江小西坝间的刹子港，又名刹子铺，成为沟通慈江与姚江的一条直河。从此，舟楫从余姚丈亭三江口往东，可以绕行姚江自然河段，走慈江东至夹田桥后，折向南经刹子港航道驶抵镇海。

位于刹子港南端与姚江交界处的小西坝，又称新堰、小新坝、新坝，至宋时已遭损坏。宝祐五年（1257 年）八月，吴潜重修小西坝。小西坝隔江与鄞县的西渡堰（大西坝）对接，"西渡堰，堰东距望京门二十里，西入慈溪江。舳舻相衔，下上堰无虚日，盖明越往来者必经由之地。淳祐间，稍加葺治，未几堰复坏。宝祐六年（1258 年）八月，大使丞相吴公给钱五千七百三十九贯五百文，委司法赵良坦同副吏许枢监莅修筑，伐石辇材，费一出于公所，济博矣"。② 已经历几度损毁的西渡堰也由吴潜出资修葺。船只过西渡堰后经高桥进入西塘河，之后经水路至宁波城西望京门，与城内的运河水系沟通。西塘河成为浙东运河由西往东到达明州府城的最

①（宋）梅应发等撰：开庆《四明续志》卷 3《水利·管山河》，《宋元方志丛刊》，第六册，中华书局 1990 年版，第 5957 页上栏。

②（宋）梅应发等撰：开庆《四明续志》卷 3《水利·西渡堰》，《宋元方志丛刊》，第六册，中华书局 1990 年版，第 5954 页下栏、5955 页上栏。

后一段航程。

浙东运河的各段经过一系列的疏治，通航条件大为改善。但由于受制于复杂的地理环境和水文条件，浙东运河各段的通航承载能力依据河道的特性呈现出差异性。浙东运河萧山段"东来自山阴县界，经县界六十二里，西入临安府钱塘县界，胜舟二百石"。①山阴段"东来自会稽县界，经县界五十三里一百六十步，西入萧山县界，胜舟五百石"。②上虞段"在县南二百二十步。东来自余姚县界，经县界五十三里六十步，西入会稽县界，胜二百石舟"。③余姚段"西来自上虞县界，经县界五十五里，东入庆元府慈溪县界，胜舟五百石"。④浙东运河萧山段的通航承载能力有限，仅可供二百石左右的舟楫通行。行至山阴段时，通航承载能力增加至五百石，这是浙东运河运道相对稳定的河道。鉴湖堙废后成为会稽运河段的航道，虽未有明确记载通航承载量，但因"东鉴湖水位至少高于西兴运河水位三尺有六寸，且湖面宽阔，属浙东运河中航道条件比较优越的河段，通航能力超过五百石是没有问题的"。⑤浙东运河上虞段运河南线与北线绕山而行，连接曹娥江与姚江，南线通明堰以东、北线大部分河段都是在原有河湖水系的基础上整治形成的，⑥是浙东运河各段中航运环境较为一般的航道，承载能力与萧山段一样，仅为二百石左右。浙东运河余姚以东段，航运走姚江等天然河道可直至明州，也可走慈江—刹子港段运河避潮航道

---

① （宋）施宿等撰：嘉泰《会稽志》卷12《八县》，《宋元方志丛刊》，第七册，中华书局1990年版，第6933页下栏。

② （宋）施宿等撰：嘉泰《会稽志》卷12《八县》，《宋元方志丛刊》，第七册，中华书局1990年版，第6925页上栏。

③ （宋）施宿等撰：嘉泰《会稽志》卷12《八县》，《宋元方志丛刊》，第七册，中华书局1990年版，第6938页下栏。

④ （宋）施宿等撰：嘉泰《会稽志》卷12《八县》，《宋元方志丛刊》，第七册，中华书局1990年版，第6936页上栏。

⑤ 邱志荣、陈鹏儿：《浙东运河史》，中国文史出版社2014年版，第305页。

⑥ 李云鹏、杨晓维、王力：《浙东运河闸坝控制工程及其技术特征研究》，《中国水利水电科学研究院学报》2020年第4期。

驶抵镇海。姚江与宁波城内外水系有多条经人工渠化和疏凿的河道连通，通航能力可达五百石以上。

综上，南宋时期浙东运河成为国家漕运的交通命脉，所受到的重视和整治力度是空前的。无论是运河的疏浚与管理，还是河道堰坝、斗门和闸等设施的设置维修，均获得政府的高度重视，运河航道环境因此得以改善，通航能力基本保持在正常的承载范围之内。然而，浙东运河自西向东连接的钱塘江、钱清江、曹娥江、余姚江、甬江等五大自然河流均为感潮河流，虽有海塘的陆续修建，还会不时受到潮汐的倒灌，多数时候舟楫仍需候潮而行，并通过堰闸的设置来保障运河水位的稳定。

第二节　宋元时期浙东海上丝绸之路的兴盛

一、宋元时期浙东地方社会经济的繁荣

（一）宋元时期浙东地区的农业生产

宋元时期浙东地区发达的社会经济为浙东海上丝绸之路的兴盛提供了坚实的物质根基。唐代浙东地区的农业生产已发展至一个较高的水平，入宋以来，政府继续高度重视浙东地区的农业发展。元代统治者接受中原文明的重农思想，设立劝农司来管理各地农业生产，通过实行减免租税、颁布各类农桑条令等政策鼓励和指导农业生产的开展。宋室南渡后，绍兴在全国的政治地位显著上升，行政区划从州升格为府，一跃成为南宋政府的陪都，兼具浙东地区经济中心和政治中心的地位。浙东地区也因此成为北方移民大规模南迁的重要迁入地之一，史载："平江、常、润、湖、杭、明、越，号为士大夫渊薮，天下贤俊，多避地于此"，[1] "四方之民，云集

---

① （宋）李心传：《建炎以来系年要录》卷20，中华书局1956年版，第405页。

二浙，百倍常时"。① 陆游也曾目睹诸多北方士大夫迁入浙东地区，"予少时，犹及见赵、魏、秦、晋、齐、鲁士大夫之渡江者"。② 大批北方移民的迁入，减少了因战乱导致的人口损失，相当程度上补充了浙东地区的劳动力，其中南迁士大夫的移入又提升了人员的整体素养。宋代浙东地区的人口保持了一定的增长率。据统计，北宋元丰（1078—1085 年）初年到南宋嘉泰元年（1201 年），绍兴八县在籍人口由 152922 户增加至 273343 户。③明州的人口也日益增多，北宋太宗年间（976—997 年），明州主户和客户总计 27681 户，④ 至南宋乾道四年（1168 年），明州主户和客户总计已达 136072 户。⑤ 宋元之交，浙江虽有战事，但所受影响颇为有限，人口在元初经历短暂的减少后，从至元后期开始逐渐增多。元至元十三年（1276 年），绍兴路有 151234 户；⑥ 至元十四年（1277 年），庆元路有 241457 户，⑦ 相对于宋代，元代绍兴路的人口基本维持在北宋后期的水准，庆元路的人口有较大幅度的增长。

　　宋代以来人口的增加为浙东地区经济的持续发展提供了必需的劳动力，但也使得浙东地区原有的人地矛盾更为突出，垦殖之风盛行，从北宋中后期开始，围垦湖田已成常事。除了鉴湖遭到大规模围垦外，上虞夏盖湖、鄞县广德湖及慈溪、诸暨、余姚、萧山等地湖泊也都遭到不同程度的

---

① （宋）李心传：《建炎以来系年要录》卷 158，中华书局 1956 年版，第 2573 页。

② （宋）陆游：《渭南文集》卷 34《墓志铭·杨夫人墓志铭》，《陆游集》，中华书局 1976 年版，第 2322 页。

③ （宋）施宿等撰：嘉泰《会稽志》卷 5，"户口"，《宋元方志丛刊》，第七册，中华书局 1990 年版，第 6788 页上栏。

④ （宋）罗濬等撰：宝庆《四明志》卷 5《郡志卷第五·叙赋上》，《宋元方志丛刊》，第五册，中华书局 1990 年版，第 5045 页上栏。

⑤ （宋）罗濬等撰：宝庆《四明志》卷 5《郡志卷第五·叙赋上》，《宋元方志丛刊》，第五册，中华书局 1990 年版，第 5045 页下栏。

⑥ （明）宋濂等撰：《元史》卷 62《志第十四·地理五》，中华书局 1976 年版，第 1497 页。

⑦ （明）宋濂等撰：《元史》卷 62《志第十四·地理五》，中华书局 1976 年版，第 1496 页。

围垦。鄞县、象山、奉化等地多开垦山地，定海等临海地区开发海涂，然而通过垦殖所增加的土地毕竟有限，在土地限定的情况下，改进耕作技术以增加农作物的单位面积产量成为关键。宋代曲辕犁、铁塔、秧马；元代耘荡等耕作工具已广泛使用，耕作技艺也大为提升，史称："浙人治田，比蜀中尤精。土膏既发，地力有余，深耕熟犁，壤细如面，故其种入土坚致而不疏。"[1] 在粮食作物种类方面，北宋政府积极引入和推广占城稻，其"穗长而无芒，粒差小，不择地而生"[2] 的特点使其在浙东地区广为种植。浙东百姓结合当地的土质和气候，不断地改良稻种，并根据季节变化开展一年两熟的间作制。

宋元时期力度空前的水利基础设施的兴修和建设为农业生产提供了必需的水利资源。浙东地区除了大力疏治运河交通外，地方的河湖网整治也是水利建设的主要内容。北宋围筑萧山湘湖，唐代修建的上虞夏盖湖、明州东钱湖、广德湖、它山堰等水利设施在宋代均进行了大规模的整治。元代对前代已建水利工程进行了大量的修复和整治。如元代至正（1341—1368 年）初年，灌溉慈溪、定海及鄞县田地的茅针碶"伏流穿漏，停蓄易涸，田失美溉，岁屡弗获"，为此在庆元路总管府总管王元恭主持下"浚渠六百尺"，并在碶南设詹家闸以控制支流，疏浚后"旱涝之虞，庶几有赖矣"。[3] 大量水利设施的兴修，一定程度上调整了原有的水利体系，减少了水旱灾害的发生，保证了农业生产用水，也有利于农业生产效率的提高。

宋代除了重视粮食生产外，还大力提倡和鼓励多种经济作物的种植，桑麻、茶叶、席草等为手工业生产提供原料的经济作物的种植面积和规模

---

① （宋）高斯得：《耻堂存稿》卷 5《书事·宁国府勤农文》，《景印文渊阁四库全书》，集部一二一，别集类，第 1182 册，台湾商务印书馆 1986 年版，第 88 页上栏。

② （元）脱脱等：《宋史》卷 173《食货上一·农田》，中华书局 1977 年版，第 4162 页。

③ （元）王元恭：至正《四明续志》卷 4《津渡》，《宋元方志丛刊》，第七册，中华书局 1990 年版，第 6497 页上栏。

都有较大幅度的增加。唐中后期浙东地区纺织生产技术的进步，带动了纺织业的快速发展，对于原料的需求随之大增，农村桑麻的种植因而相当普遍。诗人陆游在他的多首诗作中对浙东地区桑麻种植情况有较高频率的描述，如《秋日遣怀》："西来浮涛江，东眺俯镜湖。其中绵千里，郁郁桑麻区。"① 这首诗叙述了镜湖周边广大区域绵延千里的桑麻种植区，桑麻遍地应为当时常见的景象。元代浙东地区棉花已逐步推广种植。元至元二十六年（1289 年）四月，浙东木棉提举司在余姚设立，"责民岁输木棉十万匹"。② 如此巨大的数量，说明当时棉花种植面积甚广。茶叶种植也因饮茶风气日盛而扩大种植范围，并出现了较大面积的茶园，产量增加迅猛。据载，南宋绍兴三十二年（1162 年），绍兴府茶叶产量为 385060 斤，明州为 510435 斤，③ 二地的茶产量位于两浙东路各府的前列，尤其是明州，有着 51 万余斤的高产量。茶叶品质也相当突出，北宋年间，会稽县产的日铸茶成为草茶中的精品，欧阳修称赞"两浙之品，日注为第一"。④ 日铸茶是宋元时期浙东地区进献给朝廷的贡茶。明州的特产席草在南宋年间也广为种植，以此为原料加工编织成草席，即"人业于织，著名四方，曰明席"。⑤ 元代鄞县的草席编织成为当地百姓收入的重要来源，史称："甬东里，多种席草，民以织席为业，计所赢优于农亩。"⑥

---

① （宋）陆游：《剑南诗稿》卷 83《秋日遣怀》，《陆游集》，中华书局 1976 年版，第 1933 页。

② （清）凌扬藻：《蠡勺编》卷 40，王云五主编：《丛书集成初编》，商务印书馆民国二十五年（1936 年）版，第 648 页。

③ （清）徐松辑：《宋会要辑稿》，食货二九之二，中华书局 1957 年版，第 5308 页下栏。

④ （宋）欧阳修：《归田录》卷上，《景印文渊阁四库全书》，子部三四二，小说家类，第 1036 册，台湾商务印书馆 1986 年版，第 537 页下栏。

⑤ （宋）罗浚等撰：宝庆《四明志》卷 4《郡志卷第四·叙产》，《宋元方志丛刊》，第五册，中华书局 1990 年版，第 5040 页下栏。

⑥ （元）王元恭：至正《四明续志》卷 5《土产·席草》，《宋元方志丛刊》，第七册，中华书局 1990 年版，第 6505 页上栏。

（二）宋元时期浙东地区发达的手工业生产

经济作物的扩大种植为发达的手工业生产提供了充足的原料配备，人口的增长拉动了社会消费需求总量的提升，这就直接促使手工业生产规模不断扩大，内部分工更为细化，生产技艺也更趋于精湛。浙东地区的丝织业在唐五代发展的基础上继续保持良好的发展态势。宋代绍兴府"习俗务农桑，事机织，纱绫缯帛岁出不啻百万"。[1] 丝织业成为农村百姓从事的重要家庭副业。寺院和尼院也从事丝织业，史称："越州尼皆善织，谓之寺绫者，乃北方隔织耳，名著天下。"[2] 宋代绍兴府产出丝织品数量巨大，这可从当时政府的征额数量得以反映，如宋孝宗（1127—1194年）统治后期，政府征额中要求"浙东七州岁发和买二十八万匹，绍兴一府独当一路之半"。[3] 即绍兴一府要贡献14万匹，且不论是否能完成指定任务，却也足见绍兴府在丝织业生产中强劲的实力。除了传统的越罗外，嵊县的樗蒲绫和强口布、剡县的绉纱、诸暨的苧布和越苎、萧山的纱、奉化的絁、象山的苎麻织布"女儿红"等都是浙东地区的纺织名品。元代浙东地区的丝织业逐渐被杭州、湖州等地超越，但山阴等地的丝织业依然活跃。棉织业随着棉花的广泛种植也发展起来。元代"余姚有小江布，今出彭桥"。[4] 棉织业的兴起改变了传统纺织业以丝麻织造为主的业态，丰富了农村家庭农业和手工业生产内容。

作为浙东地区传统优势产业的越窑青瓷制造在唐五代时期已至鼎盛，所产的青瓷制品除了作为贡品之外，主要以贸易瓷的形式远销国内及海外

① （宋）沈立：《越州图序》，（宋）孔延之：《会稽掇英总集》卷20，《景印文渊阁四库全书》，集部二八四，总集类，第1345册，台湾商务印书馆，第168页上栏。

② （宋）庄绰：《鸡肋编》卷上，朱易安、傅璇琮等主编：《全宋笔记》，第四编，七，大象出版社2008年版，第37页。

③ （宋）张淏：宝庆《会稽续志》卷3，"和买"，《宋元方志丛刊》，第七册，中华书局1990年版，第7124页下栏。

④ （清）邵晋涵：乾隆《余姚志》卷9《物产》，清乾隆四十六年（1781年）刻本，第8页a。

各地。北宋前期，越窑青瓷依然保持先前精湛的生产技艺，釉色纯净，纹饰精妙，技艺娴熟，品种繁多。从北宋太平兴国七年（982 年）至熙宁元年（1068 年）80 余年间，越（明州）州贡窑一直烧制统治者所用青瓷。①宋代越窑青瓷窑场主要分布在慈溪、上虞、鄞县、余姚等地，较多地集中在慈溪上林湖及周边的古银锭湖、杜湖、白洋湖一带，窑址共有 74 处。②上虞越窑青瓷的生产规模较唐五代时期进一步扩大，其中窑寺前窑场是上虞众多窑场中唯一有记载的官窑遗址，该遗址考古出土就有北宋的青瓷。③鄞县东钱湖窑场在五代至北宋时期的窑址约占 70% 以上，④可以说，北宋前中期是东钱湖窑场的顶峰阶段。北宋中期以后，越窑青瓷在生产工艺方面基本没有改进，产品质量有所下降。从北宋晚期开始，越窑青瓷业明显趋于衰落，窑场数量锐减，绝大多数制品多用明火装烧，成品粗糙，釉色缺乏光泽。上林湖及周边地区的窑场也从之前的 74 处减少至 27 处，其中上林湖 7 处。⑤虽然越窑青瓷在北宋后期走向衰落，市场地位和影响力下降，但作为传统的手工业制品，民间的制瓷业依然存续。南宋时期，继承越窑青瓷烧制技术的龙泉青瓷兴起并在元代达到全盛，取代越窑青瓷成为浙江制瓷业的核心产品。

浙东地区的造纸业在唐代已具有一定的知名度。由于剡县剡藤纸巨大的市场需求量，导致生产原料古藤遭到滥伐不断减产而走向衰落。宋代主要以竹子作为造纸原料，竹纸的制造工艺不断改进，至南宋时期浙东地区竹纸的名声甚至在藤纸之上。南宋绍熙年间（1190—1194 年）的书法家陈槱记述："古称剡藤，本以越溪为胜。今越之竹纸，甲于他处。"⑥宋代

---

① 林士民：《青瓷与越窑》，上海古籍出版社 1999 年版，第 220 页。

② 徐定宝主编：《越窑青瓷文化史》，人民出版社 2001 年版，第 245 页。

③ 章金焕：《试述宋代上虞越瓷生产》，《南方文物》2002 年第 1 期。

④ 林士民：《浙江宁波东钱湖窑场调查与研究》，冯先铭主编：《中国古陶瓷研究》，第三辑，紫禁城出版社 1990 年版，第 51 页。

⑤ 徐定宝主编：《越窑青瓷文化史》，人民出版社 2001 年版，第 245 页。

⑥ （宋）陈槱：《负暄野录》卷下，"论纸品"，《景印文渊阁四库全书》，子部一七七，杂家类，第 871 册，台湾商务印书馆 1986 年版，第 40 页上栏。

政府在绍兴设立了四个官方造纸局：汤浦、新林、枫桥以及三界。① 竹纸的品种丰富，其中姚黄、学士、邵公三种被认为是浙东竹纸的上品而受到文人的青睐。嵊县的敲冰纸、鄞县的皮纸、宁海的黄公纸等也具有一定的影响力。造纸业的发达带动了刻印业的兴盛，官方刻书因越州作为南宋陪都和浙东政治经济中心而空前活跃，私家刻印也具一定规模。元代王祯发明的雕版木活字印刷对浙东地区的印刻业产生了较大的影响。如元延祐六年（1319 年），庆元奉化州知州马称德用"活字书版印成《大学衍义》等书"。② 说明当时先进的木活字印刷技术已在浙东地区应用。

在宋元时期良好的经济政策环境中，农业和手工业都获得了稳定的发展，生产技术的进步使得农产品和手工业制品在数量和品质方面都得到了较大的提升，商品化程度也不断提高，出现了区域性的市场，商业贸易繁荣，传统的重农抑商观念受到冲击，商业在社会上的地位开始有所提升，延续两千余年的坊市制度在宋代彻底瓦解。宋元时期在农业、手工业以及商业领域的显著进步，为浙东海上丝绸之路的兴盛奠定了良好的经济基础。

二、宋元时期浙东地区造船及航海技术的进步

唐代明州的造船技艺已具有相当高超的水准，明州海商在浙东海上丝绸之路上行使的海船多在明州打造，而且还在日本的值嘉岛等地建造大型海舶，将先进的造船技术传至日本。宋元时期浙东地区本就发达的造船业在技术上有新的创新和突破，在国内造船业中的地位更为突出，由此推动了以浙东地区为起点的远洋海上交通的大发展，为浙东海上丝绸之路上的贸易开展提供了更多的安全保障。

---

① （宋）施宿等撰：嘉泰《会稽志》卷 4，"库务（场局等）"，《宋元方志丛刊》，第七册，中华书局 1990 年版，第 6778 页上栏。
② （宋）邓文原：《建尊经阁增置学田记》，（清）陈琦等纂：乾隆《奉化县志》卷 12《艺文志上》，乾隆三十八年（1773 年）刻本，第 7 页 b。

北宋皇祐年间（1049—1054 年），政府在明州设立的官营造船场位于"城外一里，甬东厢"，[①] 并设置船场指挥营和造船监官厅事作为专门的机构，配备造船官主持管理船场事宜。官营造船厂以生产漕运船和海船（战船）为主，且每年有额定的造船指标，非具雄厚实力不可。北宋哲宗年间（1085—1100 年），两浙路的明州和温州的漕运船年产量位居全国首位。[②] 北宋元祐五年（1090 年）正月初四，"诏温州、明州岁造船以六百只为额"。[③] 明州已然成为宋代漕运船打造的主要基地。宋代官方使团出访时的大型海船也多在明州打造。如北宋宣和四年（1122 年），遣使路允迪和傅墨卿出使高丽的两艘"神舟"：鼎新利涉怀远康济和循流安逸通济，便是由朝廷复诏明州所造。这两艘神舟"巍如山岳，浮动波上，锦帆鷁首，屈服蛟螭，所以晖赫皇华，震慑夷狄，超冠今古。是宜丽人迎诏之日，倾国耸观，而欢呼嘉叹也"。[④] 与之伴行的六艘客舟"略如神舟，具体而微。其长十余丈，深三丈，阔二丈五尺，可载二千斛粟。其制皆以全木巨枋搀叠而成，上平如衡，下侧如刃，贵其可以破浪而行也"。[⑤] 而"神舟之长阔高大，什物、器用、人数皆三倍于客舟也"。[⑥] 根据研究，神舟载重量可达1100 吨左右。[⑦]

浙东民间造船业也非常发达，主要以制造渔船为主，同时也生产用于远洋航线的商船。"海商之舰，大小不等，大者五千料，可载五六百

---

① （宋）罗浚等撰：宝庆《四明志》卷 3《郡志卷第三·叙郡下》，《宋元方志丛刊》，第五册，中华书局 1990 年版，第 5031 页上栏。

② 林士民：《宁波造船史》，浙江大学出版社 2012 年版，第 120 页。

③ （清）徐松辑：《宋会要辑稿》，食货五十之四，中华书局 1957 年版，第 5658 页下栏。

④ （宋）徐兢：《宣和奉使高丽图经》卷 34《海道一·神舟》，朱易安、傅璇琮等主编：《全宋笔记》，第三编，八，大象出版社 2008 年版，第 129 页。

⑤ （宋）徐兢：《宣和奉使高丽图经》卷 34《海道一·客舟》，朱易安、傅璇琮等主编：《全宋笔记》，第三编，八，大象出版社 2008 年版，第 129 页。

⑥ （宋）徐兢：《宣和奉使高丽图经》卷 34《海道一·客舟》，朱易安、傅璇琮等主编：《全宋笔记》，第三编，八，大象出版社 2008 年版，第 130 页。

⑦ 王曾瑜：《谈宋代的造船业》，《文物》1975 年第 10 期。

人；中等二千料至一千料，亦可载二三百人；余者谓之'钻风'，大小八櫓或六櫓，每船可载百余人。"① 南宋年间官船的需求量激增，导致温州的木材供应枯竭，造船数量也很有限，不得不征用民间的商船和渔船以为官船，② 以用于海防之需。南宋嘉熙年间（1237—1240 年），政府"调明、温、台三郡民船防定海"。③ 南宋宝祐五年（1257 年），明州知府兼沿海制置大使吴潜改立义船法，要求明、温、台三郡令所部县邑各选有财力者造船以备用。三郡征调的民船"一丈以上共三千八百三十三只，以下一万五千四百五十四只"。④ 浙东地区民间造船的实力由此可见。元朝末年，因为战乱导致很多海船毁坏需要修理，而定海承担了修理海船的重责，史称："岁修治海舟，盖难以数计。"⑤ 可以想见定海在修理海船方面所具有的高超技术和雄厚实力。

宋元时期造船技术方面具有较大的突破，在世界上居于领先水平。而浙东海上丝绸之路的兴盛为船只的远洋航行积累了丰富的实践经验。首先，在船体的构造上精心设计以确保海船航行的安全性。以尖底船作为海船的基本船型，能够有效地抗击风浪远航。为增加航行过程中船只的稳定性，通常装置舭龙骨。1979 年宁波市东门口码头出土的宋代海船，船上装有舭龙骨，比国外大约要早六、七百年。⑥ 水密舱壁技术已广泛应用，以增强船体的抗沉性。其次，航海技术方面有一定的突破。北宋开始将指南

---

① （宋）吴自牧：《梦粱录》卷 12《江海船舰》，浙江人民出版社 1980 年版，第 111 页。

② ［日］斯波义信：《宋代商业史研究》，庄景辉译，台湾稻禾出版社 1997 年版，第 75 页。

③ （宋）梅应发等撰：开庆《四明续志》卷 6《三郡隘船》，《宋元方志丛刊》，第六册，中华书局 1990 年版，第 5991 页上栏。

④ （宋）梅应发等撰：开庆《四明续志》卷 6《三郡隘船》，《宋元方志丛刊》，第六册，中华书局 1990 年版，第 5991 页上栏。

⑤ （元）戴良：《九灵山房集》卷 19《鄞游稿第五·许丞传》，《景印文渊阁四库全书》，集部一五八，别集类，第 1219 册，台湾商务印书馆 1986 年版，第 471 页上栏。

⑥ 林士民：《宁波东门口码头遗址发掘报告》，林士民：《再现昔日的文明：东方大港宁波考古研究》，上海三联 2005 年版，第 189 页。

针改装成水罗盘来辨明方向，"风雨晦冥时，惟凭针盘而行，乃火长掌之，毫厘不敢差误，盖一舟人命所系也"。[1] 南宋以来指南针开始大规模地应用于远洋航海，从而破解了恶劣天气下航向分辨的难题。再次，海船设备也有较大的改进。如根据船只规模和航行中所遇风力大小设计不同类型的风帆。一般大型海船配备较多的风帆，"有十帆至少是三帆，帆系用藤篾编织，其状如席，常挂不落，顺风调帆，下锚时亦不落帆"。[2] "风正，则张布帆五十幅。稍偏，则用利篷，左右翼张，以便风势。"[3] 风帆之外，船尾之处安装适用于不同深浅的大小二尊正舵以控制船行方向。

图 3-1　宋船模型[4]

宋元时期浙东地区的造船业，无论是官营造船场，还是民间私营船场，都掌握了先进的制造技艺，加之航海工具和海船设备的配套跟进，使

---

① （宋）吴自牧：《梦粱录》卷12《江海船舰》，浙江人民出版社1980年版，第112页。

② ［摩洛哥］伊本·白图泰：《伊本·白图泰游记》，马金鹏译，宁夏人民出版社2000年版，第486页。

③ （宋）徐兢：《宣和奉使高丽图经》卷34《海道一·客舟》，朱易安、傅璇琮等主编：《全宋笔记》，第三编，八，大象出版社2008年版，第130页。

④ 宁波市文化局编：《千年海外寻珍：中国宁波"海上丝绸之路"在日本、韩国的传播及影响》，宁波市文化局，2003年，第14页。

得海船航行的综合实力明显增强，可以说这时期也是浙东地区造船业发展的辉煌时期。

三、宋元时期浙东海上丝绸之路的贸易环境

宋王朝建立初期，面临着周边辽、西夏和金的威胁，即"朝廷交接四夷，莫如辽、夏之重"，[①] 彼此之间长期混战，形成对峙的局面，因此国家将战略重心放在北方。面对这种严峻的政治生态，宋王朝竭力保持与东亚周边国家的和平友好关系，以便集中力量处理与辽、夏、金之间的关系。为求得国家的生存和苟安，宋王朝只能岁输厚币暂渡危机，这就极大地消耗了宋王朝本就有限的财力。为解决日益严重的财政危机，宋王朝将积极发展海外贸易作为增加财政收入的重要手段。宋神宗在总结五代吴越国历史经验时，充分认识到海外贸易带来的丰厚利润："东南利国之大，舶商亦居其一焉。昔钱、刘窃据浙、广，内足自富，外足抗中国者，亦由笼海商得术也。卿宜创法讲求，不惟岁获厚利，兼使外藩辐辏中国，亦壮观一事也。"[②] 南宋偏安东南，国土日蹙，财政上更是捉襟见肘，通过海外贸易改善财政状况的期望也更为迫切。宋高宗认为："市舶之利最厚。若措置合宜，所得动以万计，岂不胜取之于民"，[③] 于是敕令"宜循旧法，以招徕远人，阜通货贿"。[④]

由于宋长期处于紧张的边患关系中，因此对外贸易政策不时受到外部形势的影响而进行适时的调整。为了防止相邻的高丽与辽往来密切于宋不

① （宋）苏辙著，马得富等校点：《栾城集》卷46《御史中丞论时事劄子诗三首·乞裁损待高丽事件劄子》，上海古籍出版社1987年版，第1004页。

② （清）黄以周等辑注，颜吉辰点校：《续资治通鉴长编拾补》卷5《神宗》，熙宁二年九月壬午，中华书局2004年版，第239—240页。

③ （宋）李心传：《建炎以来系年要录》卷116，中华书局1956年版，第1868页。

④ （清）徐松辑：《宋会要辑稿》，职官四四之二四，中华书局1957年版，第3375页下栏。

利，北宋庆历至熙宁期间（1041—1077 年），明令禁止商人前往高丽贸易，"客旅商贩不得往高丽、新罗及登、莱州界，违者，并徒二年，船物皆没入官"。①此后随着宋与高丽之间关系的改善，宋对于海商前往高丽贸易有所松动，但仍设置了种种限制。北宋元丰二年（1079 年），诏令"自来入高丽商人财本及五千缗以上者，令明州籍其姓名，召保识，岁许出引发船二只，往交易非违禁物，仍次年即回；其发无引船者，依盗贩法"。②北宋元丰三年（1080 年），宋政府规定："诸非广州市舶司，辄发过南蕃纲舶船，非明州市舶司，而发过日本、高丽者，以违制论。"③据此可知，广州成为宋开展与南海诸国、明州成为宋开展对日本及高丽之间贸易往来的官方指定港口。北宋元丰八年（1085 年）再次强调："诸非杭、明、广州而辄发海商舶船者，以违制论。"④此处的杭、明并列，指的是两浙路市舶司。对与本国不涉及安全问题的日本及南海诸国，宋朝遵循"来则不拒，去则不追"⑤的原则。北宋绍圣元年（1094 年）再次规定："往高丽者财本必及三千万贯，船不许过两只，仍限次年回。"⑥南宋初年宋与高丽之间依然有官方使节往来，但处于与金对峙的复杂形势下的南宋政府，为防范高丽与金互通，于南宋隆兴二年（1164 年）以后中止了与高丽的官方往来。

事实上，宋朝统治者出于自身所处的窘境，并不热衷于开展需要耗费大量财力的朝贡贸易。北宋真宗统治时期（997—1022 年），来宋朝贡的国

---

① （宋）苏轼撰，孔凡礼点校：《苏轼文集》卷 31《奏议·乞禁商旅过外国状》，中华书局 1986 年版，第 889 页。

② （宋）李焘：《续资治通鉴长编》卷 296《神宗》，元丰二年正月丙子，中华书局 1990 年版，第 7194—7195 页。

③ （宋）苏轼撰，孔凡礼点校：《苏轼文集》卷 31《奏议·乞禁商旅过外国状》，中华书局 1986 年版，第 890 页。

④ （宋）苏轼撰，孔凡礼点校：《苏轼文集》卷 31《奏议·乞禁商旅过外国状》，中华书局 1986 年版，第 890 页。

⑤ （元）脱脱等：《宋史》卷 485《列传第二百四十四·外国一》，"夏国上"，中华书局 1977 年版，第 13981 页。

⑥ （清）徐松辑：《宋会要辑稿》，食货三八之三三、三四，中华书局 1957 年版，第 5483 页上栏、下栏。

家"惟有高丽、西夏、注辇、占城、三佛齐、蒙国、达靼、女真而已，不若唐之盛也"。① 对于朝贡的规模也做了限制："每国使副、判官各一人，其防援官，大食、注辇、三佛齐、阇婆等国，勿过二十人，占城、丹流眉、勃泥、古逻摩逸等国勿过十人，并往来给券料。"② 显然，虽然宋政府依然开展朝贡贸易，但出于经济要素的考虑，为减少回赐，基本采取消极的态度。在海外贸易中居于主体地位的无疑是能够给宋朝带来丰厚利润和收入的市舶贸易："市舶之利，颇助国用。"③ 北宋初年，宋太祖就因"僧行勤游西域，因赐其（大食）王书以招怀之"。④ 北宋雍熙四年（987年）五月，"遣内侍八人，赍敕书、金帛，分四纲，各往海南诸蕃国勾招进奉，博买香药、犀牙、真珠、龙脑。每纲赍空名诏书三道，于所至处赐之"。⑤ 对于能够招引蕃商前来贸易且贸易额达到一定数量者，南宋政府予以物质或官职方面的奖励。南宋绍兴六年（1136年），宋政府规定："诸市舶纲首能招诱舶舟、抽解物货、累价及五万贯十万贯者，补官有差。"⑥ 为提高贸易效率，获取更多的税收，南宋隆兴二年（1164年）出台了"饶税"政策，规定："若在五月内回舶，与优饶抽税。如满一年内，不在饶税之限。满一年已上，许从本司根究。"⑦

① （宋）王林：《宋朝燕翼诒谋录》卷4，王云五主编：《丛书集成初编》补印本，商务印书馆民国二十八年（1939年）版，第34页。

② （宋）李焘：《续资治通鉴长编》卷87《真宗》，大宗祥符九年七月庚戌，中华书局1985年版，第1998页。

③ （清）徐松辑：《宋会要辑稿》，职官四四之二四，中华书局1957年版，第3375页下栏。

④ （元）脱脱等撰：《宋史》卷490《列传第二四九·外国六》，"大食"，中华书局1977年版，第14118页。

⑤ （清）徐松辑：《宋会要辑稿》，职官四四之二，中华书局1957年版，第3364页下栏。

⑥ （元）脱脱等撰：《宋史》卷185《志一百三十八·食货下七》，"香"，中华书局1977年版，第4537页。

⑦ （清）徐松辑：《宋会要辑稿》，职官四四之二七、二八，中华书局1957年版，第3377页上栏、下栏。

在竭力招揽蕃商的同时，宋朝也积极鼓励本国商人"出海外蕃国贩易"，[①]但须申领公凭，且有"本土有物力户三人，委保物货内不夹带兵器"。[②]即便如此，海商违禁出海贸易不在少数。北宋至道元年（995年），有官员上奏称"海商多由私路经贩，可令禁之"，而曾亲"往两浙相度海舶路"的金部员外郎王澣等人认为："取私路贩海者不过小商，以鱼干为货。其大商自苏、杭取海路，顺风至淮、楚间，物货既丰，收税复数倍。若设法禁小商，大商亦不行矣。"[③]王澣等人基于实地调研所得出的合理建议最终被宋太宗采纳，禁止海商出海贸易之令就此作罢。宋代"泛海之商，无非豪富之民，江淮闽浙，处处有之"。[④]这些敢于从事海外贸易的私商多为"富豪之民"，具有丰厚身家，在地方上还有一定的威望，能够妥善地处理好与地方政府间的关系，他们成为宋代海商的主体。此外，部分中小海商也搭载大海商的船只前往海外寻求贸易机会，囿于有限的资本，能够获得丰厚利润的人极少。

元代延续了宋代开放的对外贸易政策，元至元十五年（1278年），元世祖诏行中书省唆都、蒲寿庚等："诸蕃国列居东南岛屿者，皆有慕义之心，可因蕃舶诸人宣布朕意。诚能来朝，朕将宠礼之。其往来互市，各从所欲。"[⑤]并令唆都"招谕南夷诸国"。[⑥]与宋代明文规定"食禄之家，不许

---

① （元）脱脱等撰：《宋史》卷186《志一百三十九·食货下八》，"互市舶法"，中华书局1977年版，第4559页。

② （宋）李焘：《续资治通鉴长编》卷451《哲宗》，元祐五年十一月己丑，中华书局1992年版，第10823页。

③ （清）徐松辑：《宋会要辑稿》，职官四四之三，中华书局1957年版，第3365页上栏。

④ （宋）包恢：《敝帚稿略》卷1《禁铜钱申省状》，清乾隆年间（1736—1795）刻本，第19页b、20页a。

⑤ （明）宋濂等撰：《元史》卷10《本纪第十·世祖七》，中华书局1976年版，第204页。

⑥ （明）宋濂等撰：《元史》卷129《列传第十六·唆都》，中华书局1976年版，第3152页

与民争利"，①严禁官员从事海上贸易不同的是，元代除了禁止市舶司及市舶司所在地官员从事海上贸易外，对于"诸王、驸马、权豪、势要、僧、道、也里可温、答失蛮诸色人等，下番博易"，均在允许范围之内，但须"依例抽解。如有隐匿不行，依理抽解，许诸人首告，取问是实，钱物没官，犯人决杖一百七下，有官者罢职"。②所以元代有相当比例的权贵官员从事海上贸易。加上从事海上贸易的大量私商，形成了"商者益众"③的局面。元至元二十二年（1285 年），元政府"设市舶都运司于杭、泉二州，官自具船、给本、选人入蕃，贸易诸货。其所获之息，以十分为率。官取其七，所易人得其三"。④这便是元代的官本船制度，该制度一直持续到元至治二年（1322 年）。在此制度下，由政府提供给海商出洋贸易的商船和资本，所获利润政府占七成，海商获利三成。无疑，政府垄断了海外贸易，仅出资金和商船即可获得海商巨额贸易利润中的多数，成为官本船制度中的主导者和最大的受益者，海商则沦为政府的雇佣商人。

官本船以外的私人海上贸易被列为非法贸易，"凡权势之家，皆不得以己钱入番为贾，犯者罪之，仍籍其家产之半"。⑤即便是权贵人士，也不能用自己的钱财从事海外贸易，违者罚没其半数家产。通过官本船贸易制度的实行，元朝政府企图实现对海外贸易的垄断，但实际上海商的走私贸易行为日渐频繁，贸易官员侵夺海商利益也越发变本加厉，如庆元"异时

① （清）徐松辑：《宋会要辑稿》，职官四四之三，中华书局 1957 年版，第 3365 页上栏。

② 郭成伟点校：《大元通制条格》卷 18《关市·市舶》，法律出版社 2000 年版，第 239 页。

③ （明）宋濂等撰：《元史》卷 205《列传第九十二·奸臣》，"铁木迭儿"，中华书局 1976 年版，第 4578 页。

④ （明）宋濂等撰：《元史》卷 94《志第四十三·食货二》，"市舶"，中华书局 1976 年版，第 2402 页。

⑤ （明）宋濂等撰：《元史》卷 94《志第四十三·食货二》，"市舶"，中华书局 1976 年版，第 2402 页。

富商赋舶货江浙省，分遣属官监赋事侵牟百出"；[1] 市舶司"或委他官选择未精，法外生弊，舶户病之"；[2] 加之官本的贬值，元政府不得不在至治三年（1323 年）实行"听海商贸易，归征其税"[3] 的开放型的海外贸易政策。官本船贸易制度由此终结，私人海上贸易迎来了发展的契机，进口的舶货数量剧增，呈现出"薰陆胡椒腽肭脐，明珠象齿骇鸡犀。世间莫作珍奇看，解使英雄价尽低"[4] 的景象。

需要指出的是，元代虽然积极鼓励海外贸易的发展，但也颁布和实行过一些消极的政策。如元至元二十九年（1292 年）、至元三十年（1293年）、大德七年（1303 年）、至大四年（1311 年）、延祐七年（1320 年）等年份以多种理由厉行过"海禁"，每次短则 1 年，多则 5 年便开禁。除此之外，均实行开放的对外贸易政策。因此，积极的海外贸易政策成为元朝对外政策的主流。

总体而言，宋元政府通过既鼓励又控制的方式，力图将海外贸易牢牢掌控在政府手中。在对外贸易管理和制度日益完善的背景下，宋元时期的海上丝绸之路贸易环境也得以改善，海商的合法权益获得良好的保障，从而有力地带动了海上丝绸之路走向兴盛。

---

① （元）程端礼：《畏斋集》卷 5《庆元路总管沙木斯鼎公去思碑》，《四明丛书》约园刊本，民国二十一年（1932 年），第 19 页 a。
② （元）程端礼：《畏斋集》卷 5《监抽庆元市舶右丞资德约苏穆尔公去思碑》，《四明丛书》约园刊本，民国二十一年（1932 年），第 16 页 b。
③ （明）宋濂等撰：《元史》卷 94《志第四十三·食货二》，"市舶"，中华书局 1976年版，第 2403 页。
④ （元）宋本：《舶上谣送伯庸以番货事奉使闽浙十首》，（清）顾嗣立编：《元诗选二集》卷 11，《景印文渊阁四库全书》，集部四〇九，总集类，第 1470 册，台湾商务印书馆 1986 年版，第 309 页上栏。

四、宋代浙东运河与海上丝绸之路上的贸易往来

（一）宋代浙东运河与海上丝绸之路上的中日贸易

唐代后期日本停派遣唐使之后，中日之间便停止了官方的往来。宋代中日之间并未建立正式的外交关系，双方政府间的往来仅见于少数几次明州地方政府与日本太宰府之间的信札往来。北宋正值日本平安时代（794—1192 年）中后期，藤原氏严禁本国人员私自前往海外各国，同时对赴日贸易的宋朝商船规定年限。日本学者木宫泰彦如此评价北宋时期中日贸易："日本之对外态度，颇抱消极主义；其往来之船舶亦率皆中国商船，以营利贸易为目的者也。"①

然而，在宋代开放的对外贸易政策下，中日之间的民间贸易往来却十分频繁。在北宋（960—1127 年）160 余年期间，往来于中日之间的宋朝商船竟达 70 余次。② 这在日本实行消极对外政策的时期，可谓保持着一个较高的频率。前往日本的宋朝海商，一般是搭乘六七十人的小型帆船，大多从两浙地方出发，横渡东中国海，到达肥前的值嘉岛，然后再转航到筑前的博多，有时甚至驶入越前的敦贺。③ 宋商输往日本的商品在与大宰府交易后，余下部分方可在日本民众中销售。12 世纪中后期，随着平清盛担任太政大臣执掌实权后，改变原有的"锁国"政策，积极发展与南宋的贸易。受平清盛贸易政策的激励，中日贸易一改北宋时期宋商单向赴日贸易的场景，大量日本商人主动来宋贸易，"倭人冒鲸波之险，舳舻相衔，以

① ［日］木宫泰彦：《中国日本交通史》，陆捷译，王云五主编：《中国文化史丛书》，第二辑，商务印书馆民国二十六年（1937 年）版，第 98 页。
② 王晓秋、［日］大庭修主编：《中日文化交流史大系·历史卷》，浙江人民出版社1996 年版，第 138 页。
③ ［日］木宫泰彦：《日中文化交流史》，胡锡年译，商务印书馆 1980 年版，第245 页。

其物来售",① "每岁往来不一，四五十舟"。② 南宋乾道九年（1173 年），日本官府也"始附明州纲首以方物入贡"。③ 南宋政府对来宋贸易的日商给予种种优待和便利。南宋淳熙三年（1176 年），日本商船遭遇风浪漂泊至明州，"众皆不得食，行乞至临安府者复百余人"，宋政府诏令"日给钱五十文、米二升，俟其国舟至日遣归"。④

从明州港出口至日本的商品除了传统的瓷器、丝织品、药材外，还有香料、颜料、文具、书籍等物。北宋熙宁五年（1072 年）入宋的日僧成寻在当年十月十五日的记载中，述及当他被问到日本所需何物时，他的回答为："本国要用汉地香、药、茶碗、锦、苏芳等也。"⑤ 所需之物皆为大众常用的物品。越窑青瓷作为浙东海上丝绸之路贸易的传统商品，北宋前期仍销往日本，至北宋末年基本停止。1977 年以后在日本"博多遗迹群"出土的越窑青瓷量，在 12 世纪中叶达到顶峰，主要包括灯具、盅、香炉、水具等生活用品，其中罕见地出土了南宋越窑青瓷香炉。⑥ 北宋末期，越窑青瓷走向衰落，龙泉青瓷开始崛起，取代越窑青瓷成为浙东海上丝绸之路上销往日本的主要瓷器品种。香料也是宋商输日的重要商品，因香料多源于宋商与南海各国贸易所得，故宋商运销往日本的香料贸易属于转贩贸易性质。珍贵的药材如金益丹、红雪、紫金膏、巴豆、雄黄、诃梨勒等也都有输出。这些药材与部分香料都是制作药物的原料。丝织品作为中日贸

---

① （宋）梅应发等撰：开庆《四明续志》卷 8，"蠲免抽博倭金（收养漂泛倭人丽人附）"，《宋元方志丛刊》，第六册，中华书局 1990 年版，第 6010 页上栏。

② （宋）包恢：《敝帚稿略》卷 1《禁铜钱申省状》，清乾隆年间（1736—1795）刻本，第 18 页 b。

③ （元）脱脱等撰：《宋史》卷 491《列传二百五十·外国七》，"日本国"，中华书局 1977 年版，第 14137 页。

④ （元）脱脱等撰：《宋史》卷 491《列传二百五十·外国七》，"日本国"，中华书局 1977 年版，第 14137 页。

⑤ ［日］成寻著，白化文、李鼎霞校点：《参天台五台山记》，花山文艺出版社 2008 年版，第 113 页。

⑥ 江怀海、贺云翱：《西日本出土的唐宋越窑青瓷与宁波海上陶瓷之路》，《元史及民族与边疆研究集刊》2020 年第 2 期。

易的传统商品，也是宋商赴日贸易的重要商品。虽然日本的丝织业有所发展，但贵族依然喜爱用中国的生丝原料来制作服饰。明州出产的草席作为地方特色商品输入日本。据《吾妻镜》记载，日本文治元年（1185年）十月，源赖朝献给后白河法皇的礼单中，就有"唐席"五十张，[①]此处的唐席便是明州特产"明席"。

除了上述传统的贸易商品外，宋代铸造的铜钱也以贸易的形式大量流入日本。虽然宋为严禁铜钱外流制定了相关的法禁，但依然无法从根本上解决问题。南宋乾道七年（1171年），知明州赵伯圭："伏详铜钱同界，法禁甚严，缘海界南自闽、广通化外诸国，东接高丽、日本，北接山东，一入大洋，实难拘检，乞自今应官司铜钱不得辄载入海船，如有违犯人，重作施行。"[②]然而"法禁虽严，奸巧愈密，商人贪利而贸迁"，[③]铜钱仍以走私的形式不断地流向日本。沿海商民常以铜钱购买日商之货，"海上民户所贪嗜者，倭船多有珍奇，凡值一百贯文者，止可十贯文得之，凡值千贯文者，止可百贯文得之。似此之类，奸民安得而不乐与之为市"。[④]"漏泄之地，非特在庆元抽解之处，如沿海温台等处，境界其数千里之间，漏泄非一。盖倭船自离其国，渡海而来。或未到庆元之前，预先过温台之境，摆泊海涯富豪之民，公然与之交易。"[⑤]包恢也记载了日本商船在浙东地区的贸易中，以低价出售货物换取铜钱的景象："及倭船离四明之后，又或未即国其本国，博易尚有余货，又复回旋于温、台之境，低价贱卖，交易

---

① 《吾妻镜》卷5，文治元年十月，《续国史大系》，第4卷，经济杂志社，1903年，第175页。

② （宋）徐松：《宋会要辑稿》，刑法二之一五八，中华书局1957年版，第6574页下栏。

③ （元）脱脱等撰：《宋史》卷186《志第一百三十九·食货下》，"互市舶法"，中华书局1977年版，第4566页。

④ （宋）包恢：《敝帚稿略》卷1《禁铜钱申省状》，清乾隆年间（1736—1795）刻本，第17页 b。

⑤ （宋）包恢：《敝帚稿略》卷1《禁铜钱申省状》，清乾隆年间（1736—1795）刻本，第17页 a。

如故。所以今年之春，台城一日之间，忽绝无一文小钱在市行用。"① 日商将所贸易获铜钱藏于船上隐匿之处、海中人家等处，在躲避市舶官员的稽查后运回日本，也有通过将铜钱熔铸成铜器的方式运出。南宋淳祐二年（1242年），日本一次航海输入钱货十万贯，相当于南宋一年铸钱造量。② 如此庞大数量的铜钱的输入，导致日本国内官铸钱币难以通行，政府不得不禁止宋钱交易。南宋宝祐六年（1258年），宋"诏申严倭船入界之禁"，③ 出此禁令主要就是严防日本商船入境运贩宋钱。

宋代从日本进口的商品种类也颇为丰富。据宝庆《四明志》记载，日本"所出最宜木，率数岁成围。俗善造五色笺，错金为阑，或为花，中国所不逮也。多以写佛经。铜器尤精于中国"。④ 从日本输入明州港的商品中，细色有"金子、砂金、珠子、药珠、水银、鹿茸、茯苓"，粗色有"硫黄、螺头、合蕈、松板、杉板、罗板"。⑤ 细色以黄金、水银和药材为主。宋代的黄金产量少，且自宋真宗以来价格日高。日本国内产盛产黄金且价格平实。史载："东奥州产黄金，西别岛出白银，以为贡赋。"⑥ 南宋后期，宋与日本之间的金价相差悬殊，宋的金价相当于日本金价的六十三倍之余。⑦ 在高额利润的刺激下，日商入宋时一般会携带大量黄金作为商品进行交易。南宋宝祐年间（1253—1258年），庆元府一年间由日本商人

---

① （宋）包恢：《敝帚稿略》卷1《禁铜钱申省状》，清乾隆年间（1736—1795）刻本，第17页b。

② ［日］洋太郎：《日本货币简史》，肖芳译，《中国钱币》1984年第12期。

③ （元）脱脱等：《宋史》卷44《本纪第四十四·理宗四》，中华书局1977年版，第863页。

④ （宋）罗浚等撰：宝庆《四明志》卷6《郡志卷第六·叙赋下》，《宋元方志丛刊》，第五册，中华书局1990年版，第5057页上栏。

⑤ （宋）罗浚等撰：宝庆《四明志》卷6《郡志卷第六·叙赋下》，《宋元方志丛刊》，第五册，中华书局1990年版，第5057页上栏、下栏。

⑥ （元）脱脱等：《宋史》卷491《列传二百五十·外国七》，"日本国"，中华书局1977年版，第14131页。

⑦ ［日］加藤繁：《中国经济史考证》，第二卷，吴杰译，商务印书馆1963年版，第249页。

输入的黄金总额约及四五千两。加上日商在泉州等地的交易以及宋商从日本带回来的黄金，总额很可能到达一万两。① 明州市舶司每年从输宋黄金中抽解得二三万缗，但漏舶之金高达六万七千二百余贯。② 与日商输入的木板、硫黄多为"国主贵臣之物"不同的是，黄金"乃倭商自己之物"，③ 因"密行货卖"，遭奸牙欺诈盘剥，损失重大，但因宋法令严格，"倭商竟不敢吐气，常怀憾而去"。④ 为此，明州知府吴潜上奏请求免去对日本黄金的抽解："倭船到岸，免抽博金子，如岁额不可阙，则当以最高年分所抽博之数，本司代为偿纳"，⑤ 此后，日商输入黄金的税款改由明州市舶务代付。水银和丝织品也是日商输入宋朝的重要商品。如北宋元丰元年（1078年），"明州又言得其国太宰府牒，因使人孙忠还，遣仲回等贡绢二百匹、水银五千两"。⑥

从日本进口的粗色中，多为量大价贱之货品。其中"倭板、硫黄颇为国计之助"。⑦ 硫黄作为火药生产的原料，对处于与周边少数民族政权对峙状态的宋朝而言，有巨大的需求缺口。为从日本进口更多的硫黄，北宋元丰七年（1084年）二月，"知明州马玞言：'准朝旨，募商人于日本国市

---

① ［日］加藤繁：《中国经济史考证》，第二卷，吴杰译，商务印书馆1963年版，第250页。

② （宋）梅应发等撰：开庆《四明续志》卷8，"蠲免抽博倭金（收养漂泛倭人丽人附）"，《宋元方志丛刊》，第六册，中华书局1990年版，第6011页上栏。

③ （宋）梅应发等撰：开庆《四明续志》卷8，"蠲免抽博倭金（收养漂泛倭人丽人附）"，《宋元方志丛刊》，第六册，中华书局1990年版，第6010页下栏。

④ （宋）梅应发等撰：开庆《四明续志》卷8，"蠲免抽博倭金（收养漂泛倭人丽人附）"，《宋元方志丛刊》，第六册，中华书局1990年版，第6010页下栏，6011页上栏。

⑤ （宋）梅应发等撰：开庆《四明续志》卷8，"蠲免抽博倭金（收养漂泛倭人丽人附）"，《宋元方志丛刊》，第六册，中华书局1990年版，第6011页上栏。

⑥ （元）脱脱等：《宋史》卷491《列传第二百五十·外国七》，"日本国"，中华书局1977年版，第14137页。

⑦ （宋）梅应发等撰：开庆《四明续志》卷8，"蠲免抽博倭金（收养漂泛倭人丽人附）"，《宋元方志丛刊》，第六册，中华书局1990年版，第6010页下栏。

硫黄五十万斤，乞每十万斤为一纲，募官员管押从之"。① 一次性便要求商人买进硫黄五十万斤，需求量可谓惊人。日本僧人成寻遇到的明州商人陈咏，就是从日本贩运硫黄。② 硫黄作为军火原料，从明州进口后，沿浙东运河运至杭州，再由大运河输送至开封的军器监。南宋绍兴十五年（1145年）十一月，"日本国贾人有贩硫黄及布者，风漂泊温州平阳县仙口港，舟中男女凡十九人"。③ 螺头，"仅可以供燕饮之需"，④ 当为一种海产品。合蕈即为香菇。板材也是日本输入明州的大货，主要用于造船或作为建筑材料。日本"多产杉木、罗木，长至十四五丈，径四尺余"。⑤ 南宋孝宗时，日僧荣西第二次来宋学习佛法时，从明州天童寺虚庵怀敞大师学习禅宗。当荣西了解到寺内千佛阁因年久失修亟须重修但又苦于缺乏良材时，便承诺"它日归国，当致良材以为助"，"未几，遂归。越二年，果致百围之木凡若干，挟大舶泛鲸波而至焉"。⑥ 南宋庆元二年（1196年），以日本木材为主要原料的千佛阁历经三年重建完成。从日本进口的木材除了用于修建楼阁外，还被富贵人家用以制作棺木。陆游就曾述及："四明、临安，倭船到时，用三十千可得一佳棺。"⑦

在上述细色和粗色货物外，日本工艺制品中的螺钿制品、莳绘制品、屏风、折扇、日本刀等也相继输入宋朝。螺钿，又称"螺填"、"螺甸"，

① （宋）徐松：《宋会要辑稿》，食货三八之三三，中华书局1957年版，第5483页上栏。

② ［日］成寻著，白化文、李鼎霞校点：《参天台五台山记》，第二，花山文艺出版社2008年版，第40页。

③ （宋）李心传：《建炎以来系年要录》卷154，中华书局1956年版，第2491页。

④ （宋）包恢：《敝帚稿略》卷1《禁铜钱申省状》，清乾隆年间（1736—1795）刻本，第18页a。

⑤ （宋）赵汝适：《诸蕃志》卷上《志国·倭国》，朱易安、傅璇琮等主编：《全宋笔记》，第七编，一，大象出版社2015年版，第209页。

⑥ （宋）楼钥：《攻媿集》卷57《天童山千佛阁记》，王云五主编：《丛书集成初编》，商务印书馆民国二十四年（1935年）版，第781页。

⑦ （宋）陆游：《放翁家训》，朱易安、傅璇琮等主编：《全宋笔记》，第五编，八，大象出版社2012年版，第151页。

是一种以螺贝为原料制成各种图案镶嵌在漆器、金属、木板的技法。日本的螺钿工艺品技艺巧妙，宋人模仿制作后在市场销售，可见其是市场上的畅销商品。蒔绘（描金）制品也是日商输入宋朝较为常见的工艺品，主要有金银蒔绘砚、金银蒔绘扇筥等。日本折扇以制作精致和画作精美著称："倭扇，……板上罨画山川人物、松竹花草，亦可喜。竹山尉王公轩惠恭后家，尝作明州舶官，得两柄。"① 曾在明州市舶司任职的王公轩在众多输入明州的商品中，挑选了两把日本折扇加以收藏。日本刀工艺上乘，形状小巧便于携带，深受士大夫们喜爱与珍藏。

总体而言，宋代中日之间虽未建立官方关系，但双方出于对各自贸易商品的需求，往来互动频繁。北宋时期日方禁止本国商船出海，并对来日宋船的频率加以限制，因此这时期的中日贸易表现为宋商单方面赴日。南宋中后期，日本逐渐放松了对外贸易的管制，来宋贸易的日本商船逐年增加，双方贸易往来也更为密切。

（二）宋代浙东运河与海上丝绸之路上的宋与高丽的贸易

北宋立国之初，高丽就遣使来宋朝贡，但宋朝的劲敌辽国与高丽接壤，不久两国关系便走向低潮。直到北宋中期宋神宗登基后，两国才又重新恢复至往日的亲密关系。宋神宗为表达对高丽的友好，十分重视高丽使者来宋事宜。北宋熙宁六年（1073年）十月，高丽使者在明州登陆，宋神宗令当地熟悉海道之人接引，"转运司委官用新式迎劳"。② 北宋熙宁七年（1074年），高丽"遣其臣金良鉴来言，欲远契丹，乞改途由明州诣阙，从之"。③ 高丽使者提出要远避契丹，请求改从明州登陆前往汴京，该项请求得到宋的准许。而在此之前，高丽商人和使节均在登州港往返。北宋元

---

① （宋）邓椿：《画继》卷10《杂说》，《景印文渊阁四库全书》，子部一一九，艺术类，第813册，台湾商务印书馆1986年版，第551页上栏。

② （宋）李焘：《续资治通鉴长编》卷247《神宗》，熙宁六年十月壬辰，中华书局1992年版，第6029页。

③ （元）脱脱等撰：《宋史》卷487《列传第二百四十六·外国三》，"高丽"，中华书局1977年版，第14046页。

第三章 宋元时期浙东运河的疏浚与海上丝绸之路的兴盛 | 127

丰元年（1078年），宋朝使者安焘、陈睦从明州起航出使高丽。此后，"每朝廷遣使，皆由明州定海放洋，绝海而北"。[①] 北宋元丰二年（1079年），宋明确规定宋商赴高丽的相关条件："贾人入高丽，赍及五千缗者，明州籍其名，岁责保给引发船，无引者如盗贩法。"[②] 即前往高丽贸易的商人须取得由明州市舶司颁发的"给引"和"回引"方可。次年（1080年），明州正式被宋指定为宋与高丽两国官方往来的唯一通道。

宋代与高丽之间的官方交往虽然因政局的影响不时中断，但在两国关系友好期间，双方展开了贡赐形式的官方贸易。据统计，北宋时期，高丽向宋派遣使者达46次，宋向高丽派遣使者也有27次。[③] 在明州成为官方指定前往高丽的口岸后，不仅高丽朝贡使团均从明州港登陆，而且担负起承接使团朝贡及生活的事宜。为此，北宋元丰元年（1078年）定海县修建航济亭，"在县东南四十步，元丰元年建，为丽使还赐燕之地"。[④] 北宋元丰二年（1079年），宋神宗下诏修建高丽贡使馆："赐两浙路度僧牒百五十，修高丽使亭、馆"，[⑤] 并"增明州公使钱为二千六百缗"。[⑥] 从明州一路行至汴京，其间路程复杂且遥远，因而在路途沿线设立高丽亭，为使团成员提供休息场所。北宋元祐年间（1086—1094年），宋对高丽贡使"待遇之礼、赐予之数，皆非常等。恩旨亲渥，至于次韵和其诗，在馆问劳无虚日，多出禁苑珍异赐之。沿路供顿，极于华盛，两浙、淮南州郡为

---

① （宋）徐兢：《宣和奉使高丽图经》卷3《城邑·封境》，朱易安、傅璇琮等主编：《全宋笔记》，第三编，八，大象出版社2008年版，第19页。

② （元）脱脱等撰：《宋史》卷186《志第一百三十九·食货下八》，"互市舶法"，中华书局1977年版，第4560页。

③ 杨昭全：《宋丽关系史研究》，杭州大学出版社1997年版，第190—199页，202—216页。

④ （宋）罗濬等撰：宝庆《四明志》卷18《定海县志卷第一·叙县》，《宋元方志丛刊》，第五册，中华书局1990年版，第5230页下栏。

⑤ （宋）李焘：《续资治通鉴长编》卷298《神宗》，元丰二年六月庚子，中华书局1992年版，第7253页。

⑥ （宋）李焘：《续资治通鉴长编》卷301《神宗》，元丰二年十二月癸丑，中华书局1992年版，第7332页。

之骚然。每至州县或镇砦，皆豫差诸色行户，各以其物赍负，迎于界首，日随之，以待其所卖买，出境乃已"。^① 北宋政和（1111—1118 年）中，宋徽宗提升高丽在朝贡中的地位，"礼在夏国上，与辽人皆隶枢密院；改引伴、押伴官为接送馆伴"。^② 北宋政和七年（1117 年），经明州奉化县人楼异提议，明州设高丽司，"曰来远局，创二巨航、百画舫，以应办三韩岁使，且请垦州之广德湖为田，收岁租以足用"。^③ 直到南宋隆兴二年（1164 年）宋与高丽外交关系断绝前，来远局一直是明州地方官员接待高丽使者的主要场所。楼异知明州后，在明州市舶司的西边宝奎精舍建造高丽使行馆，专门接待高丽使臣。^④ 南宋年间的宋与高丽皆存在着来自金人的威胁和压力，彼此之间的官方贸易数量极为有限。南宋遣使赴高丽 9 次，而高丽遣使赴南宋仅 6 次。^⑤ 南宋绍兴二年（1132 年），高丽派遣崔惟清前来朝贡，贡赐物品有"金百两、银千两、绫罗二百匹、人参五百斤"，^⑥ 品类有限，胜在具有一定的数量。南宋隆兴二年（1164 年），高丽贡使赵冬曦前来进献"铜器"，^⑦ 这是宋与高丽之间最后一次贡赐贸易。

宋与高丽之间的贡赐贸易往来，双方虽在各自的特色物品领域展开了互通往来，种类亦颇为丰富，但这种物资的交流是以服务于两国政治交往

---

① （宋）李焘：《续资治通鉴长编》卷 452《哲宗》，元祐五年十二月乙未，中华书局 1992 年版，第 10851 页。

② （元）脱脱等撰：《宋史》卷 487《列传第二百四十六·外国三》，"高丽"，中华书局 1977 年版，第 14049 页。

③ （宋）罗濬等撰：宝庆《四明志》卷 6《郡志卷第六·叙赋下》，《宋元方志丛刊》，第五册，中华书局 1990 年版，第 5055 页下栏。

④ （宋）罗濬等撰：宝庆《四明志》卷 6《郡志卷第六·叙赋下》，《宋元方志丛刊》，第五册，中华书局 1990 年版，第 5055 页下栏。

⑤ 杨昭全：《宋丽关系史研究》，杭州大学出版社 1997 年版，第 199—201 页，第 216—218 页。

⑥ （元）脱脱等撰：《宋史》卷 487《列传第二百四十六·外国三》，"高丽"，中华书局 1977 年版，第 14051 页。

⑦ ［朝鲜］郑麟趾：《高丽史》，世家卷第十八，《高丽史十八·毅宗二》，朝鲜科学院，1957 年，第 277 页下栏。

为前提，于经济贸易方面并无多少利益可言。正如苏轼所言："高丽人使，每一次入贡，朝廷及淮浙两路赐予馈送燕劳之费，约十余万贯，而修饰亭馆，骚动行市，调发人船之费不在焉。除官吏得少馈遗外，并无丝毫之利。"① 苏轼曾做过专门的统计："自明及润七州，旧例约费二万四千六百余贯，未论淮南、京东两路及京师馆待赐予之费，度不下十余万贯。"② 在高丽使者登陆及途经的明州、越州甚至出现了"困于供给"的局面。③

在频繁的贡赐贸易外，宋与高丽之间的民间贸易也相当活跃。北宋宝元元年（1038 年），"宋明州商陈亮、台州商陈维绩等一百四十七人来献土物"。④ 他们前往高丽的时间正是宋与高丽中断往来时期，因此这极有可能是一次违禁贸易。据统计，北宋时，宋商共 103 批 3169 人次赴高丽从事贸易。南宋时，宋商共 32 批 1771 人次赴高丽从事贸易。⑤ 还有很多商人并未出现在史书的记载中，因此实际的次数远超于此。高丽政府在开京专门设立清州、忠州、四店、利宾等四个客馆来接待中国商旅，⑥ 且"遣官迎劳"。⑦ 节假日来临时，高丽王室还专门设宴宴请宋商。高丽商人来宋贸易，也往往选择在明州登陆，之后从明州经浙东运河前往国内其他地方，

① （宋）苏轼撰，孔凡礼点校：《苏轼文集》卷 35《奏议·论高丽买书利害劄子三首》，中华书局 1986 年版，第 994 页。

② （宋）苏轼撰，孔凡礼点校：《苏轼文集》卷 31《奏议·乞禁商旅过外国状》，中华书局 1986 年版，第 889 页。

③ （元）脱脱等撰：《宋史》卷 487《列传第二百四十六·外国三》，"高丽"，中华书局 1977 年版，第 14052 页。

④ ［朝鲜］郑麟趾：《高丽史》，世家卷第六，《高丽史六·靖宗》，朝鲜科学院，1957 年，第 85 页下栏。

⑤ 杨昭全、何彤梅：《中国——朝鲜·韩国关系史》天津人民出版社 2001 年版，第 260 页。

⑥ （宋）徐兢：《宣和奉使高丽图经》卷 27《馆舍·客馆》，朱易安、傅璇琮等主编：《全宋笔记》，第三编，八，大象出版社 2008 年版，第 109 页。

⑦ （宋）徐兢：《宣和奉使高丽图经》卷 6《宫殿二·长龄殿》，朱易安、傅璇琮等主编：《全宋笔记》，第三编，八，大象出版社 2008 年版，第 30 页。

"兴贩必先至四明，而后再发，或曰泉之水势渐低，故必经由四明"。① 对于宋商运贩来的货物，高丽"计所直，以方物数倍偿之"。② 宋商的部分货物直接进献给高丽王室，以此作为其在高丽贸易的商税。在高额利润和良好贸易环境的驱动下，宋商前往高丽贸易的人络绎不绝。

宋与高丽间民间贸易往来的商品多为双方百姓所需的日用生活品。从高丽输入明州的商品主要有："细色：银子、人参、麝香、红花、茯苓、蜡等。粗色：大布、小布、毛丝布、绅、松子、松花、栗、枣肉、榛子、椎子、杏仁、细辛、山茱萸、白附子、芜荑、甘草、防风、牛膝、白术、远志、茯苓、姜黄、香油、紫菜、螺头、螺钿、皮角、翎毛、虎皮、漆、青器、铜器、双瞯刀、席、合蕈等。"③ 输入的细色商品多为名贵的中药材。粗色商品中也多以较为平常的中药材为主。高丽的青瓷制作技艺在越窑的影响下逐渐提高，从原先的瓷器输入国成为东亚海域的瓷器输出国，宋与高丽之间的陶瓷贸易也由原先的宋单方面输出转变为双向交流的态势。宁波考古发掘中出土的宋代高丽青瓷器便是明证。④

经明州远贩至高丽的物品有：茶叶、丝织品、瓷器、书籍、佛具、文具、香药、犀角、象牙、各种药材等。其中以丝织品和茶叶为大宗。史载：高丽"不善蚕桑，其丝线织纴，皆仰贾人自山东、闽浙来"。⑤ 高丽俗喜饮茶，然当地所产茶"味苦涩，不可入口。惟贵中国腊茶，并龙凤赐

① （宋）赵汝适：《诸蕃志》卷上《志国·新罗国》，朱易安、傅璇琮等主编：《全宋笔记》，第七编，一，大象出版社 2015 年版，第 208 页。
② （宋）徐兢：《宣和奉使高丽图经》卷 6《宫殿二·长龄殿》，朱易安、傅璇琮等主编：《全宋笔记》，第三编，八，大象出版社 2008 年版，第 30 页。
③ （宋）罗濬等撰：宝庆《四明志》卷 6《郡志卷第六·叙赋下》，《宋元方志丛刊》，第五册，中华书局 1990 年版，第 5056 页上栏、下栏，5057 页上栏。
④ 王轶凌：《试述浙江出土的高丽青瓷》，《文物天地》2022 年第 2 期。
⑤ （宋）徐兢：《宣和奉使高丽图经》卷 23《杂俗二·土产》，朱易安、傅璇琮等主编：《全宋笔记》，第三编，八，大象出版社 2008 年版，第 90 页。

团。自锡赉之外，商贾亦通贩，故迩来颇喜饮茶，益治茶具"。① 宋代浙东地区的造纸业和刻书业都相当发达，高丽使团和商人利用明州在宋与高丽贸易中的特殊地位，在浙东及运河沿线区域采购大量的汉籍回国。而宋商也不时地将汉籍运至高丽献给高丽王室以获取高额报酬。如南宋绍熙三年（1192年），"宋商来献《太平御览》，赐白金六十斤，仍命崔诜校雠讹谬"。② 高丽在北宋崇宁（1102—1106年）之后开始铸币，此后，宋钱以走私的形式大量流入高丽，作为主币在高丽流通使用。民间贸易中宋钱以销钱为器的形式流入高丽。"海外之郡，如高丽、交趾之国，一器一皿，皆铜为之。彼以铜非已地所出，乃聚奇产无名之货来鬻于中国。中国之人爱其异而贪其宝，争以泉货而市之。彼得泉以归，则铸为铜器以便其俗。"③

（三）宋代浙东运河与海上丝绸之路上的宋与南海诸国的贸易往来

宋代明州与南海诸国之间开始有直接的贸易往来，从明州港起航后到达泉州、广州等港，之后走传统的贸易航线到达南海诸国。就明州港的地理方位而言，并不是与南海诸国贸易的主要港口，因而贸易数量和频率相对有限。北宋淳化三年（992年），阇婆国王穆罗茶来宋朝贡，由福建建溪籍海商毛旭作向导前来朝贡，"先是，朝贡使泛舶船六十日至明州定海县，掌市舶监察御史张肃先驿奏其使饰服之状与尝来入贡波斯相类"。④ 从张肃的奏报来看，明州对于阇婆国并不熟悉，这也说明明州与阇婆的来往较少。阇婆的贡品中有"象牙、真珠、绣花销金及绣丝绞、杂色丝绞、吉贝织杂色绞布、檀香、玳瑁、槟榔、盘、犀装剑、藤织花簟、白鹦鹉、七

---

① （宋）徐兢：《宣和奉使高丽图经》卷32《器皿三·茶俎》，朱易安、傅璇琮等主编：《全宋笔记》，第三编，八，大象出版社 2008 年版，第 121 页。
② ［朝鲜］郑麟趾：《高丽史》，世家卷第二十，《高丽史二十·明宗二》，朝鲜科学院 1957 年，第 311 页上栏。
③ （宋）曾巩：《南丰曾子固先生集》卷10《杂议·议钱下》，金刻本，第 2 页 b。
④ （元）脱脱等撰：《宋史》卷 489《列传第二百四十八·外国五》，"阇婆"，中华书局 1977 年版，第 14092 页。

宝饰檀香亭子，其使别贡玳瑁、龙脑、丁香"。① 宋朝回赐"金币甚厚，仍赐良马戎具，以从其请"。② 北宋咸平年间（998—1003 年），来明州的番商在明州市舶务边的狮子桥以北建造了"清真寺"，他们集中居住的明州东渡门内波斯巷也由此得名。③ 南宋乾道年间（1165—1173 年），真里富国大商人在明州去世。史载："囊赀巨万，吏请没入。王曰，远人不幸至此，忍因以为利乎。为具棺敛，属其徒护丧以归。"④ 真里富商人在明州去世并留下的巨额财产，说明生前以明州为基地开展贸易。除了明州与南海诸国之间为数不多的直接贸易外，宋代明州作为转口贸易港的地位依然显著，从南海诸国输入广州、泉州等港的商品往往从明州经浙东海上丝绸之路转口到日本、高丽等东亚国家；东亚诸国的商品则可通过明州港运至泉州、广州等港后再运贩至南海诸国。

宋代从南海诸国输入明州的物品中，细色有："银子、鬼谷珠、珠砂、珊瑚、琥珀、玳瑁、象牙、沉香、笺香、丁香、龙涎香、苏合香、黄熟香、檀香、阿香、乌里香、金颜香、上生香、天竺香、安息香、木香、亚湿香、速香、乳香、降真香、麝香、加路香、茴香、脑子、木扎脑、白笃耨、黑笃耨、蔷薇水、白豆蔻、芦荟、没药、没石子、槟榔、胡椒、硼砂、阿魏、腽肭脐、藤黄、紫矿、犀角、葫芦瓢、红花、蜡等四十八种；粗色有生香、修割香、香缠札、粗香、暂香、香头、斩锉香、香脂、杂香、卢甘石、宲木、射木、茶木、苏木、射檀香、椰子、赤藤、白藤、皮

① （元）马端临：《文献通考》卷 332《四裔考九·阇婆》，中华书局 1986 年版，第 2606 页中栏、下栏。
② （元）脱脱等撰：《宋史》卷 489《列传第二百四十八·外国五》，"阇婆"，中华书局 1977 年版，第 14093 页。
③ 林士民、沈建国：《万里丝路——宁波与海上丝绸之路》，宁波出版社 2002 年版，第 240 页。
④ （宋）楼钥：《攻媿集》卷 86《皇伯祖太师崇宪靖王行状》，王云五主编：《丛书集成初编》，商务印书馆民国二十四年（1935 年）版，第 1169 页。

角、鳖皮、丝、箪等二十二种"，①可知药材和香料占据了主要地位。乳香主要产自西亚国家，与其他输入的众多香料一样，既是香料又是贵重的药材。它们多循远洋贸易航线来宋。在明州港输出的物品中，瓷器依然为大宗商品。宋代龙泉青瓷逐渐取代越窑青瓷成为明州港对外输出的主要瓷器品种。丝织品也是从明州输出的重要商品。浙东地区的丝织业虽然在宋代被杭嘉湖地区超越，但越州依然是丝织业的重要产地之一，杭嘉湖地区的丝织品也主要通过明州直接转运至南海诸国。

五、元代浙东运河与海上丝绸之路上的贸易往来

（一）元代浙东运河与海上丝绸之路上的中日贸易

元代在建立统一的国内政权后不久便征服高丽，进而将触角伸及日本。元至元年间（1264—1294年），元多次发动旨在征服日本的战争，但皆以失败告终，中日之间的官方关系交恶，而中日之间的海上丝绸之路贸易并未就此中断。元朝政府为增加财政收入，允许海商开展赴日贸易。至元十五年（1278年），元世祖诏令"沿海官司通日本国人市舶"。②同年将设在庆元的沿海招讨司改为沿海左副都元帅府。次年（1279年），就有四艘日本商船，有商人及水手二千余人前来庆元港开展贸易。③至元十八年（1281年），元朝出兵攻打日本，两国间的贸易往来就此中断。至元二十九年（1292年）六月，"日本来互市，风坏三舟，惟一舟达庆元路"。④

---

① （宋）罗浚等撰：宝庆《四明志》卷6《郡志卷第六·叙赋下》，《宋元方志丛刊》，第五册，中华书局1990年版，第5058页下栏，5059页上栏、下栏。

② （明）宋濂等撰：《元史》卷10《本纪第十·世祖七》，中华书局1976年版，第206页。

③ （明）宋濂等撰：《元史》卷132《列传第十九·哈剌歹》，中华书局1976年版，第3217页。

④ （明）宋濂等撰：《元史》卷17《本纪第十七·世祖十四》，中华书局1976年版，第363页。

同年十月，"日本舟至四明，求互市，舟中甲仗皆具，恐有异图，诏立都元帅府，令哈剌带将之，以防海道"。①由此两国重启了中断十余年的贸易。此时的日本因为和高丽贸易的受阻，有联系的海外国家唯有中国。由于日本国内上层人士长期以来对中国商品有着极大的需求，且商船赴元贸易还可增加财政收入，因而幕府对前往元朝的商船也不作任何的约束。在此背景下，元代浙东运河与海上丝绸之路上的中日海上贸易依然活跃。

与唐宋时期活跃在浙东海上丝绸之路的中国海商形成鲜明对照的是，元代日本商人成为活跃在浙东海上丝绸之路的主要力量，更进一步而言，元代浙东海上丝绸之路上的中日贸易表现为日商单方面的赴元贸易。这是因为由元朝发动的几次对日军事行动，使得两国政治关系紧张的同时，日本政府对于元代海商也持有某种程度的敌视，从而无形中打击了元代海商赴日贸易的积极性。对于来元的日本商船，虽然元朝允许日本商船前来开展贸易，但因为两国长期处于战备状态，所以对于日本商船也采取相应的戒备，以防对方借通商之名刺探情报或伺机反攻。元大德七年（1303 年），元朝将设在金华的浙东道宣慰使司都元帅府迁至庆元，以加强海道的防卫。次年（1304 年），又"置千户所，戍定海，以防岁至倭船"。②元代中后期，日商的贸易行为往往与武力劫掠联系在一起，具有鲜明的倭寇色彩，元政府对日贸易商船的警备程度因此更甚于从前。元大德十年（1306 年），倭商有庆等抵庆元贸易，进献金铠甲。江浙行省平章阿老瓦丁等受命加以防备。③元延祐三年（1316 年），日本倭寇"乡自庆元航海而来，艨艟数十，戈矛剑戟，莫不毕具。铦锋淬锷，天下无利铁。出其重货，公然贸易；即不满所欲；燔炳城郭，抄掠居民。海道之兵，猝无以应。追至

① （明）宋濂等撰：《元史》卷 17《本纪第十七·世祖十四》，中华书局 1976 年版，第 367 页。

② （明）宋濂等撰：《元史》卷 21《本纪第二十一·成宗四》，中华书局 1976 年版，第 459 页。

③ （明）宋濂等撰：《元史》卷 21《本纪第二十一·成宗四》，中华书局 1976 年版，第 469 页。

大洋，且战且却。戕风鼓涛，汹涌前后，失于指顾，相去不啻数十百里，遂无奈何。丧士气，亏国体，莫大于此"。[1] 元代后期，倭寇的活动范围更广，除了庆元之外，江浙沿海、福建、山东及辽宁沿海等地均有他们的活动足迹，他们不再以贸易作为幌子，而是公然肆意地劫掠。

元代中日之间的往来商船除至正二年（1342 年）由幕府批准派遣的天龙寺船为特殊例外，其余皆为民间商船。元末六七十年间，恐怕是日本各个时代中商船开往中国最盛的时代。[2] 日商从庆元输入的贸易品主要有铜钱、香药、经卷、书籍、文具、唐画、什器以及金襕、金纱、唐锦、唐绫、毛毡等织物类为主。[3] 铜钱自宋以来便是海外贸易中外流的重要物品，元代亦不例外。史载：至元十四年（1277 年），"日本遣商人持金来易铜钱，许之"。[4] 至元二十三年（1286 年），元政府即明令禁止使用铜钱和外国贸易，"禁海外博易者，毋用铜钱"。[5] 作为浙东海上丝绸之路贸易商品重要集散地的庆元，日商可以在此购买来自异域的各种香料。日本输入元朝的商品有黄金、刀具、扇子、螺钿、硫黄、木材等物。中日贸易交流的物品通过考古遗存的发掘更为具象。元至治三年（1323 年）由庆元港起航前往日本博多港的商船，在行驶至韩国全罗南道新安郡智岛邑防筑里道德岛海域时沉没，经 1976—1984 年十次打捞出的遗物中，铜钱最多，达 28 吨 18 克；陶瓷器 20661 件，其中，青瓷类 12359 件。青瓷以龙泉窑系为

---

① （元）吴莱：《渊颖吴先生集》卷 5《论倭》，明嘉靖元年（1522 年）刻本，第 1 页 b。

② ［日］木宫泰彦：《日中文化交流史》，胡锡年译，商务印书馆 1980 年版，第 394 页。

③ ［日］木宫泰彦：《日中文化交流史》，胡锡年译，商务印书馆 1980 年版，第 403—404 页。

④ （明）宋濂等撰：《元史》卷 208《列传第九十五·外夷一》，"日本传"，中华书局 1976 年版，第 4628 页。

⑤ （明）宋濂等撰：《元史》卷 94《志第四十三·食货二》，"市舶"，中华书局 1976 年版，第 2402 页。

主。① 流入日本的铜钱多被熔化后筑成金属工艺品，少数以货币的形式得以流通。龙泉青瓷产品沿着龙泉溪进入瓯江后运至温州港，从温州港转销至海外各国。但温州港的市舶机构存续的时间短暂，因而温州港更多的时候成为龙泉青瓷的集散地，龙泉青瓷经温州往北运往庆元，经浙东海上丝绸之路远贩至日本。

（二）元代浙东运河与海上丝绸之路上的元与高丽贸易

元朝建立后，高丽成为元统治下的附属国，史载："高丽守东藩，执臣礼惟谨，亦古所未见。"② 高丽国王接受元朝的册封，被授"征东行省丞相"职衔，亲自前往大都进行朝拜，派世子"入质"元朝，履行藩国义务。元朝与高丽的海上贸易依然在庆元港和礼成江之间进行。元代从庆元进口的高丽物品多为传统的土产，细色物品有人参、松子、榛子、松花、茯苓、红花、麝香、高丽青器、高丽铜器、新罗漆等；粗色物品有螺头、杏仁、白术、和覃等。③ 从庆元出口至高丽的物品有瓷器、生丝、茶叶、香料及中药等物。

元末，割据江浙沿海区域的方国珍、张士诚也非常重视海外贸易带来的巨大收益。元至正十八年（1358 年）七月，"江浙行省丞相张士诚遣理问实剌不花来献沉香山、水精山、画木屏、玉带、铁仗、彩段。寄书略曰：……偿商贾往来，以通兴贩，亦惠民之一事也"。④ 张士诚在遣使携带礼物友好高丽的同时，希望能与高丽开展通商贸易往来。从元至正十四年（1354 年）到至正二十四年（1364 年），方国珍、张士诚共向高丽派去的

① ［韩国］崔光南：《东方最大的古代贸易船舶的发掘——新安海底沉船》，郑仁甲、金宪镛译，《海交史研究》1989 年第 1 期。
② （明）宋濂等撰：《元史》卷 58《志第十·地理一》，中华书局 1976 年版，第 1346 页。
③ （元）王元恭：至正《四明续志》卷 5《市舶物货》，《宋元方志丛刊》，第七册，中华书局 1990 年版，第 6502—6504 页。
④ （朝鲜）郑麟趾：《高丽史》，世家卷第三十九，《高丽史三十九·恭愍王二》，朝鲜科学院，1957 年，第 595 页下栏。

"报聘"使节不下 20 多人次。① 从浙东地区输出高丽的物品种类不多，基本集中在佛具、玉器、书籍等类。如至正十九年（1359 年）七月，"张士诚遣范汉杰、路本来献彩段、金带、美酒"。② 至正二十二年（1362 年）七月，张士诚"遣使来献沉香佛、玉香炉、玉香合绿段、书轴等物"；③ 至正二十四年（1364 年）六月，"明州司徒方国珍遣照磨胡若海偕田禄生来献沉香、弓矢及玉海、通志等书"。七月，"吴王张士诚遣周仲瞻来献玉缨、玉顶子、绿段四十匹"。④

（三）元代浙东运河与海上丝绸之路上的元与南海诸国的贸易往来

元代对海外地区形成了新的地理概念，将南海地区划分为东西二洋，龙牙门和兰无里以东的南太平洋地区为东洋，以西的环印度洋地区为西洋。⑤ 元代庆元港与南海诸国的贸易往来，从市舶贸易商品的种类和数量可见更为紧密。元代庆元港市舶货物中有相当比例来自南海诸国。据至正《四明续志》记载，在庆元港进口的南海诸国货物中，细色主要为珍贵的香料、药材、纺织品、天然珍物等。香料如交趾香、万安香、土花香、马鸦香、罗纹香、黄紧香、赖核香、罗纹香、乳香、檀香、降真香、脑香等。药材有麝香、血竭、芦荟、丁香、茯苓、龙骨、白豆蔻、细辛、槟榔、苏合油（大食）、大枫油、玳瑁、龟筒等。纺织品中进口较多的有吉贝布、木棉、三幅布罩、番花棋布、毛驼布、袜布、鞋布、吉贝纱等。天然珍物有珊瑚、玛瑙、水晶、犀角、琥珀、马价珠、生珠、熟珠、象牙、

① 喻常森：《元代海外贸易》，西北大学出版社 1994 年版，第 119 页。

② ［朝鲜］郑麟趾：《高丽史》，世家卷第三十九，《高丽史三十九·恭愍王二》，朝鲜科学院，1957 年，第 597 页下栏。

③ ［朝鲜］郑麟趾：《高丽史》，世家卷第四十，《高丽史四十·恭愍王三》，朝鲜科学院，1957 年，第 607 页下栏。

④ ［朝鲜］郑麟趾：《高丽史》，世家卷第四十，《高丽史四十·恭愍王三》，朝鲜科学院，1957 年，第 618 页下栏。

⑤ 陈高华、吴泰：《宋元时期的海外贸易》，天津人民出版 1981 年版，第 40—41 页。

翠毛等。① 粗色物品中，以普通的药材为大宗，如宻木、苏木、丁香皮、云白香、木鳖子、良姜、蓬莪术、海桐皮、没石子、破故纸、藿香、黄丁等。辅以木材、布匹等。② 在输入庆元港总计130余种细色物品和近90种粗色物品中，来自南海诸国的商品占据了主体地位。这也充分说明庆元港与南海诸国的直接和转运贸易相当活跃。

此外，浙东澉浦港海外贸易的兴起也在某种程度上反映了庆元港与南海诸国贸易的情况。元代澉浦作为杭州的外港，海上贸易发达，形成了以澉浦杨发家族为代表的浙东官僚海商集团。杨氏的先祖是福建浦城人，宋代从福建来到澉浦。杨发曾任元浙东西市舶总司事，督理庆元、澉浦及上海三处港口的市舶事宜。杨发的儿子杨梓曾任浙东宣慰副使，参与招谕爪哇的海外远征行动。杨梓之子杨枢以澉浦为基地，"筑室招商，世揽利权，富至童奴千指"。③ 元大德十一年（1307年），杨枢率领船队驶抵波斯湾内重要港口忽鲁模斯（今伊朗东南部），"用其私钱市其土物白马、黑犬、琥珀、蒲萄酒、蕃盐之属"。④ 杨枢前往南海诸国开展贸易，说明这条从澉浦出发的远洋航线已非常成熟。庆元及其所辖的舟山群岛是澉浦港商船南下前往南海诸国的必经之地，且在元大德二年（1298年）澉浦市舶司被并入庆元市舶司后，从澉浦起航的商船均须前往庆元办理相关手续，因此可以判断从庆元往返于南海诸国的商船也不在少数。

从庆元港输出至南海诸国的大宗商品为龙泉青瓷。元代曾远游海外各地的汪大渊在其所著的《岛夷志略》中对龙泉青瓷的外销情况有较多的描

---

① （元）王元恭：至正《四明续志》卷5《土产·市舶物货》，《宋元方志丛刊》，第七册，中华书局1990年版，第6502页上栏—6503页上栏。

② （元）王元恭：至正《四明续志》卷5《土产·市舶物货》，《宋元方志丛刊》，第七册，中华书局1990年版，第6503页上—6504页上栏。

③ （明）胡震亨辑著：《海盐县图经》卷6《食货篇第二之下·课程·附市舶》，浙江古籍出版社2009年版，第188页。

④ （元）黄溍：《金华黄先生文集》卷35《墓志铭·松江嘉定等处海运千户杨君墓志铭》，《续修四库全书》，一三二三·集部·别集类，上海古籍出版社1996年版，第453页上栏。

述。如日丽（今印度尼西亚苏门答腊）条："贸易之货用青磁器、花布、粗碗、铁块、小印花。"[1] 蒲奔（印度尼西亚加里曼丹）条："贸易之货用青瓷器、粗碗、海南布、铁线大小埕瓮之属。"[2] 文中记载的青瓷器指的是龙泉青瓷。根据考古遗存发现，在埃及、菲律宾、越南、巴基斯坦、土耳其、印度尼西亚、印度、阿富汗、叙利亚、斯里兰卡、文莱、苏丹、坦桑尼亚等地都有出土的元代龙泉青瓷。[3] 在东南亚、南亚海域的沉船也发现大量的元代龙泉青瓷，如斯里兰卡东方省亭可马里县尼拉维利附近的尼拉维利沉船、马来西亚沙巴州丹绒新邦孟阿瑶西北的玉龙号沉船，印度尼西亚廖内省民丹岛附近的民丹岛沉船、新加坡沙都姆岛莱佛士灯塔附近的沙都姆岛沉船，越南广义省平山县平周社的广义一号沉船等。[4] 龙泉青瓷经温州港往北走海路至庆元港，由庆元港起航至南海诸国，或者由庆元港转运至泉州港，再由泉州港运贩至南海诸国。集散于庆元港的其他商品也经由浙东海上丝绸之路远贩至南海各国。元元贞元年（1295 年），奉命出使前往真腊的周达观根据其在当地的见闻撰写而成的《真腊风土记》，述及该国百姓"地下所铺者，明州之草席"。[5] 可见，从庆元输出至南海各国的商品多为民生所需的日常生活用品。

① （元）汪大渊：《岛夷志略》，"日丽"，《景印文渊阁四库全书》，史部三五二，地理类，第 594 册，台湾商务印书馆 1986 年版，第 79 页下栏。
② （元）汪大渊：《岛夷志略》，"蒲奔"，《景印文渊阁四库全书》，史部三五二，地理类，第 594 册，台湾商务印书馆 1986 年版，第 87 页上栏。
③ 叶文程、芮国耀：《宋元时期龙泉青瓷的外销及其有关问题的探讨》，《海交史研究》1987 年第 2 期。
④ 刘未：《中国东南沿海及东南亚地区沉船所见宋元贸易陶瓷》，《考古与文物》2016 年第 6 期。
⑤ （元）周达观原著，夏鼐校注：《真腊风土记校注》，"货·器用"，中华书局 2000 年版，第 165 页。

第三节　宋元时期
浙东运河与海上丝绸之路的互通关联

一、宋元时期浙东运河与海上丝绸之路港口的繁荣

（一）宋元时期浙东运河与海上丝绸之路上明州（庆元）港的繁荣

北宋初年的明州港，隶属两浙路管辖。北宋皇祐三年（1051年），政府将两浙路分为东、西两路，明州被划入两浙东路，下辖奉化、慈溪、象山、定海、鄞县、昌国等六县。此后又经过多次分合，北宋熙宁十年（1077年），两浙东路和西路合并，明州又隶属于两浙路。北宋大观元年（1107年），明州的行政地位由唐时的上州升格为望州，在国内的政治地位进一步提升。无疑，这与唐、五代以来明州港在浙东海上丝绸之路上日益重要的经济地位紧密相连。宋代开放的贸易政策为明州港的繁盛创造了良好的外部环境，至南宋时，明州跃升为与广州、泉州并具实力的三大港口之一，成为名副其实的东方贸易大港。元代庆元的海外贸易依然兴旺，程端礼评价道："明为浙东大郡，其阳大海，远迩方物，番商贸迁，风帆浪舶，万里毕集，事视他郡尤剧。"[1]

明州作为浙东海上丝绸之路上传统的对日贸易港口，在宋的对日贸易中的地位更加突出。宋朝与日本之间并无正式的外交关系，但民间贸易往来却非常频繁，主要表现为北宋时期大量的宋商赴日贸易以及南宋中期以后日商来宋贸易。北宋元丰三年（1080年）明州港被确定为宋商前往日本和高丽的指定港口后，成为中日两国贸易的主要港口。东南沿海地区如温州、台州、泉州等地商人要赴日贸易，都须前往明州市舶司登记和办理相关手续，领取出海贸易的凭证后方可前行。这些地处沿海的港口城市，本

---

① （元）程端礼：《畏斋集》卷5《庆元路总管沙木斯鼎公去思碑》，《四明丛书》约园刊本，民国二十一年（1932年），第18页b。

可以就地赴日贸易，但在明州被指定为赴日贸易的官方港口之后，出于安全、法规及费用等多重因素的考虑，多会选择将商船开至明州港，然后从明州港起航赴日。因此，从北宋中期开始，宋商公开往返日本的商船基本上都集中于明州港。

与此同时，明州在北宋中期以后也成为宋与高丽之间往来的主要港口。北宋建国初期就面临着北方辽国的军事威慑，双方不时开战，宋与高丽之间传统的陆路交通被辽阻断，双方的交往只能通过唐五代以来的北方海路进行。这条航路从山东半岛的登州、莱州等地起航前往高丽的礼成江口。登州、莱州等港"地近北虏，号为极边，虏中山川，隐约可见，便风一帆，奄至城下"。[①] 宋担忧海商借贸易之名给辽国传递情报或夹带违禁物品，因此，从北宋庆历年间（1041—1048 年）开始，禁止海商从山东半岛沿海港口前往高丽开展贸易。北宋熙宁四年（1071 年），宋与高丽关系改善，北宋政府准许两国开展贸易。高丽商船从礼成江口起航后，多数会选择在明州港登陆，然后沿浙东运河至杭州，再从杭州循大运河至汴京。北宋熙宁七年（1074 年），高丽使臣提出改道明州入宋的建议得到宋廷的准许后，宋与高丽之间官方使臣的往来也多取道明州，史载："天圣以前，使由登州入；熙宁以来，皆由明州。"[②] 此后，宋与高丽间的交通往来皆限于明州。北宋末年于明州市舶司任职的张邦基在《墨庄漫录》一书中记载：明州普陀山，"东望三韩外国诸山在杳冥间，海舶至此，必有所祷。寺有钟磬铜物，皆鸡林商贾所施者，多刻彼国之年号。亦有外国人留题颇有文彩者"。[③] 每当高丽海舶航行经停明州普陀山时，都有高丽海商在当地的寺庙祈祷平安并留下印迹，由此可见高丽商人频繁地前来明州，非常熟

---

① （宋）苏轼撰，孔凡礼点校：《苏轼文集》卷 26《奏议·登州召还议水军状》，中华书局 1986 年版，第 766 页。

② （宋）李焘：《续资治通鉴长编》卷 339《神宗》，元丰六年九月庚戌，中华书局1992 年版，第 8164 页。

③ （宋）张邦基：《墨庄漫录》卷 5，朱易安、傅璇琮等主编：《全宋笔记》，第三编，九，大象出版社 2008 年版，第 68 页。

悉明州及周边地区的情况。

南宋初年，秦岭淮河以北的广大区域均被金国占领，明州也遭到金兵的侵袭，城市遭受空前的劫难，港口的贸易活动受到很大的冲击。宋廷的政治变局，使得明州客观上成为南宋王朝与日本及高丽交通往来最为便捷的港口。虽然南宋初期宋商赴日贸易的港口除了明州外，也可从秀州华亭（今上海华亭）、江阴军（今江苏江阴市）、泉州、温州、台州等港往返，但明州无疑是宋与日本贸易往来的主要港口。南宋建炎（1127—1130年）后，两浙路再次被分为东、西两路，明州复属两浙东路。至南宋绍兴七年（1137年），在浙东海上丝绸之路贸易的助力下，明州贸易兴旺的景象再现："风帆海舶，夷商越贾，利原楙化，纷至还来。"① 舒亶描写下的明州亦是如此："郡楼孤岭对，市港两潮通。"② 南宋乾道年间（1165—1173年），明州地方官在明州市舶务大门外濒甬江的地方设置"来远亭"，作为贾舶至明州时的"检核"之所。③ 南宋乾道五年（1169年），太常少卿林栗建议："国家驻跸东南，东海、南海，实在封域之内。自渡江以后，惟南海王庙，岁时降御书祝文，加封至八字王爵。如东海之祠，但以莱州隔绝，未尝致祭，殊不知通、泰、明、越、温、台、泉、福，皆东海分界也。绍兴中金人入寇，李宝以舟师大捷于胶西，神之助顺，为有功矣。且元丰间尝建庙于明州定海县，请依南海特封八字王爵，遣官诣明州行礼。"④ 林栗提出参照广州南海王庙的做法，在明州定海县兴建东海海神庙祭祀，获得宋孝宗的批准。明州取代莱州成为祭祀东海海神的地点，表明明州在海上

---

① （宋）张津等撰：《乾道四明图经》卷9，李璜：《重建州学记》，《宋元方志丛刊》，第五册，中华书局1990年版，第4932页上栏。

② （宋）张津等撰：《乾道四明图经》卷8，舒亶：《和马粹老四明杂诗聊记里俗耳十首》，"其五"，《宋元方志丛刊》，第五册，中华书局1990年版，第4917页下栏、4918页上栏。

③ （宋）罗濬等撰：宝庆《四明志》卷3《郡志卷第三·叙郡下》，《宋元方志丛刊》，第五册，中华书局1990年版，第5022页下栏。

④ （元）脱脱等：《宋史》卷102《志五十五·礼五》，中华书局1977年版，第2488页。

贸易中的地位的显著提升。南宋绍熙五年（1194年）十一月，明州被升格为府，更名庆元，成为两浙路最大的贸易港口，也是国内第三大港口。从南宋中期开始，日本由初期的锁国政策转而实行积极的对宋贸易政策，日本商船开始频繁地驶入明州港开展贸易活动。据《吾妻镜》记载，后深草天皇建长六年（1254年）四月二十九日，幕府下令："凡是前往宋朝的商船数量以5艘为限定，其余悉予毁弃。"① 从此项规定来看，日本驶往南宋的商船每年至少有5艘。

入元后，元政府在庆元设立庆元路总管府，隶属江淮行省（后更名为江浙行省），也隶属于浙东宣慰司。其管辖区域依然为昌国、鄞县、象山、慈溪、定海、奉化六县。其中的昌国县和奉化县相继升为州。元至元十四年（1277年），元政府设立庆元市舶司。庆元依然在元代与日本及高丽的交通往来中有着举足轻重的地位。元代中国海商基本退出中日贸易，日商来元贸易成为当时一道独到的风景。元代与高丽之间的海上交通，相对于宋代而言，有着更为宽泛的选择余地，既可选择陆路交通，也可选择海上交通。即便选择海上交通，也有南北港口起航的多条航线可选。元朝定都于大都，选择北方沿海港口前往高丽更为便捷。东南沿海诸港中，庆元与东南沿海的澉浦、温州及泉州等港，都是海商往来元与日本、元与高丽之间的主要港口。在这些东南沿海诸港中，庆元港是元与日本、元与高丽交通中最具交通及物资集散优势的良港。庆元下辖的昌国县普陀山是往返于元与日本、元与高丽之间诸多商船的补给地和起航地，泉州海商也多选择以此为贸易的中继地。元末张士诚、方国珍割据江浙时期，与高丽的互通及贸易往来，依托的主要港口便是庆元，即"天上仙槎来八月，云边商舶去三韩"。② 元代程端礼评价庆元："海右三韩外，江南两浙东。渔商轻稼穑，鲜荛等菁菽。弦诵今犹盛，衣冠昔所崇。帆樯千里集，洲

---

① 《吾妻镜》卷44，建长六年四月，《续国史大系》，第5卷，经济杂志社，1903年，第496页。

② （元）宋褧：《燕石集》卷7《律诗七言·庆元书事》，《北京图书馆古籍珍本丛刊》，集部·元别集类，书目文献出版社1991年版，第163页下栏。

屿万家丛。"①

　　虽然宋代与明州（庆元）港往来的南海诸国相对有限，但已突破此前仅限于间接贸易的范畴，开始有了直接的贸易往来，明州（庆元）港在远洋贸易领域的范围得以拓展。在元政府积极推进江南各港口发展南海贸易的背景下，庆元也扩大了与南海诸国贸易往来的频率和范围。宋元时期明州（庆元）港进口的南海诸国货物，相当一部分来自中国海商从明州（庆元）港起航，以直航的形式经浙东海上丝绸之路前往南海诸国贸易远贩而来，或者是南海诸国海商经过远洋航行后直接在明州（庆元）港登陆。还有一部分则由中国海商从南海贸易大港泉州、广州等港转运而来。

　　综上，宋代明州（庆元）港在对日及高丽贸易中都据有主导性地位，因此明州（庆元）港出现了空前的贸易盛况。北宋诗人邵必用"城外千帆海舶风，城中居民苦憧憧"②来形容明州贸易的繁盛。南宋年间的明州，更是"川泽沃衍，有海陆之饶，珍异所聚，故蕃汉商贾并凑"。③陆游也描述过明州贸易的概况："惟兹四明，表海大邦。……万里之舶，五方之贾，南金大贝，委积市肆，不可数知。"④明州港出海口所在的定海："带江濒海之地，蛮舶之贾于明，明舟之贩于他郡，率由此出入鲛门、虎蹲，可以舣缆，谓之泊潮。"⑤元代庆元在对日贸易中继续占据主体地位。在元与高丽的贸易往来中，既可通过陆路交往，也可在南北诸多港口中选择海路往来，庆元在元与高丽贸易中的地位虽已不复宋时的独一无二，但庆元至礼

①　（元）程端礼：《畏斋集》卷2《次浙东宣帅府开闸杨外郎韵》，《四明丛书》约园刊本，民国二十一年（1932年），第9页b。

②　（宋）张津：《乾道四明图经》卷8，（宋）邵必：《前题二首》，其二，《宋元方志丛刊》，第五册，中华书局1990年版，第4913页上栏。

③　（宋）张津：《乾道四明图经》卷1，"风俗"，《宋元方志丛刊》，第五册，中华书局1990年版，第4877页下栏、4878页上栏。

④　（宋）陆游：《渭南文集》卷19《记·明州阿育王山买田记》，《陆游集》，中华书局1976年版，第2148页。

⑤　（宋）罗濬等撰：宝庆《四明志》卷18《定海县志卷第一·叙县》，《宋元方志丛刊》，第五册，中华书局1990年版，第5226页上栏。

成江口的对航仍不失为江南地区与高丽往来的最佳航线。在庆元与南海诸国的贸易中，以杨发家族为代表的浙东航海世家的兴起，带动了区域内外海商将贸易触角延伸至南海诸国，"贾交海南，居积不可赀算"。[1]尤其是在元大德二年（1298年）以后庆元市舶司统一管理江南各港的海外贸易事务后，从江南各港前往南海诸国贸易的商船皆纳入庆元市舶司管辖。庆元港也成为东南沿海主要的中外商品集散地，张翥描绘庆元海外贸易的盛况及丰厚的税收："是帮控岛夷，走集聚商舸，珠香杂犀象，税入何其多。"[2]

（二）宋元时期浙东运河与海上丝绸之路上杭州港的兴旺

杭州港地处钱塘江出海口，紧邻杭州湾，具备良好的海港自然地理条件。吴越国时期，钱氏父子分外重视海外贸易带来的巨大收益，作为国都的杭州港自然成为海商赴日本、高丽等国的重要贸易交通港，宋代杭州港的海外交通便是在吴越国的基础上发展起来的。北宋初年政府在杭州设置市舶司，设立的具体时间在史籍中并无明确记载。北宋端拱二年（999年）五月的诏令中提及："自今商旅出海外蕃国贩易者，须于两浙市舶司陈牒，请官给券以行，违者没入其宝货。"[3]日本学者藤田丰八认为，"以端拱二年为两浙创设市舶司的年代，或者庶几近于事实罢"。[4]北宋元丰年间（1078—1085年）颁布的市舶条法规定："诸非杭、明、广州而辄发海商舶

---

① （元）邓文原：《巴西邓先生文集》，《故征事郎徽杭等处榷茶提举司吴君墓志铭》，《北京图书馆古籍珍本丛刊》，集部·元别集类，书目文献出版社1991年版，第753页上栏。

② （元）张翥：《蜕庵集》卷1《五言古诗·送黄中玉之庆元市舶》，《景印文渊阁四库全书》，集部一五四，别集类，第1215册，台湾商务印书馆1986年版，第7页下栏。

③ （清）徐松辑：《宋会要辑稿》，职官四四之二，中华书局1957年版，第3364页下栏。

④ ［日］藤田丰八：《宋代之市舶司与市舶条例》，魏重庆译，山西人民出版社2015年版，第37页。

船者，以违制论。"① 将杭州与明州、广州相提并论，说明杭州港在海外贸易中据有重要的一席之地。

　　受钱塘江泥沙淤积和潮汐造地运动的影响，杭州港入海因"海门中流至狭浅，不可浮大舟"。② 对此，燕肃专门描述过杭州港通航存在的问题："今观浙江之口，起自纂风亭，北望嘉兴大山，水阔二百余里，故海商舶船，畏避沙潬，不由大江，惟泛余姚小江，易舟而浮运河，达于杭、越矣。盖以下有沙潬，南北亘连，隔碍洪波，蹙遏潮势。"③ 虽然杭州港的舶航条件有较大的局限性，但自隋唐大运河全线贯通后，杭州成为大运河的南端终点，也是浙东运河的西段起点。杭州凭借通贯南北的交通大动脉及通江达海的浙东运河的交汇枢纽地位，沟通了内河与海运交通，吸引了众多商船选择在此泊岸。"北宋时，它是直通汴京的大运河与海相通的南大门，故以国际贸易港和中转港的面目出现。"④ 北宋前期杭州港出现了"浮商大舶，往来聚散乎其中"的热闹景象。与杭州港通航和交往的国家有高丽、日本等国。北宋治平二年（1065 年），三司使给事中蔡襄知杭州如此评价杭州："杭中二浙为太州，提支郡数十，而道通四方海外诸国，物货丛居，行商往来，俗用不一。"⑤ 北宋元祐四年（1089 年）十一月，多次往来于宋与高丽之间的泉州海商徐戬"于海舶内载到高丽僧统义天手下侍者僧寿介、继常、颖流，院子金保、裴善等五人，及赍到本国礼宾省牒

---

① （宋）苏轼撰，孔凡礼点校：《苏轼文集》卷 31《奏议·乞禁商旅过外国状》，中华书局 1986 年版，第 890 页。

② （清）陆以湉：《冷庐杂识》卷 6，"浙西要害"，清咸丰六年（1856 年）刻本，第 60 页 b。

③ （宋）燕肃：《海潮论》，（明）姚宽：《西溪丛语》卷上，朱易安、傅璇琮等主编：《全宋笔记》，第四编，三，大象出版社 2008 年版，第 7 页。

④ 吴振华：《杭州古港史》，人民交通出版社 1989 年版，第 130 页。

⑤ （宋）施谔：淳祐《临安志》卷 5《城府》，《宋元方志丛刊》，第四册，中华书局 1990 年版，第 3259 页下栏。

云："奉本国王旨，令寿介等赍义天祭文来祭奠杭州僧源阇黎"。① "杭僧净源，旧居海滨，与舶客交通，舶至高丽，交誉之。元丰末，其王子义天来朝，因往拜焉。至是，净源死，其徒窃持其像，附舶往告。义天亦使其徒来祭，因持其国母二金塔，云祝两宫寿。轼不纳。"② 可知宋代的杭州是宋与高丽之间的通航港口之一，明州虽是宋政府指定的宋与高丽之间的官方通航港口，但并不是唯一通航高丽的港口。宋代杭州港前往高丽国的航线：由钱塘江出海东北行 3 日入东海，5 日抵惠山，折北行 7 日至礼成江，再 3 日至岸，全程需 20 日左右。③

南宋时期建行都于杭州，杭州也荣升为临安府，成为全国的政治、经济和文化中心。作为国都，杭州港更多的是一个方便国家间政治往来的城市，其主要职能体现在接待来自海外各国的使臣以及为前来贸易的舶商提供一个良好的贸易环境。南宋建炎二年（1128 年），为联合高丽共同对抗金，宋政府便命浙东路马步军都总管杨应诚"与副使韩衍、书状官孟健由杭州浮海以行"，④ 从海路直接前往高丽。中外商贾也多云集于杭州，"自大街及诸坊巷，大小铺席，连门俱是，即无虚空之屋。每日清晨，两街巷门，浮铺上行，百市买卖，热闹至饭前，市罢而收。盖杭城乃四方辐辏之地"。⑤ 然而，南宋年间杭州港的通航条件并未有任何改善，"江水之险，无如钱塘，不惟水面阔远，风涛可畏，加以沙涨无定，日有改易，大驾驻跸，往来尤众。绍兴初年，渡舟屡有覆溺"。⑥ 海舶想要驶入杭州港并非易

---

① （宋）苏轼撰，孔凡礼点校：《苏轼文集》卷 30《奏议·论高丽进奉状》，中华书局 1986 年版，第 847 页。
② （元）脱脱等：《宋史》卷 338《列传第九十七·苏轼》，中华书局 1977 年版，第 10813 页。
③ 吴振华：《杭州古港史》，人民交通出版社 1989 年版，第 133 页。
④ （元）脱脱等：《宋史》卷 487《列传第二百四十六·外国三》，"高丽"，中华书局 1977 年版，第 14050 页。
⑤ （宋）吴自牧：《梦粱录》卷 13《铺席》，浙江人民出版社 1980 年版，第 117 页。
⑥ （宋）楼钥：《攻媿集》卷 20《奏议·论浙江渡船》，王云五主编：《丛书集成初编》，商务印书馆民国二十四年（1935 年）版，第 309 页。

事，因而多选择登陆明州港，经浙东运河渡钱塘江后至杭州。

出于杭州港航行条件的限制以及防御安全方面的考虑，南宋政府选择在邻近杭州的海盐设立市舶机构，即"海盐市舶之设，惟宋南渡后最盛，缘宋都临安，四方百货所凑。澉为近畿地，海舶由鳖赭入钱塘者，阻于江湍，以收泊澉壩为便，番货因而毕集，不得不设司领之"。[1] 南宋政府将距离临安近且具天然良港条件的澉浦作为其外港。虽然澉浦的市舶提举官不断地被废置，但市舶机构始终与宋王朝并存，"澉浦之有市舶场，当即始于宋初年矣。市舶提举官，屡废屡置，而市舶之设，与宋终始，并未尝废。乾道二年（1166 年），废提举官，以本县知县监管，漕司提督之。至淳祐六年（1246 年），始复设提举"。[2] 又"创市舶官，十年置场"。[3] 南宋后期，澉浦港因海外贸易的兴起迅速发展成为浙东通海巨镇。

元代杭州港的海上贸易依然非常活跃，元政府在杭州及其外港澉浦设立了市舶机构。元代澉浦已成为"远涉诸蕃，近通福广商贾往来"的"冲要之地"。[4] 意大利旅行家马可·波罗在游记中说："海洋距此有二十五哩，在一名澉浦城之附近，其地有船舶甚众，运载种种商货往来印度及其他外国，因是此城愈增价值。有一大川自此行在城流至此海港而入海，由是船舶往来，随意载货，此川流所过之地有城市不少。"[5] 除了有大量来自南海各国的商船到来外，从杭州及其外港澉浦起航开展远洋贸易的海商也不在少数，在杨发为首的浙东海商集团的示范效应下，浙东民众纷纷效尤，筹

① （明）胡震亨辑著：《海盐县图经》卷 6《食货篇第二之下·课程·附市舶》，浙江古籍出版社 2009 年版，第 188 页。
② （明）胡震亨辑著：《海盐县图经》卷 6《食货篇第二之下·课程·附市舶》，浙江古籍出版社 2009 年版，第 188 页。
③ （宋）常棠：《澉水志》卷上，"坊场门"，《宋元方志丛刊》，第五册，中华书局 1990 年版，第 4663 页下栏。
④ 陈高华等点校：《元典章》四，卷 59，《工部二·造作二》，"禁治抢劫船只"，中华书局，天津古籍出版社 2011 年版，第 1988 页。
⑤ ［意大利］马可·波罗：《马可波罗行纪》，冯承均译，第二卷，上海书店出版社 1999 年版，第 351 页。

集资本前往海外贸易，澉浦港的海外贸易也走向鼎盛。虽然元朝政府在大德二年（1298年）将澉浦并入庆元市舶提举司，海外贸易由庆元市舶司管辖，但该港贸易活动的服务对象始终是杭州港。

宋元时期的杭州港，在港口的天然条件上逊色于明州（庆元）港，这就决定了其作为海港发展的局限性，原本打算驶入杭州港的商船最终选择港口环境更具优势的明州（庆元）卸货，然后转驳给小型内河运输船只，经浙东运河运至杭州。或者通过在附近的澉浦设立外港的形式来规避港口航道存在的风险，延伸和拓展其港口的贸易功能。杭州港更多的功能在于其所具备的发达的内河水运网络，有机地将宁绍平原与杭嘉湖平原连接在一起，成为明州（庆元）港最广阔的经济腹地。不仅为浙东海上丝绸之路贸易提供了充足的货源，而且也是浙东海上丝绸之路上进口贸易品的最大集散地和消费市场。

二、宋元时期浙东运河与海上丝绸之路的贸易通道

（一）宋元时期以越州（绍兴）、明州（庆元）为中心的区域水陆交通网络

宋元时期越州（绍兴）的驿路交通在唐、五代的基础上加以拓展，覆盖面更为广泛。宋政府在陆路和水陆的交通要道上设馆驿和递铺作为邮传和运输的机构，以此形成以馆驿和递铺为节点连接而成的交通网络，"州、府、县、镇，驿舍、亭铺，相望于道，以待宾客"。[①]南宋年间，绍兴府

---

① （清）徐松辑：《宋会要辑稿》，方域一０之三三，中华书局1957年版，第7490页上栏。

有 29 处馆驿，[①] 43 处递铺。[②] 庆元府有一迎恩驿，城西铺等 16 铺。[③] 元代绍兴路共有 13 处站赤；庆元路 4 处。[④] 驿传制度虽是政府构建的为官方服务的水陆交通官道，但作为主干交通路线，也是各地民间商旅往来的重要通道。

《太平寰宇记》的"四至八到"记载了北宋越州的对外水陆交通概况：越州"东北至东京二千四百五十里。西北至西京二千八百七十里。西北至长安三千七百三十里。东至明州二百七十里。西至杭州一百三十里。南至台州天台县关岭一百三十六里。北至海与苏州分界一百三十里。东南至台州四百七十五里。西南至婺州三百九十里。东北至浃江海际三百九十八里"。[⑤] 越州既可走驿路也可经浙东运河至杭州后经江南运河北上至东京（今河南开封）、西京（今河南洛阳）及长安。

南宋绍兴区域内已形成了相对完善的水陆交通网络。据统计，南宋中期绍兴府各县有水路交通共 11 条，通航总里程 920 里；共有主干驿道 24 条，总里程 3027 里。[⑥] 嘉泰《会稽志》卷十二《八县》记载了南宋时期绍兴府下辖会稽、山阴、嵊县、诸暨、萧山、余姚、上虞、新昌八县的水陆交通。会稽县经陆路可通往山阴县、上虞县、嵊县，走曹娥江水路可至杭州湾沿岸，经海路北上可至嘉兴府；走若邪溪水路可北入鉴湖，入鉴湖后胜舟仅为 50 石。山阴县走陆路可至会稽、萧山、诸暨。从山阴县既可走

---

① （宋）施宿等撰：嘉泰《会稽志》卷 4，"馆驿"，《宋元方志丛刊》，第七册，中华书局 1990 年版，第 6779 页下栏，第 6780 页上栏、下栏。

② （宋）施宿等撰：嘉泰《会稽志》卷 4，"邮置"，《宋元方志丛刊》，第七册，中华书局 1990 年版，第 6781 页上栏。

③ （宋）罗浚等撰：宝庆《四明志》卷 3《郡志卷第三·叙郡下》，《宋元方志丛刊》，第五册，中华书局 1990 年版，第 5031 页上栏、下栏。

④ 金普森、陈剩勇主编：《浙江通史》，第 6 卷，桂栖鹏等著：《元代卷》，浙江人民出版社 2005 年版，第 143—144 页。

⑤ （宋）乐史撰，王文楚等点校：《太平寰宇记》卷 96《江南东道八·越州》，中华书局 2007 年版，第 1922 页。

⑥ 李永鑫主编：《绍兴通史》，第 3 卷，浙江人民出版社 2012 年版，第 373—374 页。

西小江水路进入萧山，也可走浙东运河水路至萧山，这段航道通航条件颇佳，均能通过 500 石的船只。嵊县走陆路可至诸暨、新昌、会稽及庆元府奉化县；走剡溪水路可至上虞，仅限 100 石左右的船只通行。诸暨县走陆路可至嵊县、萧山、山阴、临安府富阳县、婺州浦江县和东阳县；走浣江水路可至萧山，可通行 200 石的船只。萧山走陆路可至山阴、诸暨、临安府钱塘县和盐官县。萧山走浦阳江水路可至山阴县，走浙东运河路可至临安府钱塘县，两条水路均能容纳 200 石左右的船只通行。余姚县陆路可至上虞县、嵊县和庆元府慈溪县；走余姚江水路可至庆元府慈溪县，此航段可以通行 500 石的船只。上虞县陆路可至余姚、会稽、嵊县；走上虞江水路可至会稽县界，也可走浙东运河至会稽县，可通行 200 石的船只。新昌县陆路可至嵊县、天台县、庆元府奉化县和婺州东阳县。

可见，宋代绍兴区域内已形成了相当发达的水陆交通互通，并延伸至与之相邻的明州（庆元）地区。区域内的浦阳江水系连通了诸暨、会稽、山阴、萧山之间的水上交通；曹娥江水系连通了新昌、嵊县、上虞、会稽之间的水上交通，并经余姚江、甬江与明州（庆元府）连通。浦阳江和曹娥江两大水系流经绍兴三江口入海，又沟通了与杭州湾的海上交通。会稽、山阴、余姚、上虞均有陆路可达杭州湾沿岸，经海路可与嘉兴府及平江府连通。

南宋浙东运河作为政府的漕运河道，将宁绍平原的各大南北向的河流连接起来，往西至钱塘江与江南运河相联、向东至明州港连通海上丝绸之路，成为贯通浙东地区内河水道及连接外部水陆通道的交通干线。南宋政府多次投入资金进行疏浚和整治，改善和提升了运河的航运能力。浙东运河连通的明州（庆元）、越州（绍兴）和杭州一线的驿道交通也因此成为要道。这条路线的陆道走向与浙东运河水道基本一致，且水路和陆路之间不时相互衔接或换行。陆路主要由驿铺串接而成。从越州（绍兴）治所会稽往西经山阴，在山阴县西二十五里有柯桥驿，继续往西到萧山，在县西北百二十步有萧山馆，经西兴镇渡钱塘江至临安。从会稽往东可至上虞，在县东二百步有金垒驿，^①东出上虞后至余姚，经余姚江到达庆元府慈溪县，往东至鄞县、定海。

越州（绍兴）与南方等地的交通，则在隋唐已有通行路线的基础上得到修整。北宋"大中祥符九年（1016年）冬，奉诏按察岭外，尝经合浦郡（廉州）。沿南溟而东，过海康（雷州），历陵水（化州），涉恩平（恩州），往南海（广州）。迫由龙川（惠州）抵潮阳（潮州），泊出守会稽（越州），移莅句章（明州）。已上诸郡，俱沿海滨"。^②这是一条从广西合浦至会稽、明州的海上通道，反之亦可行。越州（绍兴）经婺州可至衢州，再走陆路经信州（江西上饶）至福建。唐末虽有黄巢起义军开仙霞岭的山路，但并不容易通行，南宋时期，这条山路被拓宽拉平，路况有所改善。范成大的《送王纯白郎中赴闽漕》诗云："缓寻南粤千山路，先破西兴百尺涛。"^③从其描述来看，前往福建的路线首先从浙东运河的西兴镇出发，往东前行后折入浦阳江至婺州，经衢江至衢州江山，过仙霞岭往南至浦城县，走水路至福州。

宋代明州（庆元）地区水陆交通也获得了较大程度的发展。《太平寰宇记》的"四至八到"记载了北宋年间明州的对外水陆交通概况：明州"西北至东京二千六百八十里。西北至西京三千二百五十五里。西北至长安三千八百五里。南至台州宁海县水行一百八十里，从县西南至台州二百五十里，都四百三十里。西至越州余姚县一百七十里。北至越州余杭县界海际水行一百八十里。东南至海中崛门山四百里，与台州象山县分界。西南至陆昭岭一百七十里，与越州剡县接界。西北至越州界一百七十里，至越州二百七十里。东北至大海岸峡口七十里，从海际峡口往海行

① （宋）施宿等撰：嘉泰《会稽志》卷4，"馆驿"，《宋元方志丛刊》，第七册，中华书局1990年版，第6780页上栏。

② （宋）燕肃：《海潮论》，（明）姚宽：《西溪丛语》卷上，朱易安、傅璇琮等主编：《全宋笔记》，第四编，三，大象出版社2008年版，第6页。

③ （宋）范成大：《范石湖集》卷8，"送王纯白郎中赴闽漕"，上海古籍出版社1981年版，第105页。

七百五十里至海中检山"。① 驿道依然是明州（庆元）通往国内其他地方的主要陆路通道。南宋年间，自明州（庆元）"迎恩驿挨排沿路经过州县驿程，至东京都亭驿，实计二千五百二十八里二百四十有五步。至行在所四百七十六里，内渡浙江折八十里"。②

定海作为明州（庆元）的出海口，海上交通地位十分关键，沿海岸线北上可到山东、辽东。《云麓漫钞》记载："補陀落迦山，自明州定海县招宝山泛海东南行，两潮至昌国县，自昌国县泛海到沈家门，过鹿狮山，亦两潮至山下。……自东即入辽东、渤海。"③ 定海沿海岸线南下可到台州、温州、福州、泉州、广州等港，这条海上交通路线成为浙东地区与国内其他地方开展商品物资流通的主要通道。明州（庆元）所辖的昌国县，四面临海，与外界的通道只能借助海路，经海路可至定海县、象山县、秀州、海州④。

元代的绍兴、明州（庆元）地区的陆路交通基本沿用宋代已有的交通网络，同时结合实际需求加以调整和建设；水上交通因为京杭大运河的全线贯通更为便利。利用隋唐运河旧有河道，元代相继疏凿开通了济州河、会通河和通惠河，纵贯南北的京杭大运河全线开通，南起杭州、北至大都的水上交通也因此畅通。元代浙东运河虽然在漕运上的地位不再，但其作为庆元路联系腹地的主要交通线，依然具有关键性的地位和意义。京杭大运河将以明州（庆元）为起点的浙东运河北端的终点从杭州延伸至大都，集散于明州的浙东海上丝绸之路贸易商品经浙东运河和京杭大运河直抵大都。浙东区域内的商品物资也借助区域内发达的水陆交通网络得以

---

① （宋）乐史撰，王文楚等点校：《太平寰宇记》卷98《江南东道十·明州》，中华书局 2007 年版，第 1959 页。

② （宋）罗浚等撰：宝庆《四明志》卷 1《郡志卷第一·叙郡上》，《宋元方志丛刊》，第五册，中华书局 1990 年版，第 4998 页上栏。

③ （宋）赵彦卫撰，傅根清点校：《云麓漫钞》卷 2，《唐宋史料笔记丛刊》，中华书局 1996 年版，第 29—30 页。

④ （宋）罗浚等：宝庆《四明志》卷 20《昌国县志全·叙县》，《宋元方志丛刊》，第五册，中华书局 1990 年版，第 5244 页下栏。

顺畅地流通。

（二）宋元时期以明州（庆元）为中心的浙东运河与海上丝绸之路连通的贸易通道

宋代中日之间的海上交通与唐、五代时期基本一致。北宋时期宋商赴日大多走唐后期开辟的南路航线，即从明州、温州、台州、江阴、秀州华亭县、泉州、福州等东南沿海港口出发，横渡东海后到达肥前的值嘉岛，再转航至筑前的博多港。日僧成寻在《参天台五台山记》中记载了南路航线的具体行程："延久四年（1072 年）三月十五日寅时，于肥前国松浦郡壁岛，乘唐人船。……十九日天晴，寅时，东北顺风大吹。……即以栌进船。卯时，上帆，乱声击鼓，出船。……廿日天晴，飞帆驰船，云涛遮眼，只见渺渺海，不见本国山岛。……廿二日，天晴，艮风大吹，唐人为悦。……林皋告云：昨日未时入唐海了。""廿六日，天翳，不知东西。不出船。依无顺风，以栌进船。申时，著明州别岛徐翁山。"[1] 日本延历寺僧戒觉在"永保二年（1082 年）岁次壬戌九月五日，于筑前国博多津，师弟三人乘于唐船，……十三日，日者之间，留北崎浦，是待顺风也。今朝适朔风吹送，仍飚帆而着肥前国上部之泊矣。……十四日，……已离日本之岸焉。……廿二日，着明州定海县之岸。已上，乘船之后经十八个日，离岸之后经九个日，但征帆之间，若论昼夜，都卢十八个日也"。[2] 戒觉和成寻一样，都是搭乘宋商的商船入宋的日僧，经南路航线到达明州定海县。对于赴日贸易的宋商，北宋后期日方专门限定了贸易年限，违规赴日的宋商船只一律不予入港。为此，这部分无法入港的宋商往往以船只遭遇海浪漂流至日本为借口，将商船驶入博多以外的其他港口，如在越前、若狭、但马等靠近日本都城的地方展开交易。

---

① ［日］成寻著，白化文、李鼎霞校点：《参天台五台山记》，第一，花山文艺出版社 2008 年，第 1、3—5 页。

② 王勇，［日］半田晴久：《一部鲜为人知的日本入宋僧巡礼记——戒觉《渡宋记》解题并校录》，《文献》2004 年第 3 期。

南宋时期，日本商船大量赴宋，也多走博多经平户岛横穿东海后驶抵明州的南路航线。宋代中日两国商民都已充分了解和掌握了季风的规律。日本商船一般利用东海刮东北季风时，于每年的三四月份从博多启航驶抵明州（庆元），五六月份利用西南季风从明州（庆元）启航驶抵博多，少则七日多则十日左右便能完成单趟航行。

元代中日海船几乎都循南路航线往返于两国之间。日本商船从博多起航，横渡东海后驶抵庆元，贸易结束后由庆元原路返回。元代庆元仍然是中国对日交通的主要港口，温州港也成为日本商船往来元与日本间的港口之一，另有个别的日本商船偶因风向等问题选走黄海北路航线。

宋代明州（庆元）在宋与高丽交通中的地位愈发重要。北宋熙宁（1068—1077年）之前，宋与高丽之间的往来一般都选择走北路航线，其主干道从山东登州起航，横渡黄海到达朝鲜半岛西部的瓮津（今朝鲜海州西南瓮津）。北宋淳化四年（993年）二月，秘书丞直史馆陈靖、秘书丞刘式出使高丽时走的就是这条路线："自东牟趣八角海口，得思柔所乘海船及高丽水工，即登舟自芝冈岛顺风泛大海，再宿抵瓮津口登陆，行百六十里抵高丽之境曰海州，又百里至阎州，又四十里至白州，又四十里至其国。"[1]东牟是宋代登州的郡名，两位官员出使高丽就从登州出海口芝罘岛起航，东行至高丽瓮津登陆，之后走陆路至海州、阎州（今朝鲜延安）、白州（今朝鲜白川），再从白州经四十里的路程抵达高丽国都开城府（今朝鲜开城）。北宋大中祥符八年（1015年）二月，宋政府"令登州于八角镇海口治官署，以待高丽、女真使者"。[2]北宋天圣九年（1031年），高丽使臣元颖返回高丽，宋"遣使护送至登州"。[3]宋与高丽之间的北路

---

① （元）脱脱等：《宋史》卷487《列传第二百四十六·外国三》，"高丽"，中华书局1977年版，第14040—14041页。

② （宋）李焘：《续资治通鉴长编》卷84《真宗》，大宗祥符八年二月甲戌，中华书局1990年版，第1918页。

③ （元）脱脱等：《宋史》卷487《列传第二百四十六·外国三》，"高丽"，中华书局1977年版，第14045页。

航线还有一条支线，即从山东密州板桥镇（今山东胶州）起航，出胶州湾后横渡黄海，直接驶抵朝鲜半岛西海岸。宋初至天圣末年之前，宋与高丽之间的海上交通一般都走北路航线。北路航线的优势在于航距短，航行时间快。

北宋天圣末年，高丽迫于辽国的军事压力，暂时中止了与北宋政府的交往。北宋熙宁四年（1071 年），高丽"始复遣使修贡，因泉州黄慎者为向道，将由四明登岸"。[①]高丽之所以取道明州来宋，是因为从登州往返高丽容易成为辽国攻击的对象，明州远离辽国，没有此方面的顾虑，正所谓"高丽自国初皆由登州来朝，近岁常取道明州，盖远于辽故也"。[②]北宋熙宁七年（1074 年），高丽使者正式提出从明州入宋，得到了宋政府的批准。南宋年间，秦岭淮河以北的广大地域被金朝占领，宋与高丽交往的通道更集中于明州港。从明州港起航赴高丽的路线便为南路航线。《续资治通鉴长编》《宋史》《宣和奉使高丽图经》等史料对南路航线均有详略不一的描述，其中以《宣和奉使高丽图经》对这条航线的描述最为详细和充分，也是诸多国内外学者研究宋与高丽交通的主要参考资料。《宣和奉使高丽图经》记载了宣和五年（1123 年）奉议郎徐兢出使高丽的路线：海船自五月十六日从明州起航，十九日到达定海县（今浙江宁波镇海区）。二十四日出招宝山，过虎头山（今宁波镇海招宝山东北虎蹲山）行至蛟门，历松柏湾，抵芦浦。二十五日行至昌国县沈家门；二十六日至梅岑（今普陀山）。从梅岑出洋后，二十八日过海驴焦、蓬莱山（今舟山岱山县衢山岛）、半洋礁。二十九日入白水洋、黄水洋（今江苏淮河入海附近海洋）、黑水洋（今黄海），六月二日行至宋和高丽为界的夹界山。三日过五屿、排岛、白山至黑山（今韩国大黑山岛），过黑山后，往北经月屿、阑山岛、白衣岛、跪苫、春草苫、槟榔焦。四日过菩萨苫、竹岛，五日过苦苫苫，

① （宋）王辟之：《渑水燕谈录》卷 9《杂录》，朱易安、傅璇琮等主编：《全宋笔记》，第二编，四，大象出版社 2008 年版，第 94 页。

② （宋）李焘：《续资治通鉴长编》卷 247《神宗》，熙宁六年十月壬辰，中华书局 1990 年版，第 6029 页。

六日至群山岛抛泊，过横屿。七日宿横屿，八日继续北航过紫云苫、富用山、洪州山、鸦子苫、马岛，九日过九头山、唐人岛、双女焦、大青屿、和尚岛、牛心屿、聂公屿、小青屿、紫燕岛（今韩国仁川西永宗岛），十日到急水门（今朝鲜黄河南道礼成江口），抵蛤窟抛泊，过分水岭至龙骨抛泊。六月十二日至礼成港（今朝鲜开城西礼成江畔），于碧澜亭登陆。① 六月十三日经陆路至高丽都城开城。由上可知徐兢出使高丽的路线是从明州起航，由定海出洋，经普陀山越过东海、黄海，沿朝鲜半岛西南海岸北上到达礼成港。徐兢一行于宣和五年（1123 年）七月十三日离开高丽，至七月二十七日驶抵明州定海县。从高丽返航的路线，夹界山以东与去途基本一致。过夹界山后至沙尾，过东西胥山，经浪港山，过苏州洋，经栗港（今定海之沥港），过蛟门，望招宝山，到定海县。②《宋史》也记载了明州到高丽礼成港的航路："自明州定海遇便风，三日入洋，又五日抵墨山，入其境。自墨山过岛屿，诘曲礁石间，舟行甚驶，七日至礼成江。江居两山间，束以石峡，湍激而下，所谓急水门，最为险恶。又三日抵岸，有馆曰碧澜亭，使人由此登陆。"③ 此处的墨山当为黑山。宋代航海已能相当熟练地运用季风，宋派遣使臣前往高丽一般多选择在夏季，利用东南季风，返航则多在秋季，利用西北季风。

元初，高丽成为元朝统治下的征东行省，实际上成为元朝控制下的附属国。两国之间开展官方的朝贡贸易往来。因元代定都大都，且与高丽接壤，故双方的朝贡贸易多以陆路交通为主，民间贸易主要通过传统的海路，即以往返于庆元至礼成江之间的南路航线为主。

宋元时期明州港口南下可直航到达南海诸国。元元贞二年（1296 年），

① （宋）徐兢：《宣和奉使高丽图经》卷 34—39，《海道一》至《海道六》，朱易安、傅璇琮等主编：《全宋笔记》，第三编，八，大象出版社 2008 年版，第 131—147 页。

② （宋）徐兢：《宣和奉使高丽图经》卷 39《海道六》，朱易安、傅璇琮等主编：《全宋笔记》，第三编，八，大象出版社 2008 年版，第 148—149 页。

③ （元）脱脱等：《宋史》卷 487《列传第二百四十六·外国三》，"高丽"，中华书局 1977 年版，第 14055 页。

周达观前往真腊，记载了从明州至真腊的具体行程，先从明州至温州后就地起航，"自温州开洋，行丁未针。历闽、广海外诸州港口，过七洲洋，经交趾洋到占城。又自占城顺风可半月到真蒲"。[1] 从浙东沿海前往真腊大约需要一个月的时间："占城国在中国之西南，东至海，西至云南，南至真腊国，北至欢州界。……东北至两浙一月程。"[2] 明州也可经泉州、广州等港远行至南海诸国。宋与南海诸国的航路中，三佛齐是这条航路上的关键节点。南宋周去非《岭外代答》描述："三佛齐国在南海之中，诸蕃水道之要冲也。东自阇婆诸国，西自大食故临诸国，无不由其境而入中国者。"[3] 三佛齐因地扼马六甲海峡两岸，因而是中国与印度洋沿岸海上航线的要冲之地。从三佛齐来宋的商船，"正北行，舟历上下竺与交洋，乃至中国之境。其欲至广者，入自屯门。欲至泉州者，入自甲子门"，[4] 一般"泛海便风二十日至广州。如泉州舟行顺风月余亦可到"。[5]

北宋中期西夏政权扼守着河西走廊，与西亚国家的陆上丝绸之路被阻，为此，北宋政府规定大食需"自广州路入贡，更不得于西番出入"，[6] 海上交通成为宋与西亚诸国交往的唯一通道。宋商前往大食国贸易，须经三佛齐的蓝无里（今印度尼西亚苏门答腊岛西北亚齐附近）。史载："大食国在泉之西北，去泉州最远。番舶艰于直达，自泉发船四十余日，至蓝无里博易住冬，次年再发，顺风六十余日方至其国。本国所产，多运载与三

---

① （元）周达观著，夏鼐校注：《真腊风土记校注》，"器用"，中华书局2000年版，第15页。

② （元）脱脱等撰：《宋史》卷489《列传第二百四十八·外国五》，"占城"，中华书局1977年版，第14077页。

③ （宋）周去非著，屠友祥校注：《岭外代答》卷2《外国门上·三佛齐国》，上海远东出版社1996年版，第42页。

④ （宋）周去非著，屠友祥校注：《岭外代答》卷3《外国门下·航海外夷》，上海远东出版社1996年版，第70页。

⑤ （元）马端临：《文献通考》卷332《四裔考九·三佛齐》，中华书局1986年版，第2610页上栏、中栏。

⑥ （清）徐松辑：《宋会要辑稿》，蕃夷七之二二，中华书局1957年版，第7850页下栏。

佛齐贸易，商贾转贩以至中国。"① 大食国的航船也多经由三佛齐入宋。"大食国之来也，以小舟运而南行，至故临国（今印度西南沿岸奎隆一带），易大舟而东行，至三佛齐国，乃复如三佛齐之入中国。"② "中国舶商欲往大食，必自故临易小舟而往，虽以一月南风至之，然往返经二年矣。"③ 宋商前往阇婆，一般从泉州出发，"率以冬月发船，盖藉北风之便，顺风昼夜行月余可到"。从阇婆出发来宋，"西北泛海十五日至渤泥国，又十日至三佛齐国，又七日至古暹国，又七日至柴历亭，抵交趾，达广州"。④ 可见，宋代商船从泉州出发前往阇婆可顺风直航；从阇婆航行来宋，须经三佛齐中转。东非的层檀国也以三佛齐为与宋海上交通的中继站。故宋代包括阇婆（今印度尼西亚爪哇）、大食、故临等南海诸国商船多以三佛齐为主要海上交通枢纽点，沿海行至上下竺（今马来西亚奥尔岛）后进入中国国境，或从屯门进入广州，或从甲子门进入泉州，之后可从广州、泉州北上驶抵温州、明州或杭州等港。

元代庆元与南海诸国的交通情况可从元政府发动的征服爪哇的战争中得以明晰。元至元二十九年（1292 年）二月八日，元政府"诏福建行省除使弼、亦黑迷失、高兴平章政事，征爪哇"。"九月，军会庆元。弼、亦黑迷失领省事，赴泉州，兴率辎重自庆元登舟涉海。十一月，福建、江西、湖广三省军会泉州。十二月，自后渚启行。"⑤ 元军船队主力和军辎于九月从庆元出发，十一月与其他军队会师泉州后，从泉州后渚启程驶往爪哇。

---

① （宋）赵汝适：《诸蕃志》卷上《志国·大食国》，朱易安、傅璇琮等主编：《全宋笔记》，第七编，一，大象出版社 2015 年版，第 193 页。
② （宋）周去非著，屠友祥校注：《岭外代答》卷 3《外国门下·航海外夷》，上海远东出版社 1996 年版，第 70 页。
③ （宋）周去非著，屠友祥校注：《岭南外答》卷 2《外国门上·故临国》，上海远东出版社 1996 年版，第 45 页。
④ （宋）赵汝适撰：《诸蕃志》卷上《志国·阇婆国》，朱易安、傅璇琮等主编：《全宋笔记》，第七编，一，大象出版社 2015 年版，第 184 页。
⑤ （明）宋濂等撰：《元史》卷 210《列传第九十七·外夷三》，"爪哇"，中华书局 1976 年版，第 4665 页。

具体航线为：从明州南下至泉州，"过七洲洋、万里石塘（今西沙群岛），历交趾、占城界，明年正月，至东董西董山（今越南藩切市东南）、牛崎屿（今马来西亚彭亨州关丹市东南），入混沌大洋橄榄屿（今越南头顿市西南昆仑岛），假里马答（今印度尼西亚加里曼丹坤甸市卡里马塔岛）、勾阑等山，驻兵伐木，造小舟以入"。① 这说明元代庆元至爪哇已是一条成熟的海上航路。据此可知，元代庆元通过直航路线与南海诸国展开交通贸易往来，但这些直航路线皆为泉州、广州与南海诸国直航路线的北段延伸。此外，元代有大量南海诸国的商船驶往杭州外港：澉浦港，"凡大食、吉逻、阇婆、占城、勃泥、麻逸、三佛齐诸番，并通贸易"。② 上述这些南海国家的商船在澉浦港口登陆后，通过舟行或陆行前往杭州贸易。元政府于至元十四年（1277 年）设澉浦市舶司，由福建安抚使杨发督之。大德二年（1298 年），澉浦市舶司并入庆元提举司，直隶中书省，③ 从澉浦发舶商船需前往庆元办理市舶手续。返航时庆元及下辖的舟山群岛等港成为南海诸国商船从澉浦南下回国的必经之地。

三、宋元时期浙东运河与海上丝绸之路上的区域商贸网络

（一）宋元时期浙东运河与海上丝绸之路上的区域贸易

宋元时期浙东海上丝绸之路贸易的兴盛，推动着明州（庆元）港在作为浙东海上丝绸之路贸易港的同时，也逐渐发展为中外贸易商品的重要集散地。国内各地的商品经陆海交通运至杭州后，经浙东运河运载至明州

---

① （明）宋濂等撰：《元史》卷 162《列传第四十九·史弼》，中华书局 1976 年版，第 3802 页。
② （清）方溶：《澉水新志》卷 5《课税门·关榷》，清道光三十年（1850 年）刻本，第 39 页 a。
③ （明）胡震亨辑著：《海盐县图经》卷 6《食货篇第二之下·课程·附市舶》，浙江古籍出版社 2009 年版，第 188 页。

（庆元），经过外商的挑选与采购后转销海外各国；而中外海商自海外各国运抵国内的商品也在明州（庆元）卸载，经市舶抽解后除部分在当地销售外，其余经浙东运河运贩至沿线区域和国内各地销售。明州（庆元）因此成为浙东运河与海上丝绸之路上双向贸易的主要据点。这种双向贸易的开展很大程度上得益于浙东运河与海上丝绸之路上的区域商业网络，在连通区域内部商品交换、形成独具地方特色的区域性市场的同时，也沟通了浙东地方与其他区域之间的商品交换，并被不自觉地纳入到全国性的市场网络中。

宋元时期对浙东运河的大规模疏治，改善了浙东地区的水陆交通条件，进一步刺激和推动了浙东及周边区域相关产业和商品经济的发展。在浙东海上丝绸之路贸易的推动下，浙东地区农业生产和手工业生产在满足家庭日常消费之外，开始有意识地结合市场需求展开，农产品和手工业品的商品化程度不断提高，从而为浙东海上丝绸之路贸易提供了丰富的商品供给。宋代浙东地区的丝织业产量继续增长，南宋时绍兴府绢帛产量占整个浙东路的一半。[①] 越罗早在唐代就已是畅销国内的丝织品，宋代越罗织造的技艺越发精巧，以至于其他地方所产丝绸借用"越罗"之名来拓展销路，可见越罗在国内拥有广泛的市场知名度。浙东地区的丝织产品除了在本地销售外，杭州也是一个重要的销售地。"绢，旧总称吴绢。今出于诸暨者，曰花山，曰同山，曰板桥，其轻匀最宜春服，邦人珍之。或贩鬻，颇至杭而止，以故声价亦不远也。"[②] 北宋嘉祐四年（1059 年），杭州知州孙沔"及在杭州，尝从萧山民郑昊市纱，昊高其直，沔为恨。会昊贸纱有隐而不税者，事觉，沔取其家簿记，积计不税者几万端，配隶昊他州"。[③] 孙沔在杭州时，曾从郑昊处购买萧山所产的纱，因不满其价高，取走郑

① 龙登高：《宋代东南市场研究》，云南大学出版社 1994 年版，第 119 页。
② （宋）施宿等撰：嘉泰《会稽志》卷 17，"布帛"，《宋元方志丛刊》，第七册，中华书局 1990 年版，第 7049 页上栏。
③ （元）脱脱等：《宋史》卷 288《列传第四十七·孙沔》，中华书局 1977 年版，第 9689 页。

旻交易的账簿，发现郑旻偷税的纱就有几万端。从郑旻偷税的纱的数量来看，说明越州地区有着巨大的丝织交易量。剡县机户所织的"强口布"，由浙东运至浙西销售，史载："强口布，以麻为之，出于剡，机织殊麤，而商人贩妇，往往竞取，以与吴人为市。"①

宋代浙东地区的茶叶种植日渐广泛，制茶技艺也有了很大的改进，饮茶之风盛行，进而带动了浙东地区茶叶贸易的兴盛，出现了交易茶叶的专业茶市。会稽平水是绍兴地区重要的茶叶交易中心，每年吸引众多茶商前来采购，然后运贩国内各地销售。山阴兰亭的茶市交易也颇为活跃，陆游记载："兰亭步口水如天，茶市纷纷趁雨前。"②明州出产的雨前茶品质出众，多被商人收购后贩往国内各地，舒亶的《和马粹老四明杂诗聊记里俗耳十首》诗云："梯航纷绝徼，冠盖错中州。草市朝朝合，沙城岁岁修。雨前茶更好，半属贾船收。"③北宋年间越州的竹纸制作技术不断成熟，逐渐被文人士大夫们所接受和喜爱，成为国内市场上重要的纸产品。史载："东坡先生自海外归，与程德孺书云，告为买杭州程奕笔百枚，越州纸二千幅，常使及展手各半。"④苏轼从海南回来，在与程德孺的信件中提及购买越州竹纸中较为有名的"常使"及"展手"各半。明州东部地区盛产席草，"民以织席为业，计所赢优于农亩"。⑤明席成为当地民众重要的贸易商品，销往国内及海外各地，盈利远胜传统的农耕。

---

① （宋）施宿等撰：嘉泰《会稽志》卷17，"布帛"，《宋元方志丛刊》，第七册，中华书局1990年版，第7048页下栏。

② （宋）陆游：《剑南诗稿》卷81《兰亭道上》，《陆游集》，中华书局1976年版，第1894页。

③ （宋）张津等：《乾道四明图经》卷8，舒亶：《和马粹老四明杂诗聊记里俗耳十首》，"其十"，《宋元方志丛刊》，第五册，中华书局1990年版，第4918页上栏、下栏。

④ （宋）施宿等撰：嘉泰《会稽志》卷17，"纸品"，《宋元方志丛刊》，第七册，中华书局1990年版，第7045页上栏。

⑤ （元）王元恭：至正《四明续志》卷5《土产·草木》，《宋元方志丛刊》，第七册，中华书局1990年版，第6505页下栏。

明州（庆元）地处沿海，具有捕捞加工海产品的天然优势，"田业既少，往往以兴贩鲜鱼为生"。[1] 鲜鱼因保存问题，一般在当地销售，加工后的海产品销往区域外的多地，近至江、浙等地销售："明、越、温、台海鲜鱼蟹鲞腊等类货，亦上惮通于江、浙"，[2] 或"自苏杭取海路，顺风至淮楚间"，[3] 也有远至荆襄地区，"鳔胶狼籍，计火所余尚数百斤，试询其故云，由鄞浙而来，将趋荆襄"。[4] 明州沿海居民多以经营渔业为生，故粮食多仰赖市场供给，"率仰米浙西。浙西歉，则上下皇皇。劝分之令不行，州郡至取米于广"。[5] "二广之米舻舳相接于四明之境。"[6] 南宋建炎年间（1127—1130年），山东的商贩前来明、越二州贩卖粮食，"明、越濒海材（村）落间，类多山东游民航海而来，以贩籴为事"。[7] 北宋建炎四年（1130年）七月，宋朝廷下令"禁明、越州、山东游民来往贩籴"。[8] 可知越州、明州和山东之间有着较为频繁的近海粮食走私贸易。浙东地区的商船也有前往广东贸易，"自温、台、明、越来，大艚或以十余为舻"，除了购进当

---

① （宋）罗浚等撰：宝庆《四明志》卷5《郡志卷第五·叙赋上》，《宋元方志丛刊》，第五册，中华书局1990年版，第5052页上栏。

② （宋）吴自牧：《梦粱录》卷12《江海船舰》，浙江人民出版社1980年版，第112页。

③ （宋）徐松辑：《宋会要辑稿》，职官四四之三，中华书局1957年版，第3365页上栏。

④ （宋）廖行之：《省斋集》卷5，"论军需禁物商贩透漏乞责场务照验税物申明法禁劄子"，《景印文渊阁四库全书》，集部一〇六，别集类，第1167册，台湾商务印书馆1986年版，第344页上栏。

⑤ （宋）罗浚等撰：宝庆《四明志》卷4《郡志卷第四·叙产》，《宋元方志丛刊》，第五册，中华书局1990年版，第5040页下栏。

⑥ （宋）朱熹：《晦庵集》卷26《书·上宰相书》，《景印文渊阁四库全书》，集部八二，别集类，第1143册，台湾商务印书馆1986年版，第575页下栏。

⑦ （宋）徐松辑：《宋会要辑稿》，兵二九之一一，中华书局1957年版，第7298页上栏。

⑧ （宋）徐松辑：《宋会要辑稿》，刑法二之一〇六，中华书局1957年版，第6548页下栏。

地的大米、食盐、漆之外，"又有番货"。①而从经济效益的角度而言，这些前往广东贸易的浙东商船自然不会是空船前往，多会运载一些大宗商品如瓷器等物经广州出口至海外诸国。南宋中期昆山县黄姚镇成为"二广、福建、温、台、明、越等郡大商海舶辐辏之地"。②虽未述及浙东商船前往黄姚的贸易详情，但依然可以判断出浙东地区与昆山县的贸易相当频繁且兴旺。

（二）宋元时期浙东运河与海上丝绸之路上的市镇商业网络

宋代浙东海上丝绸之路兴旺的贸易带动了浙东运河沿线区域商品经济的发展和市场交易的活跃，在此背景下，城乡之间、区域内外的商品流通和交易频繁，城乡各级市场迅速兴起，市镇经济呈现出蓬勃的生机，并逐步形成了以农业和手工业商品化生产和集散为基础的多层次的区域市场网络。

宋代浙东运河沿线的草市数量大为增加，农村分散的市场活动被纳入邻近的草市，以草市为基点的相互连通的农村初级市场体系开始形成。据统计，南宋时期绍兴府有 58 处草市，其中会稽县草市 19 处，山阴县 19处，嵊县 3 处，诸暨县 11 处，萧山县 5 处，上虞县 1 处。③庆元府鄞县 41处，奉化县 28 处，慈溪县 34 处，定海县 19 处，昌国县 17 处，象山县 7处。④绍兴地区的草市较多地集中在会稽和山阴二县，庆元的草市分布以鄞县、奉化和慈溪居多。据此，南宋时期，绍兴以会稽和山阴两县为主的鉴湖流域和庆元下辖各县都有较为密集的草市分布。这些草市中的相当部分具备一定的规模和影响力，相对于之前仅限于简单有限的商品交易外，已逐渐发展为具有一定规模的农副产品交易市场，从而将更多的乡村纳入

---

① （宋）方大琮：《铁庵集》卷 18《书·郑金部》，《景印文渊阁四库全书》，集部一一七，别集类，第 1178 册，台湾商务印书馆 1986 年版，第 229 页下栏。

② （宋）徐松辑：《宋会要辑稿》，食货十八之二九，中华书局 1957 年版，第 5122 页上栏。

③ 傅宗文：《宋代草市镇研究》，福建人民出版社 1989 年版，第 462—465 页。

④ 傅宗文：《宋代草市镇研究》，福建人民出版社 1989 年版，第 466—471 页。

其辐射范围。

除了传统的草市外，还出现了专营某种商品的草市，如绍兴地区就有专业的茶市、药市、酒市、盐市、鱼市、笋市、盐市等。这些商品多源于农民的农副业生产的剩余产品，由农民直接运至草市售卖，或经由小商小贩从农家收购后再转至草市销售。如山阴县梅市是绍兴地区芡实的主产地，项里是杨梅的主产地，在两种农产品成熟季节，农民便在当地草市销售，或由草市商人大量收购后转销至外地，陆游将此场景描述为"明珠百舸载芡实，火齐千担装杨梅"。[1] 通过这种跨区域的远距离贸易活动，草市与外部区域市场联系在一起。鉴湖流域的草市在经营区域范围内的商品贸易外，也通过横贯东西的浙东运河和连通杭州湾的三江口与区域外市场发生联系。绍兴府北三江口一带，"航瓯舶闽，浮鄞达吴，浪桨风帆，千艘万舻"，[2] 海商将区域外商品运至绍兴三江口一带，经由镇市、草市进入乡村，同时又将从镇市、草市收购的商品经海路远销各地。商船的大量驶入与汇集，反映了当时鉴湖流域对外商品流通的活跃。"鉴湖流域的草市网络，正是以会稽县境内通往三江口的曹娥镇和山阴县境内浙东运河沿岸的钱清镇为核心，形成了东部和西部两个商品流通体系。"[3]

南北朝时期作为基层军事据点的镇，在经历唐五代的制度化设置后，至北宋时，大多军镇相继被罢撤，只有部分拥有商业经济的镇得以留存下来，同时又增设许多非军事性的、具有经济性质的镇。草市发展到一定程度，政府便以此为基地建立镇，即"民聚不成县而有税课者，则为镇"。[4] 位于浙东运河沿线及周边区域的镇市，以密布的草市为基础，借助

---

① （宋）陆游：《剑南诗稿》卷44《戏咏乡里食物示邻曲》，《陆游集》，中华书局1976年版，第1122页。

② （宋）王十朋：《会稽三赋》卷1《会稽风俗赋》，民国三十年（1941年）丁氏致远堂明刻本，第20页a。

③ 李永鑫主编：《绍兴通史》，第3卷，浙江人民出版社2012年版，第431页。

④ （宋）高承：《事务纪原》卷7《库务职局部第三十四》，王云五主编：《丛书集成初编》，商务印书馆民国二十六年（1937年）版，第251页。

畅达的水陆运输条件延伸了它的远地市场，进而与区域外的市场互通。据统计，北宋元丰年间（1078—1085 年），越州有 9 个镇，明州仅有 3 个镇，南宋宝庆年间（1225—1227 年），绍兴仍为 9 个镇，但有新设镇补充进来，没有商业价值的镇被废除，庆元增至 7 镇 22 市。① 镇介于城市和乡村之间，通常将集中于此的农产品和手工业品输往更高层级的城市销售，也有专门销往农村供农村市场消费的商品，因此成为沟通城乡市场联系的纽带和桥梁，城乡之间的经济联系由此加强。如萧山县西兴镇位于浙东运河与钱塘江交汇处，是连接浙东各地与都城临安之间的交通枢纽。北宋时期，"自温、台、明、越往来者，皆由西兴径渡，不涉浮山之险"。② 南宋时期，浙东运河的这段路程更加繁忙。史载："出会稽城西门，循漕渠行八里，有佛刹曰法云禅寺。寺居钱塘会稽之冲，凡东之士大夫仕于朝与调官者，试于礼部者，莫不由寺而西，饯往迎来，常相属也。富商大贾，挽舵挂席，夹以大橹，明珠大贝翠羽瑟瑟之宝，重载而往者，无虚日也。"③从会稽府城至西兴镇的这段运河，成为南宋时期富商大贾往返于临安与绍兴之间的必经之路，他们将各类名贵商品运至临安，无不是从西兴渡钱塘江而至，西兴镇的商业经济也因此兴盛。山阴县的钱清镇也因位于浙东运河与西小江交汇处，往来商船日夜穿梭，带动了市镇商业的繁荣。即使是夜市，也是灯火通明，热闹非凡。陆游《夜归》描述说："晡时挽舵离西兴，钱清夜渡见月升。浮桥沽酒市嘈嘈，江口过埭牛凌兢。寒斋煮饼坐茅店，小鲜供馔寻鱼罾。偶逢估客问姓字，欢笑便足为交朋。"④浙东乡村市镇的兴起和发展，与草市共同构成了农村两级市场等级网络，成为区域

---

① 乐成耀：《宁波经济史》，宁波出版社 2010 年版，第 119 页。

② （宋）苏轼撰，孔凡礼点校：《苏轼文集》卷 32《奏议·乞相度开石门河状》，中华书局 1986 年版，第 906 页。

③ （宋）陆游：《渭南文集》卷 19《法云寺观音殿记》，《陆游集》，中华书局 1976 年版，第 2156 页。

④ （宋）陆游：《剑南诗稿》卷 17《夜归》，《陆游集》，中华书局 1976 年版，第 498 页。

市场的基础。

南宋时期绍兴城的市可谓遍及城区的各个方位，其中城北是市较为集中的区域，有山阴县的大云桥西市、龙典寺前市、驿地市、江桥市；位于城西南的有清道桥市、山阴的梅市、会稽县的大云桥东市；城东南有照水坊市，都亭桥南有古废市。①州县城市周边的草市受到城市发展的影响，有些逐渐融为城市的一部分，由于位于城郭周边，对于城乡经济的拉动也是显而易见的，"城郭、乡村之民交相生养，城郭财有余则百货有所售，乡村力有余则百货无所乏。城郭富则国富矣。……城郭之人日夜经营不息，流通财货，以售百物，以养乡村"。②绍兴作为浙东地区的商业经济中心，会精选时日定期举办大型的商品交易会。如从北宋延续至南宋初年的绍兴城东南的开元寺"灯会"，"正月几望为灯市，傍十数郡及海外商估皆集玉帛、珠犀、名香、珍药、组绣、髹藤之器，山积云委，眩耀人目。法书名画、钟鼎彝器、玩好奇物，亦间出焉"。③开元寺每年元宵节举行的名为"灯市"的大型集市活动，吸引了大批中外商贾聚集于此，他们将运贩而来的各种商品在集市上销售。奉化县岳林寺就以二月八日弥勒生日举办"道场"，"百工之巧，百物之产，会于寺以售于游，观者万计"。④借用举办"道场"的方式，将商品集中于寺庙展开交易。据上可知，宋代绍兴凭借着城区内外的市场以及远郊地区各具特色的草市，具备了区域性商品集散的强大功能，沟通了浙东各州府与杭州及其他地区之间的市场联系，推动着区域内外商业经济的繁荣。南宋嘉泰元年（1201年），绍兴府城的商

---

① （宋）施宿等撰：嘉泰《会稽志》卷4，"市"，《宋元方志丛刊》，第七册，中华书局1990年版，第6781页上栏、下栏。

② （宋）李焘：《续资治通鉴长编》卷394，元祐二年正月辛巳，中华书局1992年版，第9612页。

③ （宋）施宿等撰：嘉泰《会稽志》卷7，"寺院·府城"，《宋元方志丛刊》，第七册，中华书局1990年版，第6822页上栏。

④ （宋）陈著：《本堂集》卷81《书简·奉文本心枢密书》，《景印文渊阁四库全书》，集部一二四，别集类，第1185册，台湾商务印书馆1986年版，第428页下栏。

税额高达 62256 贯 959 文，[①] 是北宋熙宁十年（1077 年）越州府城的税额 28916 贯 92 文 [②] 的 2 倍余。陆游曾高度评价："今天下巨镇，惟金陵与会稽耳。荆、扬、梁、益、潭、广皆莫敢望也。" [③]

随着客观环境的变化，元代浙东地区的草市多数走向衰败，能够存留下来的多向地方集散中心转变。如唐代中后期形成的平水市，历经宋元时期的发展，商业贸易依然具有强劲的活力，"云峰之下，曰平水市，即唐元微之所谓草市也。其地居镜湖上游，群小水至此入湖，于是始通舟楫。故竹木薪炭凡货物之产于山者，皆于是乎会，以输于城府，故其市为甚盛"。[④] 元时平水市以经营竹木薪炭等物为其特色，且多输往城府，所以市场的交易颇为兴盛。

四、宋元时期浙东运河与海上丝绸之路和浙东地方社会的互动影响

（一）宋元时期浙东运河与海上丝绸之路和浙东地方社会商品贸易的发展

浙东运河沿线区域是浙东海上丝绸之路贸易的中心地带，每年规模巨大的贸易商品在浙东运河与海上丝绸之路贸易线上流通，这些进出口商品的运销极大地丰富了浙东地方市场。作为宋代经济最为发达的区域之一，浙东地区又具有对于外来商品的强大的市场吸纳和消费能力。

---

① （宋）施宿等撰：嘉泰《会稽志》卷 5，"课利·税"，《宋元方志丛刊》，第七册，中华书局 1990 年版，第 6795 页上栏。

② （清）徐松辑：《宋会要辑稿》，食货一六之七，中华书局 1957 年，第 5076 页上栏。

③ （宋）陆游：《渭南文集》卷 14《会稽志序》，《陆游集》，中华书局 1976 年版，第 2105 页。

④ （明）刘基：《诚意伯文集》卷 8《覆瓿集八·出越城至平水记》，《景印文渊阁四库全书》，集部一六四，别集类，第 1225 册，台湾商务印书馆 1986 年版，第 212 页上栏。

宋元时期的明州港既是浙东海上丝绸之路与日本、高丽开展直航贸易的主要港口，也是与南海诸国开展直航或转运贸易的重要港口。中外贸易商品的汇集使得明州（庆元）成为进出口贸易的重要中转市场。尤其是南宋时期政府大力疏浚浙东运河、江南运河和淮阳运河等，将南北航线连接贯通，并与国内最重要的东西航运水道长江相连，为出口商品远销海外诸国及进口商品经长江远贩至内陆地区提供了便利。据宝庆《四明志》记载："海南占城西平泉广州船"运至明州的商品有78余种，"外化蕃船"输入明州的商品有70种，[1]元代经庆元进口的商品更是高达220余种，[2]为南宋时期的3倍。可知宋元时期除了泉州、广州等地商船将蕃货转运至明州外，南海诸国的商船也直接将蕃货运送至明州，明州也因此成为浙东地区最大的中外商品集散地，极大地丰富了浙东乃至江南市场的商品供给。值得一提的是，元代后期进口的商品，奢侈品的比重大为降低，更多的是日常生产生活用品，说明浙东海上丝绸之路贸易商品对于民生的意义不断显现，直接关联着百姓的日常生计。如苏木，既是药品也是植物染料。丝织品染色常用苏木为原料，可将布料染成绛色、绯色、红色、赤色。宋代，海外市场对丝织品的大量需求，带动了作为染料的苏木的大量进口，苏木经由外商和泉州、广州等地的海商运至明州。这种以民生商品为主的贸易结构，使得以明州港为中心的贸易商品市场拥有更广的消费空间和群体，不断地吸纳着区域外市场的介入。

　　浙东海上丝绸之路上的进口商品不仅在浙东地区销售，而且还以明州为基地，沿水路或海路运至浙东以外的其他地区售卖，从而将浙东地区市场与区域外市场紧密地联系在一起。浙东运河畅通的水上交通，又使得浙东地区与杭州有了天然的联系。南宋以临安为行都，其在交通上和物质供给上都更为依赖浙东运河这条交通运输线。临安是个"市列珠玑，户盈罗

---

① （宋）罗濬等撰：宝庆《四明志》卷6《郡志卷第六·叙赋下》，《宋元方志丛刊》，第五册，中华书局1990年版，第5057页下栏、5058页上下栏，5059页上下栏。

② （元）王元恭：至正《四明续志》卷5《土产·市舶物货》，《宋元方志丛刊》，第七册，中华书局1990年版，第6502页上栏—6504页上栏。

绮，竟豪奢"①的消费性城市，荟萃众多中外名品，就商品供给而言，大多源于浙东海上丝绸之路贸易为其提供了众多舶来商品。中外各种奇珍异物多汇集于此，临安城"自大内和宁门外，新路南北，早间珠玉珍异及花果时新海鲜野味奇器天下所无者，悉集于此"。②清河坊一家名为"七宝社"的玉器商品店内出售的商品有："珊瑚树数十株内有三尺者、玉带、玉椀、玉花瓶、玉束带、玉劝盘、玉轮芝、玉绦环、玻璃盘、玻璃碗、菜玉、水晶、猫睛、马价珠。奇宝甚多。"③ 这些商品中的多数为舶来商品。临安城里经营舶来商品的场所不在少数，如香药社、象牙玳瑁市、犀皮铺等均属此类。正是这些集散于明州港的浙东海上丝绸之路上的进口贸易商品，利用浙东运河水路或杭州湾海路，快速运抵临安进行交易，成为临安城市场繁荣的重要动力。

（二）宋元时期浙东运河与海上丝绸之路和浙东地方区域经济的发展

宋元时期浙东运河与海上丝绸之路贸易的兴盛，促进了浙东地区农产品的出口和手工业产品的商品化生产，区域内适应出口需要的行业得到了较大的发展。浙东海上丝绸之路贸易的主要出口商品有丝织品、瓷器、明席等，多为浙东地区的特色商品。尤其是越窑青瓷，唐五代时期曾是中国对外贸易的主要瓷器品种，北宋时期依然保持着较好的出口势头，在北宋后期逐渐被龙泉青瓷所取代，即便如此，直到南宋依然有越窑产品出现在外销瓷器的行列中。越窑青瓷和龙泉青瓷在海外市场的需求刺激下，推动着区域内外制瓷业的发展，而明州通过瓷器的出口把温州、处州等地的制瓷业都带动起来。元代对外贸易的迅速发展刺激了龙泉青瓷的生产。沿

---

① （宋）柳永：《望海潮》，谢桃坊：《柳永词选评》，上海古籍出版社 2002 年版，第116 页。

② （宋）耐得翁：《都城纪胜》，《市井》，孟元老等著：《东京梦华录》（外四种），古典文学出版社 1957 年版，第 91 页。

③ （宋）西湖老人：《西湖老人繁盛录》，孟元老等著：《东京梦华录》（外四种），古典文学出版社 1957 年版，第 113 页。

瓯江和松溪岸边分布的大量窑场无疑是为了满足海外市场的巨大需求建造的。①

　　浙东沿海地区商业经济也随着贸易的发展而兴起。在区位优势明显的地域，有乡村墟场一跃发展成为商贸市镇，更有甚者设县置府。鲒埼镇就是其中较为典型的范例。鲒埼镇原为鲒埼寨，"在（奉化）县南六十里"，②"倚山濒海，居民环镇者数千家，无田可耕，居廛者则懋迁有无，株守店肆，习海者则冲冒波涛，蝇营网罟，生齿颇多，烟火相望，而并海数百里之人，凡有负贩者皆趋焉"，③从此，"商舶往来，聚而成市，十余年来，日益繁盛，邑人比之临安，谓小江下"。④政府并未在鲒埼置场征税，然而"形势之家私置团场，尽网其利"。⑤鲒埼也在南宋嘉定七年（1214年）被设置为镇。与鲒埼同样受益于便利的海上交通的翁州，北宋初年为鄞县下辖的三乡之地，但因其位于浙东海上丝绸之路与东亚海域国家开展海上贸易的必经之地，"东控日本，北接登莱，南亘瓯闽，西通吴会，实海中之巨障"。⑥北宋熙宁六年（1073年），鄞县县令王安石"悯其繁剧"，⑦奏请置昌国县。昌国县的设置，反映了其商业经济开始兴起。元代，昌国在浙东海上丝绸之路上的地位越发重要，元至元十五年（1278年）升为

---

① ［韩国］尹武炳：《关于新安发现的文物调查报告》，姚楠主编：《中外关系史译丛》，第 5 辑，上海译文出版社 1991 年版，第 335 页。

② （宋）罗濬等撰：宝庆《四明志》卷 14《奉化县志卷第一·叙县》，《宋元方志丛刊》，第五册，中华书局 1990 年版，第 5180 页上栏。

③ （宋）吴潜：《许国公奏议》卷 3，"禁奏私置团场以培植本根消弭盗贼"，王云五主编：《丛书集成初编》，商务印书馆民国二十八年（1939 年）版，第 89 页。

④ （宋）罗濬等撰：宝庆《四明志》卷 14《奉化县志卷第一·叙县》，《宋元方志丛刊》，第五册，中华书局 1990 年版，第 5180 页上栏。

⑤ （宋）吴潜：《许国公奏议》卷 3，"禁奏私置团场以培植根消弭盗贼"，王云五主编：《丛书集成初编》，商务印书馆民国二十八年（1939 年）版，第 89 页。

⑥ （元）冯福京等撰：大德《昌国州图志》卷 1《叙州·沿革》，《宋元方志丛刊》，第六册，中华书局 1990 年版，第 6064 页上栏。

⑦ （清）顾炎武：《天下郡国利病书》，《浙江下·舟山志》，《续修四库全书》，五九七·史部·地理类，上海古籍出版社 2012 年版，第 80 页下栏。

昌国州，"以重其任"。① 定海因位于鄞海口的优越地理方位，海上交通发达。北宋年间明州与日本、高丽及南海等国的商船多在定海起航，诗人梅尧臣描述当时的场景："悠悠信风帆，杳杳向沧岛。商通远国多，酿过东夷少。"② 南宋中后期，陈造在《定海》诗云："不用丹青状风景，逢人且说小杭州。"③ 将定海比作小杭州，可见其商业的繁华。元代定海"东接三韩倭夷岛屿，南通闽广番舶，商贾之往来，编氓灶丁衣食杂居，自昔为重镇"，④ 依然是中外商船聚集之地，"象犀珠玉通番舶，楼橹旌旗捍海潮"，⑤ "受贡益倍于异代。信使香币，渡海岁不绝"，⑥ 海上贸易的盛况得以展现。

位于浙东运河与海上丝绸之路交通线上的乡村及市镇迅速成长。如绍兴府城东北的斜桥便因其便捷的地理交通而发展起来。斜桥位于绍兴府城通往明州（庆元）的水运线上，紧邻斜桥市，"其下多客邸，四明舟楫往来所集"，⑦ 是商旅往来绍兴与明州之间的必经之地，客商云集，因而带动了当地旅店业的兴旺，商铺、货仓租赁等与贸易相关的行业也随之兴起。类似斜桥一般因位于浙东运河与海上丝绸之路交通要冲而兴起的乡村市镇不在少数，这些乡村市镇因据有交通优势而发展迅速，反映在税收上

---

① （元）大德《昌国州图志》卷1《叙州·沿革》，《宋元方志丛刊》，第六册，中华书局1990年版，第6064页上栏。

② （宋）梅尧臣：《宛陵集》卷21，"送王司徒定海监酒税"，《景印文渊阁四库全书》，集部三八，别集类，第1099册，台湾商务印书馆1986年版，第158页下栏。

③ （宋）陈著：《本堂集》卷13《七言律诗·定海》，《景印文渊阁四库全书》集部一二四，别集类，第1185册，台湾商务印书馆1986年版，第61页上栏。

④ （元）刘仁本：《羽庭集》卷5《序·饯定海县尹汪以敬诗序》，《景印文渊阁四库全书》，集部一五五，别集类，第1216册，台湾商务印书馆1986年版，第84页下栏。

⑤ （元）刘仁本：《羽庭集》卷3《七言律诗·泊定海县》，《景印文渊阁四库全书》，集部一五五，别集类，第1216册，台湾商务印书馆1986年版，第53页上栏。

⑥ （元）袁桷：延祐《四明志》卷8《城邑考上·袁桷重修定海治记》，《宋元方志丛刊》，第六册，中华书局1990年版，第6265页上栏。

⑦ （宋）施宿等撰：嘉泰《会稽志》卷11，"桥梁"，《宋元方志丛刊》，第七册，中华书局1990年版，第6914页下栏。

便是呈现明显的增幅，部分市镇的税收甚至超过所在的州县。北宋熙宁十年（1077年），萧山县城税额为4635贯459文，渔浦镇3240贯191文；上虞县城税额为1601贯844文，曹娥镇为4936贯148文。[①] 南宋嘉泰元年（1201年），萧山县城商税为5795贯718文，渔浦镇为4919贯428文；上虞县城商税为2808贯26文，曹娥镇为6285贯516文。[②] 南宋嘉泰元年（1201年）渔浦镇和曹娥镇的商税，相对于北宋熙宁十年（1077年）有了较大的增幅，其中曹娥镇的商税远高于上虞县城的商税，渔浦镇的商税虽未超过萧山县城的商税，但也仅为微小的差距。浙东运河与海上丝绸之路上交通的便利和物产的丰富，助推了绍兴市镇经济的兴起和繁荣，时人评价绍兴："其地襟海带江，方制千里，实东南一大都会。又物产之饶，鱼盐之富，实为浙右之奥区也。"[③]

浙东沿海市镇的税收和百姓的收入很大程度上与海上贸易息息相关。南宋宝庆年间（1225—1227年）在明州任职的尚书胡集上奏札子言："本府僻处海滨，全靠海舶住泊。有司资回税之利，居民有贸易之饶。"[④] 市舶收入在国家财政中的占比越发重要："庆元司征，尤视海舶之至否，税额不可豫定。"[⑤] 庆元征税取决于商舶到达的情况，在海舶未至的情况下，到底能征到多少税额就无法确定，海外贸易对庆元的影响显而易见。北宋熙宁十年（1077年）时的明州并没有市镇商税收入，然而到南宋宝庆元年（1225年），奉化、慈溪、定海、小溪、石碶、宝幢、瀡浦七税场

① （清）徐松辑：《宋会要辑稿》，食货一六之七，中华书局1957年版，第5076页上栏。

② （宋）施宿等撰：嘉泰《会稽志》卷5，"课利·税"，《宋元方志丛刊》，第七册，中华书局1990年版，第6795页下栏、6796页上栏。

③ （宋）张淏：宝庆《会稽续志》卷1，"会稽"，《宋元方志丛刊》，第七册，中华书局1990年版，第7092页下栏。

④ （宋）罗浚等撰：宝庆《四明志》卷6《郡志卷第六·叙赋下》，《宋元方志丛刊》，第五册，中华书局1990年版，第5054页下栏。

⑤ （宋）罗浚等撰：宝庆《四明志》卷5《郡志卷第五·叙赋上》，《宋元方志丛刊》，第五册，中华书局1990年版，第5052页上栏。

的税收为 40530 贯。[①] 元至正年间（1341—1368 年），庆元路岁征市舶税 503 碇 49 两。[②] 这些沿海岸都市的商税的显著增加，是南方海路通商更加发展的结果。[③]

（三）宋元时期浙东运河与海上丝绸之路和浙东地方社会价值观念的变迁

浙东海上丝绸之路贸易的高额利润，吸引了浙东地方百姓参与到海上贸易中来，从而形成了数量庞大的海商队伍，"贩海之商，……江淮闽浙处处有之"。[④] 北宋时期宋与日本之间的民间贸易多为宋商赴日，其中浙东地区海商占到一定的比例，如朱仁聪、周文德、周文裔、周良史、孙忠、孙俊明等都是多次往返于中日之间的浙东海商。据统计，1015—1138 年间，中国商人从宁波到朝鲜的二十七航次中，宁波商人五次，台州商人三次。[⑤] 前往高丽贸易的浙东海商出行的规模也相当壮观，如北宋天圣九年（1031 年），台州海商陈惟志等 64 人由明州赴高丽贸易；[⑥] 北宋宝元元年（1038 年），明州海商陈亮与台州海商陈维绩等 147 人到高丽经商；[⑦] 北宋皇祐元年（1049 年），台州海商徐赞等 71 人到高丽贸易；[⑧] 崇宁二年

---

① （宋）罗濬等撰：宝庆《四明志》卷 5《郡志卷第五·叙赋上》，《宋元方志丛刊》，第五册，中华书局 1990 年版，第 5053 页上栏。

② （元）王元恭：至正《四明续志》卷 6《赋役·市舶》，《宋元方志丛刊》，第七册，中华书局 1990 年版，第 6524 页上栏。

③ ［日］加藤繁：《中国经济史考证》，第二卷，吴杰译，商务印书馆 1963 年版，第 178 页。

④ （宋）包恢：《敝帚稿略》卷 1《禁铜钱申省状》，清乾隆年间（1736—1795 年）刻本，第 19 页 b，20 页 a。

⑤ 林士民：《试论明州港的历代青瓷外销》，《海交史研究》，1983 年。

⑥ ［朝鲜］郑麟趾：《高丽史》，世家卷第五，《高丽史五·显宗二》，朝鲜科学院，1957 年，第 74 页下栏。

⑦ ［朝鲜］郑麟趾：《高丽史》，世家卷第六，《高丽史六·靖宗》，朝鲜科学院，1957 年，第 85 页下栏。

⑧ ［朝鲜］郑麟趾：《高丽史》，世家卷第七，《高丽史七·文宗一》，朝鲜科学院，1957 年，第 100 页上栏。

（1103 年）明州教练使张宗闵、许从等与纲首杨炤等 38 人至高丽。①这些频繁往来于浙东海上丝绸之路上的海商在海上贸易中的获利行为，极大地影响着浙东及其周边地区百姓的日常生活，如"四明人郑邦杰，以泛海贸迁为业，往来高丽、日本"。②元代，定海夏仲贤从事海外贸易"数年，泉余于库，粟余于廪，而定海之言富者，归夏氏君"。③

　　于普通百姓而言，海外贸易丰厚的利润对他们而言也有巨大的吸引力。尤其如明州（庆元）地区，"濒海之地，田业既少"。④土地资源的匮乏使得当地百姓的生活艰难，海外贸易为他们改善生活提供了合适的契机，于是原本从事农业生产的浙东沿海居民在利润的驱动下也转而从事与海外贸易相关的产业。恰如包恢所言："海商或是乡人，或是知识海上之民。"⑤据学者葛金芳推测，南宋年间东南沿海常年有近十万人涉足外贸。⑥元代澉浦港海上贸易的兴起，激发了民众参与贸易的热情，海盐的"小民争相慕效，以牙侩为业，习成奢僭攘夺之风"。⑦与数量众多的海商相对应的是，浙东沿海船户的数量甚为可观。南宋嘉熙年间（1237—1240 年），

①　［朝鲜］郑麟趾：《高丽史》，世家卷第十二，《高丽史十二·肃宗二》，朝鲜科学院，1957 年，第 171 页下栏。

②　（宋）郭彖：《睽车志》卷 3，朱易安、傅璇琮等主编：《全宋笔记》，第九编，二，大象出版社 2018 年版，第 204 页。

③　（元）戴良：《九灵山房集》卷 23《鄞游稿第九·墓志铭》，"元逸处士夏君墓志铭"，《景印文渊阁四库全书》，集部一五八，别集类，第 1219 册，台湾商务印书馆 1986 年版，第 523 页上栏。

④　（宋）罗浚等撰：《宝庆四明志》卷 5，郡志卷第五，《叙赋上·商税》，《宋元方志丛刊》，第五册，中华书局 1990 年版，第 5052 页上栏。

⑤　（宋）包恢：《敝帚稿略》卷 1《禁铜钱申省状》，清乾隆年间（1736—1795 年）刻本，第 20 页 a、b。

⑥　葛金芳：《南宋海商群体的构成、规模及其民营性质考述》，《中华文史论丛》2013年第 4 期。

⑦　（明）胡震亨辑著：《海盐县图经》卷 6《食货篇第二之下·课程·附市舶》，浙江古籍出版社 2009 年版，第 188 页。

仅浙东明、温、台三州民船总数为 19287 艘。^①元代鄞县"环山带江，西为沃区，其民尽地利，近东潴为湖，土广而俗杂，逐岛屿鱼、盐之利，出没于海上岁千百数"。^②这些海船中有部分比例从事着海上贸易活动。手头资金有限的民户，参与海外贸易的方式并非多是亲自出海，而是将资本交与出洋海商，委托采买域外蕃货后在国内贩售获利，以此种方式进行的海外贸易导致铜钱的大量外流，时称"带泄"。包恢关于"带泄"有专门的解释："所谓带泄者，乃以钱附搭其船，转相结托，以买番货而归。少或十贯，多或百贯，常获数倍之货。"^③以"带泄"的形式参与贸易，入行门槛低，手头稍有些资金便可加入，不用亲自出海，又节约了贸易成本，降低了贸易行为中的风险，还能与其他海外贸易一样可以获得不错的收益，因而参与进来的人员不在少数。但随着铜钱的不断外流，南宋政府于乾道七年（1171 年）下令："见任官以钱附纲首商旅过蕃买物者有罚。"^④然而，厚利之下，禁令收效微乎其微，在海上贸易从业者日益普遍的背景下，传统的自然经济模式受到冲击，浙东沿海地区弃农从商的风气更为盛行，商品经济思想渐入人心。

（四）宋元时期浙东运河与海上丝绸之路上的中外文化交流

宋元时期活跃在浙东运河与海上丝绸之路上的中外商旅借商贸之机与宋、元进行贸易往来的同时，以僧侣为主体的人士通过搭乘海商的商船往返于东亚海域国家，通过彼此间的往来互访展开了浙东运河与海上丝绸之

---

① （宋）梅应发等撰：开庆《四明续志》卷 6《三郡隘船》，《宋元方志丛刊》，第六册，中华书局 1990 年版，第 5991 页上栏。

② （元）袁桷：《清容居士集》卷 18《鄞县兴造记》，清康熙三十三年（1694 年）刻本，第 3 页 b。

③ （宋）包恢：《敝帚稿略》卷 1《禁铜钱申省状》，清乾隆年间（1736—1795 年）刻本，第 20 页 b。

④ （元）脱脱等：《宋史》卷 186《志一百三十九·食货下八》，"互市舶法"，中华书局 1977 年版，第 4566 页。

路上的中外文化交流。北宋年间日僧来宋者有名可考的为 20 人。① 南宋时期，在日本实行积极的对宋贸易政策及禅宗传入日本的背景下，来宋日僧人数大增，多达 180 人左右。② 元代入元日僧有名可考的更是有 220 余人。③ 他们在学法弘法的过程中，佛经、典籍、文学、艺术、医药、建筑等方面的交流也随之展开。

北宋时期入宋僧人多以朝拜和巡礼为主，力求通过自我修行来寻求灭罪和解脱。这时期和浙东运河与海上丝绸之路有关的高丽僧代表有义通、谛观、义天等，日僧代表有奝然、成寻、寂照等。高丽义通法师于五代时期渡海入华求法，先后在天台云居德韶、螺溪义寂门下习法，北宋乾德年间（963—968 年）在四明地方长官钱惟治的礼请下留在明州弘法。北宋开宝元年（968 年），其俗家弟子顾承徽舍宅为寺，名传教院，后赐名"宝云禅院"，义通任住持。义通在宝云禅院天台教观二十年，其间还应请于四明阿育王寺屡建讲席，先后开讲疏解《观无量寿佛经》和《金光明经》等。④ 其对天台宗的弘传，对于天台宗由衰微走向复兴作出了重要的贡献，义通也被尊称为天台宗嫡传第十六祖。继义通来华的是高丽王朝文宗王徽第四子义天。义天于北宋元丰八年（1085 年）五月至山东密州，后南下杭州后从净源法师学习佛法。北宋元祐元年（1086 年）四月巡礼天台山后前往明州访育王广利寺，参谒大觉禅师怀琏，五月，义天在从定海搭乘高丽使船回国时，随身携带"释典及经书一千卷"，⑤ 回国后开创了高丽天台宗。

---

① ［日］木宫泰彦：《日中文化交流史》，胡锡年译，商务印书馆 1980 年版，第 254 页。

② ［日］榎本涉：《僧侣と海商たちの東シナ海》，讲谈社 2010 年版，第 137 页。

③ ［日］木宫泰彦：《日中文化交流史》，胡锡年译，商务印书馆 1980 年版，第 420 页。

④ 杨渭生：《义通、谛观与天台宗——宋与高丽佛教文化交流之二》，《韩国研究》，第六辑，2002 年，第 106 页。

⑤ ［朝鲜］郑麟趾：《高丽史》，列传卷第三，《高丽史九十·宗室一》，朝鲜科学院，1958 年，第 35 页上栏。

日僧成寻如义通般，在入宋求法后留下来弘法。北宋熙宁五年（1072年）三月十五日，大云寺阿阇梨从肥前国松浦壁岛搭乘宋商的商船入宋，[1]于四月四日抵达明州定海县招宝山，四月五日赴越州。四月十一日从越州走海路，于十三日到达杭州凑口。[2]五月四日成寻从杭州出发，[3]沿浙东运河到曹娥江，经剡县、新昌县到达台州天台县。成寻一行巡礼了天台山诸寺，并专门与国清寺诸僧进行了深入的佛教交流。同年八月，在获得宋廷允许进京的公牒后，成寻从天台山前往开封。[4]具体的路线为：先从天台山前往明州，经浙东运河至杭州后，循江南运河到润州（今江苏镇江），经大运河北上，过扬州、楚州、泗州后至宿州，然后从宿州过通济渠至开封。十月二十二日成寻在开封觐见宋神宗后，于十一月踏上了五台山巡礼之旅，十二月返回开封。熙宁六年（1073年）三月二日，成寻受宋神宗邀请祈雨，因祈雨有功，被授予"慈惠大师"称号。[5]同年五月，成寻沿大运河从开封南下至杭州，再从杭州循浙东运河至明州。六月十二日，成寻将求得的新译经、佛像等一并交由五名弟子搭乘商船携带回国。[6]成寻本人则留在开封，于北宋元丰四年（1081年）圆寂于开封开宝寺。

南宋时期禅宗非常盛行，学习禅宗成为入宋僧求法的主要目的。鉴于南宋时期北方已是金国范围，浙东运河沿线的育王寺、天童寺、景福寺、瑞岩寺、雪窦寺等成为入宋僧主要的求法之地，其中较具代表性的日

---

① 《扶桑略记》，第29，起后冷泉天皇纪尽后三条天皇纪，《国史大系》，第6卷，经济杂志社，1897年，第819页。

② ［日］成寻著，白化文、李鼎霞校点：《参天台五台山记》，第一，《参天台五台山记》，花山文艺出版社2008年版，第8—10页。

③ ［日］成寻著，白化文、李鼎霞校点：《参天台五台山记》，第一，《参天台五台山记》，花山文艺出版社2008年版，第19页。

④ ［日］塚本善隆：《日中仏教交渉史研究》，《塚本善隆著作集》，第六卷，大东出版社1974年版，第73页。

⑤ ［日］塚本善隆：《日中仏教交渉史研究》，《塚本善隆著作集》，第六卷，大东出版社1974年版，第73、77页。

⑥ ［日］成寻著，白化文、李鼎霞校点：《参天台五台山记》，第一，《参天台五台山记》，花山文艺出版社2008年版，第302页。

僧荣西两次入宋。南宋乾道四年（1168年），日僧荣西搭乘宋商商船入明州，与早一年入宋的重源相遇后，二人一同巡礼天台山、阿育王山、天童山，同年九月又一起回国，其中重源携带宋版《大藏经》《大般若经》等佛教经典、净土五祖像、十六罗汉像等物。[1]荣西携带天台新章疏三十余部六十卷，呈献给天台座主明云。[2]南宋淳熙十四年（1187年），荣西再次入宋，向天台万年寺虚庵怀敞禅师学禅，并随师移居天童山景德寺。南宋绍熙二年（1191年），虚庵怀敞禅师把僧伽梨衣作为附法的信衣赠予荣西。[3]荣西还将中国茶种和饮茶习俗带到日本。史载："日本植茶盖始嵯峨帝（820—823年）时"，"其后中绝，及后鸟羽院文治中僧千光（荣西）游宋，赍江南茶种归，分栽于背振、梅尾诸山，茶事复盛。千光种之筑前背振山，建保二年（1214年），将军源实朝有疾，千光知其宿醒，献茶及《吃茶养生记》二卷，将军饮之顿愈"。[4]荣西试种茶种成功后，茶叶种植逐渐遍及日本各地。荣西献给源实朝的《吃茶养生记》系其于1211年著成的日本历史上首部关于饮茶养生的专著，带动了日本民众的饮茶之风。荣西返日后创立临济宗，成为日本禅宗的始祖。由于荣西在宋期间曾参与营造天台山万年寺、明州天童寺千佛阁等禅寺的修建，了解并熟悉禅寺的建筑风格，回国后修建的圣福寺、寿福寺及建仁寺等便是模仿了宋禅寺的样式。[5]此外，重源、荣西、俊芿、道元、圆尔辨圆、无象静照、樵谷惟仙、闻阳湛海、无修圆证、无外尔然、寒岩义尹、约翁德俭、玉山玄提等众多日僧都曾到在明州、天台山等地求法。

---

① ［日］木宫泰彦：《日中文化交流史》，胡锡年译，商务印书馆1980年版，第346、359页。

② ［日］虎关师炼：《元亨释书》卷2《传智一·之二》，日本贞治三年（1364年）和刻本，第3页a。

③ ［日］村上专精：《日本佛教史纲》，杨曾文译，商务印书馆1992年版，第173页。

④ 黄遵宪：《日本国志》卷38《物产志一·茶》，《续修四库全书》，七四五·史部·地理类，上海古籍出版社2002年版，第389页上栏。

⑤ ［日］木宫泰彦：《日中文化交流史》，胡锡年译，商务印书馆1980年版，第383页。

元代初期由于元与日本间的战争，日本入元僧曾一度中止，但在元代渡日高僧一山一宁等大力宣扬禅风的影响下，日僧纷纷入元，宗英、龙山德见、雪村友梅、嵩山居中、孤峰觉明、祖继大智、月山友桂等，均在天童寺、瑞岩寺、华顶寺、育王寺、雪窦寺、智度寺等名刹参学。元大德年间（1297—1307 年）开始，入元留学和求法的高丽僧人逐渐增多，景瑚、心禅师、惠勤、千熙、友云等都曾到浙东地区名刹求法。

　　宋元时期在日本、高丽僧人入宋求法的同时，浙东地区高僧寂圆、兰溪道隆、兀庵普宁、无学祖元、一山一宁、西涧士昊、明极楚俊等都相继前往日本弘传佛法。其中主昌国祖印寺的一山一宁肩负劝告日本归顺的使命，于元大德三年（1299 年）自普陀山东渡日本。在日的二十年中，开创了“一山派禅学”；凭借自身极高的宋学造诣，推动了宋学在日本的传播，并培养了一批宋学人才，其中的虎关师炼更是成为日本宋学的先驱人物。

　　宋元时期往返于东亚海域的僧人，在带来部分中国散佚的经卷和典籍的同时，大多在与宋的交流中获赠经卷和典籍。北宋淳化二年（991 年），在日本净土宗据有显要地位的源信通过宋商朱仁聪将所著的《往生要集》送至天台山国清寺。[①] 南宋宝庆三年（1227 年），荣西的再传弟子、日本曹洞宗开山祖师道元辞别天童寺主持如净禅师归国时，如净将芙蓉道楷所传的信衣、嗣书以及越州僧人洞山良价的《宝镜三昧》《五位显诀》赠予道元。[②] 浙东地区刊印的书籍，也通过僧人或海商运送至东亚诸国。如《徐公文集》《陵阳先生诗》《攻愧集》《毅斋诗集别录》《耕闲集》等，均为宋代明州刻印输入日本的汉籍。[③]

　　高丽历来注重搜集中国典籍来学习和研究。如高丽入宋僧义天于北宋元祐元年（1086 年）五月从明州返回高丽时，带回佛典章疏和儒家经书共

---

①　［日］木宫泰彦：《日中文化交流史》，胡锡年译，商务印书馆 1980 年版，第289—290 页。

②　［日］村上专精：《日本佛教史纲》，杨曾文译，商务印书馆 1992 年版，第 185 页。

③　林士民、沈建国：《万里丝路——宁波与海上丝绸之路》，宁波出版社 2002 年版，第 155—157 页。

一千余卷。① 元祐四年（1089 年），苏轼在《论高丽进奉状》中提及：福建海商徐戬"先受高丽钱物，于杭州雕造夹注《华严经》，费用浩汗，印板既成，公然于海舶载去交纳，却受本国厚赏"。② 前往高丽贸易的宋商趁贸易之机带回高丽书籍。南宋"淳熙元年（1174 年）五月二十九日，明州进士沈忞上《海东三国史记》五十卷。诏与免文解一次，仍赐银绢一百匹两。其书付秘阁"。③

宋元时期频繁的文化交流中，明州佛画画师绘制的大量佛画因画风细腻生动而由僧人和商人大量输入日本。为满足日本、高丽等国对佛画的需求，也便于这些国家求画者对佛画的寻找和购买，明州职业画师选择在明州（庆元）市舶司所在地的"车桥"、"石板巷"等地开设画坊，绘制以罗汉、十王等题材为主的佛画。这时期的佛画在大量输往日本后珍藏于寺院中，如《十六罗汉图》《佛涅槃图》《十王图》《阿弥陀三尊像》《诸尊集会图》，佛画落款作者有明州人周季常、金大受、陆信忠、林庭珪、赵琼等。④ 南宋中期来宋的日僧不可弃俊芿曾在明州景福律寺习律宗数年，带回的大量物品中，就有明州画师所作的《南山律师道宣像》和《大智律师元照像》。⑤

——————————

① 杨昭全：《宋丽关系史研究》，杭州大学出版社 1997 年版，第 339 页。

② （宋）苏轼撰，孔凡礼点校：《苏轼文集》卷 30《奏议·论高丽进奉状》，中华书局 1986 年版，第 848 页。

③ （清）徐松辑：《宋会要辑稿》，崇儒五之三九，中华书局 1957 年版，第 2266 页上栏。

④ 林士民、沈建国：《万里丝路——宁波与海上丝绸之路》，宁波出版社 2002 年版，第 146—147 页。

⑤ 刘恒武：《宁波古代对外文化交流——以历史文化遗存为中心》，海洋出版社 2009 年版，第 93 页。

第四章
明代浙东运河的整修与海上丝绸之路的曲折发展

　　明代浙东运河面临着浦阳江改道西小江造成的因河道淤积而通行不畅的问题，遂对运河淤塞浅涸段展开疏浚。明嘉靖年间（1522—1566年）建成的三江闸可以通过对水位的控制调节内河水网的水量，从而将浙东运河航运的水位保持在一个相对稳定的状态，运河的航运环境大为改善。同时期浙东海上丝绸之路的贸易环境却发生了重大变化。明代前期，官方的朝贡贸易为浙东海上丝绸之路上唯一的合法贸易形式，对于民间私人海上贸易实行"海禁"，因而严重阻碍了自宋元以来蓬勃兴旺的浙东海上丝绸之路的继续发展。16世纪以后，葡萄牙人来到浙东沿海，以双屿港为基地，从事着日本、浙闽及满剌加之间的三角贸易，双屿港在短短二十余年间发展成为远东国际贸易大港。但双屿港是中外海商突破明朝政府禁令兴起的港口，这就注定了双屿港的繁盛是短暂且临时的。明嘉靖二十七年（1548年）双屿港被摧毁后，浙东海上丝绸之路上一度兴起的私人海上贸易走向衰落。

第一节 明代浙东运河的整修和通航水路

一、明代浙东运河的疏浚

明代前期浙东运河会稽段面临浦阳江改道西小江带来的河道淤积、舟楫通行不畅的问题。为改善运河的通航条件，明嘉靖三年（1523年），绍兴知府南大吉"乃决阻障，复旧防，去豪商之壅，削势家之侵"。① 于是"浚城河，浚运渠，浚堰，浚浦，遂沦我川首尾二百余里"。② 疏浚的范围很广，涉及城内河道到城外运河，自蒿坝北抵海共计二百余里长度的河道。此外，绍兴富户巨室多在浙东运河沿岸建屋居住，导致"水道淤隘，蓄泄既亡，旱涝频仍，商旅日争于途，至有斗而死者矣"。③ 南大吉命人拆除运河沿线的住宅以拓宽运河航道。史载："官河，一名运河。东自曹娥坝西入小江桥，接山阴界，南自蒿坝，北抵海塘。水道淤隘，舟楫或阻。嘉靖四年（1524年），知府南大吉浚之，故老云河之在市其纵者。自江桥至植利门，其衡者，自九节桥至清道桥皆壅窄，弗利于舟，南公尽拟斥庐舍以广河，计所斥率六尺，许真郡中一大利也。"经过此番处理，"既而舟楫通利，行旅欢呼络绎"。④ 嘉靖十六年（1537年）三江闸建成，西小江被纳入山会平原河湖系统，浙东运河航运所需的水位和水量获得保障，运河的航运环境大为改善，运河西兴段"路无支径，地势平衍，无拖堰之劳，

---

① （清）董钦德辑：康熙《会稽县志》卷4《山川志下》，《中国方志丛书·华中地方·第五五三号》，台湾成文出版社1983年，第133页。
② （清）董钦德辑：康熙《会稽县志》卷4《山川志下》，《中国方志丛书·华中地方·第五五三号》，台湾成文出版社1983年，第126页。
③ （清）董钦德辑：康熙《会稽县志》卷4《山川志下》，《中国方志丛书·华中地方·第五五三号》，台湾成文出版社1983年，第133页。
④ （清）董钦德辑：康熙《会稽县志》卷4《山川志下》，《中国方志丛书·华中地方·第五五三号》，台湾成文出版社1983年，第133页。

无候潮之苦，较曹娥而东相悬绝也"。① 浙东运河从西兴经绍兴至曹娥段可谓畅通无阻，不再需要盘驳过堰等繁琐程序，"舟行由运河直抵西兴"。②

宋代鉴湖堙废后，湖堤遭到破坏，明代开始对运道塘和官塘进行修治。运道塘也称山阴官塘，由观察使孟简筑于唐元和十年（815年），"在府城西十里。自迎恩门起至萧山"。"明弘治（1488—1505年）中，（山阴县）知县李良重修，甃以石"，③ "亘五十余里，塘以永固，田不为患，至今便之"。④ 万历（1573—1620年）间，主事孙如法"捐资修筑十余里，亦甃以石"。⑤ 明末，湛然僧重修山阴官塘，所筑石塘"宽不踰丈"。⑥ 官塘是在原鉴湖东、西湖堤的基础上铺砌的石塘路，"跨山、会二县。在山阴者，又谓之南塘，西自广陵斗门，东抵曹娥，亘一百六十里，即故镜湖塘也"。嘉靖十七年（1538年），绍兴知府汤绍恩"改筑水浒，东西横亘百余里，遂为通衢"。⑦

明代浙东运河上虞段，因连接四十里河东入姚江的通明江段七里滩沙土淤积，河道渐浅，过往船只通常需要候潮而行，常往来于杭甬之间的鄞县商人郑度深感不便，于明永乐九年（1411年）"上言将县后旧沟开

① （清）黄宗羲：《余姚至省下路程沿革记》，沈善洪主编：《黄宗羲全集》，第十册，《南雷诗文集（上）》，浙江古籍出版社2005年版，第116页。

② （明）萧良幹修，张元忭、张镶纂，李能成点校：万历《绍兴府志》卷1《疆域志·镇》，宁波出版社2012年点校本，第16页。

③ （明）萧良幹修，张元忭、张镶纂，李能成点校：万历《绍兴府志》卷17《水利志二·堤塘》，宁波出版社2012年点校本，第351页。

④ （明）萧良幹修，张元忭、张镶纂，李能成点校：万历《绍兴府志》卷38《人物志四》，宁波出版社2012年点校本，第732页。

⑤ （清）嵇曾筠等修，沈翼机等纂：雍正《浙江通志》卷57《水利六·山阴县》，《景印文渊阁四库全书》，史部二七八，地理类，第520册，台湾商务印书馆1986年版，第467页上栏。

⑥ 《姚夒撰重修越郡石塘纪略（清顺治年）》，绍兴县修治委员会辑：《绍兴县志资料》第一辑，《塘闸汇记》，《中国方志丛书·华中地方·第五三八号》，台湾成文出版社1983年影印本，第2264页。

⑦ （明）萧良幹修，张元忭、张镶纂，李能成点校：万历《绍兴府志》卷17《水利志二·堤塘》，宁波出版社2012年点校本，第351页。

浚，置西黄浦桥，直抵郑监山堰"。① 这条旧沟挖深拓宽后便成为后新河，航道得以畅通。万历《新修上虞县志》对于四十里河和后新河皆有记载，"运河（四十里河）在县治之南。其东接新旧通明坝，西距梁湖堰，横亘三十五里。溯源于百楼、坤象诸山，由溪涧而会注，以利舟楫，以资灌溉。河浅窄，旱则立涸，民咸病之。……又东北有新开河，抵新通明堰，为越明孔道。第浅狭而乏源，委时雨降，则群壑之水若悬瀑而下注，既过，则沟浍不移晷涸矣"。② 四十里河经过上虞县城丰惠镇的这段水路，因位于县城内，"向为居民所侵。嘉靖三年，邑令杨公绍芳复河南侵地为纤路，约广六尺，自通明门直抵昼锦门，舟行称便"。③ 郑度在建议开浚后新河外，又"以船经旧坝滩流壅涨，盐运到，需大汛始得达，舟常坐困"，提议"将县东北旧港开浚，自黄浦至郑监山置新通明坝，往来便之"，④ 新通明坝设立后，"自新通明直抵江口坝，官民船只皆由之"。⑤ 梁湖坝外因"嘉靖年间江潮西徙，涨沙约七里，县令郑公芸浚为河，移坝江边，以通舟楫，仍旧名"。⑥ 将梁湖坝移至江边，以方便往来舟楫通行。

二、明代浙东运河的通航水路

万历《绍兴府志》记载了明代浙东运河的通航水路概况："今绍兴府

① （明）徐待聘：万历《新修上虞县志》卷4《舆地志四·水利》，明万历三十四年（1606年）刻本，第5页 b。

② （明）徐待聘：万历《新修上虞县志》卷4《舆地志四·水利》，明万历三十四年（1606年）刻本，第1页 b、第2页 a。

③ （明）徐待聘：万历《新修上虞县志》卷2《舆地志二·山川》，明万历三十四年（1606年）刻本，第2页 a。

④ （明）徐待聘：万历《新修上虞县志》卷4《舆地志四·水利》，明万历三十四年（1606年）刻本，第25页 a。

⑤ （明）徐待聘：万历《新修上虞县志》卷4《舆地志四·水利》，明万历三十四年（1606年）刻本，第5页 b。

⑥ （明）徐待聘：万历《新修上虞县志》卷4《舆地志四·水利》，明万历三十四年（1606年）刻本，第25页 b，第26页 a。

城之西北，出西郭水门，由运河西至于钱清镇，又西北至于萧山之西兴镇，渡钱塘江，凡一百二十里，达于杭州。""东出都泗门，由运河南过五云门，又东至于绕门山，又东至于东关之曹娥江渡江，由运河又东南至于上虞，过县之东，又东至于大江口坝，入余姚江，又东至于余姚，过江桥，又东达于宁波之慈溪，凡二百七十五里，东通宁波，入于东海。"[1]

明代浙东运河通航水路情况，从朝鲜济州岛漂流至浙江沿海的朝鲜人崔溥和两次入明的日本官方使节策彦周良二人由宁波前往北京的路线，大致勾勒出浙东运河的主要航路。明弘治元年（1488 年），崔溥所乘船只于闰正月二十九日到宁波府城，"棹出北门，门亦与南门同"。[2]事实上，宁波城北门并没有水门，只有西门和南门有水门，从崔溥进城后沿途经过的地方来看，崔溥一行应是从南水门进城后，从西门即望京门出。二月初一，沿着西塘河往西到达大西坝，"坝之两岸筑堤，以石断流为堰，使与外江不得相通，两旁设机械，以竹绹为缆，挽舟而过"。[3]从大西坝进入姚江的这段行程不易，需要借助外力拖船过堰，将船从西塘河引入姚江。进入姚江后，逆水横渡姚江至西玙乡的新堰（小西坝），越坝进入刹子港，再次挽舟而过，往北进入慈溪县城，从县城穿出后，往西进入慈江，溯江北上即到达姚江的车厩驿。初二日从丈亭出发，沿着姚江往西北方向经五灵庙、驿前铺、姚江驿、江桥（通济桥）至余姚县，经下新坝后挽舟过坝到中坝，由挽舟逆行至曹娥江。下新坝即为"大江口坝，在治西南三十五里云楼乡，亦名下新坝。左江右河，河高于江丈有五尺，明越舟航往来所必经"。[4]中坝即十八里河上的郑监山坝，又名新通明坝，可知崔溥一行是

① （明）萧良幹修，张元忭、张镶纂，李能成点校：万历《绍兴府志》卷 2《城池志·衢路》，宁波出版社 2012 年点校本，第 47 页。
② ［朝鲜］崔溥著，葛振家点注：《漂海录——中国行记》卷 1，社会科学文献出版社 1992 年版，第 77 页。
③ ［朝鲜］崔溥著，葛振家点注：《漂海录——中国行记》卷 1，社会科学文献出版社 1992 年版，第 78 页。
④ （清）周炳麟：光绪《余姚县志》卷 8《水利·坝》，清光绪二十五年（1899 年）刻本，第 29 页 a。

经十八里河进入曹娥江。十八里河东端的大江口坝（亦称下坝或下新坝）为宁波到绍兴航路的必经之地。从永乐年间开始，运河船只多走十八里河。"十八里河在县东十里，新通明堰下直抵余姚坝十八里，故名。世传宋史弥远创置，《万历志》谓明永乐间鄞人郏度开浚。"[①] 十八里河"自新通明直抵江口坝，官民船皆由之。嘉靖三年令杨绍芳西黄浦桥作凳桥，舟复由城中行。自东黄浦抵新通明"。[②] 一说该河是宋宁宗时期（1194—1224年）宰相、鄞县人史弥远修筑，另一说法为永乐年间（1403—1424年）鄞县人郏度所修。船只走十八里河并不方便，只因无须候潮，所以成为众多船只的选择路线。初三日，沿着十八里河航行至曹娥驿，舍舟过梁湖坝后，在东岸渡口登上渡船横渡曹娥江，到达西岸渡口后步行至曹娥坝，再度舍舟过坝步行二里至东关驿，从东关驿乘船经文昌桥、东关铺、景灵桥、黄家堰铺、瓜山铺、陶家堰铺、茅洋浦后到达绍兴府。初四日，从绍兴府出城，过迎恩桥后至蓬莱水驿。初五日，"溯鉴水而西，经韵田铺、严氏贞节门、高桥铺至梅津桥。……又过融光桥至柯桥铺。……又过院社桥、白塔铺、清江桥至钱清驿。江名乃一钱江也。夜过盐仓馆、白鹤铺、钱清铺、新林铺、萧山县地方，至西兴驿"。[③]

明嘉靖年间（1522—1566年）两次入明的日僧策彦周良从宁波入京的路线与崔溥从宁波入京的路线大致相当。嘉靖十八年（1539年）十月十九日，策彦周良首次从宁波启程入京，"自宁波北门之前发，舟泊于西坝"，[④] 北门即为盐仓门。嘉靖二十七年（1548年）十月六日，策彦周良再次自宁波北上京城，也是从北门出发："酉刻宁波起身，自东渡门而出。予、副

① （清）储家藻：光绪《上虞县志校续》卷23《舆地志四·水利》，清光绪二十四年——二十五年（1898—1899年）刻本，第6页a、b。
② （清）储家藻：光绪《上虞县志校续》卷23《舆地志四·水利》，清光绪二十四年——二十五年（1898—1899年）刻本，第4页a。
③ ［朝鲜］崔溥著，葛振家点注：《漂海录——中国行记》卷2，社会科学文献出版社1992年版，第88页。
④ ［日］策彦周良：《策彦入明记》，《策彦和尚初渡集》，下之上，《策彦入明记 笑云入明记》，崇文书局2022年版，第151页。

使以下次第驾桥。船在北门之外而待，即各乘船。宵分下廪给口粮。夜里开船，晓到西坝。"①从宁波北门出发后，沿着姚江逆流而上到达西坝。两次入京均在西坝停留，为的是方便领取慈溪县提供的廪粮。据此判断，此西坝当为更邻近慈溪县城的大西坝。策彦周良一行在大西坝候潮而行至姚江的车厩驿，再经车厩驿至姚江驿。《初渡集》记载：十月二十日，"舟子候潮至三更。乘月拨舟，黎明着车厩驿之岸。舟行四十里"。十月二十一日，"申刻自车厩驿开船。戌刻着姚江驿。舟行六十里"。②《再渡集》记载：十月八日，"拂晓着车厩驿之岸"，"午后开船，酉刻着姚江驿"。③从姚江驿出发，继续沿姚江逆流而上，经下坝进入十八里河至中坝，再次越坝后进入上虞县境内。《初渡集》中十月二十二日记载："未刻自龙泉寺前拨舟，酉刻至下坝。舟行四十里。候潮泊于此。戌刻潮满了，力士将辘轳索卷越坝。夜半发下坝。舟竖掌舟。丑刻至中坝，舟行十八里。又如前坝。同刻拨舟。寅刻着上虞县岸。"④《再渡集》中十月九日记载："辰刻着登瀛门下，以鹿卢索卷越船。午后过中坝，又如前度卷越船。戌刻着曹娥驿。"⑤

初次从宁波入京的策彦周良一行于嘉靖十八年（1539 年）十月二十三日经十八里河到达曹娥驿，舟行三十余里后换船至东关驿。在东关驿再次换船后，于十月二十五日"行四十里而有陶家堰铺"。⑥二十六日自陶家堰

---

① ［日］策彦周良：《策彦入明记》，《策彦和尚再渡集》，上，《策彦入明记　笑云入明记》，崇文书局 2022 年版，332—333 页。

② ［日］策彦周良：《策彦入明记》，《策彦和尚初渡集》，下之上，《策彦入明记　笑云入明记》，崇文书局 2022 年版，第 152 页。

③ ［日］策彦周良：《策彦入明记》，《策彦和尚再渡集》，上，《策彦入明记　笑云入明记》，崇文书局 2022 年版，333 页。

④ ［日］策彦周良：《策彦入明记》，《策彦和尚初渡集》，下之上，《策彦入明记　笑云入明记》，崇文书局 2022 年版，第 153 页。

⑤ ［日］策彦周良：《策彦入明记》，《策彦和尚再渡集》，上，《策彦入明记　笑云入明记》，崇文书局 2022 年版，333 页。

⑥ ［日］策彦周良：《策彦入明记》，《策彦和尚初渡集》，下之上，《策彦入明记　笑云入明记》，崇文书局 2022 年版，第 154 页。

至绍兴府蓬莱驿，舟行四十里。从驿口的迎恩门出发，途经青田铺、灵芝桥、露头桥、梅市铺、通济桥、柯桥铺后到达钱清驿，舟行六十里。又舟行四十里至萧山县凤堰。二十八日上岸后坐轿子至西兴驿。再次从宁波入京的策彦周良一行于嘉靖二十七年（1548年）十月十一日从曹娥驿出发，"经北渡，各转运行李于船。予、副使以下先到者次第驾轿子至东关驿前乘船。……夜半着蓬莱驿"。[①]十二日到达萧山，十三日到西兴驿。再次从宁波入京的策彦周良并未详细列出蓬莱驿之后的水路，但应与其首次前行的路线基本一致，都是经浙东运河绍兴段的迎恩门至萧山西兴。

浙东运河自宁波到车厩驿这段航路，崔溥和策彦周良所走路线完全不同。崔溥从望京门出发后，循西塘河往西到达大西坝，入姚江后至小西坝，越坝后走刹子港，从慈江进入慈溪县城后到达车厩驿。策彦周良从宁波盐仓门一带出发，循姚江一路西行，在大西坝稍作停留后，沿着姚江上溯到达车厩驿。从宁波到车厩驿这段航程，崔溥选择了走刹子港、慈江这条内河航线，而策彦周良选择了受潮汐变化影响具有一定风险性的姚江航线，为候潮不得不在夜间起航。这也从侧面反映出船夫驾船技术的进步，至迟到明代，船夫已经娴熟地掌握了在潮汐多变的姚江上驾驭船只的高超技能。二人从车厩驿至西兴驿的行程基本一致，都是从车厩驿到姚江驿，从姚江驿出发循姚江逆流而上，经十八里河到达曹娥驿，再从曹娥驿经东关驿、蓬莱驿、钱清驿至西兴驿。

---

① ［日］策彦周良：《策彦入明记》，《策彦和尚再渡集》，上，《策彦入明记 笑云入明记》，崇文书局2022年版，第333页。

第二节　明代浙东海上丝绸之路的曲折发展

一、明代浙东地方社会经济概况

明初为克服元末战乱带来的经济衰败、民生凋零，统治者推出了鼓励垦荒、屯田及一定年限的免征徭役或赋税等有利于社会发展的举措来恢复和发展经济。在此背景下，浙东地区的农业生产得到快速的恢复，土地垦殖面积进一步扩大。由于绍兴地区的平原在南宋时期就已基本开发殆尽，故明代主要以开垦山地和海涂为主。明洪武年间（1368—1398年），绍兴府田地山荡池塘溇共计6517155亩，[①] 人口为1038059，[②] 人均6.28亩。明代绍兴地区可以开垦的土地已十分有限，仅剩为数不多的山地有一定的开发空间。山地的垦殖主要用于种植这时期从外国引进的玉米、番薯等旱粮作物。明代钱塘江南岸出现的大片海涂可以种植瓜、豆等耐盐碱作物，在土壤改良后再种植稻麦。宁波府也大力组织民众开垦荒地以保证粮食的充足供应。洪武二十四年（1391年），宁波府的官民田地山荡面积为4026409亩；[③] 永乐十年（1412年），宁波府的田地山荡面积增至4036309亩[④]；天顺六年（1462年），宁波府的田地山荡面积达4040682亩，[⑤] 相对于洪武二十四年的田地山荡面积又多出14273亩。稻麦实行两熟制，间作、

---

① （明）萧良幹修，张元忭、张镛纂，李能成点校：万历《绍兴府志》卷14《田赋志一·课利》，宁波出版社2012年点校本，第297页。

② （明）萧良幹修，张元忭、张镛纂，李能成点校：万历《绍兴府志》卷14《田赋志一·户口》，宁波出版社2012年点校本，第289页。

③ （明）杨寔纂修：成化《宁波郡志》卷4，"贡赋考·田赋"，约园钞本，民国三十一年（1942年），第39页a。

④ （明）杨寔纂修：成化《宁波郡志》卷4，"贡赋考·田赋"，约园钞本，民国三十一年（1942年），第39页b。

⑤ （明）杨寔纂修：成化《宁波郡志》卷4，"贡赋考·田赋"，约园钞本，民国三十一年（1942年），第40页b。

轮作等生产技术已能成熟地运用于农业耕作中。

明初统治者大力倡导种植经济作物，规定："凡民田五亩至十亩者，栽桑、麻、木棉各半亩，十亩以上倍之。麻亩征八两，木棉亩四两。栽桑以四年起科。不种桑，出绢一疋。"① 后又规定洪武二十六年（1393年）以后新种植的桑、枣、麻等经济作物一律免征赋税。在明政府有利政策的刺激下，宁波府经济作物的种植范围日益扩大，尤其是桑树的种植面积大增。明洪武二十四年（1391年），宁波府辖鄞县、定海、慈溪、奉化、象山等地栽种桑拓果木10781株，至永乐十年（1412年）增至19190株。② 嘉靖年间（1522—1566年），宁波府各县种植的桑树，鄞县5546株，定海4768株，慈溪10768株，奉化23733株，象山13320株，③ 共计58145株。李玮的《蚕妇吟》诗云："朝采桑，暮采桑，不梳不洗朝夜忙。"④ 说明明代宁波府桑树种植的数量还是具有相当规模的。蚕桑的规模种植有利于丝织业的发展，明代鄞县林村等地"蚕利大兴"，⑤ 宁海妇女"则育蚕治丝，缉麻枲以为衣服"。⑥ 唐宋时期全国蚕桑重要产区的越州，从南宋开始在蚕桑业的地位逐渐被杭嘉湖地区赶超。明代前期，绍兴仍"多种桑茶苎"。⑦ 但随着绍兴人口的迅速增加，人地矛盾异常突出。为保证基本的粮

---

① （清）张廷玉等撰：《明史》卷78《志第五十四·食货二》，"赋役"，中华书局1974年版，第1894页。

② （明）杨寔纂修：成化《宁波郡志》卷4，"贡赋考·田赋"，约园钞本，民国三十一年（1942年），第39页b。

③ （明）张时彻：嘉靖《宁波府志》卷12《物产·杂办》，明嘉靖三十九年（1560年）刻本，第23页a。

④ （明）李玮：《蚕妇吟》，（清）胡文学、李嗣辑：《甬上耆旧诗》卷22，清康熙十四年至十五年（1675—1676年）胡氏敬义堂刻本，第29页b。

⑤ （清）万斯同：《鄞西竹枝词五十首》，《石园文集》卷2，《四明丛书》约园刊本，民国二十五年（1936年），第11页a。

⑥ （明）宋奎光：崇祯《宁海县志》卷1《舆地志·风俗》，《中国方志丛书·华中地方·第503号》，台湾成文出版社1983年影印本，第100页。

⑦ （明）陆容：《菽园杂记》卷13，《元明史料笔记丛刊》，中华书局1985年版，第156页。

食供需，绍兴府不得不将耕地更多地用于粮食作物种植，原有的桑田被大片地废弃，桑叶产量的减少直接加速了丝织业的衰落。桑树种植主要集中在上虞、诸暨、嵊县等县的山地和海塘沙地，史载："海山多桑竹，下有居民三四十户，以渔钓为业。"① 明代浙东地区的棉花种植面积扩大，以余姚、慈溪、定海等地种植为多，棉花质量上乘，且产量可观。徐光启曾就余姚棉花种植做过专门的记述："余姚海壖之人，种棉极勤，亦二三尺一科，长枝布叶，科百余子。收极早，亦亩得二三百斤。"②

浙东地区茶叶种植的历史悠久，且产有多种名茶和贡茶，明代茶园种植面积继续扩大。明代绍兴日铸茶仍跻身全国名茶行列，瑞龙茶、花坞茶、丁坑茶、小朵茶、剡溪茶、石笕茶等也都是绍兴府的名茶。绍兴茶"惟以细者为佳，不必卧龙、日铸，北地竞市之"。③ 宁波府的产茶量虽不及绍兴府，但在所属各县也都广种茶树，有奉化雪窦茶等名品，每年都有一定数量的茶叶上供给朝廷。如嘉靖年间（1522—1566 年），宁波府岁贡茶芽，"慈溪，茶芽二百六十斤，各县以斤数附之"。④ 明代浙东地区百姓还种植多种药材，明万历《绍兴府志》中列出的中药材有 80 余种；⑤ 嘉靖《宁波府志》列出的本地药材就有 90 余种。⑥ 明席自宋代以来就是浙东地区的重要出口商品之一，席草作为制作明席的主要原料，明代在宁波鄞县

① （宋）施宿等撰：嘉泰《会稽志》卷 9《山·山阴县》，《宋元方志丛刊》，第七册，中华书局 1990 年版，第 6866 页下栏。

② （明）徐光启：《农政全书》卷 35《蚕桑广类·木棉》，明崇祯十二年（1639 年）平露堂刊本，第 6 页 a。

③ （明）萧良幹修，张元忭、孙鑛纂，李能成点校：万历《绍兴府志》卷 11《物产志·货》，宁波出版社 2012 年点校本，第 255 页。

④ （明）张时彻：嘉靖《宁波府志》卷 12《物产·方物》，明嘉靖三十九年（1560 年）刻本，第 14 页 b。

⑤ （明）萧良幹修，张元忭、张鑛纂，李能成点校：万历《绍兴府志》卷 11《物产志·药》，宁波出版社 2012 年点校本，第 247—248 页。

⑥ （明）张时彻：嘉靖《宁波府志》卷 12《物产·贡赋》，明嘉靖三十九年（1560 年）刻本，第 7 页 a—第 8 页 b。

亦是普遍种植，"产多而利博"。①

　　明代浙东地区的手工业领域中，纺织业依然是民间家庭从事的主要行业。诸暨的绢绸、嵊县的柘（柞）蚕丝以及上虞的丝皆为绍兴地区较为有名的丝织产品。余姚"有以葛与蚕丝兼织者，甚细密"。②唐宋时期拥有发达的丝织产业的绍兴，明代丝织业的发展已大不如前。明初政府在绍兴设置了官办的染织局，生产质量上乘的越罗，而民间的丝织业发展缓慢，原料多取自湖茧，但仍然维持着一定的产量。明万历年间（1573—1620年），绍兴已是"今罗、绫、绉、縠，越中绝无织，惟绢纱稍有焉"。③嘉靖、万历年间（1522—1620年）的郭子章也描述过这种情形："今天下蚕事疏阔矣。东南之机，三吴、越、闽最伙，取给于湖茧；西北之机潞最工，取给于阆茧。"④同时期宁波的丝织业有了一定程度的发展。慈溪、余姚、宁海的妇女都有从事绢、绸等丝织品的生产，鄞县更是"蚕利大兴"。⑤慈溪所产的"土丝䌷最广，其佳者，缎密光泽不亚杭州纺䌷"，画绢"色白丝匀，宜画。"⑥丝织业之外，慈溪、象山、宁海等地的麻布、葛布也都大量产出。

---

① （明）萧良幹修、张元忭、孙鑛纂，李能成点校：万历《绍兴府志》卷11《物产志·草》，宁波出版社2012年点校本，第244页。

② （清）周炳麟：光绪《余姚县志》卷6《物产·货之品》，清光绪二十五年（1899年）刻本，第12页a。

③ （明）萧良幹修、张元忭、张鑛纂，李能成点校：万历《绍兴府志》卷11《物产志·货》，宁波出版社2012年点校本，第256页。

④ （明）徐光启《农政全书》卷31《蚕桑·总论》，明崇祯十二年（1639年）平露堂刊本，第7页a。

⑤ （清）万斯同：《鄞西竹枝词五十首》，《石园文集》卷2，《四明丛书》约园刊本，民国二十五年（1936年），第10页b、11页a。

⑥ （清）冯可镛等纂：光绪《慈溪县志》卷53《物产上·服食之属》，《中国地方志集成·浙江府县志辑36》，上海书店1993年版，第189页下栏。

二、明代海外贸易政策嬗变下的浙东海上丝绸之路的贸易环境

明代开国初年沿袭元代积极的对外贸易政策，并未限制民间海上贸易的开展。早在元至元二十七年（1367 年），朱元璋就在太仓设立黄渡市舶司，"置市舶提举司，以浙东按察使陈宁等为提举"。①明洪武三年（1370 年），黄渡市舶司停罢，后在宁波、泉州、广州三地设立市舶司。然而，从明洪武四年（1371 年）始，明朝政府一改唐宋元以来开放的海外贸易政策，明太祖下诏"禁濒海民不得私出海"，②也不允许外国商人来明贸易。此后更是多次颁布法令严禁商民出海。洪武七年（1374 年），宁波、泉州、广州三处市舶司皆罢。洪武十四年（1381 年）十月，明政府下令"禁濒海民私通海外诸国"。③洪武二十三年（1390 年）十月，明政府认为"两广、浙江、福建愚民无知，往往交通外番，私易货物，故严禁之。沿海军民官司纵令私相交易者，悉治以罪"。④明初对外贸易政策前后的巨大反差，主要是基于防范来自北方的蒙古残余势力，东南沿海方国珍、张士诚余部，日本倭寇的侵扰以及内外反抗势力的联合。为严格限制国内民众与海外国家的联系，明政府力图通过建立朝贡贸易体制将海外贸易严格限定在官方主导的统治秩序中。为此，明初统治者积极招徕各国前来朝贡，"洪武初，海外诸番与中国往来，使臣不绝，商贾便之，近者安南、占城、真腊、暹罗、爪哇、大琉球、三佛齐、渤尼、彭亨、百花、苏门答剌、西洋邦哈剌

---

① 《明太祖实录》卷 28 下，吴元年十二月庚午，台湾"中央研究院"历史语言研究所 1962 年校印，第 474 页。

② 《明太祖实录》卷 70，洪武四年十二月丙戌，台湾"中央研究院"历史语言研究所 1962 年校印，第 1300 页。

③ 《明太祖实录》卷 139，洪武十四年十月己巳，台湾"中央研究院"历史语言研究所 1962 年校印，第 2197 页。

④ 《明太祖实录》卷 205，洪武二十三年十月己酉，台湾"中央研究院"历史语言研究所 1962 年校印，第 3067 页。

等凡三十国"。^①洪武二十七年（1394年），为彻底取消民间贸易，朱元璋发布诏令："禁民间用番香番货"，^②这就导致"使臣商旅阻绝，诸国王之意遂尔不通"，^③海外国家只能以朝贡的形式展开有限的官方往来。

明永乐年间（1403—1424年），"海禁"政策出现了一定程度的变通，史载："永乐间，以渔人引倭为患，禁片帆寸板不许下海。后以小民衣食所赖，遂稍宽禁。"^④明成祖在对外交往中也采取了更为积极的策略。永乐元年（1403年），"依洪武初制，于浙江、福建、广东设市舶提举司，隶布政司"。^⑤永乐三年（1405年），"以海外诸番朝贡之使益多，命于福建、浙江、广东市舶提举司各设以馆之。福建曰来远，浙江曰安远，广东曰怀远，各置驿丞一员"。^⑥明成祖恢复了洪武年间被废黜的市舶司，并设立专门接待贡使及随行人员的驿馆，释放出其在对外交往中持有的积极信号。明成祖还重启洪武初年短暂恢复却未能维持多久的中日交往。建文四年（1402年），明成祖继位后不久便遣使日本，永乐元年（1403年）日本贡使抵达宁波后至京朝贡，直至嘉靖倭患之前，中日之间维持了长达一个世纪的朝贡贸易关系。但永乐年间的这种对外政策调整是极为有限的，朝贡贸易依然是明前期海外贸易的唯一合法形式，郑和的七下西洋更是将朝贡贸易推向高潮，此后，朝贡贸易便渐趋向衰落。永乐之后直至嘉靖年间（1521—1566年），明朝的"海禁"政策虽有松紧之差，却始终贯穿于其

① 《明太祖实录》卷254，洪武三十年八月丙午，台湾"中央研究院"历史语言研究所1962年校印，第3671页。
② 《明太祖实录》卷231，洪武二十七年正月甲寅，台湾"中央研究院"历史语言研究所1962年校印，第3373页。
③ 《明太祖实录》卷254，洪武三十年八月丙午，台湾"中央研究院"历史语言研究所1962年校印，第3671页。
④ （清）顾炎武《天下郡国利病书》，《浙江下·绍兴府志军制》，《续修四库全书》，五九七·史部·地理类，上海古籍出版社2012年版，第49页上栏。
⑤ 《明太宗实录》卷22，永乐元年八月丁己，台湾"中央研究院"历史语言研究所1962年校印，第409页。
⑥ 《明太宗实录》卷46，永乐三年九月甲午，台湾"中央研究院"历史语言研究所1962年校印，第709页。

中，并与朝贡贸易相辅相成，成为"明朝对外政策的两大支柱"。①

明代前期政府实行的"海禁"政策并未能够完全禁绝私人海上贸易。宣德年间（1426—1435 年），出海贸易商人"往往私造海舟，假朝廷干办为名，擅自下番"。②正统（1435—1449 年）以后，吏治更加腐败，海商以向官员行贿或投靠豪右大姓的方式求得出海贸易的机会。成化（1465—1487 年）、弘治（1488—1505 年）时期，"濒海大姓私造海舰，岁出诸番市易"。③正德四年（1509 年），广州允许非朝贡船只的入口贸易，这在原则上否定了朝贡贸易原则："有贡舶即有互市，非入贡即不许其互市。"④差不多同时间段，明朝政府对贡使附带的番货一改初始的免税政策，转而征收"十分抽二"的实物税。抽分法的实行，无疑削弱了借朝贡之机开展贸易活动的重要性，加速了朝贡贸易的衰落，却为朝贡以外部分民间贸易的发展提供了生存空间。通过抽分所获得的税收对于地方财政而言亦是一笔可观的收入，因此地方政府对于贡使和海商，只要其按照抽分行事便听其贸易。"海禁"逐渐走向废弛，私人海上贸易顺势获得了快速的发展。

15 世纪末，随着新航路的开辟，欧洲国家纷纷前往东方。明正德六年（1511 年），葡萄牙侵占了满剌加，控制了东南亚海上交通的咽喉。此后，西班牙、荷兰也相继来到东南亚，西班牙占领了吕宋并建立起殖民统治，荷兰人在爪哇建立起殖民统治。欧洲殖民主义势力在东南亚海上贸易中逐渐占据优势，原本与明朝往来的东南亚国家只能减少或暂停与明朝之间的朝贡贸易。正德十二年（1517 年），葡萄牙军舰炮轰广州，"自是海舶悉

① ［日］田中健夫：《东亚国际交往关系格局的形成和发展》，中外关系史学会编：《中外关系史译丛》，第二辑，上海译文出版社，1985 年版，第 153 页。

② 《明宣宗实录》卷 103，宣德八年六月己未，台湾"中央研究院"历史语言研究所 1962 年校印，第 2308 页。

③ （明）焦竑：《国朝献征录》卷 90《福建一》，何乔新《中顺大夫福建按察司副使辛公访墓表》，台湾学生书局 1984 年版，第 3929 页下栏。

④ （明）王圻：《续文献通考》卷 31《市籴考·市》，明万历三十一年（1603 年）刻本，第 25 页 b。

行禁止。例应入贡诸番，亦鲜有至者"。①嘉靖二年（1523 年初），葡萄牙商船请求与明进行通商遭拒，双方在广东新化县西草湾发生冲突，葡萄牙人被驱逐出广东。但"和中国的贸易是那样有价值，葡萄牙人不愿轻易就放弃这个新的和有希望的市场"，继而"把注意力转向更北面的沿海省份福建和浙江"。②同年，宁波发生了日本贡使互争真伪的争贡事件。嘉靖帝认为争贡事件起于市舶，"遂革福建、浙江二市舶司，惟存广东市舶司"。③然"市舶既罢，日本海贾往来自如，海上奸豪与之交通，法禁无所施，转为寇贼"，④走私贸易进入前所未有的活跃期。在政府严禁下暗中从事走私贸易的中外海商往往配备武器，经营贸易的同时伴随着劫掠。嘉靖十二年（1533 年），明政府规定："海贼为患，皆由居民违禁贸易，有司既轻忽，明旨漫不加察，而沿海兵巡等官又不驻守信地，因循养寇，贻害地方。兵部其亟檄浙、福、两广各官，督兵防剿，一切违禁大船，尽数毁之，自后沿海军民，私与市贼，其邻舍不举者连坐。⑤""海禁"政策的不断加码，加剧了海上私商与政府之间的矛盾。嘉靖二十六年（1547 年），朱纨被明政府任命为浙江巡抚兼提督福建军务，厉行"海禁"，但遭到闽浙沿海"势豪之家"的强烈反对。嘉靖二十七年（1548 年）的双屿之战后，朱纨遭弛禁派官员的攻击而罢官，并于嘉靖二十九年（1550 年）饮鸩自尽。

朱纨事件之后，"中外摇手不敢言海禁事"，⑥"海禁"复弛，海上走

---

① （清）梁廷枏等纂:《粤海关志》卷 4《前代事实·明》，沈云龙主编:《近代中国史料丛刊续编》，第 19 辑，文海出版社 1974 年版，第 190 页。

② ［英］C.R. 博克舍编注，《十六世纪中国南部行纪》，何高济译，导言，中华书局1990 年版，第 4 页。

③ （清）张廷玉等撰:《明史》卷 75《志第五十一·职官四》，中华书局 1974 年版，第 1848 页。

④ （清）张廷玉等撰:《明史》卷 81《志第五十七·食货五》，中华书局 1974 年版，第 1981 页。

⑤ 《明世宗实录》卷 154，嘉靖十二年九月辛亥条，台湾"中央研究院"历史语言研究所 1962 年校印，第 3488—3489 页。

⑥ （清）张廷玉等撰:《明史》卷 205《列传第九十三·朱纨》，中华书局 1974 年版，第 5405 页。

私贸易日盛，"倭寇"的骚扰活动也越发频繁。嘉靖三十一年（1552年），明政府复设巡视大臣，再次厉行"海禁"，然而"禁愈严而寇愈盛。片板不许下海。艨艟巨舰反蔽江而来；寸货不许入番，子女玉帛恒满载而去"。[①] 明政府不断升级的"海禁"政策终酿成起于浙东的嘉靖年间的大规模"倭患"，不得不动用巨大的人力物力将这场倭患平定下去。"嘉靖倭患"实质上是一场"海禁"与反"海禁"的斗争，这也迫使明政府重新审视"海禁"政策。隆庆改元（1567年），福建巡抚都御史涂泽民"请开海禁，准贩东西二洋。盖东洋若吕宋、苏禄诸国，西洋若交趾、占城、暹罗诸国，皆我羁縻外臣，无侵叛。而特严禁贩倭奴者，比于通番接济之列"。[②] 明穆宗接受涂泽民的建议，宣布在福建漳州海澄月港部分开放"海禁"，此为"隆庆开海"。私人海上贸易终于得到官方的许可，朝贡贸易体制走向末期并趋于瓦解。但隆庆开海只是部分开"海禁"，海商只能从月港出海前往东、西洋国家贸易，传统的贸易国日本则在禁止行列。自隆庆元年部分开"海禁"至明朝灭亡（1567—1644年）的77年间，受国内外局势的变化影响，月港不时被关闭，崇祯年间（1628—1644年）月港的海外贸易已呈现明显的颓势，其间崇祯帝虽申严过几次针对浙闽沿海海寇的"海禁"，但总体而言，传统的"海禁"政策越发废弛，朝贡贸易已是形同虚设，前来朝贡的仅剩少数几个关系密切的周边国家，私人海上贸易以不可抑遏的状态蓬勃兴旺起来。

三、明代浙东运河与海上丝绸之路上的贸易往来

明代前期浙东运河与海上丝绸之路上的中外贸易，因明政府禁止商民私自出海贸易，以官方控制的具有浓厚政治色彩的朝贡贸易为主。所谓的

---

① （明）谢杰：《虔台倭纂》，上卷，"倭原二"，明万历二十三年（1595年）刻本，第7页b。
② （明）张燮著，谢方点校：《东西洋考》卷7《饷税考》，中华书局1981年版，第131—132页。

朝贡贸易，即"凡外夷贡者，我朝皆设市舶司以领之。……许带方物，官设牙行，与民贸易，谓之互市"。①互市是在贡舶入贡的前提下进行的，非入贡的商舶不允许互市。这种贸易形式是由官方组织商人前来明朝进行贸易，明政府对于前来朝贡国家贡献的方物赐以高于贡物数倍的"赏赉"，实则以高价收购对方的贡物，对于贡物以外的物品，允许其与民间商人自行互市。明代后期，在"海禁"逐渐废弛、朝贡贸易衰落以及新航路开辟后欧洲殖民者东来的背景下，浙东沿海港口兴起了民间私人海上贸易。

（一）明代浙东运河与海上丝绸之路上的朝贡贸易

明代浙东运河与海上丝绸之路上的朝贡贸易以中日间的勘合贸易为主，兼有明朝与琉球、暹罗等国的朝贡贸易。宋元时期虽然中日民间海上贸易往来频繁，但彼此并未建立正式的官方外交关系。明初朱元璋就遣使赴日，希望日本能够来明朝贡，并要求日方能够禁绝海盗对中国东南沿海的侵扰。明洪武四年（1371年）十月，日本祖来使团抵达南京，明日之间由此建立了官方的外交关系，"其贡道由浙宁波达于京师"。②从洪武四年（1371年）至十三年（1380年），日本曾向明朝朝廷朝贡达七次之多。③直至洪武十三年（1380年）胡惟庸案发，明太祖认为该案的发生与胡惟庸勾结日本谋反有关。此后的二十余年，中日之间暂停交往。明成祖时期主动恢复中日之间的交往。建文四年（1402年），明成祖便遣使以即位诏谕日本。永乐元年（1403年）九月，明成祖再次派出左通政赵居任、行人杨洪、僧录司右阐教道成出使日本，④尚未出发之时，日本在当月就"遣

---

① （明）王圻：《续文献通考》卷31《市籴考·市》，明万历十四年（1586）刻本，第25页 b。

② （明）严从简著，余思黎点校：《殊域周咨录》卷3《东夷·日本国》，中华书局1993年版，第124页。

③ 朱亚非：《明代中外关系史研究》，济南出版社1993年版，第70页。

④ 《明太宗实录》卷22，永乐元年八月己未，台湾"中央研究院"历史语言研究所1962年校印，第410页。

使入贡，已至宁波"。① 十月，日本使臣圭密一行抵达南京，献上室町幕府（1338—1573 年）足利义满的表文和贡物，明成祖"厚礼之，遣官偕其使还，赍道义冠服、龟钮金章及锦绮、纱罗"，② 以极高的规格礼仪接待日使的朝贡。永乐二年（1404 年），明成祖诏令"日本十年一贡，人止二百，船止二艘，不得携军器，违者以寇论。乃赐以二舟，为入贡用"。③ 日本幕府以明政府颁发的"金叶勘合"作为入明朝贡的依据，如无勘合便不允许贸易，就此确立了以宁波为贡道的中日之间的勘合贸易。自明永乐二年（1404 年）至嘉靖二十七年（1548 年），以宁波为贡道的中日勘合贸易持续 140 余年之久，其间日本室町幕府共向明朝共派遣使臣 17 次，船只 87 艘；中国则向日本遣使 8 次。④

虽然明朝对日本的朝贡有具体的规定，但日本并未完全遵守，如明永乐二年（1404 年）至永乐八年（1410 年）的 7 年间，日本贡使来明朝贡六次，无视十年一贡的规则。而从明永乐九年（1411 年）到宣德七年（1432 年）的 22 年间，足利义持选择中止与明朝之间的勘合贸易。宣德三年（1428 年），足利义持去世，其弟义教继承将军之位，决定恢复对明朝的朝贡贸易。宣德七年（1432 年），义教派遣原籍宁波的天龙寺僧龙室道渊为正使从兵库起航驶抵宁波，并于次年五月到达北京，恢复了此前停顿二十余年之久的中日朝贡贸易。宣德九年（1434 年），明派遣雷春使团出使日本，船只从宁波起航后于当年五月驶抵兵库。宣德初，明政府重申

---

① 《明太宗实录》卷 23，永乐元年九月己亥，台湾"中央研究院"历史语言研究所 1962 年校印，第 426 页。

② （清）张廷玉等撰：《明史》卷 322《列传第二百十·外国三》，"日本"，中华书局 1974 年版，第 8345 页。

③ （清）张廷玉等撰：《明史》卷 322《列传第二百十·外国三》，"日本"，中华书局 1974 年版，第 8347 页。

④ 王慕民、张伟、何灿浩：《宁波与日本经济文化交流史》，海洋出版社 2006 年版，第 136 页。

中日朝贡贸易的要约："人毋过三百，舟毋过三艘。"① 此后，日方基本遵照此项规定前来朝贡，但明政府不再向日本派遣答礼使。自明宣德八年（1433 年）到嘉靖二十七年（1548 年）的 116 年间，日本室町幕府向中国派出勘合贸易船队 11 次，计船 50 艘；中国向日本遣使 1 次。②

明朝中期，日本室町幕府的实力被正在崛起的地方藩侯所削弱，财政上的困难使得幕府难以承担中日勘合贸易的支出，贸易的控制权逐渐转由大名掌握，具体的事宜交由日商打理，游民、闲杂人员等也参与其中，他们的行为缺乏应有的贸易规范，导致劫掠地方、殴打官员、私贩食盐等违反法禁的现象频发，正常的贸易秩序遭受挑战和破坏。嘉靖十九年（1540 年），明政府再次明确规范了中日朝贡贸易，规定："以后贡期，定以十年，夷使不过百名，贡船不过三只，违者阻回。"③ 嘉靖二十六年（1547 年）六月，日使策彦周良率大内氏单独派遣的勘合船驶抵宁波定海，因未到指定的贡期，初始并未允许登陆，但考虑到贡舶可能会与倭寇勾结，故在请示明政府后，于次年三月准许进入宁波。此次朝贡为日本最后一次派遣贡使入明，中日两国的勘合贸易就此终结。

中日之间的勘合贸易由浙江市舶司负责管理，"朝贡市易之事，辨其使人表文勘合之真伪，禁通番，征私货，平交易，闲其出入而慎馆谷之"。④ 日本贡使持有明朝礼部颁发的勘合，经市舶司验证无误后方可在浙江市舶司所在地宁波登陆，并由市舶司安排住宿和岸上交易。在获得入京许可后，贡使携带国书、贡物和货物前往北京的会同馆。永乐年间（1403—1424 年）中日勘合贸易的商品种类非常丰富，据《敬止录》记载，日本

---

① （清）张廷玉等撰：《明史》卷 322《列传第二百十·外国三》，"日本"，中华书局 1974 年版，第 8347 页。

② 王慕民、张伟、何灿浩：《宁波与日本经济文化交流史》，海洋出版社 2006 年版，第 142 页。

③ 《明世宗实录》卷 234，嘉靖十九年二月丙戌，台湾"中央研究院"历史语言研究所 1962 年校印，第 4796 页。

④ （清）张廷玉等撰：《明史》卷 75《志第五十一·职官四》，中华书局 1974 年版，第 1848 页。

国输入的物品有 200 余种，涉及金银等贵金属、金银器皿、刀具、动物皮毛、绢布织品、香料、药材、文房用品、扇子、日用杂货等在内的多种商品。[①]在日本朝贡输入的物品中，刀剑的输入数量惊人。成化二十年（1484年），子璞周玮使团入明时带来的国王附搭品种的刀剑就达到 37000 余把之多。[②]据统计，自明宣德八年至嘉靖二十六年（1433—1547年），前后 110 余年间，日本输华刀剑约有 20 万把。[③]硫黄和铜作为日本盛产的矿产，也是日本输入明朝的大宗货物。如景泰四年（1453年），东洋允澎使团输入的硫黄高达"三十六万四千四百，……生红铜一十五万二千有奇，衮刀四百一十七，腰刀九千四百八十三，其余纸扇、箱盒等物比旧俱增数十倍，盖缘旧日获利而去，故今倍数而来"。[④]嘉靖十八年（1539年），湖心硕鼎使团一次输入铜 29.58 万斤。[⑤]日本所产折扇受到士大夫们的追捧，并逐渐在百姓中流行并延及为大众使用之物，"至倭国以充贡，朝廷以遍赐群臣，内府又仿其制以供赐予，于是天下遂遍用之"。[⑥]从宁波港输出日本的物品主要有纻丝、纱、绢、罗、铜钱、漆器、纸张、书籍、草席、工艺品等，其中以各类丝织品和铜钱为大宗。方物之外的使臣自进物和附答物，明政府一般都以铜钱支付购买。据不完全统计，日本通过朝贡贸易以及其他途径从明廷得到的铜钱数量最少在数百万贯以上。[⑦]

嘉靖二年（1523年），宁波发生"争贡之役"，明朝统治者认为此事

① （明）高宇泰：《敬止录》卷 20《贡市考上》，《北京图书馆古籍珍本丛刊》，史部·地理类，书目文献出版社 2000 年版，第 459 页下栏、460 页上栏、460 页下栏。

② ［日］木宫泰彦：《日中文化交流史》，胡锡年译，商务印书馆 1980 年版，第 575 页。

③ 赵兰坪：《日本对华商业》，商务印书馆民国二十二年（1933年）版，第 9 页。

④ 《明英宗实录》卷 236，景泰四年十二月甲申，台湾"中央研究院"历史语言研究所 1962 年校印，第 5140 页。

⑤ ［日］木宫泰彦：《日中文化交流史》，胡锡年译，商务印书馆 1980 年版，第 578 页。

⑥ （明）陈霆：《两山墨谈》卷 18，明嘉靖十八年（1539年）刻本，第 15 页 a。

⑦ 王万盈：《东南孔道：明清浙江海洋贸易与商品经济研究》，海洋出版社 2009 年版，第 79 页。

的发生在于祸起市舶，试图以关闭市舶通道来解决，但遭到以给事中夏言为代表的开明官员的反对，认为："倭祸虽起于市舶，今欲罢之，不知所当罢者市舶太监，而非市舶也。"① 虽然浙江市舶司未被废除，但明政府更为严格地限制中日之间的朝贡贸易，对于非贡期前来朝贡的商船一律劝回。此后，除了嘉靖十八年（1539年）、嘉靖二十六年（1547年）日本两次遣使贸易外，日本没有再遣使来明。日本大名大内义隆于天文二十年（1551年）"大宁寺之变"中死去，中日贸易的勘合也在这场变局中丢失，日方遂中止遣使入明朝贡。传统的中日贸易通道不再畅通，而日本对于中国商品的需求和热情却一如既往，长期在暗中进行的私人海上贸易进入白日化的发展中，日商也大量地参与其中。

与活跃在浙东运河与海上丝绸之路上的中日朝贡贸易相比，明朝与琉球、暹罗之间的朝贡贸易虽非常态，但也偶见于这条贸易线上。明初琉球入贡有时会绕过福建，取道浙江来贡，一般舶于宁波或瑞安。之所以选择舶于此二处，应与当时他们对处州瓷器的庞大需求有关。永乐二年（1404年）五月，"琉球国山东王遣使贡方物，就令赍白金诣处州市磁器"。② 在琉球出土的明代早期瓷器的考古遗存中，"以龙泉青瓷为主，能够印证此时青花不是中琉贸易中的主要品种，而龙泉青瓷更为常见。同时，输入琉球的贸易瓷器，与中国国内使用的器皿一致，未见专为外销特殊定制的品种"。③ 宋代以来宁波和温州便是浙江青瓷输出的主要口岸，琉球贡使在此二地直接购买青瓷运贩回国，既可拉近海上交通距离以保护瓷器的安全性，又能够节约成本增加利润。琉球贡使向宁波等港口输入的物品以当地的海产品为主。如正统二年（1437年）二月，浙江市舶提举司提举王聪

① （明）傅维鳞：《明书》卷83《志二十·食货志三》，王云五主编：《丛书集成初编》，商务印书馆民国二十五年（1936年）版，第1691页。
② 《明太宗实录》卷31，永乐二年五月甲辰，台湾"中央研究院"历史语言研究所1962年校印，第556页。
③ 陈洁：《明代早中期瓷器外销相关问题研究——以琉球与东南亚地区为中心》，《上海博物馆集刊》2012年。

奏："琉球国中山王遣使朝贡，其所载海巴、螺壳亦宜具数入官。"①永乐年间从宁波港入口的暹罗国物品有 40 余种，包括紫英石、玛瑙石在内的多种矿石、犀角、孔雀、红丝鹦鹉、山猫、母象、红雀毛、犀角、玳瑁壳、龟、花薄海螺、鲨鱼皮等。②

（二）明代浙东运河与海上丝绸之路上的私人海上贸易

明代建立的朝贡贸易体系，限定入贡的船数、人数、贡品、贡道以及贡使的行动和交易等，尤其是贡品多为统治者所需之物，只有政府不需要或者质量堪忧的物品才允许互市交易，这种限制性的贸易远无法满足国际和国内市场的需求。明朝政府却完全无视民间贸易存在的必要性，屡出"海禁"律令。在海外贸易巨额利润的刺激下，自宋元以来越来越多以海外贸易为生的沿海百姓为谋生计出海，"其去也，以一倍而博百倍之息，其来也，又以一倍而博百倍之息"。③即使在明初"海禁"十分严厉的背景下，"缘海之人，往往私下诸番，贸易香货"。④"私通者，商也。官市不开，私市不止，自然之势也。"⑤明成化（1464—1487 年）、弘治年间（1488—1505 年），私人海外贸易规模日众，史载："成、弘之际，豪门巨室间有乘巨舰贸易海外者。"⑥日本贡舶在驶抵宁波港之前，通常会在舟山

---

① 《明英宗实录》卷 27，正统二年二月壬申，台湾"中央研究院"历史语言研究所 1962 年校印，第 539 页。

② （明）高宇泰：《敬止录》卷 20《贡市考上》，《北京图书馆古籍珍本丛刊》，史部·地理类，书目文献出版社 2000 年版，第 460 页下栏，461 页上栏。

③ （清）顾炎武：《天下郡国利病书》下，《福建》，《续修四库全书》，五九七·史部·地理类，上海古籍出版社 1996 年版，第 294 页上栏、下栏。

④ 《明太祖实录》卷 231，洪武二十七年正月甲寅，台湾"中央研究院"历史语言研究所 1962 年校印，第 3374 页。

⑤ （明）徐光启：《海防迁说》，《明经世文编》卷 491，中华书局 1962 年版，第 5436 页下栏。

⑥ （明）张燮：《东西洋考》卷 7《饷税考》，中华书局 1981 年版，第 131 页。

沿海岛屿停留，"同时与中国私商做些买卖"。^① 此外，与贡使一同前来的商人避开官府与当地商民交易的现象并不少见。如弘治八年（1495 年），尧夫寿裳使团来宁波进行朝贡贸易之时，宁波鄞县人朱缟的家人亏欠日商所订货物，便将朱缟抵押给汤四五郎。^②

明代中后期，正值新航路的开辟开启了全球性的海洋贸易时代，西方殖民者陆续前来中国沿海从事贸易活动，自此私人海上贸易有了快速的发展。浙东"沿海大姓皆利番舶，勾连主藏，转鬻其货"。^③ 走私海商通过买通浙东地方官绅，共同参与海外贸易，"缙绅利互市，阴通之"。^④ "十数年来，富商大贾，牟利交通，番船满海间。"^⑤ 地方豪门士绅的加入，充实了走私海商的力量，为海上走私贸易的开展提供了有力的庇护。浙东沿海百姓因"近年宠赂公行，上下相蒙，官邪政乱，小民迫于贪酷，困于饥寒，相率入海从之。凶徒逸囚、罢吏黜僧，及衣冠失职、书生不得志、群不逞者，皆为之奸细，为之乡道"，^⑥ 往往以"小舟装载货物，接济交易夷人"。^⑦

浙东定海、奉象一带，"贫民以海为生，荡小舟至陈钱、下八山取壳

---

① 张彬村：《十六世纪舟山群岛的走私贸易》，中国海洋发展史论文集编辑委员会主编：《中国海洋发展史论文集》，第一辑，台湾"中央研究院"人文社会科学研究中心，1984 年，第 78 页。

② （明）郑若成：《筹海图编》卷 2，"倭奴朝贡事略"，《中国兵书集成》，第 15—16 册，解放军出版社、辽沈书社 1990 年版，第 231—232 页。

③ （清）嵇曾筠等修，沈翼机等纂：雍正《浙江通志》卷 95《海防一》，引《肃皇外史》，《景印文渊阁四库全书》，史部二七九，地理类，第 521 册，台湾商务印书馆 1986 年版，第 454 页下栏。

④ （明）王世贞：《湖广按察副使沈公山传》，（明）焦竑：《国朝献征录》卷 88《湖广一》，台湾学生书局 1984 年，第 3825 页下栏。

⑤ （明）郑若曾：《筹海图编》卷 11《经略一·叙寇原》，《中国兵书集成》，第 15—16 册，解放军出版社、辽沈书社 1990 年版，第 825 页。

⑥ （明）严从简著，余思黎点校：《殊域周咨录》卷 3《东夷·日本国》，中华书局 1993 年版，第 114—115 页。

⑦ （明）郑若曾：《筹海图编》卷 11《经略一·叙寇原》，《中国兵书集成》，第 15—16 册，解放军出版社、辽沈书社 1990 年版，第 823 页。

肉、紫菜者，不啻万计。每岁倭舶入寇，五岛开洋，东北风五六昼夜至陈钱、下八"。①每年夏秋之际，舟山"大舶数百艘，乘风挂帆，蔽大洋而下，而台、温、汀、漳诸处海贾往往相追逐"。②嘉靖二年（1523年）"争贡之役"发生后，日方朝贡的通道不畅，然而"彼中（日本）所用货物有必资于我者，势不能绝也。自是以来，其文物渐繁，资用亦广，三年一贡，限其人船，所易货物，岂能供一国之用。于是多有先期入贡，人船踰数者，我又禁止之，则有私通市舶者，私通者商也"。③嘉靖二十三年（1544年）日本贡使团前来宁波求贡，因无表文且又未至贡期被拒绝，但"其人利互市，留海滨不去"。④当时宁波一带"在浙江省中对于外人较比开放，常有日商来临"。⑤没有勘合的日商往往"潜舶海山私通"，⑥"往来自如，海上奸豪与之交通，法禁无所施"。⑦日商还联合盘踞在浙东的中国海商及葡萄牙人共同开展走私贸易，"奸人遂缘为利，各结艅，推雄强者，一人为船头，或五十只，或一百只，成群分党，占泊各港，纷然往来海上，入日本、暹罗诸国行货，遂诱带日本各岛贫倭，藉其强悍为羽翼，亦有纠合富贵倭奴，出本附搭买卖"。⑧葡萄牙海商在福建海商邓獠招引下，前来浙东

---

① （明）郑若曾：《筹海图编》卷12《经略二·御海洋》，《中国兵书集成》，第15—16册，解放军出版社、辽沈书社1990年版，第1036—1037页。

② （明）张邦奇：《张文定甬川集·西亭饯别诗序》，（明）陈子龙：《明经世文编》卷147，中华书局1962年，第1465页下栏。

③ （明）徐光启：《海防迂说》，（明）陈子龙：《明经世文编》卷491，中华书局1962年版，第5436页下栏。

④ （清）张廷玉等撰：《明史》卷322《列传第二百十·外国三》，"日本"，中华书局1974年版，第8350页。

⑤ （法）裴化行：《天主教十六世纪在华传教志》，上编，"佛郎机"，萧濬华译，商务印书馆民国二十五年（1936年）版，第51页。

⑥ （明）郑舜功：《日本一鉴 穷河话海》卷7，"贡期"，民国二十八年（1939年）影印本，第9页b。

⑦ （清）张廷玉等撰：《明史》卷81《志第五十七·食货五》，中华书局1974年版，第1981页。

⑧ （明）傅维鳞：《明书》卷162《列传二十·乱贼传二》，王云五主编：《丛书集成初编》，商务印书馆民国二十五年（1936年）版，第3214页。

双屿、大茅等港贸易。如此，来自日本、葡萄牙、满剌加、彭亨、暹罗、琉球等国的海商云集于以双屿为中心的浙东海上丝绸之路港口，以香料、胡椒、白银等物资向中国海商购买浙江的生丝、棉布等土产，再转而运贩海外各国。双屿港在中外海商的打造下，很快成为东亚海域私人海上贸易的主要贸易港口。嘉靖二十七年（1548 年），朱纨言及："海寇勾引各夷占据双屿，相传二十余年。"[①]然而，双屿港贸易的畸形繁荣是明代"海禁"政策下非法违禁的走私贸易发展的结果。为保证走私贸易的顺利进行，海商组织结成联盟，并不断增强武装力量，与政府之间的冲突也不断升级，东南沿海海防危机凸显。

嘉靖二十七年（1548 年），朱纨以雷厉风行之势出兵双屿整饬浙东海防，断绝了沿海地方豪绅与中外海商的利益往来，地方豪绅的切身利益遭到侵犯，招致他们的忌恨，朝廷众多浙闽籍官员也对朱纨草菅人命的做法甚为不满，在多重压力下，朱纨被"罢职待勘"，[②]嘉靖二十九年（1550 年）朱纨死后，浙闽沿海"海禁"大弛，海商武装集团再度活跃，公然以武力与明政府对抗，其中以王直海商集团实力最为雄厚。王直，安徽歙县人，为避风险隐真姓汪而改用王姓。双屿之战前，浙东沿海以许栋和陈思盼的海上武装力量最具实力，王直于嘉靖二十年（1541 年）曾率部众投入许栋集团。双屿之战后，许栋逃离，其旧部投入王直海商集团，"大群数千人，小群数百人，比比蝟起，而舶主推王直为最雄，徐海次之。又有毛海峰、彭老，不下十余帅"。[③]王直于舟山金塘岛西北的烈港（也称沥港）建立海上贸易基地，以此据点为中心展开贸易活动的"海贼首，约有百人"。[④]王

---

① （明）朱纨：《甓余杂集》卷 4《章疏三·哨报夷船事》，《四库全书存目丛书》，集部，第 78 册，齐鲁书社 1997 年版，第 88 页下栏。

② 《明世宗实录》卷 347，嘉靖二十八年四月庚戌，台湾"中央研究院"历史语言研究所 1962 年校印，第 6285 页。

③ （明）王世贞：《王弇州文集一·倭志》，（明）陈子龙：《明经世文编》，卷 332，中华书局 1962 年版，第 3556 页上栏。

④ （明）王忬：《倭夷容留叛逆纠结入寇疏》，（明）陈子龙：《明经世文编》卷 283，中华书局 1962 年版，第 2997 页下栏。

直在嘉靖三十年（1551 年）袭杀福建海商头目陈思盼后，成为浙东沿海公认的最大海商首领，"控制要害，凡三十六岛之夷，俱从指挥"。[1] 烈港贸易获得迅速的发展，"番货出入，关无敢阻，而兴贩之徒，纷错于苏杭，公然无忌。近地人民，或馈时鲜，或馈酒米，或献子女，络绎不绝。边卫之官，有与柴德美通番而往来五峰素熟者，近则甘为臣仆，为其送货，一呼即往，自以为荣，矜挟上下。顺逆不分，良恶莫辨，法禁之坏，至此极矣。今虽平昔本分者，亦往通之"。[2] 王直海寇商人集团为亦商亦盗的海上走私集团，"市通则寇转而为商，市禁则商转而为寇"。[3] 庞大的走私商船由"鄞县人毛海峰、徐碧溪、徐元亮、叶宗满等分领，装载硝黄、丝绵、违禁诸物，抵日本、暹罗、西洋诸国互市，又四散海上，劫掠番船，入关无盘阻，公然纷错苏杭之境"。[4]

嘉靖三十一年（1552 年），王直请求互市遭到明政府拒绝后，走上了武力对抗明政府"海禁"政策的道路。同年四月，王直等"驾船千余，有众万余寇温破黄岩县，流劫余姚、山阴诸处"，[5] 此谓"壬子之变"。时任御史屠仲律解析了这场倭乱的起因："夫海贼称乱，起于负海奸民通番互市，夷人十一，流人十二，宁绍十五，漳泉福人十九。虽概称倭夷，其实多编户之齐民也。"[6] 嘉靖三十二年（1553 年）三月，浙江巡抚并提督浙闽军务王忬，以俞大猷、汤克宽为分守参将，直赴烈港围剿王直集团，王

---

① （明）傅维鳞：《明书》卷 162《列传二十·乱贼传二》，王云五主编：《丛书集成初编》，商务印书馆民国二十五年（1936 年）版，第 3215 页。

② （明）万表：《玩鹿亭稿》卷 5《海寇议》，四明张氏约园刊本，民国二十九年（1940年），第 34 页 a。

③ （明）许孚远：《疏通海禁疏》，（明）陈子龙：《明经世文编》卷 400，中华书局1962 年版，第 4334 页上栏。

④ （明）傅维鳞：《明书》卷 162《列传二十·乱贼传二》，王云五主编：《丛书集成初编》，商务印书馆民国二十五年（1936 年）版，第 3214 页。

⑤ （明）何乔远：《名山藏》卷 105《王享记一·日本》，北京大学出版社 1993 年版，第 6025 页。

⑥ （明）屠仲律：《御倭五事疏》，（明）陈子龙：《明经世文编》卷 282，中华书局1962 年版，第 2979 页下栏。

直在突出重围之后，率余部与前来舟山贸易的日本商船"同行日本"。[①] 王直以日本肥前松浦郡的五岛、平户为基地，招揽日本九州、四国等地的岛民，联同流寓日本的中国海商，以武力侵扰中国东南沿海，"台、温、嘉、湖、宁、绍、苏、松、淮、扬十郡，俱罹其害"。[②] 与王直同为徽州绩溪人的胡宗宪在受任浙江巡抚后不久，利用王直多次迫切恳请明政府开"海禁"且抱有幻想的心理，招降远在日本五岛的王直，嘉靖三十六年（1557年），王直在宁波被诱捕，嘉靖三十九年（1560年）被斩杀于杭州官巷口。嘉靖三十七年（1558年），坚守在岑港的王直所部据守劫掠，与明政府展开了岑港之战。鉴于浙东宁绍地区明政府军队的强大兵力，倭寇的侵扰中心从浙东宁绍一带向温台地区转移，进而转向福建及广东沿海区域。至嘉靖四十三年（1564年），"嘉靖大倭乱"终被明政府平息下去。

隆庆元年（1567年），新继位的明穆宗吸取嘉靖倭患的教训，一改明初以来的"海禁"政策，宣布在福建漳州月港部分开放"海禁"，海商持文引可从月港前往东西二洋展开贸易，但对日贸易的禁令一直持续至明亡也未改变。而东南沿海的私商依然违禁选择从浙东海上丝绸之路港口直航至日本贸易，明政府对私商的这一行为也采取默许的姿态。1603年成立的德川幕府曾通过琉球国王转达其请求通商的意愿，遭到明政府的拒绝，德川家康对中国商船赴日贸易则表示了欢迎的态度。万历后期，浙东海上丝绸之路各港口的对日贸易逐渐恢复。海商通常在杭州置货后，从浙东沿海下洋，直接驶抵日本。万历三十七年（1609年），"闽人揭才甫者久寓于杭，与杭人张玉宇，善出本贩买绸绢等货，同义男张明觅船户施春凡与商伙陈振松等三十余人，于七月初一日开洋亦到五岛。……玉宇同林清等搭

---

① （明）郑舜功：《日本一鉴　穷河话海》卷6，"海市"，民国二十八年（1939年）影印本，第4页 a。
② 《嘉靖东南平倭通录》，中国历史研究社编：《倭变事略》，《中国历史研究资料丛书》，上海书店1982年版，第6页。

船先归，此由宁波开船发行者也"，"计各商觅利多至数倍"。①可见，张玉宇等一行从宁波乘船赴日贸易，所获利润颇为丰厚。浙江的私商也有通过与其他地方海商合作买取文引的方式，从月港前往吕宋等地贸易。

万历年间日本输入宁波的商品，据《崇相集选录》记载有："金、银、琥珀、水晶、硫黄、水银、铜、铁、白珠、青玉、苏木、胡椒、细绢、花布、螺钿、洒金、漆器、扇、犀、象、刀剑。"②其中的生丝是浙东海上丝绸之路出口的大宗商品，据统计，从万历三十九年（1611 年）十一月至次年七月，明朝商船和从吕宋返航的日本商船共 26 艘开进日本长崎港，载来中国白丝 20 余万斤。③日本对生丝的需求数量相当惊人，而杭嘉湖地区是中国生丝的主产地和集散地。为降低贸易成本，海商往往在采购生丝后就近出海，贸易商船的起航地也从福建的漳州、泉州等港北移至杭州、宁波等地，王在晋曾言："杭之置货便于福，而宁之下海便于漳。"④明末天启（1621—1627 年）、崇祯年间（1628—1644 年），统治者疲于应对复杂的内外时局变动，已无暇顾及和整饬东南沿海的贸易秩序，海防逐渐废弛，私人海上贸易更为畅通无阻。中国海商还经浙东海上丝绸之路前往东南亚等国开展贸易，并在当地与日商进行商品交易。徐光启对此有专门的述及："我边海亦真实戒严，无敢通倭者。即有之，亦渺小商贩，不足给其国用。于是有西洋番舶者，市我湖丝诸物，走诸国贸易。若吕宋者，其大都会也。而我浙直商人乃皆走吕宋诸国，倭所欲得于我者，悉转市之吕

<hr>

① （明）王在晋：《越镌》卷 21《杂纪·通番》，《四部禁毁书丛刊》，集部，第 104 册，北京出版社 1997 年版，第 497 页下栏。
② （明）董应举：《崇相集选录》，附录一，"日本"，《台湾文献史料丛刊》，第八辑，台湾大通书局 2000 年版，第 110 页。
③ ［日］木宫泰彦：《日中文化交流史》，胡锡年译，商务印书馆 1980 年版，第 626 页。
④ （明）王在晋：《越镌》卷 21《杂纪·通番》，《四部禁毁书丛刊》，集部，第 104 册，北京出版社 1997 年版，第 498 页上栏。

第四章　明代浙东运河的整修与海上丝绸之路的曲折发展 ｜ 211

宋诸国矣。"[①] 日本对浙江所产湖丝等商品需求量甚大，除了从宁波港走私运至日本外，日本海商还专门前往吕宋等国与中国海商进行生丝等商品的交易。

明代前期浙东海上丝绸之路上的贸易是在严密的朝贡贸易体系主导下的官方贸易，这种贸易形式显然无法平衡对各自商品的需求，从明代中期开始，前来朝贡的国家不断减少，至明末已是名存实亡。明政府对于私人海上贸易实行的"海禁"政策，可谓贯穿于整个明王朝统治时期。在"嘉靖倭乱"带来的巨大压力和影响下，隆庆元年（1567 年）明政府宣布部分开"海禁"，但这种开禁是在众多约束和限制下的开放，并不能从根本上解决广大海商出海贸易的巨大需求。明代私人海上贸易就是在这样一个压抑的海外贸易环境中艰难地存在和发展，随着朝贡贸易的衰落以及海商对"海禁"政策的不断反抗，私人海上贸易成为明代中后期浙东海上丝绸之路贸易的主线。

第三节　明代
浙东运河与海上丝绸之路的互通关联

一、明代浙东运河与海上丝绸之路港口的变迁

（一）明代前中期浙东运河与海上丝绸之路上的宁波港

宁波作为历史悠久的对外贸易港口，因其在东亚交通中所处的优越地理方位，明初即成为中日朝贡贸易的贡道，也是明政府设立的三个市舶提举司所在地之一。史载："洪武初，设于太仓黄渡，寻罢。复设于宁波、

---

① （明）徐光启：《海防迂说》，《明经世文编》卷 491，中华书局 1962 年版，第 5438 页上栏。

泉州、广州。"①洪武四年（1371年），日本国王良怀派遣僧人祖来出使明朝，"进表笺、贡马及方物，并僧九人来朝，又送至明州、台州被掳男女七十余口"，②祖来一行回国时，明政府便派宁波天宁寺僧仲猷祖阐和南京瓦罐寺僧无逸克勤为正副使赴日，同于洪武六年（1373年）5月20日从明州出发，经过十日到达博多，并于6月29日到达京都，开始了明朝与足利幕府的交往。③明洪武四年（1371年）至洪武十九年（1386年）的16年间，明朝和日本之间的官方联系约有10次左右，④而明州（宁波）无疑是中日两国使团人员进出的主要门户。

永乐元年（1403年）八月，明成祖重新设立一度停罢的浙江市舶提举司，位于宁波府治西北，码头在三港口，即为三江口，史载："诸蕃航海朝贡者，则经定海港抵府城三港口登陆。"⑤随着市舶提举司、四明驿、安远驿以及市舶司码头等在对外交往中各具功能的机构的日渐完备，宁波港的对外贸易环境更为优化。永乐二年（1404年），中日双方签订勘合贸易条约，是为"永乐条约"，正式开启中日之间的勘合贸易，宁波被明政府指定为日本贡使船队的登陆口岸。从此，"宁波边海，日本诸国番船进贡，往来不绝"。⑥1523年的争贡之役后不久，中日关系断交17年之久。嘉靖十八年（1539年），日本硕鼎使团前来朝贡，明政府依照惯例接待如常。嘉靖二十六年（1547年）日本派出最后一次贡使入明后，中日朝贡贸易再

---

① （清）张廷玉等撰：《明史》卷81《志第五十七·食货五》，中华书局1974年版，第1980页。

② 《明太祖实录》卷68，洪武四年九月癸巳，台湾"中央研究院"历史语言研究所1962年校印，第1280页。

③ ［日］木宫泰彦：《日中文化交流史》，胡锡年译，商务印书馆1980年版，第513页。

④ 王晓秋、［日］大庭修主编：《中日文化交流史大系·历史卷》，浙江人民出版社1996年版，第169页。

⑤ （明）黄润玉：成化《宁波府简要志》卷1《舆地志·海》，《四明丛书》约园刊本，民国二十四年（1935年），第12页a。

⑥ 《明太宗实录》卷25，永乐元年闰十一月丁未，台湾"中央研究院"历史语言研究所1962年校印，第461页。

度陷于停顿。作为明政府指定的中日朝贡贸易贡道的宁波，在对日官方贸易中的重要地位不复存在。

洪武初年，镇守宁波的都指挥佥事程鹏奏报："日本诸国帆船进贡往来不绝。"① 此话反映出前来宁波登陆进贡的国家不是仅限于日本一国，还有其他国家的贡使杨帆前来。永乐年间进士陈敬宗云："浙东为东南大冲，而宁波甲诸郡，宁波之城右又甲一郡焉。凡闽广之商贾，日本、琉球之使臣，莫不往来于是，实为四通五达之途。"② 由此可知，宁波也是琉球国贡使泊岸的重要港口。虽然明政府指定福建为琉球的贡道，但琉球在经福建入贡外，并非总是按照贡道，有时会取道宁波来入贡。如明宣宗宣德七年（1432 年）四月，温州府知府何文渊奏："瑞安县耆民言洪武、永乐间，琉球入贡舟泊宁波，故宁波有市舶提举司安远驿以贮方物，馆谷使者，比来番使泊船瑞安，苟图便利，因无馆驿，舍于民家，所贡方物无收贮之所及，及运赴京，道经冯公等岭，崎岖艰险，乞自今番船来者，令仍泊宁波为便。"行在礼部予以相应的回复："琉球船至，或泊福建，或宁波，或瑞安。今其国贡使之舟凡三，二泊福建，一泊瑞安。询之，盖因风势使然，非有意也。所言瑞安无馆驿，宜令工部移文浙江布政司，于瑞安置公馆及库以贮贡物。"③ 可知洪武、永乐年间琉球入贡，贡船泊于宁波，有专门的安远驿可供他们存放货物，且可经运河直接赴京进贡。而瑞安并无馆驿与琉球贡使贮存货物，遂由温州知府何文渊转达琉球希冀在瑞安置公馆和仓库以用于存放贡物的请求。除了琉球之外，高丽、暹罗贡使也不时经宁波入贡，张邦奇在谈及宁波时曾言："高丽、日本、暹罗诸蕃航海朝贡者，

---

① 《明太宗实录》卷 25，永乐元年闰十一月丁未，台湾"中央研究院"历史语言研究所 1962 年校印，第 461 页。

② （明）高宇泰：《敬止录》卷 10《山川考七》，"潮音堂井"，《北京图书馆古籍珍本丛刊》，史部·地理类，书目文献出版社 2000 年版，第 365 页上栏、下栏。

③ 《明宣宗实录》卷 89，宣德七年四月甲寅，台湾"中央研究院"历史语言研究所 1962 年校印，第 2052 页。

皆抵此登陆。"①

宁波也是私人海上贸易的重要出海口。《嘉靖东南平倭通录》里述及："浙人通番,自宁波、定海出洋。"②而"倭奴通贡,势必自宁波入,而绍兴、杭、嘉等处皆必经之地"。③争贡之役后不久,葡萄牙人来到浙东沿海,进一步刺激了宁波私人海上贸易的发展,宁波成为葡萄牙海商从马六甲到日本之间一个安全的中转站,双屿港更是在众多港口中迅速成长为国际贸易大港。

(二)明代中期宁波双屿港的勃兴

基于海上贸易带来的丰厚利润,即便是明政府不断强化"海禁"政策,东南沿海居民依然犯禁,竭力探寻适宜的港口以备开展对外贸易之所需,其中宁波双屿港便是这一时期众多走私贸易港口中非常活跃的一处。最初在双屿港开展贸易的大多为福建海商,兼部分徽商和浙商,之后随着日本海商的加入以及葡萄牙海商的东来,双屿港由原来一个极为普通的贸易港口成长为明代中期东亚海域最大的私人海上贸易港。

双屿港具有天然优越的地理条件,"悬居海洋之中,去定海县不六十余里,虽系国家驱遣弃地,久无人烟住集,然访其形势,东西两山对峙,南北俱有水口相通,亦有小山如门障蔽,中间空阔约二十余里,藏风聚气,巢穴颇宽",④"为倭夷贡寇必由之路"。⑤因此,地处海上交通要道的双屿港自明初以来便成为海商开展走私贸易的理想场所。嘉靖二年(1523

---

① (明)张邦奇:《张文定甬川集·西亭饯别诗序》,(明)陈子龙:《明经世文编》卷147,中华书局1962年版,第1465页下栏。

② 《嘉靖东南平倭通录》,中国历史研究社编:《倭变事略》,《中国历史研究资料丛书》,上海书店1982年版,第3页。

③ 《明神宗实录》卷262,万历二十一年七月辛酉,台湾"中央研究院"历史语言研究所1962年校印,第4854页。

④ (明)朱纨:《甓余杂集》卷4《双屿填港工完事》,《四库全书存目丛书》,别集类,集部78,齐鲁书社1997年版,第93页下栏。

⑤ (清)顾炎武:《天下郡国利病书》下,《浙江下·舟山志》,《续修四库全书》,五九七·史部·地理类,上海古籍出版社1996年版,第79页下栏。

年）宁波发生"争贡之役"后，日本朝贡商人转而在浙江沿海展开走私贸易。明人郑若曾在《筹海图编》中记载了当时的情形："自甲申岁凶，双屿货壅。而日本贡使适至，海商遂败货以随售。倩倭以自防，官司禁之弗得。西洋船原回私澳，东洋船遍布海洋，而向之商舶悉变而为寇舶矣。"①甲申为明嘉靖三年（1524 年），受宁波地区自然灾害的影响，双屿港的商品出现了堆积滞销的情况，恰逢前来朝贡的日本贡使因贡期未至导致正常合法的朝贡贸易无法进行，双屿港的海商遂将积压的货物卖给日本商人。嘉靖五年（1526 年），福建人邓獠"诱引番夷私市浙海双屿港，投托合澳之人卢黄四等，私通交易"，②"系泊双屿等港，私通罔利"。③明兵部尚书张时彻认为："商舶乃西洋原贡诸夷载货，舶广东之私澳，官税而贸易之，既而欲避抽税，省陆运，福人导之改泊海仓、月港，浙人又导之改泊双屿。"④俞大猷的看法与张时彻一致，认为葡萄牙人"前至浙江之双屿港等处买卖，逃免广东市舶之税"。⑤葡萄牙海商为了在贸易中避税选择双屿港，"每岁夏季而来，望冬而去"，⑥"在贸易季节靠海滩搭起蔽身和存货的席棚，而在他们乘船离开时就把棚子烧掉或拆掉"。⑦此时的双屿港，仅仅是葡萄牙人的临时贸易据点。

①（明）郑若曾：《筹海图编》卷 12《经略二·开互市》，《中国兵书集成》，第 15—16 册，解放军出版社、辽沈书社联合出版 1990 年版，第 1187—1188 页。

②（明）郑舜功：《日本一鉴　穷河话海》卷 6，"海市"，民国二十八年（1939 年）影印本，第 2 页 b。

③（明）郑舜功：《日本一鉴　穷河话海》卷 6，"流通"，民国二十八年（1939 年）影印本，第 8 页 b。

④（明）郑若曾：《筹海图编》卷 12《经略二·开互市》，《中国兵书集成》，第 15—16 册，解放军出版社、辽沈书社联合出版 1990 年版，第 1187 页。

⑤（明）俞大猷：《正气堂集》卷 7《呈总督军门在庵杨公揭二首论海势宜知海防宜密》，道光 23 年（1843 年）刻本，第 20 页 a。

⑥（明）郑若曾：《筹海图编》卷 12《经略二·开互市》，《中国兵书集成》，第 15—16 册，解放军出版社、辽沈书社联合出版 1990 年版，第 1187 页。

⑦［英］C.R. 博克舍编注：《十六世纪中国南部行纪》，何高济译，导言，中华书局，1990 年，第 5 页。

嘉靖十七年（1538 年），双屿港开始成为中国私商盘踞的贸易港口，史载："双屿港之寇，金子老倡之，李光头以枭勇雄海上，子老引为羽翼，迫子老去，光头独留，而许栋、王直则相继而兴者也。"[1]嘉靖十九年（1540 年），徽州私商许栋兄弟集团"潜从大宜、满剌加等国诱引佛郎机国夷人，络绎浙海，亦泊于双屿、大茅等港，以要大利，东南衅门始开矣"。[2]双屿港作为国际贸易走私港开始崛起。嘉靖二十一年（1542 年），"搭乘一艘福建船的三个葡萄牙逃兵意外地发现了日本，由此开辟了一个全新的、非常有利可图的市场，这就暂时转移了葡萄牙人重开与中国官方贸易的努力。但是，在台风季节，他们笨拙的大帆船在中国海航行的危险，很快迫使他们试图在满剌加和长崎之间获得一个隐蔽的停靠港。此外，还需要一个安全的基地，以便他们能够获得充足的中国生丝的供给，这是他们运往日本的货物中最有利可图的部分"。[3]双屿港的贸易环境正契合了葡萄牙人对贸易港的期许，从而成为"日本等国通番巢穴"。[4]嘉靖二十四年（1545 年），王直往市日本，"始诱博多津倭助才门等三人来市双屿，明年复行风布其地"。[5]葡萄牙海商以双屿港为基地，从事着满剌加、日本和中国之间的三角贸易，从满剌加等地运贩胡椒、香料、苏木等东南亚土产至双屿，和中国商人交换生丝、棉布等物资后运至日本长崎等地贩卖，从当地获取大量的白银，再用来购买下次航行所需商品。在这种三角贸易模式中，葡萄牙海商获得了丰厚的利润，且在"1552 年发现日本之后

---

① （明）郑若曾：《筹海图编》卷 8《寇踪分合始末图谱》，《中国兵书集成》，第 15—16 册，解放军出版社、辽沈书社联合出版 1990 年版，第 670 页。

② （明）郑舜功：《日本一鉴　穷河话海》卷 6，"流逋"，民国二十八年（1939 年）影印本，第 8 页 b。

③ ［英］C.R.Boxer, Fidalgos in the Far East (1550-1770), Fact and Fancy in the History of Macao, The Hague: Martinus Nijhoff, 1948, P2-3.

④ （明）朱纨：《甓余杂集》卷 2《议处夷贼以明典刑以消祸患事》，《四库全书存目丛书》，别集类，集部 78，齐鲁书社 1997 年版，第 43 页下栏。

⑤ （明）郑舜功：《日本一鉴　穷河话海》卷 6，"海市"，民国二十八年（1939 年）影印本，第 3 页 a。

的几年里，这种贸易是对所有人开放的"，① 从而吸引了彭亨、暹罗等国海商"常年于南风汛发时月"，前往"宁波双屿港内停泊"② 贸易。可知，葡萄牙用满剌加等地贩来的胡椒、香料等东南亚土产，在宁波沿海与当地私商交换丝绸、棉布等物，再将这些物品运至日本换回白银。葡萄牙人平托的船也曾"载着生丝，怀着发财的欲望"，③ 往来于满剌加、日本与闽浙沿海之间。

葡萄牙海商也从最初的暂居双屿港转而发展双屿港并就地长期居留下来。正如葡萄牙人克路士所描述的："事态发展到葡人开始在宁波诸岛（指双屿）过冬，在那里牢牢立身，如此之自由，以致除绞架和市标外一无所缺。"④ 至 16 世纪 40 年代，浙商、徽商和葡萄牙海商、日本海商，构建了一个以双屿港为中心的连接中国、日本和东南亚的庞大的海上贸易网络。平托记述了双屿港当年的贸易盛况："而其繁荣，自二年前发见与日本贸易后，可谓登峰造极，总贸易额超过三百万金，而对日贸易，占其总额之大半，获利之巨，可达投下资金之三四倍。"⑤ 嘉靖二十七年（1548 年），双屿港被明朝政府官军攻破后，"官兵屯守既严，五月六月，浙海瞭报，贼船外洋往来一千二百九十余艘"。⑥ 由此亦可窥见双屿港被毁前空前繁盛的贸易景象。

双屿港的私人海上贸易伊始就是中外私商突破明朝禁令兴起的港口，

---

① ［英］C.R.Boxer, Fidalgos in the Far East (1550-1770), Fact and Fancy in the History of Macao, The Hague: Martinus Nijhoff, 1948, P4.

② （明）朱纨：《甓余杂集》卷 3《海洋贼船出没事》，《四库全书存目丛书》，别集类，集部 78，齐鲁书社 1997 年版，第 66 页上栏。

③ ［葡］费尔南·门德斯·平托：《远游记》，下册，金国平译注，葡萄牙大发现纪念澳门地区委员会、澳门基金会、澳门文化司署、东方葡萄牙学会，1999 年，第 409 页。

④ ［葡］克路士：《中国志》，（英）C.R. 博克舍编注，《十六世纪中国南部行纪》，何高济译，中华书局 1990 年版，第 133 页。

⑤ 周景濂：《中葡外交史》，商务印书馆民国二十五年（1936 年）版，第 45 页。

⑥ （明）朱纨：《甓余杂集》卷 4《双屿镇港工完事》，《四库全书存目丛书》，别集类，集部 78，齐鲁书社 1997 年版，第 94 页下栏。

未能获得政府的官方许可，这也注定了双屿港的繁盛是短暂而临时的。葡萄牙海商之所以能够将双屿港从临时居留地打造成其三角贸易长期据守的据点，与官府和地方豪绅的默许及支持是分不开的。葡萄牙海商因为不熟悉当地贸易情况，只能通过赊销的方式，将商品委托给当地的商人来销售，并通过他们购买当地土产，"每与番夷赊出番货，于宁绍人易货抵偿"。①起初这种基于信任基础的赊销关系还颇为融洽，但"自罢市舶后，凡番货至，辄主商家。商率为奸利，负其责，多者万金，少不下数千，索急，则避去。已而主贵官家，而贵官家之负甚于商。番人近岛坐索其负。久之不得，乏食，乃出没海上为盗。辄拘难，有所杀伤，贵官家患之。欲其急去，乃出危言撼当事者"。②原有的和谐的赊销关系被打破，商业纠纷由此而起。嘉靖二十五年（1546年），许栋"以兄弟许一、许三丧亡，许四不归，随兴贼首朱獠、苏獠、李光头等，协同番夷劫掠闽浙海隅民居"。③嘉靖二十七年（1548年），在走私贸易纠纷不断增多和扩大、明朝政府"海禁"政策下海商和官军冲突的持续升级以及政府对浙江沿海局势失控的形势下，新上任的闽浙海道巡抚朱纨发起了打击浙闽沿海私人海上贸易的双屿之战，一举摧毁了中外海商共同经营20余年之间的私人海上贸易中心。因双屿港地势"孤危"，很难立营成卫，朱纨接受部下提议，填塞双屿港港门，双屿港港区从此不复存在。此后中外海商建立起来的新的贸易据点：烈港，也在嘉靖三十三年（1554年）被明政府摧毁。王直海商集团不得不将海上活动的据点安置在明朝官兵无法企及的日本沿海。九州的五岛列岛和平户成为王直的根据地。④浙江沿海的私人海上贸易走向衰落，

---

① （明）郑舜功：《日本一鉴 穷河话海》卷6，"流通"，民国二十八年（1939年）影印本，第11页b。

② （清）谷应泰：《明史纪事本末》卷55《沿海倭乱》，中华书局1977年版，第845页。

③ （明）郑舜功：《日本一鉴 穷河话海》卷6，"流通"，民国二十八年（1939年）影印本，第8页b。

④ ［日］上田信：《海与帝国：明清时代》，高莹莹译，广西师范大学出版社2014年版，第204页。

遭受重挫的中外海商几经打击后，南下闽粤开辟贸易市场。

二、明代浙东运河与海上丝绸之路的贸易通道

（一）明代浙东运河沿线的区域水陆交通网络

明代进一步完善了前代的驿递系统，形成了由驿站、递运所和急递铺组成的通达各地的驿递机构。京城的会同馆为全国驿站的总枢纽，京外设有水马驿，"并递运所，以便公差人员往来"，通常位于交通干线和通衢大道。洪武二十六年（1393 年），定"凡天下水马驿、递运所，专一递送使客、飞报军情、转运军需等项"。[①] 日本贡使团从宁波上京朝贡的交通工具和人夫，全程倚赖沿途驿站和递运所的供应。这些驿路连接的水陆交通，畅达四方，也成为商人开展商品贸易往来的重要通道，极大地便利了区域间商品的流通和贸易的发展。

明代以浙东运河为主干线的沿线水路交通，将宁波、绍兴与杭州三府直线贯通。据万历《绍兴府志》记载："今绍兴府城之西北，出西郭水门，由运河西至于钱清镇，又西北至于萧山之西兴镇，渡钱塘江，凡一百二十里，达于杭州；又由钱清之水路，西南至于临浦，达于钱塘。"[②] 明代黄汴的《一统路程图记》中的"杭州府至普陀山水路"记载："本府出草桥门，渡浙江，广十八里至西兴驿。十里萧山县。三十里白鹤铺。即衙前。十里钱清塔。四十里绍兴府。八十里东关驿。渡曹娥江。十里曹娥驿。今革。十里上虞县。廿里坝上。十八里中坝。四十五里余姚县。六十里西坝。四十里宁波府。入西门，出东门。七十里定海县。出浑水洋一百五十里，至舟山所。八十里沈家门。莲花洋。石牛港。虮盂山。共七十里。補陀

---

① （明）赵用贤等纂：《大明会典》卷 145《兵部二十八·驿传一》，《续修四库全书》，七九一·史部·政书类，上海古籍出版社 2002 年版，第 475 页上栏。

② （明）萧良幹修，张元忭、孙鑛纂，李能成点校：万历《绍兴府志》卷 2《城池志·衢路》，宁波出版社 2012 年点校本，第 47 页。

山。"①同样的路线，程春宇在《士商类要》中"苏州由杭州府至南海水路"记载了具体的渡船费用，由此更为细致地展现了浙东运河的航线："十里草桥门。每人用银五厘，过钱塘江，至西兴。上岸，搭曹娥船，每人与银二分。十里至萧山县。三十里白鹤院。十里钱清塔。四十里绍兴府。八十里东关驿。上岸。每人用银二厘，过曹娥江，又搭梁湖船，每人与银三分。十里至上虞县。二十里坝上。十八里至中坝。四十五里余姚县。八十里西坝。四十里宁波府。进西堰门，出东大门，至桃花渡上香船，每人送店主人家银一钱，吃饭一餐，朝香回日，又饭一餐，连船钱往返俱在内。"②在这条商路中，从杭州过钱塘江后，从西兴搭船，经浙东运河直接驶至宁波，再由宁波经其他水路连通普陀山。钱塘江、曹娥江、姚江等水系由此串通连接，宁波、舟山、普陀山等浙东海上丝绸之路贸易港口和其经济腹地杭州、萧山、绍兴、上虞、余姚等地紧密联结起来。

　　循浙东运河由西兴至上虞后，经水路和陆路可至台州、温州及处州。据《一统路程图纪》中的"浙江至天台山、雁荡山水、陆路"记载："杭州府出草桥门，渡江。十八里西兴槐树下雇船。九十里绍兴府。八十里蒿坝。讨江船。七十里三界公馆。三十里仙岩公馆。四十里嵊县。三十里新昌县。陆路，四十里会寺岭。廿里关岭。四十里天台县。九十里台州府赤城驿。下船。百里黄岩县。六十里岭店驿。六十里窑奥驿。六十里乐清县。四十里馆头驿。四十里至温州府。西门。水一百里青田县。百三十里处州府。"③这条商路与《士商类要》中所记的"杭州由绍、台二府至处州路"④基本一致。从杭州渡过钱塘江，从西兴出发，走浙东运河至绍兴府，

---

① （明）黄汴：《一统路程图记》卷 7《江南水路》，"杭州府至普陀山水路"，杨正泰：《明代驿站考》，上海古籍出版社 2006 年版，第 275 页下栏。
② （明）程春宇：《士商类要》卷 1，"苏州由杭州府至南海水路"，杨正泰：《明代驿站考》，上海古籍出版社 2006 年版，第 317 页下栏，318 页上栏。
③ （明）黄汴：《一统路程图记》卷 7《江南水路》，"浙江天台山、雁荡山水、陆路"，杨正泰：《明代驿站考》，上海古籍出版社 2006 年版，第 279 页下栏。
④ （明）程春宇：《士商类要》卷 1，"杭州由绍、台二府至处州路"，杨正泰：《明代驿站考》，上海古籍出版社 2006 年版，第 316 页下栏、317 页上栏。

"由东关南至于蒿坝，由剡溪而上，南至于嵊县"。①蒿坝位于"（绍兴）府东南八十里，以近蒿山而名，为台、绍二府必经之道"。②作为浙东运河的重要一站，蒿坝连接着古鉴湖和曹娥江，是绍兴通往嵊县、天台及温州的水上枢纽。三界公馆位于会稽县三界镇，"在（绍兴）府南百二十里"。③路出嵊县，"又东南由陆路至于新昌，由新昌东南山路达于台州之天台，凡三百七十五里，南通台州，入黄岩，过雁荡，至于温、处"。④这条商路连通了杭州、绍兴、台州、温州和处州五府，沿途经过嵊县、新昌县、天台县、黄岩县、乐清县和青田县，既有杭州、台州及温州等港口，也有浙江区域内各府、县域之间的连通，除浙东南地区有些地段系山区，必须走陆路外，其余均有水路相交通。

浙东运河从绍兴至慈溪段，"过坝（曹娥坝）渡江，东由百官达于上虞，至余姚之庙山临山卫，又东北至观海卫入慈溪，又东至龙山所，入定海，凡三百里。又由东关过上虞，至黄竹岭由山路东南入四明山，接奉化、慈溪，凡二百三十里"。⑤绍兴走陆路往西南方向可"至于诸暨县，又西南由诸暨江至于安华桥，又西南由山路达于金华之浦江，凡二百七十里，西南通金、衢诸郡"。⑥绍兴东北"至于扁拖闸，达于三江口，凡七十

---

① （明）萧良幹修，张元忭、孙鑛纂，李能成点校：万历《绍兴府志》卷2《城池志·衢路》，宁波出版社2012年点校本，第47页。

② （清）顾祖禹著，贺次君、施和金点校：《读史方舆纪要》卷92《浙江四》，中华书局2005年版，第4215页。

③ （清）顾祖禹著，贺次君、施和金点校：《读史方舆纪要》卷92《浙江四》，中华书局2005年版，第4215页。

④ （明）萧良幹修，张元忭、孙鑛纂，李能成点校：万历《绍兴府志》卷2《城池志·衢路》，宁波出版社2012年点校本，第47页。

⑤ （明）萧良幹修，张元忭、孙鑛纂，李能成点校：万历《绍兴府志》卷2《城池志·衢路》，宁波出版社2012年点校本，第48页。

⑥ （明）萧良幹修，张元忭、孙鑛纂，李能成点校：万历《绍兴府志》卷2《城池志·衢路》，宁波出版社2012年点校本，第47页。

里，至于海西"。① 绍兴往南"出南堰门，由水路南至于秦望诸山之中。东南出稽山门，由若耶溪东南至于禹陵，又东南至于上灶，又至于平水，达于新、嵊诸山之中"，② 经海路"北通于嘉、松诸郡"。③ 上述路线皆为前代绍兴至浙江其他地方的传统通道。

浙东运河的东端宁波可经台州到温州。"宁波府。东渡门外搭船，一百七十里至沈家庄。起早。短盘驴，九十里铜岩岭。过岭，九十里台州府。北门。六十里黄岩县。北门里雇驴。七十里大荆驿。一百零五里至乐清县。朝阳门外，五十里至馆头。江船。四十里至温州府。"④

上述浙东运河与海上丝绸之路沿线区域的交通路线，在宋元时期就已相当成熟，明代有些许细微的调整。明代中期朝鲜官员崔溥曾漂流至台州，从其自台州到北京的行程也大致可见明代浙东运河连通江南运河的水上通行情况。明弘治元年（1488）年一月十七日，崔溥一行 42 人因遭遇海上风暴漂流至台州府临海县牛头外洋（位于台州湾）登陆后，经过两日的陆路跋涉，于十九日到达台州桃渚所。二十三日，千户翟勇及军吏二十余人护送崔溥一行从桃渚所启程，二十四日至健跳所。二十五日走海路越过三门湾到达宁海县越溪巡检司。巡检司对岸有越溪铺。二十六日，从越溪铺前舍舟走陆路，到达宁海县白峤驿，又冒雨继续行进至西店驿住宿。二十八日，到达奉化县连山驿。二十九日，过宁波府，经广济桥，过常浦桥后渡过奉化江，从南门甬水门进入宁波府城内，因为大雨而"留泊

---

① （明）萧良幹修，张元忭、孙鑛纂，李能成点校：万历《绍兴府志》卷 2《城池志·衢路》，宁波出版社 2012 年点校本，第 47 页。

② （明）萧良幹修，张元忭、孙鑛纂，李能成点校：万历《绍兴府志》卷 2《城池志·衢路》，宁波出版社 2012 年点校本，第 47 页。

③ （明）萧良幹修，张元忭、孙鑛纂，李能成点校：万历《绍兴府志》卷 2《城池志·衢路》，宁波出版社 2012 年点校本，第 48 页。

④ （明）程春宇：《士商类要》卷 1，"宁波府由台州至温州陆路"，杨正泰：《明代驿站考》，上海古籍出版社 2006 年版，第 317 页上栏。

江中"。①之后便从宁波望京门外走浙东运河水路。二月初五日溯鉴水往西至西兴驿，初六日过钱塘江后到达杭州。②二月十三日从杭州启程走江南运河，经崇德县、嘉兴府、吴江县、苏州府、无锡县至镇江府京口驿，从京口驿过长江到扬州府广陵驿，沿大运河北上，过高邮州、宝应县、淮安府，经淮河进入黄河，经清河县、桃源县、宿迁县、邳州、徐州、沛县、兖州、济宁、东昌府、临清县、武城县、德州、沧州、兴济县、静海县、武清县、天津、漷县，于三月二十八日到达通州，经陆路到达北京会同馆。③从崔溥入京的路线来看，浙东运河经杭州连接了江南运河和大运河，这就将浙东运河与海上丝绸之路的水上交通延伸至江南运河及大运河沿线的广大地区。"将官方公布的各驿站间的距离加起来，联结宁波和京师的内陆水道总长 4064 里。"④

此外，杭州府由苏州至扬州府水路，⑤杭州府、官塘至镇江府水路，⑥杭州迁路由烂溪至常州府水路，⑦"杭州跳船至镇江府水路"⑧等商路也都借助于浙东运河和江南运河，将钱塘江、浦阳江、曹娥江、姚江、上虞江、奉化江等浙东运河沿线水系与太湖流域水系连为一体，在宁波、绍

---

① ［朝鲜］崔溥著，葛振家点注：《漂海录——中国行记》卷 1，社会科学文献出版社 1992 年版，第 53、56、61、71—72 页、75—77 页。

② ［朝鲜］崔溥著，葛振家点注：《漂海录——中国行记》卷 2，社会科学文献出版社 1992 年版，第 87、89 页。

③ ［朝鲜］崔溥著，葛振家点注：《漂海录——中国行记》卷 2、卷 3，社会科学文献出版社 1992 年版，第 102—145 页。

④ ［加拿大］卜正民：《纵乐的困惑：明代的商业与文化》，方骏等译，三联书店2004 年版，第 44 页。

⑤ （明）程春宇：《士商类要》卷 1，"杭州府由苏州至扬州府水路"，杨正泰：《明代驿站考》，上海古籍出版社 2006 年版，第 315 页下栏、316 页上栏。

⑥ （明）黄汴：《一统路程图记》卷 7《江南水路》，"杭州府、由官塘至镇江府水路"，杨正泰：《明代驿站考》，上海古籍出版社 2006 年版，第 265 页下栏、266 页上栏。

⑦ （明）黄汴：《一统路程图记》卷 7《江南水路》，"杭州迁路由烂溪至常州府水路"，杨正泰：《明代驿站考》，上海古籍出版社 2006 年版，第 266 页上栏、下栏。

⑧ （明）黄汴：《一统路程图记》卷 7《江南水路》，"杭州跳船至镇江府水路"，杨正泰：《明代驿站考》，上海古籍出版社 2006 年版，第 276 页上栏、下栏。

兴、杭州与江南地区的主要城市：湖州、嘉兴、苏州、常州、镇江之间，形成了通达的区域经济往来的交通网络，有力地促进了浙东地区与江南的内部商品贸易交流。宁波港纵深发达的腹地商品经济，通过浙东运河和江南运河，既可将杭州、苏州等腹地的商品运至宁波，经浙东海上丝绸之路出洋售卖，又能将舶来商品经浙东运河运入江南及长江以北广大地区销售。

（二）明代以宁波为中心的浙东运河与海上丝绸之路连通的贸易通道

明代从浙东海上丝绸之路各港口至日本的航路，最为经典的路线便是从宁波出发，横跨东海后到达肥前的五岛，再由五岛驶至博多。从舟山起航至日本的贸易航路也是浙东海上丝绸之路经典的赴日贸易线路：即自乌沙门（舟山岛东南、朱家尖附近的航门）、沈家门、陈钱山（今舟山嵊泗县东嵊山岛上）至日本。《筹海图编》记载："又有从乌沙门开洋七日即到日本。若陈钱山至日本用艮针。"[1]《桴海图经》更详细地记载了航行所需的时间："一自乌沙门用寅甲缝针至彼凡六七日。一自沈家门用寅甲缝针至彼凡六七日。一自陈钱山用艮寅缝针至彼凡五六日。"[2] 双屿港至日本的贸易通道也在明中期较为频繁地利用起来。《筹海图编》记载："用丙午针，三更船至孝顺洋及乱礁洋（双屿港口水流急，孝顺洋水深十二托泥地），乱礁洋水深八九托，取九山以行（九山西边有礁打水，行船宜仔细，一云，乱礁洋水深六托泥地），九山用单卯针，二十七更过洋至日本港口。"[3]

---

① （明）郑若曾：《筹海图编》卷2《王官使倭事略（入倭针经附）》，"使倭针经图说"，《中国兵书集成》，第15—16册，解放军出版社、辽沈书社联合出版1990年版，第212页。

② （明）郑舜功纂辑：《日本一鉴 桴海图经》卷1，《日本一鉴 绝岛新编 桴海图经》，文物出版社2022年版，第138页。

③ （明）郑若曾：《筹海图编》卷2《王官使倭事略（入倭针经附）》，"使倭真经图说"，《中国兵书集成》，第15—16册，解放军出版社、辽沈书社联合出版1990年版，第211—212页。

《桴海图经》记载："过双屿港，港水亦急，用丙午缝针约三更至孝顺洋，打水五六丈。次乱礁洋，打水三四丈，见泥底。次韭山，山西有礁。用正卯针约三十更至日本港口野顾山，即屋久岛（位于鹿儿岛南端，邻近种子岛），打水三四丈，见泥底。"[①]

明代前期，日本勘合贸易船一般从兵库起航，通过濑户内海，在博多暂停，然后经过五岛，一直开往宁波。[②]从五岛至宁波，明人李言恭、郝杰在《日本考》中有相关记载："惟西海道五岛开洋，此岛又为秧子坞三岛之总喉，西行至中华，北行至高丽。由此岛至中国普陀山，隔海四千里，如得东北顺风，五日五夜至普陀山。如风静宁息，程途有限。如值逆风，卸却篷帆，任其荡行，力不可挽。倘不幸遭暴风坏之，复回本国，造船再行；如不坏船，纵风不便，不过半月有余，已到中国。"[③]从明永乐四年（1406年）日本第三次遣使入明开始，勘合贸易船较多地直接从博多起航，行至肥前的五岛附近，等待季风来临时出海。春季多从五岛奈留浦出海，秋季多从肥前大岛小豆浦出海，横渡东海后直接驶至宁波。这条航线是唐代中后期就已开辟的相对成熟的航路。在季风和航行都极为顺利的情况下，勘合贸易船从五岛奈留浦起航后，横渡东海，直驶至浙江海面的陈钱等岛，然后根据风向驶往不同的地方，"若东北风急，则过落星头而入深水蒲呑，到蒲呑而风转正东，则入大衢沙塘呑而进长涂，到长涂而风轻东北，则由两头洞而入定海"。[④]从五岛起航，"用坤申七更，用庚申十五

① （明）郑舜功：《日本一鉴　桴海图经》卷1，《日本一鉴　绝岛新编　桴海图经》，文物出版社2022年版，第138页。

② ［日］木宫泰彦：《日中文化交流史》，胡锡年译，商务印书馆1980年版，第531页。

③ （明）李延恭、郝杰著，汪向荣、严大中校注：《日本考》卷2，"贡船开泊"，中华书局1983年版，第68页。

④ （明）王在晋：《海防纂要》卷1，"浙江事宜·陈钱向导"，明万历四十一年（1613年）刻本，第27页a、b。

更，用单更及庚酉二十五更收入宁波是也"。[①]

明代中期，细川氏开辟了一条以堺港为起点，经过四国岛南部，在萨摩的津坊暂停，然后横渡东海，或者经过南海前往宁波，这条新航路被称为南海路。[②]1478年，日本第五次勘合贸易船返航，1483年第六次勘合贸易返航、第八次、第九次宋素卿两次往航，总计为数不多的五次取道南海路。[③]之所以取道南海路，是因为日本发生了"应仁之乱（1467—1477年）"，入明的幕府船和细川船为了避开大内氏的领地，不得不改变原来从细川氏范围内的兵库出发，经濑户内海至博多，再由五岛驶至宁波的航路，而改走航行里程更长、所需时间更多且成本大为增加的南海路航线。

相对于耗时耗力的"南海路"，日本遣明使团入明时大多都会选择走便捷高效的由博多经五岛至宁波的航线，但在实际的航行中，往往会受到季风和洋流的影响，并不能够都按照预定的路线展开。如景泰五年（1454年），日本遣明使团成员笑云瑞诉记载了当时返航时的情况：六月"廿七日，至昨所见山下，水夫皆喜曰，吾肥前五岛也。棹小脚船，将取水，则高丽大耽没罗也"。[④]又（七月）"七日，朝有西风，船发大耽没罗"。[⑤]笑云瑞诉所在使团从宁波返回五岛的航程中，偏离了原来的航向，飘到了济州岛。嘉靖十八年（1539年）三月五日，策彦周良担任副使的遣明使团从博多起航，三月廿二日到达平户，廿四日从平户出发到河内浦，三十日出

① 向达校注：《两种海道针经》，《日本回宁波针路》，中华书局1961年版，第169页。

② ［日］木宫泰彦：《日中文化交流史》，胡锡年译，商务印书馆1980年版，第563页。

③ ［日］木宫泰彦：《日中文化交流史》，胡锡年译，商务印书馆1980年版，第563—564页。

④ ［日］笑云瑞欣：《笑云入明记》，《策彦入明记　笑云入明记》，崇文书局2022年版，第407页。

⑤ ［日］笑云瑞欣：《笑云入明记》，《策彦入明记　笑云入明记》，崇文书局2022年版，第408页。

和内浦，申刻到五岛奈留（今长崎县五岛市）。^① 在此等待春季季风，一、二号船于四月十九日从奈留出洋，五月二日驶至温州。"水夫掠舟挈渔者三个人，问其境则温州，问山则不山。问岛则大瞿岛，问三个名字则王四、陈八、周七。"问及至宁波的路程，其中一个回答道："风好五日，风不好十日。盖大唐六十里。"^② 此后从温州经台州，于五月七日驶至宁波府象山县的昌国驿，五月八日，由昌国卫调遣三艘船只护送日本贡船于十二日到达昌国县，十六日至定海港，二十二日驶抵宁波，二十五日于宁波府城三江口登陆。^③ 从上述两次遣明使团的具体航程来看，即使是明代航海技术有了较大的发展，但仍然存在一定概率的航线偏离情况。

日本遣明使团船队驶抵宁波后，从四明驿乘船启程赴京。四明驿是明代护送日本贡使前往北京时的处所。"四明驿，府治西南二里十步，月湖中。本唐贺知章读书处故地。宋置涵虚馆，为迎送宾客之所，至元十三年改置水马站，分南北二馆，中通桥路。国朝洪武元年改置水驿。"^④ 从宁波府西南月湖中的四明驿出发，经浙东运河至西兴，渡过钱塘江到杭州，然后走江南运河、大运河至通州，之后走陆路到达北京。弘治元年（1488年）漂流至宁波的朝鲜人崔溥，就是沿着同样的路线，经浙东运河、京杭运河到达北京。

三、明代浙东运河与海上丝绸之路上的区域商贸网络

明代商品经济的发展，推动着浙东运河与海上丝绸之路上的商业贸易

① ［日］策彦周良：《策彦入明记》，《策彦和尚初渡集》，上，《策彦入明记　笑云入明记》，崇文书局 2022 年版，第 52、54—55 页。
② ［日］策彦周良：《策彦入明记》，《策彦和尚初渡集》，上，《策彦入明记　笑云入明记》，崇文书局 2022 年版，第 57—58 页。
③ ［日］策彦周良：《策彦入明记》，《策彦和尚初渡集》，上，《策彦入明记　笑云入明记》，崇文书局 2022 年版，第 59 页、64 页、69 页、74 页。
④ （明）黄润玉：成化《宁波府简要志》卷 3《邮驿志·馆驿》，《四明丛书》约园刊本，民国二十四年（1935 年），第 1 页 a。

往来更为繁荣，商品种类丰富，贸易范围也进一步拓展。尤其是明代中后期伴随着浙东海上丝绸之路贸易不断壮大起来的由陆商和海商构成的商人群体，通过各自独具特色的商业模式，构建了一个纵向贯通浙东运河与海上丝绸之路、横向连接浙东海上丝绸之路港口和以杭州为中心的江南地区之间的多层次的市场网络，从事着地方性、区域性乃至国际性的贸易经营活动，不仅连通了宁波、绍兴与江南各城市之间的物资流通，而且也沟通了浙东海上丝绸之路各港和江南诸城市与海外市场的经济联系。

明代浙东运河与海上丝绸之路沿线区域内的商业贸易网络依然以市镇商业网络为主。绍兴府所辖八县拥有 7 镇 54 市。[①] 就集市的规模而言，"府城内外最为盛，次余姚，次萧山、上虞。若新昌则故无市，成化中，余姚王金三始兴之，之后稍稍凑集"。[②] 明代宁波的集市贸易点的数量有了较大幅度的增加。天顺年间（1457—1464 年）宁波府的集市贸易点为 33 个，[③] 嘉靖年间（1522—1566 年）增至 44 个。[④] 传统集市交易的物品，"只日用常物耳，无珍奇"。[⑤] 慈溪上横街市，"县东远近居民，每月逢一、逢六，积货成市，无所不备，以便贸易"，下横街市，"县南东西，四八日期，鄞定余姚各乡俱来贸易，物物具备"。[⑥] "棕草帽、泥金漆器、竹箬

---

① （明）萧良幹修，张元忭、张镶纂，李能成点校：万历《绍兴府志》卷 1《疆域志·市》，宁波出版社 2012 年点校本，第 14—17 页。

② （明）萧良幹修，张元忭、张镶纂，李能成点校：万历《绍兴府志》卷 1《疆域志·市》，宁波出版社 2012 年点校本，第 16 页。

③ （明）黄润玉：成化《宁波府简要志》卷 3《邮驿志·墟市·山市》，《四明丛书》约园刊本，民国二十四年（1935 年），第 5 页 b，第 6 页 a、b。

④ （明）张时彻：嘉靖《宁波府志》卷 9，"都鄙"，第 33 页 b、34 页 a、38 页 b、40 页 b、43 页 a、45 页 a。

⑤ （明）萧良幹修，张元忭、张镶纂，李能成点校：万历《绍兴府志》卷 1《疆域志·市》，宁波出版社 2012 年点校本，第 16 页。

⑥ （明）李逢甲修，姚宗文纂：天启《慈溪县志》卷 3《闾里·市》，明天启四年（1624 年）刻本，第 10 页 a。

笠、丝网巾，已上军民男女织作出卖。"① 这些日常用物多为浙东地区土产，除了在浙东区域范围内销售外，以宁波商人为代表的浙东商人还将本土的农产品和手工业制品等运销至国内各地。"苎麻，产鄞县西山下。大嫩笋干，出鄞县天童山。白鲞，四五月浮海往取。柏油、竹纸，上二物俱出奉化山。已上商贩苏杭等府货卖。"② 浙东运河沿线区域根据各自地理环境所产物品的特点，在综合集市之外形成了各具地方特色的专业集市。鄞县的小溪、奉化的泉口有专门的丝织品集市。万历年间张瀚曾言："虽秦、晋、燕、周大贾，不远数千里而求罗绮缯币者，必走浙之东也。"③

明代浙东享誉国内的大宗商品莫过于绍兴黄酒和茶叶。绍兴黄酒在酿造技艺更为精进成熟的基础上，产品远销国内各地。以绿豆作为曲酿制作的豆酒在杭州和京城的销量都很大："府城酿者甚多，而荳酒特佳，京师盛行，近省城亦多用之。"④ 以日铸茶和平水珠茶为代表的绍兴名茶，在国内具有庞大的消费市场。据北京牙行统计，从绍兴运至北京的茶叶价值"每岁盖计三万金也"。⑤ 万历年间（1573—1620 年），王士性列举国内商业贸易城市的代表性商品有："苏、杭之币，淮阴之粮，维扬之盐，临清、济宁之货，徐州之车赢，京师城隍、灯市之骨董，无锡之米，建阳之书，浮梁之瓷，宁、台之鲞，香山之番舶，广陵之姬，温州之漆器。"⑥ 其中宁波和台州的鲞为二地享誉全国的名产。

---

① （明）黄润玉：成化《宁波府简要志》卷 3《邮驿志·工作》，《四明丛书》约园刊本，民国二十四年（1935 年），第 7 页 b。
② （明）黄润玉：成化《宁波府简要志》卷 3《邮驿志·商贩》，《四明丛书》约园刊本，民国二十四年（1935 年），第 7 页 a。
③ （明）张瀚：《松窗梦语》卷 4《商贾纪》，《元明史料笔记丛刊》，中华书局 1985 年版，第 83—84 页。
④ （明）萧良幹修，张元忭、张镛纂，李能成点校：万历《绍兴府志》卷 11《物产志·货》，宁波出版社 2012 年点校本，第 255 页。
⑤ （明）萧良幹修，张元忭、孙镛纂，李能成点校：万历《绍兴府志》卷 11《物产志·货》，宁波出版社 2012 年点校本，第 255 页。
⑥ （明）王士性撰，吕景琳点校：《广志绎》卷 1《方舆崖略》，《元明史料笔记丛刊》，中华书局 1981 年版，第 5 页。

明代浙东运河与海上丝绸之路上发达的市镇商业为浙东海上丝绸之路上私人海上贸易的兴盛提供了基础的贸易物资。浙东运河与海上丝绸之路畅通的交通线又将宁波港的腹地拓展和延伸至内地，以此交通线为主要贸易干道，陆上私商和海商展开有机合作，在中外贸易交流中供给了大量彼此所需的丰盛物资。嘉靖年间（1522—1566 年），浙江宁波、绍兴、杭州、台州等地官绅、私商相互配合，和福建、安徽、日本及葡萄牙海商在双屿港进行规模庞大的走私贸易行动。海商初始"各船各认所主，承揽货物，装载而还，各自买卖，未尝为群，后因海上强弱相凌，自相劫夺，因各结综，依附一雄，强者以为船头，或五只，或十只，或十数只，成群分党"，"日本、暹罗诸国无处不至"。^① 许栋等在双屿港联合大小海商"千余人"，从陆上私商手中"收买丝绵、绸段、磁器等货，并带军器越往佛狼机、满咖喇等国，叛投彼处番王别琭佛哩、类伐司别哩、西牟不得罗、西牟陀密啰等，加称许栋名号，领彼胡椒、苏木、象牙、香料等物，并大小火铳枪刀等器械"。^② 许栋集团还"纠合富实倭奴，出本附搭买卖，互为雄长"。^③

众多盘踞在双屿港的海商集团的贸易之所以能够有相当充足的贸易物资，很大程度上在于依靠当地的豪绅世家为其贸易活动提供庇护，以促成走私贸易的顺利展开。嘉靖八年（1529 年）十二月，明政府明令"禁沿海居民，毋得私充牙行，行居积番货，以为窝主。势豪违禁大船，悉报官折毁，以杜后患"。^④ 这也正说明了浙东沿海私人海上贸易的活跃，沿海居民开始设立牙行售卖外国商品，而参与私人海上贸易的势豪大家不在少数。

---

① （明）万表：《玩鹿亭稿》卷 5《海寇议》，四明张氏约园刊本，民国二十九年（1940年），第 32 页 b。

② （明）朱纨：《甓余杂集》卷 4《三报海洋捷报事》，《四库全书存目丛书》，集部，第 78 册，齐鲁书社，第 82 页上栏。

③ （明）万表：《玩鹿亭稿》卷 5《海寇议》，四明张氏约园刊本，民国二十九年（1940年），第 32 页 b。

④ （清）嵇曾筠等修，沈翼机等纂：雍正《浙江通志》卷 95《海防一》，《景印文渊阁四库全书》，史部二七九，地理类，第 521 册，台湾商务印书馆 1986 年版，第 454页下栏。

甚至宁绍一带的地方官也"将起解钱粮物料领出，与双屿贼船私通交易"。①军士也对海上贸易乐此不疲，如"绍兴卫三江所军王顺与见获钱，文陆各不合，私自下海，投入未获叛贼冯子贵船内管事，与伊共谋投番导劫，常到海宁大尖山下泊船"。②葡萄牙海商将其从满剌加运来的东南亚等国商品，委托给陆上私商销售，并购进土货。"窝主"作为陆上的私商，因充分了解和掌握商品的市场行情，且能借助与地方豪绅世家的关系为海上走私贸易提供掩护，故成为中外海商在双屿港开展贸易的重要依靠，同时也是贩销走私商品的中间商。余姚的官宦世家谢氏、慈溪的豪族柴德美等都是浙东地区具有代表性的窝主，他们在收购大量走私贸易商品后，再层层分销出去。王直、徐海等"常阑出中国财物，与番客市易，皆主于余姚谢氏"。③以双屿港为贸易据点的中外海商依靠绍兴、宁波、杭州等地的陆上私商，有效地实现了走私贸易商品在江南区域内的流通。

除了这些资本实力雄厚的海商集团外，民间数量众多的中小商人往往采取合伙经营的形式开展贸易。如嘉靖二十五年（1546年）七月，海贼陈瑞同山阴笔飞坊赵柒、金世杰和绍兴白指挥舍人永安共四人，到双屿港下徽州人方三桥船主船上，准备去日本贸易。此前的嘉靖二十四年（1545年）十二月，方三桥的船在过日本时因遇风潮打破修理不起，便另雇得日本船一艘。在返程中，该船共搭有倭夷二十人、唐人五十人、广东人六七人、漳州人三四人、徽州人十余人、宁波十余人、绍兴人四人。④嘉靖二十七年（1548年）春，上虞知县陈大宾在所申抄的一份录有在双屿港外被俘的三名葡萄牙船员的供词，三人共同声称"佛郎机十人与伊一十三

① （明）朱纨：《甓余杂集》卷3《不职官员背公私党废坏纪纲事》，《四库全书存目丛书》，集部，第78册，齐鲁书社1997年版，第55页下栏。
② （明）朱纨：《甓余杂集》卷4《生擒海贼事·绍兴府文杰海贼二起》，《四库全书存目丛书》，集部，第78册，齐鲁书社1997年版，第90页下栏。
③ 《明世宗实录》卷350，嘉靖二十八年七月壬申，台湾"中央研究院"历史语言研究所1962年校印，第6326页。
④ （明）朱纨：《甓余杂集》卷2《议处夷贼以明典刑以消祸患事》，《四库全书存目丛书》，集部，第78册，齐鲁书社1997年版，第44页下栏、第45页上栏。

人，共漳州、宁波大小七十余人，驾船在海，将胡椒、银子换米布、䌷段，买卖往来日本、漳州、宁波之间，乘机在海打劫。今失记的日在双屿被不知名客人撑小南船载麦一石，送入番船，说有绵布、绵䌷、湖丝，骗去银三百两，坐等不来。又宁波客人林老魁，先与番人将银二百两买段子、绵布、绵䌷，后将伊男留在番船，骗去银一十八两，又有不知名宁波客人，哄称有湖丝十担，欲卖与番人，骗去银七百两，六担欲卖与日本人，骗去银三百两。今在双屿被获六七十人，内有漳州一人、南京一人、宁波三人，及漳州一人斩首，一人溺水身死，其余遁散等语"。① 从上述两件事例来看，参与海外贸易的人员所持本金都极为有限，但人数甚众。

从当时中外海商交易的商品来看，多为彼此所缺的互补之物。江浙所产的丝绵、绸缎、布匹、瓷器等物，都是日本、葡萄牙及东南亚等国所需的大宗商品。中国海商换回的除了黄金、白银外，较多的便是东南亚各国出产的各色香料。浙东海上丝绸之路外销的棉布多来自国内著名的棉布产地松江府，从松江府经水路运至苏州，从苏州走江南运河、浙东运河至宁波出海。余姚是明代浙东主要的棉花产区，不排除所产棉花部分经浙东运河直接运至宁波出口，相对于松江府所产棉花而言，交通地理距离的缩短降低了棉花的成本。明代江西景德镇瓷器成为浙东海上丝绸之路上主要的外销瓷器品种。景德镇瓷器经昌江入鄱阳湖后从湖口进入长江，沿长江而下，既可经运河也可经海路至宁波港出口。嘉靖年间经宁波出口的景德镇陶瓷以质优价廉给中外海商以深刻的印象。葡萄牙海商"发现宁波售卖大量细瓷，起初还认为那是宁波制造的，但是最后他们才知道江西比泉州和广州位置更近宁波，是宁波大量细瓷的来源"。② 虽然绍兴、宁波也是丝织品的传统产区，但自南宋以来，无论是产量还是品质都被杭嘉湖地区赶超，因而从浙东海上丝绸之路出口的丝织品大多来自杭嘉湖地区，其中杭

---

① （明）朱纨：《甓余杂集》卷2《议处夷贼以明典刑以消祸患事》，《四库全书存目丛书》，集部，第78册，齐鲁书社1997年版，第44页下栏。
② ［葡萄牙］伯来拉：《中国报道》，［英］C.R.博克舍编注，《十六世纪中国南部行纪》，何高济译，导言，中华书局1990年版，中华书局2002年版，第2页。

州又是江南地区丝织品的主要集散中心，浙东海上丝绸之路外销的丝织品多由杭州经浙东运河运至宁波港。

四、明代浙东运河与海上丝绸之路和浙江地方社会的互动影响

（一）明代浙东运河与海上丝绸之路上的丝绸贸易和浙江地方社会的互动

　　明代中期以来，生丝和丝织品便是浙东海上丝绸之路上交易量最大的商品，以宁波为主要进出口港的中日海上贸易也不例外。徐光启如此描述日本对中国商品的巨大需求："彼中百货，取资于我最多者无若丝，次则瓷，最急者无如药。通国所用，展转灌输，即南北并通，不厌多也。"[①] 郑若曾也持相同观点："丝，所以为织绢纻之用也。盖彼国自有成式花样，朝会宴享必自织而后用之，中国绢纻但充里衣而已。若蕃舶不通，则无丝可织。"并进一步指出丝绵因日本人"髡首裸裎，不能耐寒，冬月非此不暖，常因匮之，每百斤价银至二百两"；"绵䌷：染彼国花样，作正衣服之用"；"锦绣：优人剧戏用之，衣服不用"。[②] 可知日本的丝织原料主要仰仗于中国的供给。日本遣明使也多利用出使机会购买丝织品。由于他们被指定在宁波港登陆和返航，在宁波的停留时间也较长，往往会选择在宁波购买丝织品。如嘉靖十八年（1539 年）初次入明的策彦周良于次年十一月在宁波"收段子二尺，银一钱"。[③] 嘉靖二十六年（1547 年）再次入明的策彦

---

① （明）徐光启：《海防迂说》，《明经世文编》卷 491，中华书局 1962 年影印本，第 5442 页下栏、5443 页上栏。

② （明）郑若曾：《筹海图编》卷 2《倭国事略·倭好》，《中国兵书集成》，第 15—16 册，解放军出版社、辽沈书社 1990 年版，第 261—262 页。

③ ［日］策彦周良：《策彦入明记》，《策彦和尚初渡集》，下之上，《策彦入明记　笑云入明记》，崇文书局 2022 年版，第 236 页。

234 ｜ 浙东运河与海上丝绸之路

周良于次年在宁波"收金襕，一丈六尺五寸"，[1] 又"收缎匹一端。银壹两七钱。收改机一端。七钱八分"。[2] 金襕为明代高档丝绸品种，改机是一种织机所织的缎匹。据弗兰克统计，在 1570—1630 年的半个多世纪内，日本进口的中国丝绸增加了 4 倍，达到 40 万公斤。[3] 这个庞大的数量既包括直接贩运至日本的丝绸，也包括由中国海商或澳门的葡萄牙商人运往吕宋的生丝和丝织品中售卖给日本的那部分。从中国直接运贩至日本、吕宋等国的丝绸，有相当数量经浙东运河与海上丝绸之路出海。

丝绸贸易也是浙东海上丝绸之路上利润最高的商品，因而吸引了众多商人参与其中。日本的每匹素绢值银二两，花绢值三四两，大红绢段更高达七八两。每丝一斤，值银二两五钱。[4] 郑若曾言中国生丝"每百斤直银五六十两，取去者其价十倍"。[5] 日本以白银作为支付生丝和丝织品的手段，"日本夷商，惟以银置货，非若西番之载货交易也"，[6] 由此明代从日本输入的白银数量大增。对此，斯波义信有专门的叙述："宁波作为一个南方货物地区转运中心的作用变得愈来愈重要了。随着当地商业的复兴，银币向农村扩散，并且在 1567 年放松了对海外贸易的限制，因而来自日本、葡萄牙和西班牙的白银通过宁波流入中国内陆，宁波腹地的集镇结构反映了明代中期的经济恢复情况。从大约 1487 年到 1560 年前后时期有 7 个新

---

① ［日］策彦周良：《策彦入明记》，《策彦和尚再渡集》，上，《策彦入明记 笑云入明记》，崇文书局 2022 年版，第 327 页。

② ［日］策彦周良：《策彦入明记》，《策彦和尚再渡集》，上，《策彦入明记 笑云入明记》，崇文书局 2022 年版，第 330 页。

③ ［德］贡德·弗兰克：《白银资本：重视经济全球化中的东方》，刘成北译，中央编译出版社 2001 年版，第 155 页。

④ （明）李延恭、郝杰著，汪向荣、严大中校注：《日本考》卷 2，"贸易"，中华书局 1983 年版，第 84 页。

⑤ （明）郑若曾：《筹海图编》卷 2《倭国事略·倭好》，《中国兵书集成》，第 15—16 册，解放军出版社、辽沈书社 1990 年版，第 261 页。

⑥ （明）郑若曾：《筹海图编》卷 12《经略·开互市》，《中国兵书集成》，第 15—16 册，解放军出版社、辽沈书社 1990 年版，第 1188 页。

的定期集镇开设，而原有的老集镇并没有减少。"①

事实上，浙东海上丝绸之路上的生丝和丝织品仅有很小一部分来自宁绍地区，但并不妨碍中外海商经浙东运河直接采购这部分商品。贸易丝和丝织品的大宗来源主要是以杭州为中心的丝织品集散地。杭州因其独有的运河地理和商品集散优势，成为各地商人运贩商品的重要中转地。杭州"桑麻遍野，茧丝绵苎之所出，四方咸取给焉。虽秦、晋、燕、周大贾，不远数千里而求罗绮缯币者，必走浙之东也"。②明嘉靖、隆庆年间的李鼎曾记述，"燕赵、秦晋、齐梁、江淮之货，日夜商贩而南，蛮海、闽广、豫章、南楚、瓯越、新安之货，日夜商贩而北，杭其必由之境也"。③姚叔祥在《见只编》中引用了嘉靖年间在日本经商致富的兰溪商人童华的话："大抵日本所须，皆产自中国，如室必布席，杭之长安织也；妇女须脂粉，扇漆诸工须金银箔，悉武林造也。"④嘉靖年间因走私贸易而兴起的双屿港，因远离经济腹地，中国商人贩销给葡萄牙海商的丝绵、绸缎、瓷器等商品，主要源自商品经济发达的杭州及江南地区其他市镇。私人海上贸易也渐从沿海渗入到内陆，贸易商品和产地直接关联。如明万历三十七年（1609），"严翠梧与脱进方子定，以闽人久居定海，纠合浙人薛三阳、李茂亭结伙通番造船下海。……有朱明阳者，买哨船增修，转卖茂亭，先期到杭收货，同伙林义报关出洋而去。翠梧、三阳乃唤船匠胡山打劫艚船一只，结通关霸，透关下海，等候随买杭城异货"。⑤东南沿海海商往往先

---

① ［日］斯波义信：《宁波及其腹地》，［美］施坚雅主编：《中华帝国晚期的城市》，叶光庭等译，中华书局 2000 年版，第 479 页。

② （明）张瀚著，盛冬铃点校：《松窗梦语》卷 4《商贾纪》，《元明史料笔记丛刊》，中华书局 1985 年版，第 83—84 页。

③ （明）李鼎：《李长卿集》卷 19《借箸编·永利第六》，万历四十年（1612）刻本，第 10 页 a。

④ （明）姚叔祥：《见只编》卷上，王云五主编：《丛书集成初编》，商务印书馆民国二十五年（1936 年）版，第 50 页。

⑤ （明）王在晋：《越镌》卷 21《杂纪·通番》，四库禁毁书丛刊编纂委员会：《四库禁毁书丛刊》，集部，第 104 册，北京出版社 1997 年版，第 496 页上栏。

期在杭州等地采购商品后出洋贩卖。

在浙东私人海上贸易的带动下，生产和集散于杭州及苏州等江南地区的生丝和丝织品由中外海商循浙东运河与海上丝绸之路源源不断地运贩至海外各国。正如崔溥所见："温州、处州、台州、严州、绍兴、宁波等浙江以南商舶俱会，樯竿如簇。"①浙东海上丝绸之路贸易的兴盛带动了浙东运河沿线地区丝织业的迅猛发展。明洪武十年（1377），"杭州府属九县夏税丝为二万五千五百九十斤八两有奇，下至永乐、宣德、正统、景泰、天顺历届渐增，迨成化八年载税丝有六十一万四千二百十两有奇"，至隆庆六年（1572）"渐增至六十八万四千六百十六两有奇"。②宁波作为浙东海上丝绸之路的主要贸易港经浙东运河直接连通杭州，以其独具特色的腹地优势为海上贸易提供了充裕的生丝和丝织品，从而使得浙闽商人在杭州置办出洋商品后渡钱塘江至西兴，走浙东运河将物资运至浙东海上丝绸之路港起航贸易成为一种通行的模式。

（二）明代浙东运河与海上丝绸之路和浙东地方社会价值观念的互动

明代浙东运河与海上丝绸之路贸易所获利润丰厚："以数十金之货得数百金而归。"③海外贸易带来的巨大收益极大地影响和冲击着港口及其腹地民众的传统价值观念，言商牟利成为一种共识。明嘉靖、万历年间文人叶权曾言："浙东海边势家以丝缎之类与番船交易，久而相习，来则以番货托之。"④王士性也言：宁、绍、台、温海滨之民"餐风宿水，百死一生，

---

① ［朝鲜］崔溥著，葛振家点注：《漂海录——中国行记》，社会科学文献出版社1992年版，第102页。

② （清）龚嘉俊等修，李榕撰：光绪《杭州府志》卷81《物产四》，《中国方志丛书·华中地方·第一九九号》，台湾成文出版社1974年影印本，第1588页上栏。

③ （明）王在晋：《越镌》卷21《杂纪·通番》，四库禁毁书丛刊编纂委员会：《四库禁毁书丛刊》，集部，第104册，北京出版社1997年版，第498页上栏。

④ （明）叶权：《贤博编》，《元明史料笔记丛刊》，中华书局1987年版，第8页。

以有海利为生不甚穷，以不通商贩不甚富"。①对于浙东沿海百姓而言，海上贸易已是一种重要的谋生方式，商品经济意识也不断增强。

明代中期双屿港的私人海上贸易中，浙江商民更是争相进入海洋，"有等嗜利无耻之徒，交通接济，有力者自出资本，无力者转展称贷，有谋者诓领官银，无谋者质当人口，有势者扬旗出入，无势者投托假借，双桅、三桅连檣往来，愚下之民，一叶之艇，送一瓜，运一罇，率得厚利，驯致三尺童子，亦知双屿之为衣食父母，远近同风，不复知华俗之变于夷矣"。②葡萄牙海商的到来，给浙江沿海民众带来了商机。16 世纪来华的多明我会神父克路士记述：双屿"那一带地方没有带墙的城镇和村落，而沿岸有许多穷人的大镇，他们很喜欢葡人，把粮食卖给葡人以便得到收入。在这些城镇中有那些跟葡人一起的中国商人，因为他们为人所知，葡人也以此受到较好的款待，通过他们的安排，当地商人把货物携来卖给葡人"。③"佛郎机之来，皆以具地胡椒、苏木、象牙、苏牙、苏油、沉速、檀乳诸香，与边民交易，其价皆倍于常，故边民乐与为市。"④远在杭州的"杭城歇客之家，明知海贼贪其厚利，任其堆货，且为之打点护送，如铜钱用以铸铳，铅以为弹，硝以为火药，铁以制刀枪，皮以制甲，及布帛、丝绵、油麻等物，大船装送关津略不识盘，明送资贼，继以酒米"。⑤

明代中后期，随着海防的松弛，浙东海商直接参与私人海上贸易的人数逐渐增多。"以百余金之船，卖千金而返，此风一倡，闻腥逐膻，将通

---

① （明）王士性撰，吕景琳点校：《广志绎》卷 4《江南诸省》，《元明史料笔记丛刊》，中华书局 1981 年版，第 68 页。

② （明）朱纨：《甓余杂集》卷 4《双屿填港工完事》，《四库全书存目丛书》，集部，第 78 册，齐鲁书社 1997 年版，第 94 页上栏。

③ ［葡］克路士：《中国志》，［英］C.R. 博克舍编注：《十六世纪中国南部行纪》，何高济译，中华书局 1990 年版，第 133 页。

④ （明）林希元：《林次崖文集四》，《与翁见愚别驾书》，（明）陈子龙：《明经世文编》卷 165，中华书局 1962 年版，第 1673 页上栏。

⑤ （明）万表：《玩鹿亭稿》卷 5《海寇议》，四明张氏约园刊本，民国二十九年（1940 年），第 35 页 a、b。

浙之人，弃农而学商，弃故都而入海。"① 万历年间张位则言："今闽越商船贩海，未尝禁绝，皆私行耳，非国家明与开市也。"② 浙江参政王在晋认为："往时下海通贩，惟闽有之，浙不其然。闽人有海澄人入倭之路，未尝假道于浙。今不意闽之奸商，舍其故道而从我之便道，浙人且响应焉。"③ 在王在晋看来，万历之前下海参与海上贸易的多为从海澄港入海的福建人，万历年间开始，福建人出海多从浙江沿海，浙江人受其影响也积极参与其中。谢肇淛也描述万历年间私人海上贸易盛况："今吴之苏、松，浙之宁、绍、温、台，闽之福、兴、泉、漳，广之惠、潮、琼、崖，驵侩之徒，冒险射利，视海如陆，视日本如邻室耳。"④ 浙江宁波、绍兴、温州、台州等沿海地区商民对于贸易日本趋之若鹜。浙东海上丝绸之路上的主要贸易商品：生丝和丝织品多从杭州、苏州等地采购，因而也吸引了这些地方的商人跃跃欲试。对此，王在晋有专门的评述："漳、泉之通番也，其素所有事也，而今乃及福清。闽人之下海也，其素所习闻也，而今乃及宁波。宁海通贩于今创见，又转而及于杭州。"⑤ 如万历四十一年（1613 年），"浙江嘉兴县民陈仰川、杭州萧府杨志学等百余人，潜通日本，贸易财利"。浙江沿海的"势豪之家"，也纷纷"私造双桅沙船，同风越贩"。⑥ 因而"自市舶罢而倭不能来，射利之徒率多潜往，倭辄厚结之，

---

① （明）王在晋：《越镌》卷 21《杂纪·通番》，四库禁毁书丛刊编纂委员会：《四库禁毁书丛刊》，集部，第 104 册，北京出版社 1997 年版，第 498 页上栏。

② （明）张位：《论东倭事情揭帖》，（明）陈子龙等辑：《明经世文编》卷 408，中华书局，第 4439 页下栏。

③ （明）王在晋：《越镌》卷 21《杂纪·通番》，四库禁毁书丛刊编纂委员会：《四库禁毁书丛刊》，集部，第 104 册，北京出版社 1997 年版，第 495 页上栏。

④ （明）谢肇淛：《五杂组》卷 4《地部二》，远方出版社 2005 年版，第 104 页。

⑤ （明）王在晋：《越镌》卷 21《杂纪·通番》，《四部禁毁书丛刊》，集部，第 104 册，北京出版社 1997 年版，第 498 页上栏。

⑥ 《明神宗实录》卷 513，万历四十一年十月乙酉，台湾"中央研究院"历史语言研究所 1962 年校印，第 9689 页。

欲以诱我"。①

在长期的中外贸易往来中，有部分商民便在当地居留下来。如时年 25 岁的绍兴萧山人徐敬云，于明万历四十五年（1617 年）搭乘赴日贸易商船到达日本长崎，侨居长崎长达 32 年，②长期从事中日贸易，是东海德右卫门的祖先。如徐敬云般往来于中日之间贸易的浙东商民并不在少数。福建巡抚南居益指出："闻闽越三吴之人，住于倭岛者不知几千百家，与倭婚通媾长子孙，名曰唐市，此数千百家之宗族姻识，潜与之通者，实繁有徒。其往来之船，名曰唐船，大都载汉物以市于倭。而结连崔符，出没泽中，官兵不得过而问焉。"③

在私人海上贸易的高额利润面前，社会各个阶层不仅不避讳，而且主动积极地参与逐利，并成为日常商业活动的一部分，商品贸易观念在浙东地方社会逐渐深入人心。浙东沿海商民因所处的海洋地理方位，历史上以海为生的思想观念本就根深蒂固，浙东海上丝绸之路贸易的兴盛则更加强化了这个思想，影响到浙东运河沿线非临海区域的商民也以各种方式参与或融入到这种贸易体系中来。受到港口海洋文化的影响，当地民众突破原有的闲适安逸、勤劳忍耐、精致世故的地域文化特质，面对海洋贸易带来的丰厚收益时，主动出击，向外拓展，拼搏进取，显示出浓厚的重商意识和粗犷的海洋开拓精神。

（三）明代浙东运河与海上丝绸之路上的中外文化交流

明代建立的朝贡贸易体系，规定了各国入贡的贡道，宁波被指定为日本入明朝贡的贡道，因而浙东运河与海上丝绸之路的中外文化交流主要表现为由日本遣明使团利用勘合贸易之机展开的中日两国之间的文化交流，日方以僧人为主的遣明使团成员和明代文人成为这条贸易路线上进行

---

① （明）张燮著，谢芳点校：《东西洋考》卷 6《外纪考·日本》，中华书局 1981 年版，第 127 页。

② 周望森主编：《浙江省华侨志》，浙江古籍出版社 2010 年版，第 63 页。

③ 《明熹宗实录》卷 58，天启五年四月戊寅，台湾"中央研究院"历史语言研究所 1962 年校印，第 2661 页。

文化交流的两大主要群体。以贡使身份入明的日本禅僧多具有较高的汉文造诣，博览汉文经典，擅长诗文，入明后的主要使命在于与明朝政府开展勘合贸易，虽然参访寺院，与明僧交流佛法，但在佛法层面的交流相对有限，更多的是通过与明代官员文人之间的互动，在文学、绘画及书籍等方面进行交流互鉴。

浙东地区的佛教事业兴旺，历来就是日本求法僧向往和仰慕的佛教圣地，他们入明后多会参访浙东运河沿线名寺，学习交流佛法。其中较具影响的有洪武元年（1368 年）的入明僧绝海中津，在从博多港乘船至明州港登陆后，参谒明州天童的了道等长老。伯英德俊和法弟大年祥登于元末至元二十七年（1367 年）入明，参谒天童山的了堂等长老。[①] 明宣德九年（1434 年）入明的曹洞宗日僧湖海中珊住在天童山，留明达十九年，回国后住在越后的慈光寺。[②]

浙东运河与海上丝绸之路是日本遣明使团入明和返航的必经通道，遣明使团成员因贸易活跃于这条交通沿线区域，因而也是其在明停留时日最久的地方。作为遣明使的日本禅僧抱着对中国传统文化的仰慕之情，和明代文人进行文学艺术方面的交流活动。如明正德六年（1511 年），87 岁高龄的了庵桂悟作为足利氏的遣明正使率团入明。次年抵京后受到明武宗的敬慕，赐其金襕袈裟，住持阿育王山广利寺（即阿育王寺）。史载：了庵桂悟"闻宁波有育王寺，琳宫梵宇，金碧焜煌，乃转职此寺。而居者久之，大修教典，寺之懽腾，宁波府卫诸官僚，亦喜其能不坠迦叶而像教之中有人矣"。[③] 了庵桂悟在游览浙东名山大川的同时，还与包括王阳明在内的浙东地方文人多有交流。正德八年（1513 年），了庵桂悟与王阳明在宁

---

① ［日］木宫泰彦：《日中文化交流史》，胡锡年译，商务印书馆 1980 年版，第 588—589 页。

② ［日］木宫泰彦：《日中文化交流史》，胡锡年译，商务印书馆 1980 年版，第 595 页。

③ （明）黄相：《日东了菴禅师转职育王寺疏并序》，［日］伊藤松辑，王宝平、郭万平等编：《邻交征书》，二篇卷之一·明，上海辞书出版社 2007 年版，第 152 页。

波鄞江江畔相遇，王阳明"见其法容洁修，律行坚巩"，^①二人就佛教空宗展开辩论，彼此在交流中体会到中日两国在价值理念上的异同。在得知了庵桂悟即将回国的消息后，五月十六日，王阳明作了《送日东正使了庵和尚归国序》来为他送行。^②从初始的相遇到离别时的不舍，说明二人之间因思想交集而结下的美好情谊。

遣明使在明停留期间，他们多通过邀请明代文人为其所著的诗文、语录求题序跋，撰写像赞、行录等形式，将日本的文化成果展示于明代文人，而明代文人所题的序跋等本身即是文学作品，借此，中日之间的文学以这样一种独特的方式展开了直面的交流。宁波慈溪人张楷便是其中与遣明使往来密切的代表人物之一。明景泰四年（1453年），以东洋允澎为正使的遣明使团入明，此时的张楷适逢解职在家，但并不妨碍随东洋允澎使团入明的笑云瑞䜣、九渊龙䝅、斯立光幢、兰隐馨、后藤居士等人与其密切的交往。^③张楷与他们一起诗文唱酬，为他们带来的著作题跋。兰隐馨请张楷为《竹居清事》题跋。^④张楷还为斯立光幢的画像题赞语。^⑤景泰五年（1454年）六月四日，即将归国的遣明使部分成员"游镜清寺，遂至张楷家，楷有诗送予行"。^⑥可知与张楷有颇多交往的遣明使团成员在游览宁波镜清寺后，到张楷家与之告别，张楷专门写诗为他们送行。

嘉靖年间两度入明的策彦周良在宁波停留期间也与众多文人以酬唱、

---

① （明）王守仁：《送日东正使了庵和尚归国序》，〔日〕伊藤松辑，王宝平、郭万平等编：《邻交征书》，初编卷之一·明，上海辞书出版社2007年版，第30页。

② （明）王守仁：《送日本正使了庵和尚归国序》，〔日〕伊藤松辑，王宝平、郭万平等编：《邻交征书》，初编卷之一·明，上海辞书出版社2007年版，第30—31页。

③ 江静：《明人张楷与日本宝德三年遣明使》，王宝平主编：《中日文化交流史研究》，上海辞书出版社2008年版，第57页。

④ （明）张式之：《重题竹居清事后》，〔日〕伊藤松辑，王宝平、郭万平等编：《邻交征书》，初篇卷之一·明，上海辞书出版社2007年版，第37页。

⑤ （明）张楷：《讚立之像》，〔日〕伊藤松辑，王宝平、郭万平等编：《邻交征书》，三篇卷之一·明，上海辞书出版社2007年版，第250页。

⑥ 〔日〕笑云瑞欣：《笑云入明记》，《策彦入明记　笑云入明记》，崇文书局2022年版，第406页。

求题序跋等形式交往。策彦周良在《初渡集》中提及的有名可考的交往人士有：方仕、柯雨窗、丰坊、张古岩、钱龙泉、金南石、黄南原、全仲山、陆明德等二十余人。嘉靖十八年（1539年）初次入明并在宁波停留十三个月之久的策彦周良，能够在如此有限的时间内与诸多宁波地方文人交往，足见其交游甚广。丰坊是策彦周良当时最渴望结交的宁波地方文人。丰坊，宁波鄞县人，嘉靖二年（1523年）进士，早年任职官场，后辞任回乡，史载此人"博学工文，兼通书法，而性狂诞"。① 丰坊的才学和书法声名在外，策彦周良早已慕名："兹闻丰解元老大人，诗文字画妙于天下。公曾受学业于其门，可仰羡矣。余与乡友所唱酬之联句稿一册，即今录奉以露丑拙。伏冀烦大手笔，序于颠、跋于末。非公之绍价，难遂素愿。"② 策彦周良请求丰坊能够为其与京都天龙寺僧人合著的《城西联句》作序，经好友柯雨窗的帮忙，丰坊同意为策彦周良的作品作序。嘉靖二十六年（1547年）策彦周良再次入明时，丰坊为其写了《谦斋记》，谈及与策彦周良的情谊时写道："十年前余已知其人，比以贡不及期，留海上岁余，霜露之霑濡，波涛之震撼，豺虎之出入，鲸鲵之起伏，盖备尝之，必致其命而不敢归也。"③ 对于策彦周良经历重重险阻入明的勇气，丰坊表达了赞赏和钦佩之情。柯雨窗作为策彦周良的挚友，为《策彦禅师像》撰写像赞并作序，即《怡斋策彦禅师像赞并序》④。宁波地方文人也仰慕策彦周良深厚的汉学修养，嘉靖十八年（1539年）七月九日，宁波四位秀才对策彦周良作品中的"打篷风雨亦诗声"之句甚为欣赏，遂主

---

① （清）张廷玉等撰：《明史》卷191《列传第七十九·丰熙》，中华书局1974年版，第5071页。

② ［日］策彦周良：《策彦入明记》，《策彦和尚初渡集》中，《策彦入明记　笑云入明记》，崇文书局2022年版，第144页。

③ （明）丰存书：《谦斋记》，［日］伊藤松辑，王宝平、郭万平等编：《邻交征书》，二篇卷之一·明，上海辞书出版社2007年版，第150页。

④ （明）柯雨窗：《怡斋策彦禅师像赞并序》，［日］伊藤松辑，王宝平、郭万平等编：《邻交征书》，二篇卷之一·明，上海辞书出版社2007年版，第153页。

动登门拜访。①

　　书籍交流也是浙东运河与海上丝绸之路文化交流的重要内容。遣明使除了通过明政府的贡赐获得汉籍外，主要通过购买或接受中国文人馈赠的形式得到汉籍。与东洋允澎使团多有交往的张楷，所著的《飯田稿》《都台》等诗文集，便由使团成员金子西携带回日本。《针灸资生经》《病源论》《百法问答》《救急方》《朱氏大全集》《大明珠玉草帖》《针灸资生经》等汉籍也由金子西一并带往日本。②策彦周良在明期间多方收集购买各类典籍。嘉靖十八年（1539年）七月四日，策彦周良在宁波购入《医林集》一部十册，③七月九日于购入《鹤林玉露》四册，④八月十一日，委托宁波友人范南冈代购《三场文海》《皇朝类苑》《东坡志林》等书籍。⑤嘉靖十九年（1540年）八月十六日于苏州购入《文献通考》一部，⑥十月十五日又于宁波购入《剪灯新余话》二册。⑦嘉靖二十七年（1548年）九月五日，于宁波购入《本草》一部十册。⑧策彦周良在宁波的友人众多，获赠的书籍也不在少数。如嘉靖十八年（1539年）七月四日，谢国经赠

①　［日］策彦周良：《策彦入明记》，《策彦和尚初渡集》中，《策彦入明记　笑云入明记》，崇文书局2022年版，第100页。

②　陈小法：《明代中日文化交流史研究》，商务印书馆2011年版，第251—252页。

③　［日］策彦周良：《策彦入明记》，《策彦和尚初渡集》中，《策彦入明记　笑云入明记》，崇文书局2022年版，第98页。

④　［日］策彦周良：《策彦入明记》，《策彦和尚初渡集》中，《策彦入明记　笑云入明记》，崇文书局2022年版，第100页。

⑤　［日］策彦周良：《策彦入明记》，《策彦和尚初渡集》中，《策彦入明记　笑云入明记》，崇文书局2022年版，第120页。

⑥　［日］策彦周良：《策彦入明记》，《策彦和尚初渡集》下之上，《策彦入明记　笑云入明记》，崇文书局2022年版，第220页。

⑦　［日］策彦周良：《策彦入明记》，《策彦和尚初渡集》下之上，《策彦入明记　笑云入明记》，崇文书局2022年版，第231页。

⑧　［日］策彦周良：《策彦入明记》，《策彦和尚再渡集》上，《策彦入明记　笑云入明记》，崇文书局2022年版，第329页。

《听雨纪谈》一册，[1]七月十八日，钧云赠《白沙先生诗序》三册，[2]七月二十七日，张古岩赠《李白集》四册，张古岩之兄赠《文锦》二册。[3]闰七月朔旦，柯雨窗赠《古文大权》二册。[4]闰七月二十五日，钱龙泉赠《九华山志》二册，[5]八月二十二日，金南石赠《文章轨范》二册。[6]

浙东运河与海上丝绸之路的文化交流中，以绘画为主要形式的艺术交流也相当活跃，在相互切磋画技的同时，各种绘画作品也得以传播开来。在众多入明的遣明使团成员中，被日本人誉为"画圣"的雪舟等杨（1420—1506 年）的影响最大。成化三年（1467 年），雪舟等杨作为天与清启率领的遣明使团成员到达宁波，入住天童寺。雪舟等杨在中国游览名山大川，访求名师画友，曾到北京明画院从李在、张有声学习中国水墨画的技艺。与浙东地方文人徐琏、金湜、丰

图 4-1　明徐琏《送雪舟归国诗序》（日本毛利博物馆藏）[7]

①　[日]策彦周良：《策彦入明记》，《策彦和尚初渡集》中，《策彦入明记　笑云入明记》，崇文书局 2022 年版，第 98 页。

②　[日]策彦周良：《策彦入明记》，《策彦和尚初渡集》中，《策彦入明记　笑云入明记》，崇文书局 2022 年版，第 102 页。

③　[日]策彦周良：《策彦入明记》，《策彦和尚初渡集》中，《策彦入明记　笑云入明记》，崇文书局 2022 年版，第 104 页。

④　[日]策彦周良：《策彦入明记》，《策彦和尚初渡集》中，《策彦入明记　笑云入明记》，崇文书局 2022 年版，第 106 页。

⑤　[日]策彦周良：《策彦入明记》，《策彦和尚初渡集》中，《策彦入明记　笑云入明记》，崇文书局 2022 年版，第 113 页。

⑥　[日]策彦周良：《策彦入明记》，《策彦和尚初渡集》中，《策彦入明记　笑云入明记》，崇文书局 2022 年版，第 126 页。

⑦　宁波市文化局编：《千年海外寻珍：中国宁波"海上丝绸之路"在日本、韩国的传播及影响》，宁波市文化局，2003 年，第 128 页。

坊、詹僖、倪光和李端等都有交往，尤以和徐琏的情谊为深。成化五年（1469年），宁波文人徐琏赠雪舟等杨《送雪舟归国诗序》。灿烂博大的中华文明和壮丽多姿的自然风光，给予雪舟等扬精神上丰盛的给养。雪舟等扬游历的浙东风景名胜自然成为其绘画创作的重要素材。《唐山胜景画稿》中的《宁波府图》和《定海县图》，都是雪舟等扬以宁波及其所属的定海为素材创作的经典画作，这正体现了雪舟等扬对宁波及当地友人的纯洁深厚的感情。雪舟等扬将在中国所学的绘画泼墨技艺传至日本，打开了日本水墨画的全新格局。

日本遣明使在与明代文人交往期间，还获赠不少的书画作品。与策彦周良情谊甚笃的方仕，就曾赠予策彦周良多幅字画。方仕，宁波鄞县人，"善书能画，有称于时。丰坊以书学名天下，见仕书法深奇之。所著有《续图绘宝鉴》"。[1]据策彦周良记载，嘉靖十八年（1539年）七月二十六日，方仕赠詹仲和遗墨。并自书"观物萃清"四大字各一幅以惠予，[2] 八月十九日方仕赠墨竹画，[3] 八月二十日，方仕"携以怡斋字并葡萄一画，盖所自书也"。[4]方仕所赠书画既有自创的《墨竹画》和以葡萄为题材的画作，也有收藏的詹仲和的书画名品。策彦周良也予以回赠，嘉靖二十年（1541年）正月二十七日，送方仕大儿子"周得所摹之画二方"。[5]同年策彦周良回国前夕，方仕和屠月鹿、董秋田、包吉山和叶寅斋等共同绘制

---

① （清）戴枚修，张恕纂：光绪《鄞县志》卷45《艺术传》，清光绪三年（1877年）刻本，第17页a。
② ［日］策彦周良：《策彦入明记》，《策彦和尚初渡集》中，《策彦入明记 笑云入明记》，崇文书局2022年版，第104页。
③ ［日］策彦周良：《策彦入明记》，《策彦和尚初渡集》中，《策彦入明记 笑云入明记》，崇文书局2022年版，第124页。
④ ［日］策彦周良：《策彦入明记》，《《策彦和尚初渡集》中，《策彦入明记 笑云入明记》，崇文书局2022年版，第125页。
⑤ ［日］策彦周良：《策彦入明记》，《策彦和尚初渡集》下之下，《策彦入明记 笑云入明记》，崇文书局2022年版，第255页。

《谦斋老禅师归日域图》，[1] 作为赠送给策彦周良的饯别之物。柯雨窗创作了《衣锦荣归图》赠予策彦周良，画作上方题有"衣锦荣归"四字。[2]

图 4-2　明柯雨窗《衣锦荣归图》(日本妙智院藏)[3]

在遣明使通过利用勘合贸易之机与明地方文人等进行文化交流之际，明朝政府也派出僧人以与日本沟通往来。洪武五年（1372 年）五月，明太祖派遣宁波天宁寺住持仲猷祖阐和南京瓦罐寺住持无逸克勤等八人，送日使祖来一行返日。在驶抵博多后因没有国书，且博多已在九州探题今川了俊的控制之下，不得不住留圣福寺长达一年的时间。在日停留的两年多的时间中，仲猷祖阐、无逸克勤与日本临济宗僧春屋妙葩唱和。仲猷祖阐、无逸克勤还应邀为日僧的著作作序写跋。如天龙寺首座希杲携其所著《诸偈类要》，请仲猷祖阐、无逸克勤为该书作序。洪武六年（1373 年）八月，二人均欣然写下序文。同年，无逸克勤还为日僧心翁中树诗轴作序。[4] 在仲猷祖阐、无逸克勤见到五山文学的代表义堂周信之文时，极为赞赏，并

① （明）叶寅齐：《赠专使谦斋老禅师归日域图序》，［日］伊藤松辑，王宝平、郭万平等编：《邻交征书》，二篇卷之二·明，上海辞书出版社 2007 年版，第 203—204 页。
② （明）黄允中：《赠怡斋禅师衣锦荣归序》，［日］伊藤松辑，王宝平、郭万平等编：《邻交征书》，三篇卷之二·明，上海辞书出版社 2007 年版，271—272 页。
③ 宁波市文化局编：《千年海外寻珍：中国宁波"海上丝绸之路"在日本、韩国的传播及影响》，宁波市文化局，2003 年，第 130 页。
④ 陈小法：《明代中日文化交流史研究》，商务印书馆 2011 年版，第 126—128 页。

携之归中国。^①仲猷祖阐、无逸克勤还为诸多的美术作品题赞，仲猷祖阐的题赞有《释迦三尊像》《花鸟图》，无逸克勤题赞的有《地藏菩萨像》《僧乘马图赞》。^②

① 梁晓红：《日本禅》，浙江人民出版社 1977 年版，第 165 页。

② 陈小法：《明代中日文化交流史研究》，商务印书馆 2011 年版，第 131—133 页。

第五章
清代前期浙东运河的发展与海上丝绸之路的短暂勃兴

　　清代前期浙东运河的航道基本沿袭明代，航道多以维护管理为主。明代发挥显著功效的三江闸水利工程，因清初钱塘江江道的北移，闸外涨沙日益严重，原有的蓄泄功效逐渐减弱，为此，清代前期先后进行了三次大修，但每次大修均难以从根本上解决三江闸所面临的泥沙淤积的难题。清初统治者面临着来自郑成功抗清势力的挑战，为切断郑氏与内陆的联系，厉行"海禁"政策，浙东海上丝绸之路仍以朝贡贸易为合法的贸易形式。康熙开海贸易后，传统的朝贡贸易虽然存续，但在诸多东南亚国家相继沦为西方国家的殖民地后，与清政府保持朝贡关系的国家数量锐减。民间贸易成为浙东海上丝绸之路贸易的主要形式。在清政府实行的复杂多变的海外贸易政策下，浙东海上丝绸之路贸易发展虽较为曲折，但在清前期依然出现了短暂的勃兴。

第一节　清代前期浙东运河水网的形成和完善

一、清代前期浙东运河河道的维护

清代前期浙东运河的建设多以维护管理为主。清代绍兴府城人口密集，运河环境也因居民排污其中不断恶化，航道淤阻。史载："郡城中河道错若绘画，自通渠至委巷无不有水环之，民居相杂，日投秽恶以淤障水道。一月不雨则骤涸，船载货物用力百倍，入夏尤艰苦。康熙五十一年冬，知府俞卿谕民浚之，至明年如故，盖令民掘土，仅取土数箕峙之两岸，及水涨惮于舟运，复挤之河中，故辄浚辄湮，乃下令毋许仍前故事，其深必三尺，其广必极两岸，始于各城门鳞次递进，以一里为程，其起止处俱筑土坝，功毕开坝引水，舟载岸上土，投城外深渊，其挑掘督之两河居民至空地。无室庐者知府出俸银雇人疏之，其载土之舟则借之乡间，每都出若干艘，每艘出舟子一人，盖城河者，四方所共往来。故城乡各均其役，不一月工竣。"①绍兴知府俞卿组织民众疏浚府城内河道，所挖之土堆积在河道两岸，次年土又入河中，河道依然不畅，因此规定了河道疏浚的深度和广度，并从各城门开始依次推进，分段管理，借用民船将河道淤泥运载至城外，不到一个月便疏浚完工。康熙五十四年（1715 年），俞卿又令府城沿河居民拆去作为便房密室的城河水阁，为往来舟楫通行去除障碍，并刻下两块石碑，永禁官河造阁，一块立于府仪门，一块立于江桥张神祠。若日后仍然有人占河架阁等行为，则"许麟佑总甲指名报官，以凭按律究治"。②但是随着时间的推移，居民早已无视之前的禁令，仍沿河架起木阁，导致水道光线阴暗，水质遭污染发出恶臭，泥污壅积。于是，乾

---

① （清）李亨特修，平恕、徐嵩纂：乾隆《绍兴府志》卷 14《水利志一·府城》，《中国地方志集成·浙江府县志辑 39》，上海书店 1993 年版，第 356 页上栏、下栏。

② （清）李亨特修，平恕、徐嵩纂：乾隆《绍兴府志》卷 14《水利志一·府城》，《中国地方志集成·浙江府县志辑 39》，上海书店 1993 年版，第 356 页下栏。

隆五十七年（1792年），绍兴知府李亨特再次疏浚府城河道，限期二十日内拆除"自张神祠起至南门止，共计水阁七十四座、石条四座、木桥八座"。同时探定府河现在水则三十六处，记录各处河道的水深尺度。[①]

乾隆年间（1736—1795年），上虞知县施绳武因担心运河及后新河"浅狭旱涝无备"，遂决定疏浚上虞段运河。为此，"集绅耆命两河南北种植之名开浚之。……自外梁湖至十八里河长四十里，广二丈五尺，深五尺"。[②]道光五年（1825年），连接新通明堰和余姚坝的十八里河因"河深浅窄，资大小查湖分润。自大查湖废为田，河更易涸"，上虞知县周镛"令居民按田出丁疏浚"。[③]道光五年、六年（1825—1826年）间，周镛主持修浚百官河，以便行舟。[④]沟通四十里河和曹娥江的梁湖堰，位于浦阳江南津，因曹娥江改道，道光十九年（1839年），梁湖堰自外梁湖村移至曹娥江新开通水道约2里处。[⑤]

二、清代前期浙东运河的通航水路

清代前期浙东运河曹娥段以西的通航水路，齐召南（1703—1768年）在《水道提纲》中有相关记载："绍兴运河西自西兴驿，东经萧山县城中，又东经钱清镇入山阴界，经河桥共百里至府城西郭门，皆顺流也。穿城中会稽界，自东郭门东溯高埠至东关分为二渠：一东至曹娥坝，一东南至嵊坝，共九十余里，此为运道。自东南至府城亦顺流也。镜湖故迹仅存城西

---

① （清）李亨特修，平恕、徐嵩纂：乾隆《绍兴府志》卷14《水利志一·府城》，《中国地方志集成·浙江府县志辑39》，上海书店1993年版，第357页上栏、下栏。

② （清）储家藻：光绪《上虞县志校续》卷23《水利》，清光绪二十四年——二十五年（1898—1899年）刻本，第4页a、b。

③ （清）储家藻：光绪《上虞县志校续》卷23《舆地志四·水利》，清光绪二十四年——二十五年（1898—1899年）刻本，第6页b。

④ （清）储家藻：光绪《上虞县志校续》卷23《舆地志四·水利》，清光绪二十四年——二十五年（1898—1899年）刻本，第7页b。

⑤ 赵畅：《曹娥江史话》，中国文史出版社2016年版，第248页。

南一处，余皆水田，但支港纵横、四通八达，俱至府城之北汇为巨流。又北过陡亹，至三江所入海有闸以时蓄泄。"① 这段文字记述了浙东运河西兴至曹娥段的航道，自西兴往东经萧山县城、钱清镇到达山阴县，经柯桥到绍兴府城西郭门，穿城到东郭门后继续往东到上虞东关。东关这里分成两条路进入曹娥江，一条往东过曹娥坝后进入曹娥江，另一条往东南过白米堰后至蒿坝附近，过蒿口斗门入曹娥江。

　　浙东运河曹娥江以东通航水路，主要有南北两条航线。北线从曹娥江"北稍西经梁湖"，过梁湖坝后经四十里河到中坝（即新通明堰）。梁湖坝位于浦阳江南津，即梁湖堰。四十里河经中坝与十八里河相连，"上虞县东北十里中坝，十八里下坝，过坝即姚江水"。② 十八里河在上虞县东十里，"新通明堰下直抵余姚坝十八里，故名。……河深浅窄，资大小查湖分润。自大查湖废为田，河更易涸"。③ 在曹娥江进入余姚江之前的这段路程中，黄宗羲对路程的艰难有过细致的描述："率数十里而一堰，船之大者不能容数十斤，不然则不可以拖堰。风雨之夕，屈折篷底，踯躅泥淖，故行者为甚难。"④ 船只在过中坝和下坝时，需要拖舟过坝，这点与明代无异，此航线即为上虞段南线。北线从曹娥江过百官堰（今大坝头）沿百官河东行，过夏盖湖南，过驿亭堰、五夫河，进入余姚马渚横河，过横河堰、陡亹堰后进入姚江，与南线合流。百官河在上虞县西北四十里，"由夏盖湖直抵第七都界。接龙山以下诸溪之水以入街河，至下市分为二流：东由文昌阁出穰草堰，达弓家路、佛迹山，为宁绍往来通衢。西由教场桥至新

① （清）齐召南：《水道提纲》卷16《浙水·浙东诸水》，《景印文渊阁四库全书》，史部三四一，地理类，第583册，台湾商务印书馆1986年版，第182页下栏。
② （清）齐召南：《水道提纲》卷16《浙水·浙东诸水》，《景印文渊阁四库全书》，史部三四一，地理类，第583册，台湾商务印书馆1986年版，第183页上栏。
③ （清）储家藻：光绪《上虞县志校续》卷23《水利》，清光绪二十五年（1899年）刻本，第6页a、b。
④ （清）黄宗羲：《余姚至省下路程沿革记》，沈善洪主编：《黄宗羲全集》，第十册，《南雷诗文集（上）》，浙江古籍出版社2005年版，第115页。

建、前江"。^①对于浙东运河曹娥江以东的南北两条航线，黄宗羲如此评价：
"北路较南弱十里。历陡亹、横河、驿亭三堰。南堰挽舟设辘轳，北堰则
徒手举之，故其舟尤小也。"^②相对于北路，南路航线的河道更为宽广易行，
因而成为当时的主要航道。

浙东运河曹娥段经十八里河过坝后进入姚江，"又东经慈溪县南，曰
前江。蓝溪、文溪诸水皆流合焉。其南有大西、小西二坝，东南有南港、
东港，与奉化江会于宁波府城西南者，二坝之下流会于府城东北者，南港
也。又东分流为镇海县西南入江者，东港也"。^③姚江往东经过慈溪县后，
过丈亭后进入到姚江的上段：前江，往南到达大西坝，过坝后经西塘河至
宁波城西望京门，与宁波城内水系及南塘河、中塘河等运河水系连通。奉
化江至府城西南"又北分为二泒，北泒稍东北与慈溪二坝下流会，又东至
府城南。南泒，复合又东北至城，东北与姚江之南港会，又东北与东港
会。经镇海县城南即大小浃江总汇也。又东一里至招宝山前浃口，南曰金
鸡屿，北曰虎蹲山，又前曰蛟门入于海"。^④奉化江的下游名为鄞江，鄞江
与甬江往东会合后即为大、小浃江，再往东至招宝山前浃口处入海。

从清代前期浙东运河的航路来看，基本沿袭明代固有的航线。曹娥江
以西的浙东运河航段，随着三江闸等水利工程的建成，内外湖水位差已不
复存在，航道也不再受潮水倒灌的影响，航运环境相对于曹娥江以东航段
而言要优越许多。曹娥江以东运河航段，因以自然河段为主，人工河段为
辅，因而航程中的部分河段需根据潮汐规律候潮而行，存在着一定的风险
及耗时的问题。

———————————

① （清）储家藻：光绪《上虞县志校续》卷23《水利》，清光绪二十五年（1899年）
刻本，第7页b。

② （清）黄宗羲：《余姚至省下路程沿革记》，沈善洪主编：《黄宗羲全集》，第十册，
《南雷诗文集（上）》，浙江古籍出版社2005年版，第115页。

③ （清）齐召南：《水道提纲》卷16《浙水·浙东诸水》，《景印文渊阁四库全书》，
史部三四一，地理类，第583册，台湾商务印书馆1986年版，第183页上栏。

④ （清）齐召南：《水道提纲》卷16《浙水·浙东诸水》，《景印文渊阁四库全书》，
史部三四一，地理类，第583册，台湾商务印书馆1986年版，第183页上栏、下栏。

第二节　清代前期
浙东海上丝绸之路的短暂勃兴

一、清代前期浙东地方社会经济概况

　　明清之间的交战及清初的"迁海"政策，极大地影响和破坏了浙东地区社会经济的发展，百姓流离失所，土地荒芜。为尽快恢复颓废的经济，清政府多次颁布法令鼓励百姓大力垦荒、兴修水利，清前期浙东地区的社会经济逐渐从清初的萧条趋向繁荣。

　　清代前期浙东地区农业在政府有利政策的导向下，荒废的土地被重新开垦和利用起来。乾隆四十九年（1784年），绍兴府田地、山、池塘、溇荡共6858884亩，[①]比康熙十年（1671年）的6771891亩[②]增加了86993亩。雍正年间（1723—1735年），宁波府属六县田、地、山、荡、河、蛤、房等项共3900593亩，[③]比明万历三十八年（1610年）的4099180亩[④]减少了198587亩，减少的田地多为明末清初战乱期间人员逃亡后的荒地。清代浙东地区人口的增速相当迅猛，康熙年间（1662—1722年）绍兴府人

---

① （清）李亨特修，平恕、徐嵩纂：乾隆《绍兴府志》卷9《田赋志一·则壤》，《中国地方志集成·浙江府县志辑39》，上海书店1993年版，第283页上栏。

② （清）李亨特修，平恕、徐嵩纂：乾隆《绍兴府志》卷9《田赋志一·则壤》，《中国地方志集成·浙江府县志辑39》，上海书店1993年版，第281页上栏。

③ （清）嵇曾筠等修，沈翼机等纂：雍正《浙江通志》卷68《田赋二·宁波府》，《景印文渊阁四库全书》，史部二七九，地理类，第520册，台湾商务印书馆1986年版，第672页上栏。

④ （清）嵇曾筠等修，沈翼机等纂：雍正《浙江通志》卷68《田赋二·宁波府》，《景印文渊阁四库全书》，史部二七九，地理类，第520册，台湾商务印书馆1986年版，第673页上栏。

口为 676597，^① 至乾隆五十六年（1791 年）增至 4023970。^② 康熙二十年（1681 年），宁波府人口为 384484，到雍正九年（1731 年）增至 409688。^③ 人口的增长加剧了粮食的供给压力。围湖造田、开垦山地、围垦海涂等增加耕地的方式在清代继续沿用，耕作制度也进一步改进，麦稻两熟向双季稻转化，水稻栽培技术更为先进，粮食产量随之有所提高。在种植豆类、玉米、番薯、小麦、粟、荞麦外，还引入了马铃薯，优化了粮食生产结构，大幅度提高了粮食产量，一定程度上缓解了人口快速增长造成的粮食危机。

清前期的统治者十分重视水利建设。康熙、雍正、乾隆三朝，绍兴地方官员在修闸、筑塘、固堤等方面做了大量工作。如自康熙五十一年（1712 年）起，绍兴知府俞卿修筑沿海塘堤。康熙末年雍正初年，会稽知县张我观修会稽县石塘；雍正十一年（1733 年），山阴知县刘宴筑山阴海塘；乾隆二年（1737 年），会稽知县曾省筑塘固堤；乾隆六年（1741 年），署山阴令李以琰加筑山阴后海塘；乾隆二十年（1755 年），会稽知县彭元玮修筑会稽北海塘。^④ 诸如此类的水利修复工程，在清代前期的绍兴可谓比比皆是。宁波的水利建设也有较大的发展，在开浚湖泊、修筑堤塘等方面有很多的成就。浙东地区大量水利工程的兴建及修复，为农田作物的耕种创造了良好的灌溉环境。

清代前期绍兴北部大片海涂的围垦，为棉花种植提供了广阔的空间，已具备丰富植棉经验的余姚更是广植棉花。乾隆年间（1736—1795 年），

---

① （清）李亨特修，平恕、徐嵩：乾隆《绍兴府志》卷 13《田赋志五·户口》，《中国地方志集成·浙江府县志辑 39》，上海书店 1993 年版，第 350 页下栏。

② （清）李亨特修，平恕、徐嵩：乾隆《绍兴府志》卷 13《田赋志五·户口》，《中国地方志集成·浙江府县志辑 39》，上海书店 1993 年版，第 351 页下栏、352 页上栏。

③ （清）嵇曾筠等修，沈翼机等纂：雍正《浙江通志》卷 72《户口二》，《景印文渊阁四库全书》，史部二七九，地理类，第 521 册，台湾商务印书馆 1986 年版，第 25 页上栏、下栏。

④ 李永鑫主编：《绍兴通史》，第 4 卷，浙江人民出版社 2012 年版，第 332、333、336 页。

姚北"沿海百四十余里，皆植木棉"。①乾隆、嘉庆年间的徐玉在《荒村》六首中描述了余姚产棉情况："姚邑滨海隅，一十有五都。利济塘以北，种植良独殊。木棉当春树，经秋花满株。采撷如玉屑，衣食藉有余。"②不仅大塘北海之地种植棉花，"塘南民田亦多有种者。盖工省而利倍也"。③嘉庆（1796—1820年）、道光年间（1821—1850年）的高杲曾描述过余姚棉花的种植："吉贝花，吉贝花，利普海疆胜丝麻。四月始下种，七月花开陇。白露一零雪球拥，松江淮北棉不重。浙花出余姚，群芳谱中特选挑，只怕秋风带雨潮。"④可见，清代余姚的棉花种植已成为当地百姓的重要农产收入。

清代前期浙东地区的茶叶名品众多，诸暨各地"所产茗叶，质厚味重，用对乳茶最良，每年采办入京，岁销最盛"。⑤新昌在"光绪以前，王家山、度王山、三透屋附近地面出茶亦富，虽清香少逊，而味厚质浓，远销亦广"。⑥上虞的鹁鸪岩茶，"产岩之上下，采取烘干，有细白毛，名曰白毛尖，其味隽永，颇为难得"。⑦宁波府的鄞县、镇海、慈溪、象山、宁海等地的茶叶种植都有较大的规模，其中太白茶、余姚瀑布茶、仙茗及十二雷茶等为宁波名茶。产自鄞县的太白茶"宋时已有赏之者，因更名曰

---

① 杨积芳总纂：民国《余姚六仓志》卷17《物产·植物》，慈溪市地方文献整理委员会编：《慈溪文献集成》，第一辑，杭州出版社2004年版，第323页。

② （清）徐玉：《荒村》，见童银舫编注：《溪上流韵——慈溪历代风物诗选》，宁波出版社2002年版，第606页。

③ （清）高杲、沈煜：道光《浒山志》卷6《物产·植物》，慈溪市地方文献整理委员会编：《慈溪文献集成》，第1辑，杭州出版社2004年版，第68页。

④ 杨积芳总纂：《余姚六仓志》卷17《物产》，慈溪市地方文献整理委员会编：《慈溪文献集成》，第1辑，杭州出版社2004年版，第323—324页。

⑤ （清）楼卜瀍等撰：乾隆《诸暨县志》卷8《物产》，清乾隆三十八年（1773年）刻本，第12a。

⑥ 金城修，陈畲等撰：民国《新昌县志》卷4《食货下·物产》，《中国方志丛书·华中地方·第七九号》，台湾成文出版社1970年影印本，第424页。

⑦ （清）朱士黼等撰：光绪《上虞县志》卷28《食货志三·物产》，《中国方志丛书·华中地方·第六三号》，台湾成文出版社1970年影印本，第583页上栏。

'灵山茶'。至今山村多缭园以植"。①余姚"茶产瀑布岭、建峒岙者佳，并称四明茶，化安次之，童家岙又次之"。②象山的茶叶以"产珠山顶者佳"。③在浙东各类品种的茶叶中，以会稽平水一带所产珠茶最为出名，康熙年间被列为贡茶。绍兴府各县和宁波府奉化、鄞县等地相继仿制，平水珠茶产量大增，外销欧美各国，成为浙东海上丝绸之路上的主要外销茶种之一。

绍兴平原的桑树种植自明代开始已大为减少，但新昌、嵊县、诸暨及鉴湖沿岸等地依然种植和保有大片的桑园。宁波的桑树种植也广布各地。《四明谈助》记载："樟村，在太白山之南，桑麻遍野。"④桑叶的广为种植说明了蚕丝业的兴盛，除了供给自家养蚕所需外，还多出售给桑树较少的养蚕户。种植桑叶出售的收入可观，雍正年间（1723—1735年），慈溪人谢秀岚在《周巷杂咏》诗云："官粮抵处有蚕丝，斥卤偏教桑柘宜，一望绿阴明复暗，吴家港口日斜时。种桑得秧赛种鱼，三春活计赖蚕纾，明年要娶新新妇，屋后添栽五十株。"⑤药材种植也成为清代浙东百姓收入的重要来源。清代前期浙东种植的特色药材量多质佳。如产于象山、鄞县的浙贝，为"浙八味"之一，最早由象山农民将野生培育为家种，乾隆《象山县志》记载："邑产之最良者贝母。"万斯同在《鄞西竹枝词》诗云："种谷无如种药材，南村沙土尽堪栽。"⑥诗中的药材即指浙贝，种植浙贝的收益远大于种植粮食，因此在鄞县西乡种植面积甚广。

---

① （清）钱维乔：乾隆《鄞县志》卷28《物产》，清乾隆五十三年（1788年）刻本，第44页a。

② （清）周炳麟：光绪《余姚县志》卷6《物产·茶之品》，引康熙《余姚县志》，清光绪二十五年（1899年）刻本，第7页a。

③ （清）姜炳璋等纂：乾隆《象山县志》卷3《地理志三·物产》，《中国方志丛书·华中地方·第四七六号》，台湾成文出版社1970年影印版，第215页。

④ （清）徐兆昺：《四明谈助》卷35，"樟村"，清道光八年（1828年）刻本，第1页b、第2页a。

⑤ （清）谢秀岚：《周行杂咏十二首》，谢宝书辑：《姚江诗录》卷1，王卓华、曹辛华主编：《清诗总集丛刊》，第414册，线装书局2019年版，第132—133页。

⑥ （清）万斯同：《鄞西竹枝词五十首》，《石园文集》卷2，《四明丛书》约园刊本，民国二十五年（1936年），第11页a。

清代前期浙东地区棉花的广泛种植，带动了与之配套的以家庭为单位的以棉花为原料的土布纺织业的兴起。清初鄞县西乡"皆有布行，可买卖"。① 这些布行专门收购当地乡民所织之布。浙东地区所产棉布，以慈溪彭桥一带生产的"小江布"最为著名，产品远销国内各地。慈溪所产葛布亦相当出名，"葛布有数种，出于浙之慈溪，广之雷州者为最精"。② 清代浙东地区丝织业的发展更趋商品化。康熙年间（1662—1722年），鄞县"蚕于春夏二季养之，林村洞桥上有丝行，李姓为中人，别姓不许称"。③ 鄞县林村出现了专门收购生丝的丝行，说明林村或邻近村庄的丝织生产已经实现了量化。万斯同描述下的林村妇女，"独喜林村蚕事修，一村妇女几家休。织成广幅生丝绢，不数嘉禾濮院绸"。④ 鄞县林村妇女将织成的丝织品销往濮院镇的丝绸市场，说明已有一定的产量，且品质上乘，并不逊色于嘉禾濮院的丝绸织品。雍正年间（1723—1735年），鄞县"妇勤蚕织"。⑤ 清代前期席草业在鄞县已发展成为具有规模优势的产业。据统计，嘉庆三年（1798年），鄞县有从事织席者18万人，有席行20余家。⑥

　　清代前期绍兴酿造的黄酒已是闻名全国的名酒，酿酒作坊广布于山阴和会稽城乡，史载："吾乡绍酒，明以上未之前闻。此时不特不胫而走，几遍天下矣。"⑦ 始于明代初年的绍兴锡箔业发展至清，已成为当地的主要

---

① （清）臧麟炳、杜德祥：《桃源乡志》卷5《物产志》，民国二十三年（1934年），第31页 a。

② （清）叶梦珠著，来新夏点校：《阅世编》卷7《食货六》，上海古籍出版社1981年版，第162页。

③ （清）臧麟炳、杜璋吉：《桃源乡志》卷5《物产志》，民国二十三年（1934年），第31页 a。

④ （清）万斯同：《鄞西竹枝词五十首》，《石园文集》卷2，《四明丛书》约园刊本，民国二十五年（1936年），第11页 a。

⑤ （清）曹秉仁纂：雍正《宁波府志》卷6《风俗·鄞县》，《中国地方志集成·浙江府县志辑30》，上海书店1993年版，第381页上栏。

⑥ 乐成耀：《宁波农业史》，宁波出版社2013年版，第257页。

⑦ （清）童岳荐编撰，张延年校注：《调鼎集》卷8《茶酒部·酒谱》，中国纺织出版社2006年版，第252页。

产业之一，据统计，"至光绪三十年（1904 年），有焙笼 500 多个，制箔坊铺 400 余户，资金计 200 万（银元）左右，年产锡共 124.6 万块，从业人员 31000 多人，成为全国最大的锡箔产地"。[①]

二、清代前期浙东海上丝绸之路的贸易环境

清初的海外贸易政策基本沿袭明代，实行官方主导的朝贡贸易制度，对于私人海上贸易也采取了较为开明的政策。为鼓励商人出洋购买用于鼓铸钱币的铜回国，清政府允许商人持有政府颁发的凭证出洋贸易。顺治三年（1646 年），清政府规定："凡商贾有携重资愿航海市铜者，官给符为信，听其出洋，往市于东南、日本诸夷。舟回，司关者按时值收之，以供官用。"[②] 但随着郑成功抗清势力的不断发展，清政府在东南沿海的统治所受的威胁越发严重，为断绝郑成功与内陆地区的联系，清政府决定历行"海禁"。顺治十二年（1655 年）六月，浙闽总督屯泰疏言，"沿海省分，应立严禁，无许片帆入海，违者立置重典"。[③] 屯泰的建议得到顺治帝的批准，翌年，清政府"申饬沿海一带文武各官，严禁商民船只私自出海。有将一切粮食、货物等项与逆贼贸易者，或地方官察出，或被人告发，即将贸易之人，不论官民，俱行奏闻处斩"。[④] 顺治十八年（1661 年），清政府下令"福建、浙江、江南三省所禁沿海境界，凡有官员、兵民违禁出界贸

---

① 李永鑫主编：《绍兴通史》，第 4 卷，浙江人民出版社 2012 年版，第 346—347 页。

② （清）张寿镛：《皇朝掌故汇编》卷 19《户政十一·钱法一》，求实书社，光绪二十八年（1902 年）铅印本，第 1 页 b，第 2 页 a。

③ 《清世祖实录》卷 92，顺治十二年六月壬申，中华书局 1985 年版，第 724 页上栏。

④ 《申严海禁敕谕》，中国科学院编辑：《明清史料》，丁编，上，第 2 本，国家图书馆出版社 2008 年版，第 317 页。

易，及盖房居住、耕种田地者，不论官民，俱以通贼论处斩"。① 同年清政府正式下令"迁海"，"遣尚书苏纳海将江、浙、闽、广四省边海三十里居民悉迁入内地，房屋尽行拆毁；严阡界，立木城、五里、三里设瞭台，置守兵。禁居民不许越出阡界"。② 与清初统治者试图通过"海禁"和"迁海"政策的并行来完全摒绝郑氏集团与内陆的联系形成鲜明对照的是，通过与日本、南海等国频繁的海上贸易，郑氏集团的反清斗争获得了充足的物资保障。

康熙帝即位之初实行更为严厉的"迁海"政策，史载："国朝康熙初，因郑成功寇闽，上下及浙、粤为沿海郡县患，于是迁民内居，筑界墙，严海禁。"③ 清人查继佐曾言："江浙闽粤沿海居民，悉内徙四十里，筑边墙为界。"④ 强制迁至内陆的沿海居民失去了赖以生存的物质根基，经济状况每况愈下，"上自辽东，下至广东皆迁徙，筑垣墙，立界石，拨兵戍守；出界者死。百姓失业流离，死亡者以亿万计"。⑤ 禁海迁界政策对于沿海居民日常生计的冲击之大，促使康熙帝不得不采取一些变通的举措以减少沿海居民因此受到的伤害。从康熙九年（1670 年）始，清政府允许浙闽濒海居民迁回原住地，此为"展界"，但仍严"海禁"，即便如此，依然为沿海居民的海外贸易提供了便利。"海禁"时期，朝贡贸易为唯一的合法贸易形式。但随着中国传统的朝贡贸易国相继沦为西方殖民者的殖民地，清代的朝贡贸易体系大为压缩，只限于朝鲜、琉球、安南、暹罗、缅甸、

---

① （清）昆冈等修，刘启端等纂：《钦定大清会典事例》卷 776《刑部·兵律关津》，《续修四库全书》，八〇九册·史部·政书类，上海古籍出版社 2002 年版，第 524 页上栏。

② （清）洪若皋：《海寇记》，《台湾文献丛刊》260，台湾银行，1958 年，第 45—46 页。

③ （清）梁廷枏《夷氛记闻》卷 1，商务印书馆民国二十六年（1937 年）版，第 1 页。

④ （清）郁永河：《裨海纪游》，清道光十五年（1835 年）刻本，第 53 页 b。

⑤ （清）阮旻锡：《海上见闻录》卷 2，《台湾文献丛刊》24，台湾银行，1958 年，第 39 页。

苏禄等国。

康熙二十三年（1684 年）清政府收复台湾后顺势调整了对外贸易政策，"迁民悉还故址；田赋五年起科，沿海居民许网、罟为业，商人听贸迁外国。江、浙、闽、广四省设四海关，每年部差征收渔课及商税，如各钞关例"。[①] 翌年，清政府"设榷关四于广东澳门、福建漳州府、浙江宁波府、江南云台山，置吏以莅之"。[②] 浙海关"行署，在（宁波）府治南，旧理刑馆地"。[③] 康熙三十四年（1695 年），为更有效地管理来宁波开展贸易的英国商人及水手，清政府对浙海关进行了调整，"浙海关于宁波府设立衙门，将沿海巡逻哨船内拨二十船，召募衙役于各口巡查"，[④] "分设浙海关署于宁波、定海，令监督往来巡视"。[⑤] 康熙三十七年（1698 年），清政府批准浙江海关监督张圣诏的奏请："定海隩门宽广，水势平缓，堪容外国大船，可通各省贸易，海关要区，无过于此。自愿设法捐造衙署一所，往来巡视，以就商船之便。零设红毛馆，安置红毛夹板大船人众，可增税一万余两，府城廛市仍听客商贸易，不致毁坏。"[⑥] "自是浙之定海，商舶日多。英商以粤中不便，数来往舟山。"[⑦]

康熙五十六年（1717 年），清政府规定："凡商船照旧令往东洋贸易

---

① （清）洪若皋：《海寇记》，《台湾文献丛刊》260，台湾银行，1958 年，第 47 页。

② 姜宸英：《海防总论拟稿》，（清）贺长龄辑：《皇朝经世文编》卷 83《兵政十四·海防上》，沈云龙主编：《近代中国史料丛刊》，第 74 辑，文化出版社 1966 年版，第 2948 页。

③ （清）曹秉仁纂：雍正《宁波府志》卷 11《公署》，《中国地方志集成·浙江府县志辑 30》，上海书店 1993 年版，第 497 页上栏。

④ （清）昆冈等修，刘启端等纂：《钦定大清会典事例》卷 236《户部·关税》，《续修四库全书》，八〇一·史部·政书类，上海古籍出版社 2002 年版，第 782 页上栏。

⑤ （清）赵尔巽等撰：《清史稿》卷 125《志一百·食货六》，中华书局 1976 年版，第 3676 页。

⑥ （清）史致驯：《定海厅志》卷 17，"关市"，引康熙《定海县志》，"番舶贸易增课始"，清光绪十一年（1885 年）刻本，第 15 页 b。

⑦ （清）刘锦藻：《清朝续文献通考》卷 57《市籴考二·市舶互市》，商务印书馆民国二十五年（1936 年）版，第 8127 页上栏。

外，其南洋吕宋，噶罗吧等处，不许前往贸易。"① 南洋禁航令的实行，使得沿海地区"百货不通，民生日蹙"。② 雍正五年（1727 年）废除了康熙五十六年颁布的禁止沿海居民前往南洋贸易的规定，准许福建商船前往南洋贸易，③ 雍正七年（1729 年），浙江商船也被准许前往南洋贸易。④

对于西洋各国来华贸易的商船，雍正二年（1724 年），清政府明令到广东的商船只能停泊于广州的黄埔港。但中西贸易中成交量巨大的丝绸和茶叶等商品，多为江南地区运至广州，无疑增加了贸易成本，外商希冀在毗邻丝茶产区的区域开辟贸易关口。乾隆二十年（1755 年）四月，英国东印度公司将船开至宁波，尝试在此重新开辟贸易基地。当商船驶抵定海，定海县将其护送至宁波，"住歇李元祚洋行，现在招商买卖"。⑤ 此后，英国商船驶至宁波港贸易逐渐增加，"今自乾隆二十年以来，外洋番收泊定海，舍粤就浙，岁岁来宁"。⑥ 乾隆帝对于英国商船频繁来宁波贸易的行为深感不安，担心"将来赴浙之洋船日众，则宁波又多一洋人市集之所，日久虑生他弊"，⑦ 便尝试通过提高税收的方式来禁绝英国商人前来贸易，但并未能够收到实效。乾隆二十二年（1757 年），英国商船再次驶抵定海。

① （清）席裕福、沈师徐辑：《皇朝政典类纂》卷 117《市易五·藩部互市》，"右缅甸互市"，沈云龙主编：《近代中国史料丛刊续编》第 89 辑，文海出版社 1982 年版，第 1077 页。

② （清）蓝鼎元：《鹿洲初集》卷 3《论南洋事宜书》，《景印文渊阁四库全书》，集部二六六，别集类，第 1327 册，台湾商务印书馆 1986 年版，第 598 页下栏。

③ 《清世宗实录（一）》卷 54，雍正五年三月辛丑，中华书局 1985 年版，第 822 页上栏。

④ 《清世宗实录（二）》卷 81，雍正七年五月辛酉，中华书局 1985 年版，第 70 页下栏、71 页上栏。

⑤ 《乾隆朝外洋通商案·喀尔吉善、周人骥折》，《史料旬刊》第 10 期，京华印书局，民国十九年（1930 年），第 354 页 b。

⑥ 清高宗敕撰：《清朝文献通考》卷 27《征榷考二·征商》，商务印书馆民国二十五年（1936 年）版，第 5092 页下栏。

⑦ 《清高宗实录（七）》卷 522，乾隆二十一年闰九月乙已，中华书局 1985 年版，第 582 页上栏。

此举让乾隆帝深感仅靠增加税收的方式难以解决问题，遂下令规定西洋商船只许在广州交易，"不得再赴宁波。如或再来，必令原船返棹至广，不准入浙江海口。豫令粤关，传谕该商等知悉"。[①] 清政府借此将海外贸易限于广州一地，至五口通商前，广州成为国内唯一合法的对外通商口岸。

清代前期自康熙以来的开"海禁"只是有限度地开放海外贸易，对于贸易依然有诸多限制。对于私造海船前往海外贸易者，清政府规定："凡沿海地方奸豪势要及军民人等，私造海船，将带违禁货物下海，前往番国买卖，潜通海贼同谋结聚，及为乡道劫掠良民者，正犯比照谋叛已行律，处斩枭示，全家发近边充军。"[②] 在出洋物资方面，清政府也有诸多的规定和限制："商渔船内夹带违禁硝黄、钉铁、樟板等物接济外洋者，船户以通贼论斩。"[③] 康熙四十七年（1708年），清政府下令"禁商贩米出洋"。[④] 乾隆二十四年（1759年），"禁止丝巾出洋，惟往日本采办洋铜之额船，许带绸缎丝巾焉"。[⑤] 只允许赴日贸易的商船可以携带生丝。

清代前期不断调整的对外贸易政策以及统治者对海外贸易的诸多限制，极大地阻滞了浙东海上丝绸之路贸易的发展。在西方殖民势力日益渗入远东地区的背景下，浙东海上丝绸之路贸易艰难地求生存，在经历了康熙中后期和雍正朝的短暂繁荣后趋向于衰落。

---

① 《清高宗实录（七）》卷550，乾隆二十二年十一月戊戌，中华书局1985年版，第1023页下栏，1024页上栏。

② （清）吴坛恭撰，马建石、杨育裳主编：《大清律例通考校注》卷20《兵律·关津》，"私出外境及违禁下海律文第二条例文"，中国政法大学出版社1992年版，第617页。

③ （清）吴坛恭撰，马建石、杨育裳主编：《大清律例通考校注》卷20《兵律·关津》，"私出外境及违禁下海律文第二条例文"，中国政法大学出版社1992年版，第618页。

④ 清高宗敕撰：《清朝文献通考》卷33《市籴二》，商务印书馆民国二十五年（1936年）版，第5157页上栏。

⑤ （清）穆彰阿、潘锡恩等：嘉庆《重修大清一统志》卷555，"日本"，《续修四库全书》，六二四·史部·地理类，上海古籍出版社1996年版，第762页下栏。

三、清代前期浙东运河与海上丝绸之路上的贸易往来

（一）清代前期浙东运河与海上丝绸之路上的中日贸易往来

清代前期，凭借着政府有利的贸易政策、地利和商品集散优势，浙东海上丝绸之路贸易呈现迅猛发展的态势。尤其是在康熙二十三年（1684年）清政府宣布开"海禁"后，浙东运河与海上丝绸之路上的贸易除了在传统的对日贸易中保持优势地位外，与东南亚国家也有贸易往来，且有西方国家的商船前来浙东开展贸易。

清初"海禁"时期，浙东运河与海上丝绸之路上的走私贸易商虽然冒着被官府抓捕的风险，将贸易商品秘密地携带出洋，但依然无法阻止他们违禁贸易的步伐。如康熙十八年（1679年）驶抵长崎的一番普陀山船的商人描述了"海禁"极其严厉的形势下出海贸易的艰难："商人只能携带少许丝货，秘密地从山路出海，其间会经常遭遇山贼或海贼的劫掠，因为路途遥远，带多货物便难以自由搬运出航，所以船上乘客较多，货物甚少。"[①]走私出口的货物中，以丝、丝织品为主，换回海参、香菇等日本土产。

清代前期的开海贸易政策虽时有调整，但整体处于较为稳定的状态，尤其是为获得用于鼓铸钱币的铜，清政府对中国海商前往铜充裕的日本贸易持积极的态度，但规定"内地商船止许往东洋贸易，将东洋来船禁止"。[②]根据此项对日贸易政策，中日贸易往来中只能是由中国商人赴日开展贸易。日本于1639年实行"锁国"政策，严禁本国商船出海贸易，仅允许中国及荷兰商船前往长崎港贸易，这就为中国海商赴日贸易提供了机会。清开"海禁"后，浙东运河与海上丝绸之路诸港起航赴日的商船数量在各地赴日商船中的比例不断上升。从清开"海禁"到雍正末期的51年间，中国赴日贸易商船总数达2941艘，年平均58艘。其中从以宁波、普

---

① ［日］林春胜、林信笃编：《华夷变态》，上册，卷7，东方书店1981年版，第283—284页。

② （清）郝玉麟编：《朱批谕旨》，第四十册，雍正五年二月十七日，李卫折，上海点石斋，清光绪十三年（1887年），第59页b。

陀山为主，包括乍浦、温州等在内港口起航赴日的商船有 666 艘，^①年平均为 13 艘，占到赴日贸易商船总数的约 1/4 强。从乾隆朝开始，日本"正德新令"的后续效应逐渐显现，中国赴日贸易商船逐渐减少，从 1736 年到 1785 年间，中赴日贸易商船数为 627 艘，其中从浙江起航的商船为 374 艘，^②年平均 7.5 艘。

图 5-1　清代中日贸易中的宁波船 ^③

　　面对清开"海禁"后迅速增加的赴日贸易商船，日方担心长此以往会造成本国金、银、铜的大量外流。1684 年，日本颁布了"贞享令"，规定中国赴日贸易商船交易总额不得超过六千贯白银。^④1689 年后，日方限定入港的中国商船为 70 艘。^⑤1715 年，江户幕府颁布"正德新令"，规定每

---

①　［日］林春胜、林信笃编：《华夷变态》，东方书店 1981 年版，上册总目录，第 6—18 页，中册总目录，第 41—71 页，下册总目录，第 41—70 页；［日］永积洋子编：《唐船输出入品数量一览（1637—1833 年）》，创文社 1987 年版，第 101—102 页；［日］大庭修编著：《唐船进港回棹录　岛原本唐人风说书　割符留帐》，关西大学东西学术研究所，1974 年，第 77—96 页。

②　［日］大庭修编著：《唐船进港回棹录　岛原本唐人风说书　割符留帐》，关西大学东西学术研究所，1974 年，第 77—96 页；［日］永积洋子编：《唐船输出入品数量一览（1637—1833 年）》，创文社 1987 年版，第 103—190 页。

③　［日］大庭修，［美］索高罗夫，［美］唐涅利：《唐船图考证　中国船　中国木帆船》，朱家骏等译，海洋出版社 2013 年版，第 60 页。

④　［日］大庭修：《江户时代日中秘话》，徐世虹译，中华书局 1997 年版，第 19 页。

⑤　［日］大庭修：《江户时代日中秘话》，徐世虹译，中华书局 1997 年版，第 25 页。

年到日本贸易的商船为 30 艘，贸易额限定在 6000 贯，铜的交易量不超过 300 万斤，清商须持有幕府颁发的信牌才能交易。[①] 日方发放的信牌数量根据所到商船的实际数量不时地调整，但因其对生丝的巨大需求，信牌的发放多倾向于邻近生丝产地的浙东海上丝绸之路上的宁波、普陀山等港。为方便商品的采购及出于节约成本的考虑，赴日商人往往在以杭州为中心的生丝集散地购得所需丝织品等贸易物资后，选择从邻近的港口赴日，由此，宁波、普陀山等浙东海上丝绸之路贸易港便成为多数赴日贸易商船的起航港。

浙东运河与海上丝绸之路上的贸易港集中了来自国内各地乃至南海诸国的土产。西川如见在《华夷通商考》中列举了南京、北京两京以及山东、山西、河南、山西、湖广、江西、浙江、福建、广东、广西、贵州、四川、云南共十三个省份的土产。[②] 上述列举的十三个省份中，除了山东、浙江、福建、广东、广西外，均无出海口，这就意味着无出海口的省份要将其商品运贩至日本，首先就要经陆路或水路运至有出海口的省份，而宁波和普陀山以其在对日交通中的优势地位，实际上承担着将上述省份的大部分土产经浙东运河与海上丝绸之路运贩出海的重责。海外贸易向来发达的福建和广东，他们在对日贸易中也多选择从浙东海上丝绸之路贸易港出海。这是因为从浙东海上丝绸之路港口至长崎的路程相对于福建、广东的港口要近许多，且输日的大宗商品生丝等物的生产地集中在浙东运河及与之相连的江南运河沿线及邻近区域，所以闽粤商船及东南亚诸国商船一般先行北上驶至浙东海上丝绸之路的宁波、普陀山等港，经浙东运河北上至杭州、苏州等地采购所需物资后，再经浙东运河返航至浙东海上丝绸之路港口后起航赴日。

浙东运河与海上丝绸之路上输日的浙江土产主要有："白丝、绉纱、纱绫、绫子、绫机、云绢、金丝布、葛布（宁波）、毛毡、锦、绵、罗、

---

① ［日］山协悌二郎：《长崎の唐人贸易》，《日本历史丛书》6，吉川弘文馆 1972 年版，第 141 页。

② ［日］西川如见：《华夷通商考》，上，甘节堂，1695 年，第 1 页 a、b。

里绢、茶、纸、竹纸（衢州）、药种（杭州、湖州）、茶碗药、扇子、燕脂、笔墨、瓷器、南枣（金华）、漆（严州）银鱼、红木犀、方竹（台州）、砚石、冬笋、黄精（杭州）、芡实、竹鸡。"①众多土产中以浙东和浙西出产的生丝和丝织品为主，兼有中药材、手工艺品等。从浙东海上丝绸之路各港口起航赴日商船输出的货物也能反映这条贸易通道上流通的物资概况，如1650年9月4日的舟山船货物：白丝2900斤，白纶子3758反，白缩缅388反，赤纶子60反，白茶苎126反，更纱75反，白砂糖40000斤，山归来5000斤，蜂蜜128壶、冰砂糖100斤，明矾4000斤，各种染料2400斤，药种27包，黑砂糖40000斤，麝香18斤。②1735年5月31日十三番宁波船的货物为："白丝3100斤，真绵200斤，沉香536斤，白砂糖48776斤，冰砂糖2000斤，黑砂糖16500斤，各种缩缅692反，色缎子101反，白纶子82反，大纱绫902反，更纱900反，白纱50反，人参95本、各种药材。"③1751年7月21日二番宁波船的货物为："中国纱绫1840反，白缩缅2150反，各种纱550反，绢与罗1220反，赤缩缅30反，毛织赤更纱3300反，毛织黑更纱240反，毛织纹更纱200反，白蜡37122斤，甘草14500斤，木香400斤，宿砂400斤，钓丝300斤，白砂糖1000斤，冰砂糖800斤，各种药种。"④从清前期不同时间段输日商品来看，生丝和丝织品始终是浙东运河与海上丝绸之路上流通的主要商品。日本进口中国生丝除了用作丝织业的原料外，还用以制作刀绦带和铠甲腿裙，因而生丝也是常用的军需品。生丝在日本的售价相当可观："内地绸丝一切货

---

① ［日］西川如见：《华夷通商考》，上，甘节堂，1695年，第19页a。

② ［日］永积洋子编：《唐船输出入品数量一览（1637—1833年）》，创文社1987年版，第47页。

③ ［日］永积洋子编：《唐船输出入品数量一览（1637—1833年）》，创文社1987年版，第102页。

④ ［日］永积洋子编：《唐船输出入品数量一览（1637—1833年）》，创文社1987年版，第124页。

物，载至日本等处，多者获利三四倍，少者亦有一二倍。"① 乾隆二十四年（1759 年），出于国内丝价昂贵会影响丝织业的发展方面的考虑，清政府下令严禁生丝及丝织品出口。② 但从乾隆朝开始，日本国内的生丝产量大增，对中国生丝的需要量也不断减少，因而从 18 世纪中期开始，浙东运河与海上丝绸之路上输日的丝绸数量大幅度下降。

中药材也是经浙东运河与海上丝绸之路输入日本的重要商品，既有浙江本土所产的药材，也有来自国内其他省份的药材，还有由闽粤商人运贩至国内的东南亚等国的药材。搭配生丝和药材出口日本的大宗商品主要为砂糖，品种有白砂糖、黑砂糖和冰砂糖等。赴日商船一般将砂糖堆积在舱底运输。很显然，数量巨大的砂糖并不是浙江土产，多为南方广西、广东、福建等省所产。矿物输出较多的有明矾，主要作为原色布料的染料。其他如鹿皮、麝香等也都由东南亚诸国商船输入国内，或者由闽粤商船从东南亚诸国运至国内后，再经浙东海上丝绸之路转贩至日本。大批中国文化典籍也作为商品经浙东运河与海上丝绸之路进入日本市场。清代杭州、南京和苏州是江南地区刻书业的主要城市。这三地的书籍可经江南运河、浙东运河与海上丝绸之路直达长崎。输入长崎的书籍有儒家经典、医书、史书、诗词文集、地方志等多种类型。

浙东运河与海上丝绸之路上从日本输入的商品除了洋铜供应政府鼓铸所需之外，以黄金和白银为主。但随着日本国内铜产量的下降，便以海参、干鲍、鱼翅及海带海产品来替代。日本的铜钱也有流入国内。乾隆十七年（1752 年），据尹继善、庄有恭等奏称："宽永钱文乃东洋倭地所铸，由内地商船带回，江苏之上海，浙江之宁波、乍浦等海口，

---

① （清）靳辅：《靳文襄公奏疏》卷 7《生财裕饷第二疏》，清嘉庆年间（1796—1820 年）刻本，第 58b、59 页 a。

② （清）昆冈等修，刘启端等纂：光绪《大清会典事例》卷 511《礼部·朝贡（禁令一）》，《续修四库全书》，八〇六·史部·政书类，上海古籍出版社 1996 年版，第 140 页上栏。

行使尤多。"①

（二）清代前期浙东运河与海上丝绸之路上中国与东南亚各国间的贸易往来

清代前期浙东运河与海上丝绸之路上的中国与东南亚各国间的贸易，主要表现为宁波港与菲律宾群岛、东京、安南、柬埔寨、暹罗等地的贸易往来。②宁波在 17 世纪后期和暹罗大城及南部保持通商关系。这种通商乃在中国—日本—暹罗三角贸易中直接间接进行。1684 年废除"海禁"之后，宁波与暹罗通商船只曾经一度超过广州。③康熙六十一年（1722 年），从暹罗运米十万石至宁波可以免税；雍正六年（1728 年），清政府规定"暹罗商船运来米谷永远免税"。④中国海商从宁波等港出发前往暹罗，将当地所产大米以及蔗糖、苏木、海参、燕窝、鱼翅、藤黄、靛青、棉花、象牙等土产运回宁波。⑤乾隆元年（1736 年）六月七日，英国东印度公司商船"诺曼顿号"到达巴达维亚，知道有两艘从宁波来的中国帆船在该处，里德从他们那里获得宁波的情况。⑥乾隆二十九年（1764 年），"准两广、浙、闽各商携带土丝及二蚕湖丝往柔佛诸国贸易"。⑦无疑，上述事例

① 《清高宗实录（六）》卷 419，乾隆十七年七月甲申，中华书局 1986 年版，第 492 页下栏。

② 姚贤镐编：《中国近代对外贸易史资料（1840—1895）》，第一册，《中国近代经济史参考资料丛刊》，第五种，中华书局 1962 年版，第 60 页。

③ ［泰］沙拉信·威拉蓬：《清代中暹贸易关系》，葛治伦译，姚楠主编：《中外关系史译丛》，第 4 辑，上海译文出版社 1988 年版，第 82 页。

④ （清）赵尔巽等撰：《清史稿》卷 528《列传三百十五·属国三》，"暹罗"，中华书局 1976 年版，第 14692 页。

⑤ 姚贤镐编：《中国近代对外贸易史资料（1840—1895）》，第一册，《中国近代经济史参考资料丛刊》，第五种，中华书局 1962 年版，第 51—52 页。

⑥ ［美］马士：《东印度公司对华贸易编年史（1635—1834）》，区宗华译，林树惠校，章文钦校注，广东人民出版社 2016 年版，第 271 页。

⑦ （清）席裕福、沈师徐辑：《皇朝政典类纂》卷 117《市易五·藩部互市》，"右缅甸互市"，沈云龙主编：《近代中国史料丛刊续编》，第 89 辑，文海出版社 1982 年版，第 1079 页。

说明了当时有商船经浙东海上丝绸之路上的宁波与巴达维亚、柔佛等国均有贸易往来。

（三）清代前期浙东运河与海上丝绸之路上的中英贸易

清代前期浙东运河与海上丝绸之路上出现了欧洲的商船，主要是英国东印度公司商船前来舟山、宁波贸易。17 世纪末，英国东印度公司便坚持要找到北方的气候以大量出售英国的毛织品。[①] 康熙三十九年（1700 年）六月，舟山"到有红毛夹板船二只，船主一名末氏罗夫，一名末里氏。又八月到卢咖喇船一只，九月到飞立氏船一只。一时称为盛事云"。[②] 这四艘驶入舟山的英国商船中，最晚到来的是飞立氏船，即为"伊顿号"商船。据马士的《东印度公司对华贸易编年史》记载："1700 年 10 月 11 日，（英国东印度公司的第一位主任）卡奇普尔乘特许船"伊顿号"到达舟山。他在该处见有英国公司船"特林鲍尔号"和"麦士里菲尔德号"二艘及孟买散商船"孟买商人号"一艘。[③] "特林鲍尔号"和"麦士里菲尔德号"即为六月到达舟山的二只夹板船，卢咖喇船就是孟买散商船。卡奇普尔看到停泊在舟山的这三艘英国船要求做生意，舟山的总兵蓝理批准了他们的要求，他们就把生意做了。[④] 对此，从宁波赴日贸易的商人也有记述："去年（1700 年）有英船四艘，为经商渡海至舟山港。其中三艘交易完毕后相继返航，一艘因为所购商品短缺，仍然滞留于当地。"[⑤] 据此可知，前来舟山港贸易的四艘英国商船，其中的三艘都已交易完毕返航，还有一艘因未能

---

① ［美］马士：《东印度公司对华贸易编年史（1635—1834）》，区宗华译，林树惠校，章文钦校注，广东人民出版社 2016 年版，第 120 页。

② （清）史致驯：《定海厅志》卷 17，"关市"，清光绪十一年（1885 年）刻本，第 15 页 b。

③ ［美］马士：《东印度公司对华贸易编年史（1635—1834）》，区宗华译，林树惠校，章文钦校注，广东人民出版社 2016 年版，第 120—121 页。

④ ［日］林春胜、林信笃编：《华夷变态》，下册，卷 27，东方书店 1981 年版，第 2136 页。

⑤ ［日］林春胜、林信笃编：《华夷变态》，下册，卷 28，东方书店 1981 年版，第 2176 页。

采购齐全商品，停泊于舟山。

1700 年 11 月，英国东印度公司派出 275 吨、资金 50611 镑的"萨拉号"单层船前往舟山，于 1701 年 7 月 6 日到达定海港外，[①]1702 年 9 月 4 日，"萨拉号"商船离开舟山，携带生丝、蜜糖、薄绸、日本和中国瓷器等共计银 9326 两。[②]同年，英国东印度公司在舟山岛上设立贸易站。这时市面对茶叶的需要激增，该公司乃令装载满船茶叶，因在舟山买茶比别处便宜很多。其中松萝茶便宜三分之二，圆茶六分之一，武夷茶七分之一。[③]此后，1703、1704、1707、1710 年，英国东印度公司都有船只驶往舟山贸易。[④]之后便暂停了二十余年。1736 年 6 月 24 日，英国东印度公司再次派遣"诺曼顿号"商船从巴达维亚起航，7 月 25 日驶抵宁波 Kitow Point（碶头角）不到四五里格的一个安全地方，[⑤]要求直接进入宁波府城交易，宁波道台以上谕禁止外商船只来宁为由拒绝了英商的提议，并要求他们到舟山解除武装后在当地进行贸易，之后，英船驶离宁波前往广州。1737 年原本打算驶往宁波的哈里森号在听说了"诺曼顿号"1736 年在宁波的经历后，改变目的地，开往广州。[⑥]

乾隆二十年（1755 年），英国东印度公司为突破广州贸易壁垒，更为便利地获取中国的生丝和茶叶，再次北上寻找贸易基地。英国东印度公司大班喀喇生与通事洪仁辉一行 58 人于当年四月二十三日（阳历 6 月 2 日）

① ［美］马士：《东印度公司对华贸易编年史（1635—1834）》，区宗华译，林树惠校，章文钦校注，广东人民出版社 2016 年版，第 123 页。

② ［美］马士：《东印度公司对华贸易编年史（1635—1834）》，区宗华译，林树惠校，章文钦校注，第 1 卷，广东人民出版社 2016 年版，第 128—129 页。

③ 陈椽：《中国茶叶外销史》，台湾碧山岩出版社 1993 年版，第 143 页。

④ ［美］马士：《东印度公司对华贸易编年史（1635—1834）》，区宗华译，林树惠校，章文钦校注，第 1 卷，广东人民出版社 2016 年版，第 355、356 页。

⑤ ［美］马士：《东印度公司对华贸易编年史（1635—1834）》，区宗华译，林树惠校，章文钦校注，第 1 卷，广东人民出版社 2016 年版，第 271 页。

⑥ ［美］马士：《东印度公司对华贸易编年史（1635—1834）》，区宗华译，林树惠校，章文钦校注，第 1 卷，广东人民出版社 2016 年版，第 290 页。

乘坐"霍德尼斯号"商船驶抵定海，携带了二万余两白银。这艘商船于1754年从英国出发后到达广州贸易，听说宁波交易公平，便领取了粤海关照到宁波购买蚕丝、茶叶等物。在政府的护送下到达宁波，并被安顿在李元祚的洋行。由于英国商船许久未至宁波贸易，宁波地方官员特别指令须与英商公平交易，"其应征税课照则征收，据实报解"。[①] 对于此次的宁波贸易之行，英国商人甚为满意。乾隆二十一年（1756年），英国东印度公司再次派遣商船赴宁波贸易。对于英商绕开广州前往宁波贸易的举动，在清政府以增加税收的形式来阻挡英商前往宁波贸易的尝试失败后，遂于乾隆二十二年（1757年）下令洋船不得前往浙东沿海贸易，宁波、舟山与英国的直接贸易往来就此中断。

　　清代前期的浙东海上丝绸之路依然以中日贸易为主，兼有与东南亚国家间的贸易往来。在英国东印度公司成立后，英国贸易商船也相继来到浙东沿海。从流通于浙东运河与海上丝绸之路的贸易商品来看，在传统的国内及浙江土产外，东南亚各国的商品亦有部分集散于浙东海上丝绸之路港口，英国贸易商船还将英国的棉纺织品带入这条贸易通道，如此丰富的贸易商品也印证了清代前期浙东运河与海上丝绸之路的蓬勃发展。

第三节　清代前期
浙东运河与海上丝绸之路的互通关联

一、清代前期浙东运河与海上丝绸之路港口的变迁

　　清初"海禁"时期，浙东运河与海上丝绸之路的贸易虽然受到很大程

---

① 《乾隆朝外洋通商案·喀尔吉善、周人骥折》，故宫博物院文献馆编：《史料旬刊》1930年第10期，京华印书局，民国十九年（1930年），第354页 b。

度的影响和制约，但依然有部分海商违禁展开贸易。据西川如见记载：浙江省因在海边，津港多，故来日本的船最多。唐船出发地：宁波府、台州府、温州府、杭州府、舟山、普陀山。赴长崎商人来自：嘉兴府、湖州府、金华府、严州府、衢州府、处州府、绍兴府。[①] 这其中既有资金有限的中小商人，也有实力雄厚如郑氏集团、南明势力所属的商船。在浙东运河与海上丝绸之路赴日贸易的诸多港口中，普陀山是清"海禁"时期浙东运河与海上丝绸之路上赴日贸易的主要起航港。普陀山自宋以来便是浙东海上丝绸之路上通往东亚海域国家的交通要道。据《云麓漫钞》记载：普陀"东南天水混合无边际，自东即入辽东、渤海、日本、毛人、高丽、扶桑诸国。自南即入漳、泉、福建路云"。[②] "海禁"时期普陀山成为浙东海上丝绸之路上众多赴日贸易商人首选的起航港，除了便捷的对日交通外，更重要的原因在于其所处的地理方位可以有效地避开清政府的管制，保证商船的安全驶离。这点在西川如见的《增补华夷通商考》中有专门的叙述：普陀山，"属宁波府之定海县，乃一岛也。号补陀落迦山，又叫梅岑山，乃观音之灵地，有寺，唯出家者居之，日本僧人慧萼开基于此。日本万治、宽文时期，禁止往渡日本，自宁波及其他各城难以发船出海，故自舟山、普陀山等小岛隐秘出海"。[③] 长此以往，普陀山遂成为海商聚集、货物集散的中心。[④] 康熙十九年（1680 年），一番普陀山船唐人风说："本船去年 5 月离开长崎航返普陀山，现在普陀山虽想输出货物，但颇困难，好不容易才载了稀少之货物。客人中有些金银留在南京附近，不易携出。"[⑤] "海禁"时期，海商虽能利用普陀山的隐秘而出海贸易，但要携带大量的商品出境，也并非易事。

---

① ［日］西川如见：《华夷通商考》，上，甘节堂，1695 年，第 17 页 b、18 页 a、b。

② （宋）赵彦卫撰，傅根清点校：《云麓漫钞》卷 2，中华书局 1996 年版，第 30 页。

③ ［日］西川如见：《增补华夷通商考》卷 2，甘节堂，1708 年，第 3 页 a、b。

④ ［日］西川如见：《增补华夷通商考》卷 2，甘节堂，1708 年，第 3 页 b。

⑤ ［日］林春胜、林信笃编：《华夷变态》，下册，补遗，东方书店 1981 年版，第 3002 页。

清开"海禁"后，赴日贸易商人可以公开合法地前往长崎贸易，浙东海上丝绸之路上可供选择的港口大为增加。宁波"三面际海，北面尤孤悬海滨，吴淞、海门呼吸可接，东出镇海，大洋辽阔，南连闽粤，西通吴会，舟山突起，中洲延袤，四百余里，控扼日本诸番"。[①]宁波"与各处的交通都非常方便，所以各省来的商船大多都要来到宁波做些买卖"。[②]借助浙东运河与内陆区域便利的交通以及广阔的腹地资源，宁波在清初的开海贸易中再度崛起。普陀山的对日贸易地位一如既往，"凡是清朝商船，无论口船、奥船，大都先停泊在普陀山，候得顺风，便一路驶往长崎"。[③]舟山位于宁波附近，也是浙东海上丝绸之路上传统的对日贸易港口。康熙三十八年（1699年）前后，舟山地方官员蓝理，"为了振兴舟山港，把每年到宁波停泊的奥船都招集到舟山去，让他们在那里做生意"。[④]因此，浙东运河与海上丝绸之路上的宁波、舟山、普陀山、台州等港口，受益于清政府积极的对日贸易政策，以及地理和商品等方面的优势地位，在清前期的对外贸易中呈现出迅猛的发展势头，"梯航云集，从未有如斯之盛者也"。[⑤]康熙二十七年（1688年），赴日贸易的中国商人就达9182人。[⑥]这9182人搭乘的194艘赴日商船中，福州船45艘、厦门船28艘、泉州船7

---

① （清）嵇曾筠等修，沈翼机等纂：雍正《浙江通志》卷97《海防三·宁波府》，《景印文渊阁四库全书》，史部二七九，地理类，第521册，台湾商务印书馆1986年版，第474页上栏。

② ［日］林春胜、林信笃编：《华夷变态》，下册，卷25，东方书店1981年版，第1963页。

③ ［日］木宫泰彦：《日中文化交流史》，胡锡年译，商务印书馆1980年版，第657页。

④ ［日］林春胜、林信笃编：《华夷变态》，下册，卷26，东方书店1981年版，第2087页。

⑤ （清）嵇曾筠等修，沈翼机等纂：雍正《浙江通志》卷86《榷税》，《景印文渊阁四库全书》，史部二七九，地理类，第521册，台湾商务印书馆1986年版，第296页下栏。

⑥ ［日］大庭修编著：《唐船进港回棹录 岛原本唐人风说书 割符留帐》，关西大学东西学术研究所，1974年，第1页。

艘、台湾船 4 艘、宁波船 32 艘，普陀山船 5 艘、温州船 1 艘、南京船 23 艘。^① 就商船出航港口而言，福州船居于首位，仅次于福州船的是宁波船，算上普陀山船 5 艘，从浙东海上丝绸之路港口起航的赴日商船共计 37 艘，占到总数的将近 1/5 强。康熙二十三年（1684 年）清开"海禁"后到康熙四十七年（1708 年），在 2060 艘赴日贸易商船中，从浙东海上丝绸之路港口赴日的商船达 445 艘，占赴日贸易商船总数的 22%。其中宁波商船 355 艘，普陀山商船 69 艘，台州商船 12 艘，舟山商船 9 艘。^②

1715 年日本"正德新令"的颁发引发了中国商人争夺信牌的纠纷，康熙五十六年（1717 年），清政府裁决准许商人继续赴日贸易，但规定信牌须统一存放于江浙海关，商人赴日贸易前须前往江浙海关领取信牌，回航时须交验新牌。此后，商人都得先到江浙海关领取信牌后才能赴日贸易。同年，清政府禁止商船赴南洋贸易，海外贸易只能前往日本一地，此前从事南洋贸易的商人便北上集中于对日贸易发达的宁波等浙东海上丝绸之路贸易港口，循浙东运河前往杭州等地采买丝绸、棉布等商品后赴日，抑或是将闽粤土产及东南亚各国物产经海路运贩至宁波等港后，再经浙东运河运至杭州等集散中心供赴日贸易商人采购。赴日贸易商人在浙东运河与海上丝绸之路上频繁的贸易往来，在推动浙东海上丝绸之路港口兴旺发展的同时，港口的功能和地位也获得了提升。从清康熙末年至乾隆中期，宁波港取代普陀山成为浙东运河与海上丝绸之路的主要赴日贸易港口。西川如见如此评价宁波港："宁波府，唐代称为明州。自日本渡唐之船大都入明州。宁波是唐土第一之良港，乃赴长崎之唐船采办货物、待顺风之最佳良港，故各方之船皆来宁波，于此窥天气而来长崎也。"^③ 雍正朝（1723—

① ［日］林春胜、林信笃编：《华夷变态》，东方书店 1981 年版，上册总目录，第 15—18 页，中册总目录，第 19—22 页。

② ［日］林春胜、林信笃编：《华夷变态》，东方书店 1981 年版，上册总目录，第 6—18 页，中册总目录，第 19—40 页，下册总目录 41—63 页。

③ ［日］西川如见：《增补华夷通商考》卷 2，甘节堂，1708 年，第 2 页 a。

1735 年）的 13 年间，从宁波港起航赴日的商船共有 109 艘，[①]占同时期各地赴日商船 369 艘的近 1/3 强。可以确定，18 世纪前期，宁波港已成为中国对日交通贸易的第一大港。此外，琉球、暹罗、吕宋、爪哇等国贩运来的商品，除部分转贩至日本之外，也从宁波等港经由浙东运河运贩至杭州及国内多地。

图 5-2　1792 年的长崎港[②]

随着清政府对于赴日采办洋铜政策的变更，宁波因距离洋铜集中的苏州较远，其在对日贸易中的地位逐渐被乍浦取代。康熙六十年（1721 年），清政府规定赴日采购洋铜的商船，"俱收江浙二海关"，[③]江南省之上海和浙江省之乍浦被清政府指定为商船赴日采买洋铜的出航口岸。同年，清政府"于苏州立官、民两局，其领帑银以采铜者曰官局，其以己财货物易铜而转售宝苏局以资鼓铸者曰民局。各造四大船，每船约客万斤，于嘉兴乍

① ［日］庭修编著：《唐船进港回棹录　岛原本唐人风说书　割符留帐》，关西大学东西学术研究所，1974 年，第 77—96 页；［日］永积洋子编：《唐船输出入品数量一览（1637—1833 年）》，创文社 1987 年版，第 101—102 页。

② 宁波市文化局编：《千年海外寻珍：中国宁波"海上丝绸之路"在日本、韩国的传播及影响》，宁波市文化局，2003 年，第 18 页。

③ 清高宗敕撰：《清朝文献通考》卷 14《钱币二》，商务印书馆民国二十五年（1936年）版，第 4980 页上栏。

浦所开船，每船办铜千箱"。① 赴日贸易商船将从日本购得的洋铜从江浙各港口运至苏州，再由苏州转运至各省钱局，距离苏州较近的乍浦成为赴日贸易商人的首选港口。雍正年间（1723—1735 年），乍浦港赴日贸易商船数量开始有所增加。李卫在雍正八年（1730 年）的奏折中述称：乍浦系东洋日本商贩往来要口。② 据此，乍浦已经成为和宁波并列的主要对日贸易口岸。从乾隆朝开始，宁波港赴日贸易商船数量开始减少，从乾隆二年（1737 年）至乾隆二十二年（1757 年）的 20 余年间，赴日贸易商船总数为279 艘，其中从宁波起航的赴日商船仅为 35 艘，从定海起航赴日商船为 11 艘，另有 1 艘商船从舟山起航赴日。③ 从乍浦港起航赴日的商船逐渐增加，乾隆四年（1739 年）至乾隆五十年（1785 年）间，从乍浦港赴日的贸易商船达 312 艘，④ 占 606 艘赴日贸易商船总数的 51.5%。

清代前期舟山港在浙东海上丝绸之路上的地位并不突出，只有极少数商船从此地赴日。17 世纪末浙海关在定海设立衙署以及红毛馆，为英国商船前来舟山贸易提供了极大的便利。自 1700 年英国东印度贸易公司商船驶抵舟山贸易后，连续数年都有该公司商船前来。他们之所以选择在舟山贸易，主要在于舟山邻近江南茶叶和杭嘉湖丝绸产区，集散于杭州等地的茶叶和丝绸可经浙东运河输送至宁波，再经海道从舟山出口。但定海地方市场交易并不成熟，"舟山口岸的定海，只不过是一个小市场，只有本地买卖。商人都集中在内陆的宁波，定海是远离中心的一个站，他们是为了

---

① （清）翁广平：《吾妻镜补》卷 15《食货志》，嘉庆十九年（1814 年），第 17 页a、b。

② 台北故宫博物院：《宫中档雍正朝奏折》，第 15 辑，台北故宫博物院 1979 年版，第 424 页。

③ ［日］永积洋子编：《唐船输出入品数量一览（1637—1833 年）》，创文社 1987 年版，第 103—136 页。

④ ［日］永积洋子编：《唐船输出入品数量一览（1637—1833 年）》，创文社 1987 年版，第 104—189 页。

和英国贸易这个特别目的才来到这里的"。①英国商人"在舟山找不到他们要购的货物。当他们抗拒他们所反对的压榨条件时，他们就会被当地的专制者所遏制，遏制到他们屈服为止。英国的代理人，从卡奇普尔主任到卑微的大班，都讨厌舟山的贸易状况，而不愿意维持它"。②因而在1710年后，前来舟山贸易的英国商船很少，尤其是1736年后的十几年间罕有英国商船的到来。直到乾隆二十年（1755年）英船"霍德尼斯号"到达定海，再次开启定海与英国东印度公司的贸易，但在乾隆二十四年（1759）洪仁辉事件后，清政府禁止英商来浙贸易。

清初在严厉的"海禁"政策下，违禁走私的商人不得不选择出海相对安全的普陀山作为主要的起航港口。在清开"海禁"后，在相对有利的贸易环境下，浙东海上丝绸之路的贸易港口走向集体兴盛，宁波、普陀山、舟山、定海、台州等港均有商船前往东亚和东南亚国家贸易。其中浙东海上丝绸之路的对日贸易在中外贸易中据有主体地位。从乾隆朝中期开始，随着清政府办铜政策的变更，乍浦港开始取代宁波港成为对日贸易的主要港口。加之广州一口通商政策的实行，宁波港开始由浙东海上丝绸之路贸易港朝着国内沿海贸易港和转运港转型。

二、清代前期浙东运河与海上丝绸之路的贸易通道

（一）清代前期浙东运河沿线的区域水陆交通网络

清代前期浙东运河经过修缮，航运条件获得了很大程度的改善。陆路交通在前代已有道路格局的基础上改善了部分路况。浙东运河与海上丝绸之路的两大中心：绍兴和宁波的内外交通依然沿袭了前代的通行路线。清代浙江境内的两条官马支路中的天台官路即位于浙东：由绍兴、嵊县、新

---

① ［美］马士：《东印度公司对华贸易编年史（1635—1834）》，区宗华译，林树惠校，章文钦校注，广东人民出版社2016年版，第162页。

② ［美］马士：《东印度公司对华贸易编年史（1635—1834）》，区宗华译，林树惠校，章文钦校注，广东人民出版社2016年版，第162—163页。

昌、天台至临海。①

康熙《绍兴府志》记载了清代绍兴在省内外的基本交通情况：绍兴
府"东至宁波府慈溪县二百五十七里，东南至台州府天台县二百里，南至
天台县二百九十里，西南至杭州府富阳县一百九十二里，西至杭州府钱塘
县一百三十八里，西北至钱塘县一百一十五里，北至海四十里，东至慈
溪县二百五十七里，至省城一百三十八里，至江宁一千二百三十里，至
北京三千七百九十里"。②雍正《浙江通志》记载了清代宁波在省内外的
基本交通情况："东至海岸一百四里，西至绍兴府余姚县界一百二十里，
南至台州府宁海县界一百四十六里，北至海岸六十二里，自府治至京师
四千六百四十里。"③雍正《宁波府志》中也有关于宁波在省内外的基本交
通情况的记载：宁波"东抵翁洲，南望华顶，西接会稽，北距瀚海，延袤
四百三十有二里，西北至省城四百八十里，至顺天四千五百五十里，水路
四千六百三十八里"④

清代浙东运河与海上丝绸之路的内陆商道也基本与明时一致。清人吴
中孚在《商贾便览》中记载的"浙江省城由绍兴府至南海水路程"，与明
代黄汴的《一统路程图记》中的"杭州府至普陀山水路"、程春宇在《士
商类要》中的"苏州由杭州府至南海水路"，即杭州经绍兴至普陀的路线
大体相近，但在某些路段的叙述更为详细："杭州府出望江门即草桥门，
一百卅里至绍兴府：西兴此处写船，至曹娥、萧山县、白鹤院、钱青、皇
桥、绍兴府。绍兴府九十里至曹娥江：乌门山出石板、高溥、陶家堰、樊
江、东关驿、曹娥江。曹娥江一百零四里至余姚县：梁湖雇船至宁波府，

---

① 李志庭：《浙江地区开发探源》，江西教育出版社 1997 年版，第 293 页。

② （清）王嗣皋：康熙《绍兴府志》卷 1《疆域志·区界》，康熙十二年（1673 年）
刻本，第 9 页 a。

③ （清）嵇曾筠等修，沈翼机等纂：雍正《浙江通志》卷 3，"宁波府"，《景印文渊
阁四库全书》，史部二七九，地理类，第 519 册，台湾商务印书馆 1984 年版，第 166
页上栏。

④ （清）曹秉仁纂：雍正《宁波府志》卷 4《疆域·府境》，《中国地方志集成·浙江
府县志辑 30》，上海书店 1993 年版，第 375 页上栏。

每人三分、上虞县、上坝船用大绳辇过坝、中坝船俱牵过、余姚县。余姚县一百一十里至宁波府：丈亭、西坝俱绳摇过、宁波府出大东门，桃花渡雇船，至镇海县换船，或直上香船，至南海普陀山。宁波府二百里至南海普陀山：镇海县、定海县、南海普陀山。"① 这条商路将杭州、绍兴、宁波三府连通，并详尽地列出从西兴循浙东运河至宁波的途经地点，在部分较浅的运河水道需要借助大绳拖行而过。

《商贾便览》中记载了"浙江绍兴府由台州府至处州府水陆路程"："绍兴府、蒿坝、三界公馆、仙岩公馆、嵊县，共一百八十里至新昌县在此起岸。会寺岭、关岭、天台县，共一百九十里至台州府。下船，百里至黄岩县。岭店驿、窑奥驿，共百八十里至乐清县。馆头驿共八十里至温州府，一百二十里至青田县出图书石。石门山共一百四十里至处州府出青窑器。"② 这条商路与《一统路程图纪》中的"浙江至天台山、雁荡山水、陆路"、《士商类要》中所记的"杭州由绍、台二府至处州路"基本一致。这条商路从绍兴先走浙东运河至蒿坝，之后经嵊县、新昌县、天台县至台州府。再由黄岩县经乐清县到温州府，出青田后到达处州，其间水路兼程。从处州府可经龙游至衢州，经江山县过仙霞岭到福建蒲城县，再经瓯宁县、建宁府到福州府。从绍兴经浙东运河至杭州，可走水路至上海县："杭州、钱塘江口、回回坟上夜帆船、东新桥、沈塘湾、龙平山，共一百一十里到长安坝换船。崇德县、石门镇、皂林、斗门，共一百一十里至嘉兴府。东抵口、七里桥、嘉善县、张泾汇、风泾、泖桥、朱泾、斜塘桥，共一百一十里至松江府出绫、紫花布、鲈鱼、□菜、鹤。泗泾、七宝、黄浦，共九十里至上海县。"③

① （清）吴中孚纂辑，杨正泰点校：《商贾便览》，《路程便览卷八》，"浙江省城由绍兴府至南海水路程"，南京出版社 2019 年版，第 222 页。
② （清）吴中孚纂辑，杨正泰点校：《商贾便览》，《路程便览卷八》，"浙江绍兴府由台州府至处州府水陆路程"，南京出版社 2019 年版，第 222 页。
③ （清）吴中孚纂辑，杨正泰点校：《商贾便览》，《路程便览卷八》，"浙江杭州府由长安坝至上海县水路程"，南京出版社 2019 年版，第 222—223 页。

（二）清代前期以宁波为中心的浙东运河与海上丝绸之路连通的贸易通道

康熙二十四年（1685 年），清政府在宁波设立浙海关，主要负责监管进出口商船、货物，征收税收，规范贸易等事项。清代浙海关下辖关口有：宁波府鄞县的大关口，宁波府慈溪县的古窑口，宁波府镇海县的镇海口和小港口，宁波鄞县、奉化县和台州府宁海县的湖头渡，宁波府象山县的象山口，嘉兴府平湖县的乍浦口，嘉兴府海盐县的头围口（即澉浦口），绍兴府山阴、余姚、会稽三县的沥海口，台州府宁海和临海二县的白峤口，台州府临海、宁海、太平三县的海门口，台州府太平县的江下埠，温州府永嘉、乐清二县的温州口，温州府瑞安县的瑞安口，温州府平阳县平阳口等十五处。[①] 这十五处关口，均为清政府指定的合法出洋贸易口岸，其中位于浙东运河与海上丝绸之路沿线的关口就有十处之多，商船出海贸易可以选择其中的任一口岸。自唐宋以来，浙东海上丝绸之路主要的对外贸易国家便是日本，清代也不例外。与明代不同的是，日本在 1639 年以后将长崎港确定为唯一的对外通商口岸，中国赴日商船一般直接驶往长崎贸易。

清代前期浙东海上丝绸之路的赴日贸易多从普陀山起航直驶日本。从普陀出发，"东南风用甲寅，西南风用甲寅，北风用艮寅，三十二更见里甚马，取五岛"至长崎。[②] 返航从长崎港起航，"用丁午五更取天堂山尾放洋。用庚申十三更，又用单口八更，用庚酉十八更，又单酉十更收普陀，即宁波港是也"；[③] 在浙东海上丝绸之路的众多港口中，普陀山距离长崎的距离只有二百五十里，相对于宁波至长崎三百里的距离还要少五十

---

① （清）嵇曾筠等修，沈翼机等纂：雍正《浙江通志》卷 86《榷税·海关》，《景印文渊阁四库全书》，史部二七九，地理类，第 521 册，台湾商务印书馆 1986 年版，第 284 页上栏、下栏。

② 向达校注：《两种海道针经》，《普陀往长崎针》，中华书局 2000 年版，第 177—178 页。

③ 向达校注：《两种海道针经》，《宁波往日本针》，中华书局 2000 年版，第 169 页。

里，航行时间五日至十四日，而宁波的航行时间八日至十四日。[①]从普陀至长崎的贸易通道是清代前期浙东海上丝绸之路的主要对日贸易通道。即便是从宁波至长崎，一般都经普陀驶往长崎。从宁波到长崎，也多从"普陀放洋，用单卯十四更，又用单卯十更，又用甲寅八更，又用单甲八更见天堂，收入长岐"。[②]清初"海禁"时期，普陀山因独特的地理方位，成为浙东海上丝绸之路上赴日贸易商船的起航港，开"海禁"后，普陀山成为赴日贸易商船的经停港，无论是宁波船、乍浦船，还是闽、粤商船，抑或是东南亚各港起航赴日的商船，多会选择经停普陀山，在此地休整或调集货物后直驶日本。《华夷变态》中记载了诸多类似情况的商船。如康熙三十五年（1696 年），第四十二番高州船，五月十六日从高州出发，六月十日到达普陀山，十九日离开普陀山，七月二日到达长崎。[③]雍正三年（1725 年），第四十一番厦门船于十二月八日从乍浦出发前往普陀山，十九日从普陀山起航，二十七日驶抵长崎。[④]可知，普陀山已成为赴日贸易商船重要的中转港。

清代浙东海上丝绸之路的赴日贸易路线还可从凤尾（今浙江定海南，急水门东）至长崎，"出港西南风，用甲寅五更、单寅六更、艮寅二更、艮寅十八更、单寅八更见里慎马，甲寅七更收入港甚妙"。[⑤]虽然直接从定海赴日的商船不多，但也是普陀山之外浙东海上丝绸之路上可供选择的另一条对日贸易航线。

在清政府指定的贸易港口外，浙东海上丝绸之路上还有诸多的出海

---

① ［日］大庭修：《江户时代中国典籍流播日本之研究》，杭州大学出版社 1998 年版，第 511 页。

② 向达校注：《两种海道针经》，《宁波往日本针》，中华书局 2000 年版，第 168—169 页。

③ ［日］林春胜、林信笃编：《华夷变态》，中册，卷 23，东方书店 1981 年版，第 1798 页。

④ ［日］大庭修编著：《唐船进港回棹录　岛原本唐人风说书　割符留帐》，关西大学东西学术研究所，1974 年，第 123—124 页。

⑤ 向达校注：《两种海道针经》，《凤尾往长歧》，中华书局 2000 年版，第 175 页。

口，"宁、台、温三府属口岸繁多，四通八达"。① 就宁波府而言，"宁波府一郡，三面临海，口岸繁多，商渔贸易采捕等船，出入无常"。② 台州"三面阻山，一面滨海"。海门港"外四望汪洋，更无山屿回抱"。走私商船还可通过台州松门港东岸的诸多出海口赴日。"松门港，纡萦屈曲，东岸为朱门山，又东为捣米门、积谷山及下洋大陈屿，诸处外即大洋，直抵日本。"③

绍兴府及其所属五县距离出海口也相当近。"绍兴北乃海之支港，北流薄于海盐，东极镇海之蛟门，西历龛赭入鳖子门，抵钱塘所，属山会等五县并皆边海。萧山去海二十里，山阴去海四十里，会稽去海二十里，上虞去海六十里，余姚去海四十里。"④ "曹娥、钱清、浙江三水所会谓之三江海口，在府东北，港口深阔，直通大洋，稍东有宋家娄，若从此趋陛门一带海塘则竟抵郡城。若越港而北趋浙西，则赭山其关键也。蛭浦在府东北四十里，北对浙西石墩，南至府城，通连大海，由沿江塘路至百官梁湖，直抵上虞。东自称山，西至宋家娄，接山阴界凡二十六里。泗门港为余姚县东北之喉襟。越港而北为浙西澉浦。胜山即悬泥山，在余姚县东北

---

① （清）嵇曾筠等修，沈翼机等纂：雍正《浙江通志》卷96《海防二》，《景印文渊阁四库全书》，史部二七九，地理类，第521册，台湾商务印书馆1986年版，第464页下栏。

② （清）嵇曾筠等修，沈翼机等纂：雍正《浙江通志》卷96《海防二》，《景印文渊阁四库全书》，史部二七九，地理类，第521册，台湾商务印书馆1986年版，第463页下栏。

③ （清）嵇曾筠等修，沈翼机等纂：雍正《浙江通志》卷98《海防四·台州府》，《景印文渊阁四库全书》，史部二七九，地理类，第521册，台湾商务印书馆1986年版，第498页上栏。

④ （清）嵇曾筠等修，沈翼机等纂：雍正《浙江通志》卷98《海防四·绍兴府》，《景印文渊阁四库全书》，史部二七九，地理类，第521册，台湾商务印书馆1986年版，第493页下栏。

七十里，北浸于大海，俗呼为胜山港，深而广，倭舶可乘潮以入。"① 绍兴可从三江口出洋，也可经余姚泗门港到浙西海盐澉浦出洋，或从胜山港出洋。西川如见曾专门述及："有些地方，虽无出海之船，然亦有商人来，如嘉兴府、湖州府、金华府、严州府、衢州府、处州府、绍兴府。"② 指明绍兴府也有海商的到来，这就说明绍兴府有海商所需的贸易物资，吸引着海商前来采购，海商在完成采买任务后，可经浙东运河至宁波出海，也可就近从绍兴三江口或浙东其他港口出海。

清代前期浙东运河与海上丝绸之路沿线的贸易口岸可谓遍布于浙东海岸线上，这就给活跃于这条贸易线上的海商提供了诸多的选择。即便在清政府"海禁"时期对商民实行严厉的管制政策，依然无法完全阻挡他们走向海洋贸易的步伐。因此，浙东运河与海上丝绸之路的海洋贸易通道始终未能被彻底堵塞。

三、清代前期浙东运河与海上丝绸之路上的区域商贸网络

清代前期商品经济快速发展，推动了浙东运河与海上丝绸之路上的区域商贸网络在明代基础上获得了进一步的发展。以绍兴和宁波两地为中心，向周边辐射分布的中小市镇与农村集市网络更趋完善。商人的贸易活动范围也更为广泛，在国内区域贸易中的影响力大增。

清代绍兴府治所在的山阴、会稽二县的市镇商业相当兴盛。据嘉庆《山阴县志》记载，山阴县有 11 个市，即：县东南半里的酒务桥市，东一里的清道桥市，东北一里的江桥市，北二十里的玉山斗门市、三十里的下

---

① （清）嵇曾筠等修，沈翼机等纂：雍正《浙江通志》卷 98《海防四·绍兴府》，《景印文渊阁四库全书》，史部二七九，地理类，第 521 册，台湾商务印书馆 1986 年版，第 493 页下栏。

② ［日］西川如见：《增补华夷通商考》卷 2，甘节堂，1708 年，第 3 页 b、第 4 页 a。

方桥市，西北十里的东浦市、五十里的钱清市和安昌市，西四十里的柯桥市，西南五十里的夏履桥市，南四十里的漓渚市。① 据康熙《会稽县志》记载，会稽县共有6个市，即：县东二十里的平水市，县北二十里的马山市、县东二十里的阜部市、县东三十里的樊江堰市，县东六十里的道墟市，县东南七十里的伧塘市。② 部分集市具有鲜明的特色，如柯桥市就以黄酒生产和交易为特色。清代绍兴黄酒的产销量巨大，清人梁章钜曾言："今绍兴酒，通行海内，可谓酒之正宗。……至酒之通行，实无他酒足以相抗。"③ 平水市以茶叶交易为主，是浙东地区远近闻名的茶叶交易中心。茶叶的交易非常活跃，既有经市场销售，也有通过牙行销售，交易额的数量亦相当可观。嘉庆二十三年（1818年）四月从朝鲜济州漂流至定海的朝鲜人崔斗灿则目睹了会稽商业繁华的景象。崔斗灿于当年四月十五日过镇海至宁波，经浙东运河北上至北京，期间于四月二十日到达会稽县并概述了其对此地的深刻印象："千门万户，家家藏货，户户兴贩。舟楫连尾于城市，士女磨肩于街路。"④

绍兴府所属各县的市镇经济也有不同程度的发展，其中以余姚的集市发展较为瞩目。明代余姚有临山市、浒山市、姚家店市、蓝溪市、新坝市、梁同市、马渚市、周巷市、天华市、方桥市、店桥市、黄清堰市、埋马市、匡堰市、石人山市等15个集市。⑤ 清乾隆年间（1736—1795年）增

① （清）徐元梅等修，朱文翰等辑：嘉庆《山阴县志》卷6《土地志第一之六·坊乡市镇驿铺》，《中国地方志集成·浙江府县志辑37》，上海书店1993年版，第610页上栏。

② （清）董钦德辑：康熙《会稽县志》卷1《疆域志·市镇》，《中国方志丛书·华中地方·第五五三号》，台湾成文出版社1983年，第82页。

③ （清）梁章钜：《浪迹续谈》，"绍兴酒"，大达图书供应社刊行，民国二十四年（1935年），第60页。

④ ［朝鲜］崔斗灿：《乘槎录》卷2，［韩］林基中编：《燕行录全集》，第68册，东国大学校出版部，2001年，第463—466页。

⑤ （清）唐若瀛：乾隆《余姚志》卷2《疆里》，清乾隆四十六年（1781年）刻本，第9页a、b。

加了王风桥市、塘堰桥市、徐家廊下市、第四门市、湖地戚家市、低仰堰市、沈塘饼桥市、大塘新市、庙山寺、天中市、彭桥市、蔡家堰市、石婆桥市、宝藏市、悦来市、天元市、长和市、百两桥市、回龙桥市、上塘市、五车堰市等21个集市。^①集市的大量增加，反映了余姚地方商品经济的快速发展。清代前期余姚成为浙东地区最大的棉产品集散中心。余姚棉花和棉布除了在本地专业集市销售外，还吸引了国内各地商贾前来采购。乾隆年间，"每至秋收，贾集如云，东通闽粤，西达吴楚。其息岁百万计，邑民资是以生者十之六七。迄今又百余年，海滨沙地日涨，种植益广，即塘南民田亦往往种之，较前所产又增益矣"。^②余姚周边的黄岩最初就从余姚采购棉花，光绪年间（1875—1908年）已是广种棉花并售于周边其他地区。"木棉之种，初地甚稀，商人贩自余姚，岁直数十万。今高田已遍植之。出其余，可贸诸邻邑。"^③余姚城内出现了专门的鱼行、果行、柴炭行、木棉行、米行、鸡鹅行、猪行、羊行、布行等。^④

清代前期宁波的市镇商业普遍兴旺，形成了区域性的专业集市网络。清代前期宁波府治鄞县有29个集市：大市、中市、后市、大庙前市、三角地头市、紫薇街市、贯桥市、西门内早市、东乡甬东市、宝幢市、小白市、东吴市、东南乡韩岭市、横溪市、陈婆渡市、莫枝堰市、南乡南郭市、栎社市、石碶市、小溪市、西乡西郭市、望春桥市、卖面桥市、高桥市、西南乡石塘市、林村市、凤岙市、十字港市、黄公林市。^⑤清代前期

---

① （清）唐若瀛：乾隆《余姚志》卷2《疆里》，清乾隆四十六年（1781年）刻本，第9页b、第10页a。

② 杨积芳总纂：民国《余姚六仓志》卷17《物产》，慈溪市地方文献整理委员会编：《慈溪文献集成》，第一辑，杭州出版社2004年版，第323页。

③ （清）王棻等纂：光绪《黄岩县志》卷32《风土志二·土产》，《中国地方志集成·浙江府县志辑51》，上海书店1993年版，第621页下栏。

④ （清）唐若瀛：乾隆《余姚志》卷2《疆里》，清乾隆四十六年（1781年），第9页a。

⑤ （清）曹秉仁纂：康熙《宁波府志》卷8《城隍·府》，《中国地方志集成·浙江府县志辑30》，上海书店1993年版，第436页下栏。

慈溪集市也有所发展，达到 22 个：上横街市、下横街市、文溪市、洪家塘市、长石桥市、河头市、骆驼桥市、庄桥市、湖塘下市、三七市、赭山市、大隐市、黄墓市、渔溪市、蓝溪市、车厩市、陆家埠市、东埠头市、鸣鹤场市、裘市、横山市、青林市。[①] 奉化则有南渡市、泉口市、白杜市、袁村市、公棠市、奉化市、江口市、蔡桥市、尚田市、溪口市、莼湖市、坊桥市等 12 个市。[②] 除了鄞县、慈溪和奉化之外，宁波府所辖的镇海、象山、定海三县的商业经济并不发达，集市数量也相对有限。

宁波府及所辖县形成的集市中，具有一定数量的专业集市。棉产品集市有慈溪的逍林、浒山；水产品集市有宁波府城半边街、后塘街，慈溪的新浦、蓝溪、坎墩，象山的弦歌（丹城）、爵溪、昌国、石浦，舟山的沈家门、岱山等；以木材为中心的山货竹木集市，有鄞县的凤岙、韩岭、小白，慈溪的文溪、车厩、黄墓、大隐；丝织品集市主要分布在鄞县的小溪、林村，奉化的泉口等。这些专业市场十分兴盛。[③] 较具影响力的集市往往能够吸引外地客商前来贸易，如宁波府城的灵桥门市，聚集了前来采购的商人，"鄞之商贾，聚于甬江，嘉道以来，云集辐辏，闽人最多，粤人、吴人次之"。[④] 多数的集市贸易依然限于定期而市，如慈溪县城的"上横街市，每月逢一、六日为市。下横街市每月逢四、八日为市"。[⑤]

借助浙东运河水上干道连通的水陆交通和发达的海上航线，浙江各地的商品在国内各地流通，由此联系和沟通了全国的商品市场。南来北往的商品经宁波港进出。"宁镇关津，外省通直隶、山东，本地通杭、绍、嘉、

① （清）曹秉仁纂：雍正《宁波府志》卷 8《城隍·慈溪》，《中国地方志集成·浙江府县志辑 30》，上海书店 1993 年版，第 438 页下栏、439 页上栏。
② （清）曹秉仁纂：雍正《宁波府志》卷 8《城隍·慈溪》，《中国地方志集成·浙江府县志辑 30》，上海书店 1993 年版，第 439 页下栏。
③ 乐成耀：《宁波经济史》，宁波出版社 2010 年版，第 240—241 页。
④ （清）戴枚：光绪《鄞县志》卷 2，"风俗"，清光绪三年（1877 年）刻本，第 6 页 b。
⑤ （清）曹秉仁纂：雍正《宁波府志》卷 8《城隍·慈溪》，《中国地方志集成·浙江府县志辑 30》，上海书店 1993 年版，第 438 页下栏。

台、温处。各处如南船，常运糖、靛、板、果、白糖、胡椒、苏木、药材、海蜇、杉木、尺板。其船出台、温，……南至沙埕，北抵定关（定海县）。如北船，常运蜀、楚、山东、南直棉花、牛骨、桃枣诸果、坑沙等货。其船系沙船、弹船，自北而南抵定关。又有台温捕贩渔船。绍兴、余姚土产棉花、绍典，自内河至关，并宁波本地捕贩渔船及土产等货。"①宁波的棉花、草席等远载至台湾贩卖："宁波则载棉花、草席至。"②台湾的棉布也多出自宁波，据《台湾通史》记载："台人习尚奢华，绸缎纱罗之属，多来自江、浙，棉布之类消用尤广，岁值百数十万金。其布为宁波、福州、泉州所出，商船贸易，此为大宗。"③尤其是宁波所产的紫花布，"紫花浮细而核大，其布制衣甚朴雅，士绅多服之"，④畅销于台湾广大农村，史载："海通以后，洋布大销，呢羽之类，其来无穷，而花布尤盛，色样翻新，妇女多喜用之。若泉州之白布，福州之绿布，宁波之紫花布，尚销行于乡村也。"⑤清代中期以后，绍兴黄酒进入台湾市场，"外省之酒，如北地之高粱、绍兴之花雕，销用益广"。⑥慈溪、奉化、鄞县等地的笋干也销售至各地，清代慈溪人郑辰记载："笋类不一，四时皆有。山中人曝干作脯，盈筐压担，苞苴售远。"⑦乍浦作为清代的贸易大港，也集中了相当多的浙东物产，"自闽、广来者则有松、杉、楠、靛青、兰、茉莉、橘、柚、佛手、柑、龙眼、荔支、橄榄、糖，自浙东来者则有竹、木炭、铁、

① （清）王梦弼、邵向荣：乾隆《镇海县志》卷2《田赋·关税》，清乾隆十七年（1752年）刻本，第55页a、b。

② （清）黄叔璥撰：《台海使槎录》卷2《赤嵌笔谈·商贩》，清光绪五年（1879年）刻本，第28页a。

③ 连横：《台湾通史》卷26《工艺志·纺织》，商务印书馆2017年版，第485页。

④ （清）戴枚：《鄞县志》卷72《物产下》，清光绪三年（1877年），第30页b。

⑤ 连横：《台湾通史》卷23《风俗志·衣服》，商务印书馆2017年版，第460页。

⑥ 连横：《台湾通史》卷23《风俗志·饮食》，商务印书馆2017年版，第462页。

⑦ （清）冯可镛等纂：光绪《慈溪县志》卷53《物产上·服属之属》，《中国地方志集成·浙江府县志辑36》，上海书店1993年版，第190页上栏。

鱼、盐"。① 诸多的浙东物产从乍浦港出发，经浙东海上丝绸之路运贩至海外诸国。

国内各地的物资也多经海路和运河水网连接的水路通道大量输入浙东地区。如消费广且量大的豆，主要从北方的山东等省运入。乾隆四十九年（1784年），清政府准许"山东、奉天二省豆石，商民运到浙江宁波鄞港销售，有余，准福建商船购运回闽"。② 浙东本地所产大米远不能满足现实需要，往往依靠江西、湖广的米商贩运而来。乾隆十三年（1748年）顾琮言："金、衢、严、宁、绍、台六府，山田相半，温、处二府，山多田少，向资江楚转销。"③ 集散于苏州枫桥、海宁长安镇的米谷大量输入浙东，"杭、绍、宁三府咸资接济"。④ 浙东市场的蔗糖很多来自台湾，"色赤而松者，于苏州发卖，若糖湿、色黑，于上海、宁波、镇江诸处行销"。⑤ 台湾安嘉、新竹的麻苎也多运至宁波，"用以织布，乃再配入，而台人不能自绩也"。⑥ 这些运至浙东海上丝绸之路港口的物资经浙东运河输送至沿线及周边地区销售。砂糖之外的其他台湾土产也大量输入宁波，"货之大者莫如油米，次麻豆，次糖菁。至樟栳、茄籐、薯榔、通草、藤、苎之属，多出内山。茶叶、樟脑，又惟内港有之。商人择地所宜，雇船装贩，近则福州、漳、泉、厦门，远则宁波、上海、乍浦、天津以及广东，凡港路可

---

① （清）宋景关：乾隆《乍浦志》卷1《城市》，《中国地方志集成·乡镇志专辑20》，上海书店1992年版，第12页上栏。

② （清）昆冈等修，刘启端等纂：《钦定大清会典事例》卷239《户部·关税（禁令一）》，《续修四库全书》，八〇一·史部·政书类，上海古籍出版社2002年版，第832页上栏。

③ 《清高宗实录（五）》卷313，乾隆十三年四月癸未，中华书局1986年版，第143页上栏。

④ （清）邹存淦纂：同治《修川小志》卷上，《中国地方志集成·乡镇志专辑20》，上海书店1992年版，第730页上栏。

⑤ （清）黄叔璥：《台海使槎录》卷3《赤嵌笔谈》，清光绪五年（1879年），第8页a。

⑥ 连横：《台湾通史》卷26《工艺志·纺织》，商务印书馆2017年版，第485页。

通，争相贸易"。①

四、清代前期浙东运河与海上丝绸之路和浙江地方社会的互动影响

（一）清代前期浙东运河与海上丝绸之路上的丝绸贸易和浙江商业贸易的互动

清代前期浙东运河与海上丝绸之路的贸易商品依然以生丝为大宗。清初"海禁"时期浙东海上丝绸之路上的走私贸易中，夹带出洋的商品中以生丝为主。如顺治十七年（1660年）十一月初九日，绍兴府会稽县人王吉甫"有绫拾匹，从绍兴起身到蒿坝，拾二日到嵊县，拾伍日到天台，拾陆日到大石河头，拾捌日从山里小路到海游下船，带有绍兴绫十匹，每匹卖银三两，同船共三十二人"。②王吉甫从绍兴经浙东运河至蒿坝，由蒿坝经嵊县至天台，从临海的大石河头抄小路至三门的海游下船后前往长崎。从绍兴一路行至台州三门海游，既有水路，也有陆路和小路，资金的有限、行程的不便以及走私贸易的顾虑，决定了王吉甫所带的货物仅为十匹绍兴绫，在驶抵长崎将绍兴绫售卖后，利用售卖所得的有限资金，购进"海参二担，香蕈一挑"。③与王吉甫同行的福建漳州府海澄县人张瑞，"住口州仁和县义和二图地方，北关门里住。原带有丝二百六十斤，白绫三十三匹，红绉纱肆匹。出草桥门，由山里小路走到海游下船，同船共三十二

---

① （清）陈培桂：同治《淡水厅志》卷11《风俗考》，清同治十年（1871年）刻本，第3页a。
② 《刑部等衙门尚书觉罗雅布口等残题本》，《明清史料》，丁编，上，第三本，国家图书馆出版社2008年版，第528页。
③ 《刑部等衙门尚书觉罗雅布口等残题本》，《明清史料》，丁编，上，第三本，国家图书馆出版社2008年版，第528页。

人。今于五月二十日回到海游，不敢上岸，下到白溪上来"，① 从日本换回紫梗四挑半、海参五挑、鲍鱼五挑、香蕈一桶又一包。张瑞从杭州草桥门出发，是否走与王吉甫同样的路线到海游不得而知。但较为可行的路线便是从杭州经浙东运河至蒿坝后，走与王吉甫同样的路线到达海游后前往长崎。王吉甫和张瑞都在"迁海"时期前往日本贸易，属于违禁通番的走私贸易行为。他们冒着极大的风险将浙江的丝和丝织品运贩至日本，又从日本运回海参、鲍鱼等海产品在国内销售，因所涉商品数量有限，获得的利润相对微薄。而且在王吉甫、张瑞的走私贸易行为被官府发现后，同船的三十二人都不可避免地遭到处斩的悲惨结局，可知"海禁"时期浙东海上丝绸之路对日贸易的艰险。

清开"海禁"后，浙东海上丝绸之路贸易港口迅速崛起。为节省开支和方便出洋，贸易商人往往在离港口较近、交通便捷且是贸易商品生产地或集散地采购海上贸易所需物资。浙东运河沿线区域的贸易商品种类丰富，宁波则因其特殊的地理方位，成为浙东海上丝绸之路贸易商品的重要集散地。康熙三十一年（1692年），第四十六番高州船"到普陀山加载宁波运来的少许丝货后航日"。② 康熙三十七年（1698年），第八番宁波船在当地买了一些生丝、杂货。③ 可知，活跃于浙东海上丝绸之路的贸易商人多从宁波和普陀山等地购买生丝和丝织品。在赴日贸易商人眼中，"宁波交通便利，可达各省，各处来的大船大多要开进宁波。所以说，在宁波也能买到生丝、杂货，而且办货很容易"。④ 宁波的丝货除了部分来自本地及绍兴所产外，多数生丝和丝织品都由杭州经浙东运河运载而来。

---

① 《刑部等衙门尚书觉罗雅布口等残题本》，《明清史料》，丁编，上，第三本，国家图书馆出版社 2008 年版，第 528 页。

② ［日］林春胜、林信笃编：《华夷变态》，中册，卷 19，东方书店 1981 年版，第 1456 页。

③ ［日］林春胜、林信笃编：《华夷变态》，下册，卷 25，东方书店 1981 年版，第 1963 页。

④ ［日］林春胜、林信笃编：《华夷变态》，下册，卷 25，东方书店 1981 年版，第 1953 页。

无疑，浙东海上丝绸之路上的贸易商人在贸易港口直接采买丝绸等物最为便捷，但也不排除有船主直接前往生丝产地购买。如康熙三十五年（1696 年），据舟山船船主程楚臣自述："我等在舟山造船，客商为购白丝，到浙江各地采买，以致延迟航日。"[1] 舟山虽地处浙江，但并不属于盛产生丝的地方，因此海商要采买生丝，都需从杭嘉湖等生丝主产区采买。而江南最大的生丝集散地杭州，自然吸引了大批海商专门前往购买生丝。区别于浙东海上丝绸之路上往返于中国与日本、东南亚诸国之间的唐船贸易，英国东印度公司的商船直接前来宁波购买生丝和丝织品。1700 年驶抵宁波的"伊顿"号商船购买了价值 39000 两的 200 担生丝，价值 163800 两的丝织品 7350 匹。[2]

（二）清代前期浙东运河与海上丝绸之路上的丝绸贸易和浙江区域经济的互动

清代前期浙东运河与海上丝绸之路上集体崛起的贸易港口，其广阔纵深的腹地经济也因繁荣的海上贸易得以迅速发展壮大。之所以能够支撑起浙东海上丝绸之路庞大数额的贸易生丝和丝织品，就在于浙东运河及连通的江南运河沿线区域在丝织业中的突出地位。据估计，清代前期南京、苏州、镇江、盛泽、杭州、湖州、双林、绍兴、宁波诸地约共有织机万台，织工约万人。[3] 数量庞大的丝织业从业人员，为浙东海上丝绸之路提供了充裕的贸易生丝和丝织品。以生丝和丝织品为主的贸易商品通过浙东运河与海上丝绸之路的不断输出，极大地刺激了浙东及浙西地区丝织业产地经济的发展。

从清开"海禁"到雍正末期是清代浙东海上丝绸之路最为繁盛的时间段，江南地区所产的生丝和丝织品多从浙东海上丝绸之路贸易港口出洋。

---

① ［日］林春胜、林信笃编：《华夷变态》，中册，卷 23，东方书店 1981 年版，第 1820 页。

② ［美］马士：《东印度公司对华贸易编年史（1635—1834 年）》，欧宗华译，林树惠校，第一卷，广东人民出版社 2016 年版，第 121 页。

③ 徐新吾主编：《近代江南丝织工业史》，上海人民出版社 1991 年版，第 56 页。

清代前期，浙东海上丝绸之路上的生丝和丝织品多从宁波、普陀山、舟山、台州等港出洋。据日本学者山协悌二郎的统计，1688 年，唐船输日生丝为 40520 斤，1697 年为 45671 斤，1698 年为 11618 斤，1709 年为 40800 斤，1710 年为 23850 斤，1711 年 43280 斤。[①] 生丝的数量基本维持在万斤以上，多的年份达四万余斤。1715 年日本"正德新令"实行后，浙东海上丝绸之路输日生丝数量大为减少，1716 年仅为 342 斤，1719 年恢复至 7691 斤，1732 年上升至 23500 斤，此后，基本保持在三四千斤的标准。[②] 这一阶段浙东海上丝绸之路上的生丝基本多从宁波港出洋。从乾隆朝开始，浙东海上丝绸之路的生丝虽也有从宁波港出洋的，但从乍浦港起航赴日的商船逐渐增多。从乍浦港起航赴日，所走的航线一般都会途经普陀山后驶抵长崎港，此时的乍浦关是浙海关其中的一个关口。因此，从乍浦港起航赴日实际上走的也是浙东海上丝绸之路的贸易航线。

清代前期，浙东地区的丝织业规模虽然无法与杭嘉湖地区相媲美，但在浙东海上丝绸之路贸易的有力推动下依然保持着一定的产量。乾隆年间（1736—1795 年）宁波有丝织机 850 台，产丝、绫、绸、缎、绢等。[③] 机户和机匠多集中于城中月湖一带纺丝巷口。全祖望描述下的纺丝巷情景："纺丝巷中，中宵兀兀。拟之蜀江，文君缣帛。"[④] 清代前中期，绍兴有丝织机 1600 台，捻丝车 205 部。[⑤] 部分丝织品种品质上乘，如山阴县所织绉纱，"薄而不重，花样甚巧"。[⑥] 康熙初年清政府审理的王吉甫偷渡前往长崎一案中，王吉甫携带出洋的丝织品便是绍兴绫，这对于本就是会稽人的王吉甫而言，无须前往杭嘉湖地区采购丝织品，就地购入绍兴所产丝织品，既

① ［日］山协悌二郎：《长崎の唐人贸易》，吉川弘文馆 1972 年版，第 229 页。
② ［日］山协悌二郎：《长崎の唐人贸易》，吉川弘文馆 1972 年版，第 229 页。
③ 乐成耀：《宁波经济史》，宁波出版社 2012 年版，第 231 页。
④ 全祖望：《鲒埼亭集内编》卷 4《语·湖语》，《全祖望集汇校集注》，上册，上海古籍出版社 2000 年版，第 95 页。
⑤ 李永鑫主编：《绍兴通史》，第 4 卷，浙江人民出版社 2012 年版，第 345 页。
⑥ （清）高登先修，范其铸增刻：康熙《山阴县志》卷 7《物产志》，清康熙二十二年（1683 年）增刻本，第 13 页 b。

节约了时间和商品成本，又备足了海上贸易所需的商品。为适应市场发展的需要，生丝和丝织品的分工更为细致，生产也更具市场化特征。绍兴丝织业出现了将生熟货分开集中生产的格局。生货即先织后染，熟货则是将原料丝染练后织造，绍兴的生货主要集中在华舍一带生产，熟货生产多在下方桥一带。丝织贸易的兴旺在带动丝织产量迅速增长的同时，对蚕桑的需求自然增加，有些年份甚至出现了桑叶供不应求的场景。康熙五十八年（1719年），余姚"桑价腾涌，贫不能买叶者甚，至弃蚕满巷。汉即遣人，备厚价四出求桑，饲之，全活无算"。[①] 这是典型的丝绸贸易的兴盛触动了桑叶价格的上涨。在浙东海上丝绸之路丝绸贸易的主导下，清代前期浙东运河与海上丝绸之路上的贸易大港宁波，"得会稽郡之三县，三面际海，带江汇湖，土地沃衍，视昔有加，居民喜游贩"，"海道通闽广等地，商舶往来，物货丰溢"。[②] 商品经济也日趋活跃和繁荣。宁波也"自海道既通，闽商粤贾舳舻衔尾而至，遂为海滨一大都会"。[③] 以"海滨一大都会"来形容宁波，反映了浙东海上丝绸之路对宁波经济繁荣的巨大带动效应。

浙东运河与海上丝绸之路贸易的兴盛，一方面与杭州作为发达的丝织业产地和商品集散地紧密相关，另一方面又推动了杭州丝织业的发展。明代中期以来，一度衰落的杭州丝织业逐渐复苏繁兴，海外市场对丝绸的极大需求，促进了农业生产的商品化，民众弃农养蚕的现象日渐增多。康熙三十五年（1696年），康熙帝巡省浙西，亲眼看到当地"桑林被野，天下丝缕之供，皆在东南，而蚕桑之盛，惟此一区"。[④] 据《中国漫记》记载，康熙年间（1662—1722年）杭州"城区和郊区从事丝绸业的有60000人，

---

① 杨积芳总纂：民国《余姚六仓志》卷32《列传六》，慈溪市地方文献整理委员会编：慈溪文献集成，第一辑，杭州出版社2004年版，第571—572页。

② （清）汪源泽：康熙《鄞县志》卷1《总识考·风土》，《中国地方志集成·浙江府县志辑18》，上海书店1993年版，第174页上栏。

③ （清）曹秉仁纂：雍正《宁波府志》卷12《户赋》，《中国地方志集成·浙江府县志辑30》，上海书店1993年版，第505页上栏。

④ （清）郑沄：乾隆《杭州府志》卷1，"桑赋"，清乾隆四十九年（1784年）刻本，第4页a。

居住在村镇的还未计算在内"。① 从事丝绸业人数之众，足见其在杭州经济发展中的主体作用。发达的丝织业对桑叶的需求旺盛，种植桑叶所获收益远大于耕地种粮，百姓纷纷在农田中种植桑树。雍正时曾任浙江总督的程天章奏曰："杭嘉湖三府属地方，地窄人稠，民间多以育蚕为业，田地大半植桑。"② 杭州"桑麦之盛，惟东郊外最阔，田畴万顷，一望无际。春时桑林麦陇，高下竞秀"。③ 甚至连西湖周边也都栽种桑树，"环湖沿山之田，民多种桑"。④ 蚕桑丝织业成为杭州的主要产业，民众的富庶和日常收入主要来自此行业。乾隆二十四年（1759），清政府禁止丝巾出洋，这一政策直接影响到了杭州等地以丝织业为生的百姓的日常生计。史载："即以产地而论，浙省之杭、嘉、湖及绍属之诸暨，产丝最盛。每届新丝出后，江、浙、粤、闽贩丝客民拿本而来者甚多，所产粗丝顷刻得价售卖，农民转觉生计裕如。今奉禁之后，丝价未见其平，而粗丝消售转滞，于农民反有转售不远之苦"，⑤ 丝织业在杭州民众生活中的地位可见一斑。以丝织产业为主的杭嘉湖地区的经济是与兴盛的浙东海上丝绸之路紧密相连且互为因果的。

（三）清代前期浙东运河与海上丝绸之路上的中外文化交流

清代前期浙东运河与海上丝绸之路上的文化交流依然以中日两国之间的交流为主。日本于 17 世纪上半叶实行"锁国"政策，禁止本国人员出海，但允许中国商船前往日本贸易。因而这时期的浙东运河与海上丝绸之

---

① ［罗马尼亚］尼·斯·米列斯库：《中国漫记》，蒋本良、柳凤运译，《中外关系史名著译丛》，中华书局 1990 年版，第 139 页。

② 浙江总督程元章折：《奏请折留漕米以裕民食事》，雍正《朱批谕旨》，第 52 册，上海点石斋，清光绪十三年（1887 年），第 84 页 b。

③ （清）高濂：《四时幽赏录》，《登东城望桑麦》，浙江古籍出版社 2018 年版，第 13 页。

④ （清）李卫等修，傅王露等纂：雍正《西湖志》卷 24《物产》，《中国方志丛书·华中地方·第五四三号》，台湾成文出版社 1983 年影印本，第 1856 页。

⑤ （清）席裕福、沈师徐：《皇朝政典类纂》卷 118《市易六·海舶通商》，沈云龙主编：近代中国史料丛刊续编第 89 辑，台湾文海出版社 1982 年版，第 1089 页。

路文化交流表现为：搭乘赴日贸易商船前往日本的中国文人、僧人、医师等与日本在思想文化、宗教文化、医药卫生等领域展开交流。数量庞大的往返于中日之间的中国海商是这时期中日文化交流的主要媒介。

　　清初浙东运河与海上丝绸之路上的中日文化交流中，较为瞩目的是明末清初因反清避祸最终寓居于日本的浙东儒士朱舜水（1600—1682 年）。为争取外援对抗清军，自日本正保二年（1646 年）以来，朱舜水几次从舟山起航至日本，转抵交趾、安南等国。① 1659 年，在安东省庵的恳请下，朱舜水寓居于日本，② 终未能再回到他热爱的祖国和故土。朱舜水在日本居留期间积极宣传中国传统思想文化，其倡导的实功实用之学极大地影响了安东省庵唯物主义思想的形成，安东省庵后成为日本的"关西巨儒"。1665 年，朱舜水被水户藩藩主德川光国聘为宾师，遂从长崎移居至水户讲学，他所传扬的君臣父子、大义名分、实功实用等思想见解极大地震动了日本的思想界，其中受其影响最大的便是水户学派。1672 年，水户学派创始人德川光国设置彰考馆，由朱舜水担任具体指导，十三岁就师从朱舜水的安积觉为编修总裁，正式开始编修《大日本史》，成功地开启日本修史之先河。此外，朱舜水在书法艺术、丝织技艺、建筑技艺、农业生产等诸多方面传播了中国的科技和艺术。

　　清代前期，具有一定技艺的专业人员搭乘浙东海上丝绸之路上的赴日贸易商船往来日本发挥所长。康熙四十二年（1703 年）八月四日，杭州府医师陆文斋搭乘七十七番张太来的宁波船驶抵长崎。在长崎滞留期间，曾在长崎奉行永井讃歧守、别所播磨守面前谈论和讲解医术，同年十一月二十四日乘坐同艘船回国。③ 福建汀州府人朱来章搭乘二十一番船头为吴

---

① ［日］早川纯三郎编辑：《通航一览》卷 224，国书刊行会，1913 年，第 566 页下栏。

② ［日］早川纯三郎编辑：《通航一览》卷 224，国书刊行会，1913 年，第 574 页下栏。

③ ［日］大庭修编：《唐船进港回棹录　岛原本唐人风说书　割符留帐》，关西大学东西学术研究所，1974 年，第 44 页。

克修的广东船，于 1721 年七月十六日驶抵长崎港。① 朱来章的身份既是商人又是医师，赴日的主要目的在于通过贸易获得收益，但入港后便被安排住在彭城滕治右卫门之宅，在此为一般的日本市民患者诊治，二年后于雍正元年（1723 年）十二月二十一日乘寅二十六番宁波船回国。② 朱来章因治愈长崎奉行的疾病，故被日方允许居住在唐人屋敷以外的地方。为褒奖他在日期间的行医功绩，日方破例发放了临时的宁波船信牌给他的外甥朱允光。雍正三年（1725 年），朱来章搭乘外甥朱允光的六番宁波船，与其兄朱佩章、朱子章三人于二月四日驶抵长崎，寄住在官梅三十郎的宅中。③ 此次赴日的朱来章未被允许离开土库外出行医。同为医师的朱子章在日期间向间野春庵、柳如泽传授治疗疱疮的方法。纪州医师宇治多云庵曾向子章提问请教，后留下《朱子章答宇治多云庵》和《朱子章问答》二书。④ 朱佩章是一名儒士，他解答了受幕府委托的荻生总七郎等人所提问题，这些答复被编成《清朝探事》（又名《大清朝野问答》《清人问答书》《享保笔录》等）一书。荻生总七郎等人还就清朝法律实施方式详细询问了朱佩章，后编成《仕置方问答书》，全文共 21 条，另有关清朝制度和行政制度的问答编成《番外杂书解题》。⑤

　　清代前期，中国僧人在崇福寺、兴福寺、福济寺等长崎三寺的邀请之下，纷纷搭乘赴日贸易商船经浙东海上丝绸之路到达日本。康熙三十二年（1693 年），泉州开元寺僧圣垂方炳应长崎福济寺的邀请，从普陀山搭

① ［日］大庭修编：《唐船进港回棹录　岛原本唐人风说书　割符留帐》，关西大学东西学术研究所，1974 年，第 46 页。
② ［日］大庭修编：《唐船进港回棹录　岛原本唐人风说书　割符留帐》，关西大学东西学术研究所，1974 年，第 46—47 页。
③ ［日］大庭修编：《唐船进港回棹录　岛原本唐人风说书　割符留帐》，关西大学东西学术研究所，1974 年，第 47 页。
④ ［日］大庭修编：《唐船进港回棹录　岛原本唐人风说书　割符留帐》，关西大学东西学术研究所，1974 年，第 48 页。
⑤ ［日］大庭修编：《唐船进港回棹录　岛原本唐人风说书　割符留帐》，关西大学东西学术研究所，1974 年，第 47 页。

船前往日本，①后来成为宇治黄檗山万福寺第十一代住持。康熙五十八年（1719年）八月初七，道本莅亭（1664—1731年）应崇福寺的邀请，乘坐何定扶、丘永泰的第二十七番宁波船抵日，②后为崇福寺第六代住持。康熙六十年（1721年）七月十九日，浙江嘉兴府石门县59岁的僧人杲堂净昶应兴福寺邀请，搭乘尹心宜、沈抚筐的第二十二番宁波船赴日。③康熙六十一年（1722年）正月初七日，28岁的僧人卉木际润和14岁的大成际腥应兴福寺邀请，搭乘何定扶、丘永泰的一番宁波船赴日，④同年七月二十一日，泉州开元寺僧、32岁的道徽其俨应福济寺主持一贯全严的邀请，乘坐吴子明的十四番宁波船抵达长崎。⑤道徽其俨后来成为黄檗山的第十五世、十八世祖。

清代中日贸易中的书籍作为重要的文化商品输入日本，日本借此从中国典籍中摄取丰富的文化养料。从浙东海上丝绸之路输入日本的汉籍的种类可以赴日贸易商船所载书籍为参考。康熙五十四年（1715年），第四十九番宁波船携往日本的书籍有《三才图会》一部十二套一百八本至《四书日讲解义》一部二套十六本为止的二十八部一百四十九套一千百三十四本的书名套数和册数。⑥雍正三年（1725年）二月随第六号宁波船入港的朱来章，除将《乐书》一部六套、诗牌一箱、长江图画一轴献给将军德川吉宗，还载来76种书籍用于出售。其中《疗马书》《大清会

---

① ［日］林春胜、林信笃编：《华夷变态》，下册，卷20，东方书店1981年版，第1603—1604页。

② ［日］大庭修编：《唐船进港回棹录　岛原本唐人风说书　割符留帐》，关西大学东西学术研究所，1974年，第53、72页。

③ ［日］大庭修编：《唐船进港回棹录　岛原本唐人风说书　割符留帐》，关西大学东西学术研究所，1974年，第54、75页。

④ ［日］大庭修编：《唐船进港回棹录　岛原本唐人风说书　割符留帐》，关西大学东西学术研究所，1974年，第54、76页。

⑤ ［日］大庭修编：《唐船进港回棹录　岛原本唐人风说书　割符留帐》，关西大学东西学术研究所，1974年，第54、76页。

⑥ ［日］大庭修：《江户时代中国典籍流播日本之研究》，戚印平、王勇、王宝平译，杭州大学出版社1998年版，第100页。

典》及十五省通志都是之前日本所求书籍，委托朱来章一并带来。^① 雍正十三年（1735 年）第二十番宁波船载运的书籍有：万历版《廿一史》、全部 61 套、《孝经集解》40 部等共计 62 种、366 部的书名、部数、套数或册数。^② 从上述三个不同年份的输日书籍来看，涉及历史、政治、儒家经典、地方志、技艺等类别。仅朱来章就一次性输出十五个省份的地方志，可知日方对中国地方志的渴求。据统计，1716 年至 1745 年间，中国输日的方志达 521 部，其中以 1725 年和 1726 年输日的方志数较多，分别达到 108 部和 114 部，其中浙江分别达 25 部和 30 部。^③ 浙江省的地方志基本上多经浙东海上丝绸之路上的宁波和乍浦港输出，另江苏、江西、安徽等省的地方志也经浙东海上丝绸之路输日。地方志所承载的中国地方文化、治理、经济、民俗、物产等信息传至日本，极大地满足了锁国时期日本学习和借鉴中国文化、提升地方治理水平、改良作物种植和生产技艺的需求。

① ［日］大庭修编：《唐船进港回棹录　岛原本唐人风说书　割符留帐》，关西大学东西学术研究所，1974 年，第 48 页。

② ［日］大庭修：《江户时代中国典籍流播日本之研究》，戚印平、王勇、王宝平译，杭州大学出版社 1998 年版，第 102 页。

③ 巴兆祥：《明清时期地方志东传日本的历史过程》，《中国历史地理丛刊》2008 年第 3 期。

第六章
清代后期浙东运河的整治与海上丝绸之路的衰落

    1842 年中国在鸦片战争中战败，被迫签订了《南京条约》。据此条约，浙东海上丝绸之路上的宁波港于 1844 年正式开埠。浙东海上丝绸之路上传统的帆船贸易量，在外国轮船航运业的冲击下急剧萎缩，直接的进出口贸易额大幅下降。宁波港从浙东海上丝绸之路上的远洋贸易港逐渐向转运贸易港转型，浙东海上丝绸之路上的传统贸易趋于衰落。浙东运河则进行了局部性的整修，依然是浙东地区重要的内河交通干道，并将轮船引入运河，内河小轮船航运业发展起来。

第一节　清代后期浙东运河的治理

一、清代后期浙东运河的治理

    清代后期浙东运河有局部性的整治，尤以航道较为复杂的曹娥段运河为多。作为浙东运河过曹娥江前往宁波的北线起点的百官上堰头，即"百官坝，在十都舜庙前，为明越往来通衢。咸丰初年，堤上设旱闸四门，逢秋潦江涨，加板筑土以固捍御，水无越塘之患"。①清代后期因为太平军与清军交战，曹娥江运河沿线房屋被烧毁，瓦砾落入河中，致使运河河道多淤塞，同治三年（1864 年），上虞县知县翁以異"督民挑浚"。同治九年（1870 年），上虞知县余庭训会同县丞陈鑠、乡绅陈梦麟等共同筹款，"开掘城河，自望稼桥至沙滩，用钱一千八百余缗"。②光绪十六年（1890 年），上虞知县唐煦春"拨工赈义款开浚自新通明堰至上木桥，凡浚河七百三十丈，用钱一千余缗"。③

余姚陡亹坝位于烛溪乡，"在邑西二十五里"。④马渚中河东出陡亹坝后，过曹墅桥后汇入姚江。同治元年（1862 年），云楼劳长龄发起募捐重建陡亹坝："按亩捐谷，以资经费。远近闻之踊跃乐输"，余姚知县陶云升"即命劳君董其役。经始于癸亥之七月，先贺墅，次陡亹，次年甲子某月各堰次第告竣。且于陡亹、贺墅堰侧添设水闸，即怀清、抱道、香家三堰，亦各穿小穴甃以石，旱可灌潮，涝可泄水"。⑤光绪十六年（1890 年），下坝旁修建大闸，以确保运水舟楫行使所需水位，史载："姚邑下坝旁建大闸，兼分设龙须闸一座。坝以过船，闸以蓄水。上保运河，下卫潮路。"⑥

---

① （清）储家藻：光绪《上虞县志校续》卷 26《舆地志七·水利》，清光绪二十四年——二十五年（1898—1899 年），第 8 页 b，第 9 页 a。

② （清）储家藻：光绪《上虞县志校续》卷 23《舆地志四·水利》，清光绪二十四年——二十五年（1898—1899 年）刻本，第 2 页 a。

③ （清）储家藻：光绪《上虞县志校续》卷 23《舆地志四·水利》，清光绪二十四年——二十五年（1898—1899 年），刻本，第 6 页 b。

④ （清）周炳麟：光绪《余姚县志》卷 8《水利·坝》，清光绪二十五年（1899 年）刻本，第 29 页 a。

⑤ （清）周炳麟：光绪《余姚县志》卷 8《水利·坝》，清光绪二十五年（1899 年）刻本，第 29 页 b。

⑥ （清）周炳麟：光绪《余姚县志》卷 8《水利·坝》，清光绪二十五年（1899 年）刻本，第 30 页 a。

二、清代后期浙东运河的运道概况

清代后期浙东运河的航运通道大体承袭自清代前期。《清稗类钞》中"自京师南航运河至浙江鄞县"条对浙东运河运道有个基本的概述："自杭州东渡钱塘江至西兴，过萧山县，至绍兴。……由绍兴东经余姚县至鄞，为通商大埠，租界在江北岸。"[①]清宣统三年（1911年）编撰的《会稽县劝业所报告册》记载了由会稽县经运河至宁波的路线，"一由水道通上虞：由府城出本邑之都泗门，沿运河至曹娥，出外江入上邑之梁湖，越数坝，直达县城，又由上邑境可达余姚，由余邑可达宁波"。[②]宣统二年（1910年）编辑的《中国商业地理》一书对浙东运河的通航情况有较为详细的描述："自宁波至余姚计一百零二里，河幅五百呎，吃水七呎以上之汽船可以往来无阻，现在有小轮四艘，每日上下午两次往来至。余姚以北江水绝运河出，依运河之便可直达于钱塘江。自运河生有高低之差，舟不能行，于是叠石作坝，坝上施以黏土涂抹其上，以人力挽舟而过。自余姚至曹娥计八十里，舟行颇难。经石堰、虞家堰、张家堰至于百官镇，有一坝入曹娥江，横江而渡至曹娥镇，又有一坝，长数百迈，当高十五呎，为坝中巨擘，过此即钱塘江之右岸。至于西兴驿百五十里之间，亦有一长坝。自西兴驿依运河之便可达于钱塘江左岸之江干。"[③]

清光绪年间（1875—1908年），湖州知府宗源瀚组织测绘人员考察了浙江全省各府县的水陆通行情况，撰写成《浙江全省舆图并水陆道里记》，虽然没有就浙东运河一线做整体连贯的描述，但其中对浙东运河部分航段及沿途江河、闸坝及水况等均有相应的记述。浙东"运河自此（西兴驿）

---

① 徐珂编撰：《清稗类钞》，第 1 册，地理类，"全国环游纪程"，中华书局 1984 年版，第 68 页。

② （清）会稽县劝业所编：《会稽县劝业所报告册》，《史迹汇纂》，第三册，绍兴丛书编辑委员会编：《绍兴丛书》，第二辑，中华书局 2009 年版，第 256 页下栏。

③ 李哲濬、景学钤编辑：《中国商业地理》，江宁劝业所刊行，清宣统二年（1910），第 373—374 页。

起东南流过永清桥至普济桥五里二分，水深五尺七寸，面阔四丈二尺，有大小白马湖水，自西南来注之"。① "运河自萧山县流至此（钱清镇）入境，又南少东流越西小江至南钱清村五里，水深五尺，面阔二丈八尺，有鉴湖支水自南来注之。"② 运河从西兴至钱清，过柯桥到绍兴，出城后经东关到达曹娥镇，"运河自曹娥镇之拖舟坝起，西少北流至此（白米堰桥）七里七分，水深七尺六寸，面阔三丈八尺，有清水闸。水自南来注之。运河南则次第受诸溪河之水，北则次第分水流，赴西湖黄草、楝树等闸出海"。③ 曹娥江段历来是浙东运河航道较为复杂的一段。过曹娥江后，走南线便是经四十里河进入通明江，"四十里河自曹娥江之梁湖坝起，次第纳洪山湖、皂李湖、西溪湖及诸山溪之水，东南流至此（梁湖镇）五里五分"。"通明江自此（老通明闸）承四十里河之二支水，起东北流至谢家桥市四里，水深七尺，面阔五丈"，④ 再经十八里河进入姚江。道光二十年间（1840年），宁郡英夷滋事兵船络绎通明坝下十八里河，水浅易涸。⑤ 反映了当时十八里河因水位较浅导致通行状况不佳。姚江自上虞县流至永思桥入境，又北流至江口村东二里。自江口村东首东北流折而西北至下坝一里二分。有上

① （清）宗源瀚：《浙江全省舆图并水陆道里记（一）》，"萧山县水路道里记"，《中国方志丛书·华中地方·第四七号》，台湾成文出版社1970年影印本，第181页下栏。
② （清）宗源瀚：《浙江全省舆图并水陆道里记（一）》，"绍兴县水路道里记"，《中国方志丛书·华中地方·第四七号》，台湾成文出版社1970年影印本，第173页上栏。
③ （清）宗源瀚等纂：《浙江全省舆图并水陆道里记（一）》，"绍兴县水路道里记"，《中国方志丛书·华中地方，第四七号》，台湾成文出版社1970年影印本，第173页下栏。
④ （清）宗源瀚等纂：《浙江全省舆图并水陆道里记（一）》，"上虞县水路道里记"，《中国方志丛书·华中地方，第四七号》，台湾成文出版社1970年影印本，第198页下栏。
⑤ （清）储家藻：光绪《上虞县志校续》卷26《舆地志四七·水利》，清光绪二十四年——二十五年（1898—1899年）刻本，第5页b。

虞县十八里河自西南来注之。①北线则走马渚横河，"马渚横河自曹娥江之百官坝起，纳众小溪水东北流至此（石堰北）十一里六分"，②往东流经驿亭镇，过长坝、横河坝进入余姚县界，过陡亹坝后归入姚江。

姚江出余姚城后流经丈亭镇，这段被称为丈亭江，"丈亭江自余姚县流至此（界桥南）入境，又东南流折而西至郁家湾五里"。③丈亭以东姚江自然段称为前江，有后江水自东来会之，九里浦以下与鄞县分水为甬江。自丈亭开始运河分为两条线路，即从丈亭三江口到慈溪县城的后江（慈江），"后江初为横溪下流，……又下为东大河，自化子闸以下为后江"。④"后江旧直贯（慈溪）县城，由聪马桥出东郭至西渡（小西坝），又与大江（姚江）会，今由太平桥、三板桥至夹田桥贯东乡"，⑤从夹田桥折向南经刹子港航道到达镇海。另一条路线则是从车厩经前江过大西坝，过高桥镇后东行至西塘河，再经水路到达宁波城西望京门后入甬江。对于由宁波出发过坝进入浙东运河这段航程，1845年英国传教士施美夫有较为详细的记载："我们晚上8点乘一条棚顶船出发，从城东溯江而上。船航行了两里来地，遇到一座堤坝，耽搁了一些时间。那座堤坝将甬江与我们必须进入的一条运河隔开。我们下了船，待在江岸上。6个中国人把绳子

---

① （清）宗源瀚等纂：《浙江全省舆图并水陆道里记（一）》，"余姚水路道里记"，《中国方志丛书·华中地方，第四七号》，台湾成文出版社1970年影印本，第192页上栏。

② （清）宗源瀚等纂：《浙江全省舆图并水陆道里记（一）》，"上虞县水路道里记"，《中国方志丛书·华中地方，第四七号》，台湾成文出版社1970年影印本，第198页下栏。

③ （清）宗源瀚等纂：《浙江全省舆图并水陆道里记（一）》，"慈溪县水路道里记"，《中国方志丛书·华中地方，第四七号》，台湾成文出版社1970年影印本，第143页上栏。

④ （清）宗源瀚等纂：《浙江全省舆图并水陆道里记（一）》，"慈溪县水路道里记"，《中国方志丛书·华中地方，第四七号》，台湾成文出版社1970年影印本，第143页下栏。

⑤ （清）冯可镛等纂：光绪《慈溪县志》卷8《舆地三·江》，《中国地方志集成·浙江府县志辑35》，上海书店1993年版，179页上栏。

套在船上，然后慢条斯理地推着一架笨重的绞盘机。就这样，他们慢慢地把船绞到一个斜坡上。从斜坡顶上，船可以靠自身的重量，轻而易举地滑入对面运河里一米左右。"① 此外，还有一条人工河道为慈江经中大河至镇海。"甬江自慈溪县流至此（九里浦）入境，又东北流折而东南至大西坝渡六里五分，水深二丈一尺，江阔五十八丈。"② 甬江，从宁波分为两个支系，北支及其所联结河流有天然的和人工的，形成一个最有价值的水系，往来于内地运输货物。③

第二节　清代后期浙东运河与海上
丝绸之路的衰落

一、清代后期浙东地方社会经济概况

清代后期，战事频仍，时局复杂。鸦片战争后浙东地区深受西方资本主义的冲击，宁波港被辟为最早的五个对外通商口岸之一，区域性商品经济开始朝着服务于对外贸易的方向发展，自然经济加速解体。清末民族资本主义经济发展的背景下，浙东地区也出现了近代化的工厂，传统的封建手工作坊生产开始转向机器加工生产，由此带动了农产品的生产加工

---

① ［英］施美夫：《五口通商城市游记》，温时幸译，北京图书馆出版社 2007 年版，第 145 页。

② （清）宗源瀚等纂：《浙江全省舆图并水陆道里记（一）》，"鄞县水路道里记"，《中国方志丛书·华中地方，第四七号》，台湾成文出版社 1970 年影印本，第 137 页上栏。

③ 《浙海关十年报告（1882—1891 年）》杭州海关译编：《近代浙江通商口岸经济社会概况——浙海关　瓯海关　杭州关贸易报告集成》，浙江人民出版社 2002 年版，第 30 页。

及其商品化。

清代后期随着钱塘江出口移至北大门，会稽、山阴、萧山民众对北部海涂展开围垦，垦殖面积相当可观，虽然多数并无海塘御潮，存废无常，但依然缓解了浙东地区紧张的人地矛盾。且当时人们已掌握了海涂垦殖熟化程序，将沙土逐渐改良成能够种植粮食的良田。海涂沙田往往实行水稻与棉花、旱粮、瓜蔬轮作。豆麦因沙土田土皆宜，因而会稽县"除山乡禾稻一年二熟外，余皆秋收之后栽种豆麦"。[1]据统计，宣统初年，仅会稽县就产粳米 753600 石、早米 101200 余石。小麦 119300 石，大麦 21200 石，大豆 37000 石，黄豆 27540 石。[2]宁波早稻虽不能十足收成，然每亩不下三四石。[3]明代中后期引入的玉米和番薯、高粱等杂粮作物种植更为普遍。宣统初年，会稽县产玉米 18320 石，番薯 155000 斤。[4]

甲午战后浙东地区开办的棉纺织厂及外资棉纺织工厂，都对棉花原料有着较大的需求，这就极大地刺激了浙东沿海棉花种植区域的扩大。会稽海塘外沿海一带沙地，除了一半土地用于种植黄豆与瓜，还有一半用来种植棉花，每年四月种下，八月收获，一年可收二三次到三四次左右，丰年和歉收年份的产量悬殊。"丰年每亩可得百数十斤至二百斤，歉岁每亩只三四十斤，或十数斤不等。……上年（宣统二年）风潮为灾，收数大减，

---

① （清）会稽县劝业所编：《会稽县劝业所报告册》，《史迹汇纂》，第三册，绍兴丛书编辑委员会编：《绍兴丛书》，第二辑，中华书局 2009 年版，第 260 页下栏。

② （清）会稽县劝业所编：《会稽县劝业所报告册》，《史迹汇纂》，第三册，绍兴丛书编辑委员会编：《绍兴丛书》，第二辑，中华书局 2009 年版，第 260 页上栏。

③ 李文治编：《中国近代农业史资料（1840—1911）》，第一辑，《中国近代经济史参考资料丛刊》，第三种，科学出版社 2016 年版，第 623 页。

④ （清）会稽县劝业所编：《会稽县劝业所报告册》，《史迹汇纂》，第三册，绍兴丛书编辑委员会编：《绍兴丛书》，第二辑，中华书局 2009 年版，第 260 页上栏。

约共得产额三千五百担。"① 据推算，清末仅会稽海涂棉田达 12649 亩。② 安昌北境白洋山外，"木棉之利，岁登数十万。而此数十万木棉，又必于市易粟与一切居处日用之资。则市之懋迁有无，又不啻数十万"。③ 清末会稽县每年运出 75000 斤棉花。④ 宁波余姚等地的沿海百姓甚至以种植棉花为主业，"余姚东至慈溪观海卫，西至上虞夏盖山一带，共百余里，沿海百姓，名曰沙民，皆植木棉为业"。⑤

平水珠茶为绍兴出产的大宗商品。历史上，会稽山茶以日铸茶闻名天下，由于需求旺盛供不应求，在绍兴府属各县都广为栽培。鸦片战争后，"海禁大开，各县所产之茶，咸集中平水，加工精制为圆形绿茶，大量输出，以供国内外市场之需要，昔日供应全国之日铸茶，遂一变而为运销海外之平水茶矣"。⑥ 平水珠茶是一种加工精制为圆形的绿茶，依据制作技艺的粗巧和大小，分为不同等级以供海外市场所需。外销数量，曾占华茶出口的首位。⑦ 清末平水茶每年产量丰歉不等，年均产茶 1220 万斤，其中嵊县出产的约为十分之四，山阴、上虞、诸暨、新昌、余姚约为十分之三，山阴约为十分之三。年均销往海外国家的平水茶约达二十万箱左右，共计

① （清）会稽县劝业所编：《会稽县劝业所报告册》，《史迹汇纂》，第三册，绍兴丛书编辑委员会编：《绍兴丛书》，第二辑，中华书局 2009 年版，第 261 页上栏。

② （清）会稽县劝业所编：《会稽县劝业所报告册》，《史迹汇纂》，第三册，绍兴丛书编辑委员会编：《绍兴丛书》，第二辑，中华书局 2009 年版，第 258 页上栏、261 页上栏。

③ （清）高骧云：《安昌记》，绍兴县修治委员会辑：《绍兴县志资料》，第一辑，《中国方志丛书·华中地方·第五三八号》，成文出版社 1983 年影印本，第 1008 页。

④ （清）会稽县劝业所编：《会稽县劝业所报告册》，《史迹汇纂》，第三册，绍兴丛书编辑委员会编：《绍兴丛书》，第二辑，中华书局 2009 年版，第 234 页上栏。

⑤ 李文治编：《中国近代农业史资料（1840—1911）》，第一辑，《中国近代经济史参考资料丛刊》，第三种，科学出版社 2016 年版，第 420 页。

⑥ 吕允福：《浙江之平水茶业》，《国际贸易导报》1934 年第 6 期。

⑦ 陈一鸥：《浙东茶业剥削史》，《浙江文史资料选辑》，第 11 辑，浙江人民出版社 1980 年版，第 36 页。

880 万斤。^①19 世纪中叶平水茶的外销数量庞大，茶源紧张，"采购人员，接踵上山，刺激了山上农民种茶的劲头。于是大片荒山与部分林区，披荆斩棘，除石松土，开拓平整，尽皆栽种了茶树。就此以后，茶叶便成了四明山区的主要生产"。^②

清末绍兴府虽非产丝重地，但也有数量不多的丝出口。^③在丝织品大量外销的刺激下，浙东百姓的植桑热情被充分激发出来。《同治三年（1864年）浙海关贸易报告》称："除了诸暨县有广阔的绿色桑地外，湖州、嵊县、新昌县，还有上虞江两岸，乡村里村前屋后到处都是桑园，就像中国南方的竹园一样。"^④光绪三十四年（1908 年），鄞县绅商创办了专门种植桑树的钱湖实业（植桑）公司。桑树的专业化种植意味着丝业生产的巨大原料需求。清末会稽县每年约产桑叶 185.25 万斤，蚕茧每年约出 15.37 万斤。^⑤与桑叶广泛种植相对应的便是绍兴、宁波二府的丝织业有了较大的发展。1880 年，绍兴城内及附近共有织绸机约 1600 部。每年产各种绸 3.25 万匹，每匹平均重量为 15.4 两。加上织绸损耗，本地共用生丝 42229斤。^⑥1600 部织机中，100 台织缎，200 台织绉，100 台织罗，1200 台织绵

---

① （清）会稽县劝业所编：《会稽县劝业所报告册》，《史迹汇纂》，第三册，绍兴丛书编辑委员会编：《绍兴丛书》，第二辑，中华书局 2009 年版，中华书局第 261 页下栏、262 页上栏。

② 陈一鸥：《浙东茶业剥削简史》，《浙江文史资料选辑》，第 11 辑，浙江人民出版社1978 年版，第 36 页。

③ 姚贤镐编：《中国近代对外贸易史资料（1840—1895）》，第一册，《中国近代经济史参考资料丛刊》，第五种，中华书局 1962 年版，第 578 页。

④ 《同治三年（1864 年）浙海关贸易报告》，杭州海关译编：《近代浙江通商口岸经济社会概况——浙海关　瓯海关　杭州关贸易报告集成》，浙江人民出版社 2002 年版，第 97 页。

⑤ （清）会稽县劝业所编：《会稽县劝业所报告册》，《史迹汇纂》，第三册，绍兴丛书编辑委员会编：《绍兴丛书》，第二辑，中华书局 2009 年版，中华书局第 265 页上栏。

⑥ 彭泽益编：《中国近代手工业史资料（1840—1949》，第二卷，《中国近代经济史参考资料丛刊》，第四种，科学出版社 2016 年版，第 77 页。

绸。① 绍兴出产的丝绸，绝大多数为素绸，称为纺绸，还生产宁绸、春绸、线绉、绵绸等。晚清绍兴的蚕丝生产，形成了以华舍为主的绸业中心，其他如"安昌、下坊桥、板桥、亭后、蜀后等处，地邻华舍，亦先后兴起，设机织造，惟其贸易，仍以华舍为中心"。② 绍兴的缎类织造则始于道光年间（1821—1850 年），至光绪年间（1875—1908 年），缎类织造已"及于山头、兴浦等处，年出缎类共二万二千匹，当时价格每匹约五十元，值一百十万元"。③ 产品远销至平津、山东及关外诸省。在传统的丝织生产外，19 世纪末 20 世纪初的几年中，机器缫丝厂也陆续开办起来，如绍兴开永源丝厂、萧山合义和丝厂等多是浙东商人合资筹办的缫丝工厂，用机器来从事丝织生产。

光绪年间（1875—1908 年），鄞县小溪、鄞江桥成为宁波民营丝织业集中的地方。据载："养蚕纺丝，向惟小溪、鄞江桥一带为盛，近日种桑者多，诸村妇女咸事蚕织"，所织丝缎"出售于市，率以五鼓往，日大明而散"。④ 余姚濒海之乡"产蚕丝，以崔陈路出者为最。浒山天元市等处旧有丝行，每至新丝上市，甬绍机户络绎采办。产额岁以六七万计"。其案语言："前清光绪初年，始设茧行于北乡，天元市及浒城，今坎镇、道路市均有茧灶，居民售茧日多，岁额亦数万元。"⑤ 1878 年，宁波的生丝产量为 3254 斤；1879 年为 5233 斤。城内及附近共有织绸机约 848 部，每年产

---

① 周德华译：《19 世纪 80 年代浙海关、津海关和瓯海关丝绸调查》，《丝绸》2001 年第 9 期。

② 建设委员会经济调查所统计课编辑：《绍兴之丝绸》，民国二十六年（1937 年），第 18 页。

③ 建设委员会经济调查所统计课编辑：《绍兴之丝绸》，民国二十六年（1937 年），第 32 页。

④ （清）戴枚修，张恕纂：光绪《鄞县志》卷 2《风俗》，清光绪三年（1877 年）刻本，第 7 页 a。

⑤ 杨积芳总纂：民国《余姚六仓志》卷 17《物产》，慈溪市地方文献整理委员会编：《慈溪文献集成》，第 1 辑，杭州出版社 2004 年版，第 335 页。

绸约 8400 匹。[1] 虽然与绍兴府产出有较大的差距，但也具备一定的产出能力，主要有线绸、宁绸、平纹缎、花缎、绉缎和罗等种类。

绍酒之名驰于天下，而论其出产则山阴为最，会稽次之。[2] 光绪年间（1875—1908 年），山阴、会稽有酿坊 1300 多家，向官府报捐数 18 万缸，农户家酿 6 万缸，占总酿酒数的四分之一，年合计产酒约 14880 万斤。[3] 除了广销国内各地外，还远销至日本、新加坡、马来西亚等国。清末绍兴成为全国最大的锡箔生产地，仅会稽县每年产量达 160 万块，运销至他处的约 140 万块，[4] 其中大量出口至印度尼西亚、尼泊尔、印度及南洋等地。扇子作为山会两县的重要手工产品，每年从会稽县运出的扇子约在六万把左右。[5] 宁波的席草产品自古以来便是国内外市场上颇受欢迎的土产。鸦片战争后大量外国纺织品的输入使得原本以家庭纺织为生的手工作坊破产，转而从事草席、草帽及枕席等席草编织。史载："自洋纱输入，家庭纺织破产以后，吾甬最普遍之妇女家庭工业，厥维编帽与织席。"[6] "妇女以编织为生者不下十万口，行商数十家，贩户三千余人，运销外洋值千余万元。"[7] 可知草帽在销售国内各地的同时，出口的数量也相当可观。

---

① 彭泽益编：《中国近代手工业史资料（1840—1949》，第二卷，《中国近代经济史参考资料丛刊》，第四种，科学出版社 2016 年版，第 79 页。

② （清）会稽县劝业所编：《会稽县劝业所报告册》，《史迹汇纂》，第三册，绍兴丛书编辑委员会编：《绍兴丛书》，第二辑，中华书局 2009 年版，第 269 页下栏。

③ 卓贵德等：《绍兴农业史》，中华书局 2004 年版，第 194 页。

④ （清）会稽县劝业所编：《会稽县劝业所报告册》，《史迹汇纂》，第三册，绍兴丛书编辑委员会编：《绍兴丛书》，第二辑，中华书局 2009 年版，第 234 页上栏。

⑤ （清）会稽县劝业所编：《会稽县劝业所报告册》，《史迹汇纂》，第三册，绍兴丛书编辑委员会编：《绍兴丛书》，第二辑，中华书局 2009 年版，第 234 页上栏。

⑥ 陈训正、马蠃：民国《鄞县通志》，《食货志》，丙编，《工业》，《中国方志丛书·华中地方·第二一六号》，台湾成文出版社 1974 年影印本，第 2071 页。

⑦ 陈训正、马蠃：民国《鄞县通志》，《食货志》，丙编，《工业》，《中国方志丛书·华中地方·第二一六号》，台湾成文出版社 1974 年影印本，第 2072 页。

二、清代后期浙东运河与海上丝绸之路上宁波港的转型

（一）清代后期浙东运河与海上丝绸之路上的宁波港

宁波港优越的区位优势，早在清代前期就引起了西方国家的关注和兴趣。清政府下令广州一口通商后，英国依然觊觎宁波并期望能够再次在宁波及舟山等地开展贸易。道光十二年（1832年），英国派出林赛和郭士立前往浙江沿海，勘查甬江的水文和航道并绘制海图，进入宁波探寻城内的军事防务情况，为之后英国发动鸦片战争搜集情报。1842年根据中英《南京条约》的规定，宁波成为五口通商的"条约口岸"之一，并于1844年1月1日正式开埠。开埠初期，宁波港名义上仍由浙海关管理。咸丰九年（1859年），清政府在宁波江北岸设立税务司，"别立新关，其运输出入之权，乃操诸客卿之手矣"。① 从此，洋人控制下的浙海关税务司掌握了宁波港国际贸易的管理权。

开埠初期英国人对宁波港寄予了很高的期望，他们认为："通过甬江及其运河，贸易可以做到绍兴乡间；并且以大城市杭州为龙头，做到钱塘；钱塘江有一条支流流入安徽，贸易可通过钱塘江，穿过安徽，一直延伸到江西。因此宁波的贸易可以辐射到很远，而它的活动中心地带可以放在绍兴。"② 1844年宁波开埠当年，"贸易总值达50万元（西班牙银元）；但是这个数额没有能保持下去，但五年以后减到这个数额的十分之一以下"。③ 1845年，宁波对外贸易进口值为10398英镑（47977元），出口为

---

① 陈训正、马瀛：民国《鄞县通志》，《食货志》，"通商略史"，《中国方志丛书·华中地方·第二一六号》，台湾成文出版社1974年影印本，第2332页。

② 《浙海关十年报告（1882—1891年）》，杭州海关译编：《近代浙江通商口岸经济社会概况——浙海关 瓯海关 杭州关贸易报告集成》，浙江人民出版社2002年版，第98页。

③ ［美］马士著，张汇文等译：《中国帝国对外关系史》，第一卷，上海书店出版社2006年版，第392页。

17495 英镑（80746 元），^①总计 128723 元，不及 1844 年的 1/4。对于宁波对外贸易进出口额的下降，1846 年 1 月 10 日英国领事罗伯聃在给英国驻华公使和商务监督兼香港总督德庇时的报告中分析个中缘由："上海把一切东西都吸引到他那儿去了，把过多的进口货涌送到这里，同时还把原来准备到宁波来的茶商吸引到它那儿去了。"^②此外，宁波通往内地的交通情况也影响着其贸易的发展，"宁波通往内地的运输十分困难，水坝以及运河中各种其他阻塞物，造成河道不畅通，严重影响着宁波的贸易。所有这些不利因素，令那些看好宁波港的外国商人大失所望。转载着外国货物的船只偶尔也光顾宁波港，但该城市的贸易发展始终十分缓慢"。^③此处"不畅通的河道"，很显然指的是浙东运河的航运环境并不乐观，从而影响着宁波港贸易的发展。1847 年宁波港的贸易总值再次递减，进口商品值为 11785 磅（54396 元），出口商品值为 622 磅（2875 元）。^④1848 年的前半年中，宁波进口货只有 17 匹本色布，出口货则只有 3 担人参和 300 担檀香木。^⑤

宁波的贸易范围在开埠后有所拓展，除了传统的日本、暹罗、新加坡、菲律宾、锡兰、柬埔寨等国和地区外，还有英国、德国、荷兰、法国、美国、澳大利亚、瑞典及俄国等国，但直接的海上帆船贸易却日渐萎缩。"从马六甲海峡及其附近的觉罗群岛，每年都有些船只运来海峡的产

---

① 姚贤镐编：《中国近代对外贸易史资料（1840—1895）》，第一册，《中国近代经济史参考资料丛刊》，第五种，中华书局 1962 年版，第 622 页。

② 姚贤镐编：《中国近代对外贸易史资料（1840—1895）》，第一册，《中国近代经济史参考资料丛刊》，第五种，中华书局 1962 年版，第 619 页。

③ 《同治三年（1864 年）浙海关贸易报告》，杭州海关译编：《近代浙江通商口岸经济社会概况——浙海关　瓯海关　杭州关贸易报告集成》，浙江人民出版社 2002 年版，第 95 页。

④ 姚贤镐编：《中国近代对外贸易史资料（1840—1895）》，第一册，《中国近代经济史参考资料丛刊》，第五种，中华书局 1962 年版，第 621 页。

⑤ 姚贤镐编：《中国近代对外贸易史资料（1840—1895）》，第一册，《中国近代经济史参考资料丛刊》，第五种，中华书局 1962 年版，第 621—622 页。

品，这些产品和菲律宾的产品是相同的。这些船只都被称作西洋船，有时一年来十只，有时只一、两只，在 1844 年则一只也未来。"① 即使是历史上与宁波贸易最为密切的日本，在宁波开埠后贸易额也一落千丈。19 世纪60 年代，日本先后四次派遣官船来清进行商贸考察，以期开展直接的对清贸易。日方四次前来中国都选择在上海登陆，② 而不是历史上中日贸易往来非常密切的宁波等浙东海上丝绸之路诸港。1870 年，浙海关署税务司包腊在海关报告中称："惟有从暹罗来之大米，从新加坡和槟榔屿来的海峡产物如胡椒和白糖，锡兰来的乌木和澳洲来的煤都是从国外直接运抵宁波者。"③ 包腊的叙述大体上反映了宁波港直接对外贸易的基本情况。

  19 世纪 60 年代开始，宁波港的进出口贸易量逐渐回升。1865 年，宁波港的洋货净进口为 3947270 两，土货净进口为 2242363 两，土货出口为5081457 两。之后的几年中宁波港的进出口贸易总额基本呈现稳步上升的态势，1873 年达到一个小高峰，洋货净进口为 6312646 海关两，土货净进口为 1618714 海关两，土货的出口额为 7721672 海关两，④ 这年宁波港直接从外洋进口总值为 1786875 海关两，⑤ 约为进口总值的 28.3%。1867 年至1894 年的 33 年间，宁波港直接对外贸易进口除了 1872—1876 年及 1878年的直接对外贸易出口超过 120 万海关两以上外，其余多数年份维持在 13万至 76 万海关两之间，有些年份甚至在 10 万海关两以下，如 1887 年只有

① 姚贤镐编：《中国近代对外贸易史资料（1840—1895）》，第一册，《中国近代经济史参考资料丛刊》，第五种，中华书局 1962 年版，第 615 页。

② 冯天瑜：《日本幕末"开国"与遣使上海》，《武汉大学学报（人文社会科学版）》2000 年第 5 期。

③ 《同治八年（1869 年）浙海关贸易报告》，杭州海关译编：《近代浙江通商口岸经济社会概况——浙海关 瓯海关 杭州关贸易报告集成》，浙江人民出版社 2002 年版，第 124 页。

④ 姚贤镐编：《中国近代对外贸易史资料（1840—1895）》，第三册，《中国近代经济史参考资料丛刊》，第五种，中华书局 1962 年版，第 1623 页。

⑤ 姚贤镐编：《中国近代对外贸易史资料（1840—1895）》，第三册，《中国近代经济史参考资料丛刊》，第五种，中华书局 1962 年版，第 1611 页。

18256 海关两。① 宁波港直接出口的土货中，只有极少商品经浙东海上丝绸之路运至东亚及东南亚国家。进口的洋货，除了新加坡、马来西亚、暹罗、锡兰、澳大利亚及日本等少数国家和地区直接将商品运至宁波港外，多数进口洋货多从上海输入。1867 年至 1894 年的 33 年间，以 1869 年宁波港直接对外贸易出口额最高，达 336065 海关两，1870 年的直接对外贸易出口额位居其次，为 136193 海关两，其余年份最高也没超过 4 万海关两，多数集中在一二万海关两，有些年份甚至只有几千海关两，如 1873 年由宁波港直接出口的土货仅为 2627 海关两，② 可以说是微乎其微，也说明宁波港开埠后直接对外贸易呈现急剧萎缩的态势。1905 年度代理领事帕特在宁波贸易报告中认为："上海充当了宁波所有其他货物的分配中心。这是由于某些商品，如煤油，从这条道上运输比较方便，而有些商品，如丝织品，当地商人更愿意到上海这一较大的市场上去收购，因为在那里他们有更大的选择余地。"③ 事实上，在上海与英属海峡殖民地之间的汽轮通航后，汽轮逐渐取代帆船载运进口物资，自然前来宁波港的帆船日益减少。

清代后期宁波港出口物资中最主要的商品便是茶叶。五口通商以后，徽州茶多经钱塘江运至杭州后，经运河和水路到上海出口。太平天国运动起来后，徽茶不再走经杭州运抵上海的路线，改走经义桥转入浙东运河至宁波的路线，再由宁波将徽茶由汽轮运至上海。"杭州未开商埠以前，徽州茶、平水茶多聚于此。"④ 然而，徽州茶以及以平水茶为代表的浙江茶，从宁波港直接运至海外的数量稀少，绝大多数多经宁波运至上海出口。这是因为茶叶"经过山区到宁波后，仍然留在中国人手里，外国人只能在它

① 姚贤镐编：《中国近代对外贸易史资料（1840—1895）》，第三册，《中国近代经济史参考资料丛刊》，第五种，中华书局 1962 年版，第 1611 页。
② 姚贤镐编：《中国近代对外贸易史资料（1840—1895）》，第三册，《中国近代经济史参考资料丛刊》，第五种，中华书局 1962 年版，第 1615 页。
③ 陈梅龙、景消波译：《宁波英国领事贸易报告选译》，《档案与史学》2001 年第 4 期。
④ 赵烈编著：《中国茶业问题》，上海大东书局民国二十年（1931 年）版，第 179 页。

运到上海后并经行帮的准许才能得到"。①

棉花是宁波港出口仅次于茶叶的土产。从宁波港出口的棉花绝大多数运往国内各地，只有很小一部分出口至海外国家。每年销售的棉花数量根据国际市场的需求及浙东棉花的产量、品质不定。1872—1878 年宁波港棉花通过外国轮船运载，平均近 4 万担，但 1878 年的出口量只有 21000 担，1879 年更是降至 12000 担。②1902 年棉花收成好，出口就有 13 万担之多，1901 年收成歉薄，出口就只有 7 万担左右。③除了少量棉花由宁波直接运贩至日本，多数都是从宁波运至上海，再由上海运至欧美等国。《浙海关十年报告（1902—1911 年）》中提及："宁波棉约八成是经由上海运往日本。"④

生丝和丝织品是清代前期浙东海上丝绸之路上的重要贸易商品。清代前期国内出口的生丝大多经浙东海上丝绸之路直接运贩至日本等国。清代后期杭嘉湖地区所产生丝，多经运河运至上海出口，浙东海上丝绸之路出口的生丝出口数量锐减。1861 年宁波港出口的生丝 6656 担，1862 年出口 1507 担，1863 年只有 52 担，之后有所回升，1866 年为 1039 担。⑤根据浙（宁波）海关税务司 R·B·MOORHEAD 于 1881 年 1 月 19 日报送的调

① ［美］马士著，张汇文等译：《中华帝国对外关系史》，第 1 卷，上海书店 2005 年版，第 392—393 页。

② 《光绪五年（1879 年）浙海关贸易报告》，杭州海关译编：《近代浙江通商口岸经济社会概况——浙海关　瓯海关　杭州关贸易报告集成》，第 220 页。

③ 《光绪二十八年（1902 年）宁波口华洋贸易情形论略》，杭州海关译编：《近代浙江通商口岸经济社会概况——浙海关　瓯海关　杭州关贸易报告集成》，浙江人民出版社 2002 年版，第 310 页。

④ 《浙海关十年报告（1902—1911 年）》，杭州海关译编：《近代浙江通商口岸经济社会概况——浙海关　瓯海关　杭州关贸易报告集成》，浙江人民出版社 2002 年版，第 62 页。

⑤ 《同治五年（1866 年）浙海关贸易报告》，杭州海关译编：《近代浙江通商口岸经济社会概况——浙海关　瓯海关　杭州关贸易报告集成》，浙江人民出版社 2002 年版，第 102 页。

查报告，1879 年，宁波港直接出口的生丝仅 200 公斤，丝织品 500 公斤。^①经宁波港直接出口的生丝数量可谓微乎其微，"浙江的丝，不管政治区域上的疆界，总是采取方便的水路运往上海这个丝的天然市场"。^②生丝出口的减少背后却是丝织品出口的增加。19 世纪末，生丝和蚕茧已基本不再出口，丝绸的出口有所发展，在 1892 年到 1901 年的 10 年间，平均每年约有 400 担装运出口。在宁波一地据说有 30 多家丝绸厂，在绍兴以贡绸闻名，工厂数还要多。^③从宁波港直接出口的生丝和丝织品多为绍兴丝，产自绍兴和诸暨。多数的绍兴丝经浙东运河至杭州，再走运河到上海，然后从上海出口至英国、美国。

宁波编织的草帽是宁波港出口的重要物资，通常先由夹板船运往上海后，再运至欧洲各国、美国以及拉丁美洲诸国。《浙海关十年报告（1892—1901 年）》中专门提及："在最近五年间，有一种商品具有很强的需求，就是在宁波和邻区广泛种植的一种灯心草编制的帽子和席子。……1892 年，约 200 万顶帽子和 100 万条席子出口，货值达关平银 25 万两。这些货物主要销往法国和美国。这所谓的席子是圆形的，制成女帽，在法国每顶可售 50 到 70 生丁。"^④

宁波港进口的物资中，主要有鸦片、大米、匹头、砂糖、五金、木材、靛青、藤器、煤、煤油、火柴、朱砂、海藻、红树皮、胡椒、乌木、人参等。其中鸦片的进口量逐年上升。1846 年 7 月英国将舟山交还给清政

---

① 周德华译：《19 世纪 80 年代浙海关、津海关和瓯海关丝绸调查》，《丝绸》2001 年第 9 期。

② ［美］马士著，张汇文等译：《中华帝国对外关系史》，第一卷，上海书店出版社 2005 年版，第 392 页。

③ 《浙海关十年报告（1892—1901 年）》，杭州海关译编：《近代浙江通商口岸经济社会概况——浙海关 瓯海关 杭州关贸易报告集成》，浙江人民出版社 2002 年版，第 47 页。

④ 《浙海关十年报告（1892—1901 年）》，杭州海关译编：《近代浙江通商口岸经济社会概况——浙海关 瓯海关 杭州关贸易报告集成》，浙江人民出版社 2002 年版，第 46—47 页。

府之后，宁波取代舟山成为英国走私鸦片的重要基地。1849 年输入宁波的鸦片为 1840 担，1854 年增至 4493 担。[①] 即使咸丰八年（1858 年）中英《通商章程善后条约》签订后鸦片贸易合法化，鸦片走私贸易仍在继续。1863 年宁波港鸦片的进口为 2763 担，1864 年上升到 3304 担，1865 年为 3379 担，1881 年增至 8628 担。[②] 1887 年开始，当中英《烟台条约》补充条款实行之后，宁波进口的鸦片数开始有所减少。而开埠后的杭州成为鸦片在省内输入的又一重要口岸，宁波港进口的鸦片数量进一步减少。

大米历来是浙东地区所需的重要民生物资，宁波港进口的大米主要由暹罗华侨经营的商船输入，输入数量取决于当年暹罗大米的收成及浙东地区对大米的需求程度。日本偶尔也有大米运入宁波。1861 年和 1862 年宁波港输入的大米均为 194533 担，1863 年和 1864 年增至 191 万担以上，1866 年逐渐回落至 154645 担。[③] 1870 年进口大米为 51376 担，1871 年只进口了 1000 担，1872 年 4972 担是从日本运入的，并在宁波当地找买主。[④] 暹罗大米输入量的大幅下降，说明国内大米能基本满足浙东地区所需，而前来宁波港的暹罗商船也相应锐减。宁波港进口的砂糖多由吕宋、香港直接运来。产自香港的车糖，由香港大汽船运入，行销绍兴府属约有百余万两。产自吕宋的青白糖行销于钱塘江上流，约有百万两内外。[⑤]

---

① 姚贤镐编：《中国近代对外贸易史资料（1840—1895）》，第一册，《中国近代经济史参考资料丛刊》，第五种，中华书局 1962 年版，第 427 页。

② 《光绪七年（1881 年）浙海关贸易报告》，杭州海关译编：《近代浙江通商口岸经济社会概况——浙海关 瓯海关 杭州关贸易报告集成》，浙江人民出版社 2002 年版，第 101、239 页。

③ 《同治六年（1867 年）浙海关贸易报告》，杭州海关译编：《近代浙江通商口岸经济社会概况——浙海关 瓯海关 杭州关贸易报告集成》，浙江人民出版社 2002 年版，第 106 页。

④ 《同治十至十一年（1871—1872 年）浙海关贸易报告》，杭州海关译编：《近代浙江通商口岸经济社会概况——浙海关 瓯海关 杭州关贸易报告集成》，浙江人民出版社 2002 年版，第 139 页。

⑤ 李哲濬、景学钤编辑：《中国商业地理》，商务印书馆，清宣统二年（1910 年），第 382 页。

在国内市场对洋布等需求上升的背景下，宁波港包括棉制品和毛织品在内的匹头的进口不断增加。1876年，宁波的匹头进口位列各通商口岸的第五位。[①] 在宁波港进口的金属中，锡、铅、铁等是宁波港进口的主要金属品类，尤以锡为其中的大宗，主要来自暹罗和马六甲海峡，多用于制造锡箔及白镴器皿，以锡箔业为主要产业的绍兴是进口锡需求量较大的地区。进口铅主要用于制作茶叶衬箱，进口多寡与茶叶贸易的兴衰密切关联。19世纪80年代，从宁波港进口的铅每年都没有太大的变化，保持年均1万担左右，[②] 据此可知这一时期从宁波港出口的茶叶也维持在一个较为稳定的状态。

1896年杭州开埠对宁波港的贸易产生了不小的冲击，"沪杭之间交通便利，宁波的通商范围，日小一日了"。[③] 此后，徽州茶叶多选择经杭州往上海出口的贸易通道，由宁波港出口的徽茶1895年尚有90380担；至1899年已剧降至区区299担；1900年徽茶已完全停止从宁波港出口，[④] 而是经杭州转运上海。《光绪二十七年（1901年）宁波口华洋贸易情形论略》提及："杭州开关，徽州茶叶已全部在宁波绝迹，这桩年值200万银两货值之交易从此落空。"[⑤]

从20世纪初期开始，宁波港的进出口贸易额再度逐渐回升。这与

---

① 《光绪三年（1877年）浙海关贸易报告》，杭州海关译编：《近代浙江通商口岸经济社会概况——浙海关 瓯海关 杭州关贸易报告集成》，浙江人民出版社2002年版，第182页。

② 《浙海关十年报告（1882—1891年）》，杭州海关译编：《近代浙江通商口岸经济社会概况——浙海关 瓯海关 杭州关贸易报告集成》，浙江人民出版社2002年版，第12页。

③ 王钟麟：《全国商埠考察记》，世界书局1921年版，第250页。

④ 《浙海关十年报告（1892—1901年）》，杭州海关译编：《近代浙江通商口岸经济社会概况——浙海关 瓯海关 杭州关贸易报告集成》，浙江人民出版社2002年版，第44页。

⑤ 《光绪二十七年（1901年）宁波口华洋贸易情形论略》，杭州海关译编：《近代浙江通商口岸经济社会概况——浙海关 瓯海关 杭州关贸易报告集成》，浙江人民出版社2002年版，第305—306页。

1901 年海关政策的调整有关。根据《辛丑条约》规定，距通商口岸 50 里以内常关划归所在的海关税务司管理。据此，江东的浙海常关总关、镇海分关及小港、沙头两口，划归浙海关税务司监管，[①] 原由常关进出口的货物也纳入海关贸易管理中。同年清政府实行的新政也在一定程度上推动了浙东地区经济的发展，进而带动了宁波港贸易进入一个较为顺利的发展时期。19 世纪末 20 世纪初，作为工业和手工业原料的煤、锡、棉纱以及杂货如卷烟、日本海产品等进口有明显的增长。1903 年，宁波港的贸易总值突破 2000 万海关两大关，达到 22240093 海关两，除了 1905 年为 19163639 海关两、1906 年为 18917359 海关两外，其余年份至 1911 年间，贸易总额都在 2000 万海关两以上。[②]

从宁波港贸易总额在全国各埠贸易总额中所占比重来看，宁波港的直接对外贸易在总的出口贸易额中的比例偏低。1867—1874 年宁波港直接的进口贸易，一般只占全国总进口额的 0.58% 到 2.94%，在全国十五个口岸中从 1867—1871 年的第 8 位上升至 1872—1874 年的第 6 位；直接的出口额，通常不到本港出口数的 1%，最高年份时也不到 5%，在全国十五个口岸中徘徊在 9—13 的位次。[③] 从 19 世纪末期开始，宁波港直接进口额不断上升。1897 年宁波港直接进口额增加到 70 多万海关两，占本埠进口洋货额的 7.8%，比重有所上升。1910 年，直接进口额增加到 200 多万海关两，占 23%。[④] 但这并不意味着其进口贸易出现了实质性的发展，这是因为进口的贸易数据除了将帝国主义在华企业生产的产品转销宁波纳入进口洋货的统计范畴外，甲午战败后被割让给日本的台湾与宁波间的贸易也被作为"外贸"数据来进行统计。

---

① 宁波海关志编纂委员会编：《宁波海关志》，浙江科学技术出版社 2000 年版，第 20 页。

② 陈训正、马瀛：民国《鄞县通志》，《食货志》，戊编，《产销》，《中国方志丛书·华中地方·第二一六号》，台湾成文出版社 1974 年影印本，第 2284 页。

③ 郑绍昌主编：《宁波港史》，人民交通出版社 1989 年版，第 163 页。

④ 郑绍昌主编：《宁波港史》，人民交通出版社 1989 年版，第 202 页。

因此，从宁波港进出口贸易中直接贸易的较低比例来看，其在浙东海上丝绸之路贸易上的地位日益式微，作为海上贸易大港的地位不复存在，更多地以一个沿海转运港的形式发挥着海港的贸易功能，浙东海上丝绸之路也逐渐趋于衰落。

（二）清代后期从远洋贸易港向转运贸易港转型的宁波港

宁波港历史上的海外贸易、沿海贸易及内河贸易都相当发达。但在宁波港开埠后，随着东南沿海港口的开放，其在内陆交通上的局限性也逐渐暴露出来："至宁波口地处偏僻，自杭至宁计程五百数十里，中隔钱塘、曹娥二江，又绍兴一带，河窄坝多，剥船狭小，装货有限，运脚多所耗费。通商事属创始，交易迟速又不能豫定，较之上海口之路捷费轻，又粤东生理之确有把握者，均大不相同。是以杭州以北客商鲜有来宁贸易之事，所藉以销卖洋货者，惟浙东之宁、绍、台、金等府。其内地贩来货物，仅有福建、安徽及浙省绍属茶斤，并宁、绍、金、衢、严等府土产油蜡药材麻棉纸席杂货等物。"[①]因浙东运河航道有限的承载能力及高昂的运输成本，长期以来在浙东海上丝绸之路贸易中具有关键地位的宁波港的进出口贸易逐渐萧条，邻近的上海港因便利的交通和相对低廉的费用迅速成长起来。"盖宁波密迩上海，上海既日有发展，所有往来腹地之货物，自以出入沪埠较为便利。迨至咸丰初叶，洋商始从事转口货物运输，所用船只，初为小号快帆船及划船，继为美国式江轮，但此项洋船，仅系运输沪甬两埠之货物，与直接对外贸易有别。"[②]原本由宁波港承担的贸易多数转至上海，洋商也参与到沪甬两地的航运业务中来，导致进出宁波港的商船数量逐年减少。1850年，宁波的"南北号"商行只有20多户，共有木帆

---

① 齐思和等整理：《筹办夷务始末（道光朝）》，六，卷71，"梁宝常奏派员筹办定海善后事宜并宁波通商情形折"，中华书局1964年版，第2823页。

② 姚贤镐编：《中国近代对外贸易史资料（1840—1895）》，第一册，《中国近代经济史参考资料丛刊》，第五种，中华书局1962年版，第618页。

船 100 余艘，比 19 世纪初的约 400 艘商船减少了大半。①

　　然而，1853 年太平军建都南京并控制了镇江以上长江流域的航线后，长江中上游各省的土货无法直接运至上海出口，经上海进口转销内地的洋货通道也被切断。邻近上海的宁波港在安徽、江西、湖北、四川等省与上海之间进行物资流通中的中转集散作用便凸显出来。太平军在军事上的顺利进展还阻断了清政府漕运的大运河通道，浙江省的漕粮运输由河运改为海运。咸丰三年（1853 年），浙江首次海运漕米赴津，受雇出运的"北号"商船有 130 余艘。②鉴于当时从事漕运的商船在运载漕米的同时可随船附带二成免税货物，从宁波港起航的商船将漕运米运至天津并将免税货物售卖，返航时顺带将辽东等地的豆、油等土产载回，经浙东运河运至沿线及周边地区售卖。为更好地经营船运事业，宁波的南号船户早在清道光三年（1823 年）就在三江口建立了安澜会馆，北号的九户船户也在咸丰三年（1853 年）建成天后宫并庆安会馆，在天后宫的碑铭上记载了宁波港在漕粮北运中的盛况："吾郡回图之利，以北洋商舶为最巨。其往也，转浙西之粟达之于津门。其来也，运辽、燕、齐、莒之产，贸之于甬东。"③漕粮海运往返一趟，利润丰厚，这就驱使更多的船户加入到漕运事业中来。据统计，宁波港当年出航中国木帆船至少有五六千艘次之多。④正如民国《鄞县通志》所载："总之，甬埠通商要以清代咸、同间为最盛。是时国际因初辟商埠，交通频繁；国内则太平军起，各省梗塞。惟甬埠岿然独存，与沪渎交通不绝。故邑之废著鬻财者，舟楫所至，北达燕鲁，南抵闽粤，而迤西川鄂皖赣诸省之物产，亦由甬埠集散。且仿元人成法，重兴海运，故

---

① 童隆福主编：《浙江航运史（古近代部分）》，人民交通出版社 1993 年版，第 224 页。

② 童隆福主编：《浙江航运史（古近代部分）》，人民交通出版社 1993 年版，第 224 页。

③ 陈训正、马瀛：(民国)《鄞县通志》，《食货志》，戊编，产销，台湾成文出版社 1975 年，第 2390 页。

④ 童隆福主编：《浙江航运史（古近代部分）》，人民交通出版社 1993 年版，第 225 页。

南北号盛极一时。"①

历史上宁波港之所以在浙东海上丝绸之路上具有关键性的地位，很大程度上得益于浙东运河将宁波与杭州连通起来，从而极大地拓展了宁波港的腹地。但清代后期宁波港的发展受到了浙东运河不甚便捷的运输状态的影响："虽系海口，一入内河，须盘坝三四次方抵省城，商贩不甚流通。"②期间还需陆行过坝，耗时耗力，从杭州至宁波乘船至少需要三天半，而从杭州到上海则只要 24 小时。③浙东运河航路的不畅不仅影响着宁波与腹地之间的连通，且增加了运输的成本。而上海港进口的洋货种类多，价格便宜，且与杭州的交通畅达，从而吸引了商人经杭州至上海获取大部分的进口洋货，这就直接导致宁波港直接对外贸易大幅减少。《同治七年（1868 年）浙海关贸易报告》指出："宁波所有贸易范畴自东至西约 290 英里，自南至北约 350 英里。除了浙江杭州以北靠近上海那部分外，因为那一带以地理和商业上就近江苏，因此浙江杭州以北就归上海去进行外贸业务，皖东南部就归宁波这一口岸作为其外贸之供应和土货出口之口岸矣。"④宁波港绝大部分进出口贸易都是通过上海港来完成的，从上海进口的洋货又多经宁波港转运内地销售。如 1870 年经由宁波运往内地的洋布共有281187 匹，即占进口洋布半数以上。运往浙西衢州府的为 33454 匹，广信府 25429 匹，绍兴府 22312 匹，金华府 18208 匹，温州府 16346 匹，杭州

① 陈训正、马嬴：(民国)《鄞县通志》，《食货志》，戊编，产销，台湾成文出版社1975 年，第 2389—2390 页。

② （清）贾桢等编辑：《筹办夷务始末（咸丰朝）》，一，卷 4，"常大淳又奏宁波贸易甚稀法人并于贸易以外设堂传教片"，中华书局 1979 年版，第 155 页。

③ 《杭州关十年报告（1896—1901）》，杭州海关译编：《近代浙江通商口岸经济社会概况——浙海关 瓯海关 杭州关贸易报告集成》，浙江人民出版社 2002 年版，第655 页。

④ 《同治七年（1868 年）浙海关贸易报告》，杭州海关译编：《近代浙江通商口岸经济社会概况——浙海关 瓯海关 杭州关贸易报告集成》，浙江人民出版社 2002 年版，第 108 页。

府 15491 匹。① 这些集散于宁波的洋布转销除浙北以外的浙江大部分府县外，还销至江西广信府和安徽徽州府。1886 年和 1887 年，在宁波往来上海的帆船中，仅向浙海关登记注册的就分别有 440 艘（31396 吨）和 619 艘（44416 吨）。② 宁波港从其进口商品的出路来看，实际上已是一个典型的上海港的转运港。在外国人眼中，"和上海一样，宁波似乎也是中国的东南海岸和东北海岸交换货物的一个港口。这证明宁波本身的进出口是无足轻重的。因为宁波只需要对浙江省供应外国货物，和作为浙江省——或至多加上安徽省和江西省的邻近城市——的一个出纳口"。③

清代后期宁波港在作为转运港的同时，其沿海贸易和内河贸易遍及国内主要沿海及沿江市镇。宁波港通过浙东运河连接钱塘江，与绍兴、严州、衢州、兰溪及处州等地均有紧密的联系，通过海路与浙江沿海的海门、定海、石浦、乍浦间有频繁的贸易往来。宁波港通过浙东运河、江南运河与长江沿线一带的汉口、镇江、宜昌、九江、南京、芜湖等地都有较为密切的贸易往来。在与南方地区的贸易中，宁波港主要与厦门、广州、台湾、福州、汕头及香港、台湾等地有贸易往来。值得一提的是，五口通商时期，"每年有将近 4000 只小船从内地沿着河道和运河来到宁波；大量的木材和木炭则从宁波运往上海"。④ 这些沿着内河和运河来到宁波的小船，无疑多来自运河沿线区域，在从杭州到宁波的这段路程中只能走浙东运河，也因此过往的船只吨位相对而言较小，在将木材、木炭等物资运至宁波后，再从宁波走海路运往上海。

宁波港与国内各地的沿海和内河贸易中，产于余姚和慈溪的棉花是输

---

① 姚贤镐编：《中国近代对外贸易史资料（1840—1895）》，第二册，《中国近代经济史参考资料丛刊》，第五种，中华书局 1962 年版，第 825—826 页。

② 童隆福主编：《浙江航运史（古近代部分）》，人民交通出版社 1993 年版，第 226 页。

③ 姚贤镐编：《中国近代对外贸易史资料（1840—1895）》，第一册，《中国近代经济史参考资料丛刊》，第五种，中华书局 1962 年版，第 616 页。

④ 姚贤镐编：《中国近代对外贸易史资料（1840—1895）》，第一册，《中国近代经济史参考资料丛刊》，第五种，中华书局 1962 年版，第 615 页。

出的大宗商品，除供宁波通久源、和丰两纱厂消费外，输出于上海及扬子江一带者为数不少，据 1907 年海关通过计有十五万四千七百四十八担，价格达三百九万四千九百六十两以上。加以两厂制出之棉丝运往温州及绍兴者共有五千三百九十五担，价值三十七万八千两，合之则输出棉类之价值为三百四五十万两也。① 浙东的海产也是宁波港输出的主要土产，墨鱼干的输出增加较为迅速，一般由定海航船运往上海、长江沿线及北方诸城市，从 1861 年的 9100 担上升至 1868 年的 42000 担。② 1894 年更是达到 71800 担。③ 宁波港还承载着将浙江各地土产运贩至国内各地的重责。如温州平阳出产的明矾多经宁波港运往国内各地，为此，每年有大量帆船往返于宁波与温州之间，装去豆、籽棉等物，返回带来白矾等。宁波港输入的物资"以农产物及畜产品为最。如北清之豆及油类，镇江之米及猪为最，次之则福建之木材，汉口之药材，皆为入口之大宗"。④

事实上，近代宁波港商业尽管有浙东运河作为其交通内陆的主要水上通道，然而这条水路交通高昂的运输费却在很大程度上影响着其商业贸易的发展。虽然近代宁波港在长江三角洲地区的国际贸易大港地位被上海所取代，但基于宁波港悠久的海上贸易历史及天然的港口优势条件，即便在温州及杭州相继开埠后分流了原经宁波港进出的贸易物资，也难以撼动其在国内沿海贸易港口中的地位。"宁波依然是个重要的地方，与内地的杭州、苏州仍有相当规模的贸易。宁波与福建及福尔摩萨岛的海上贸易集市

① 李哲濬、景学钤编辑：《中国商业地理》，商务印书馆，清宣统二年（1910 年），第 379—380 页。

② 《同治七年（1868 年）浙海关贸易报告》，杭州海关译编：《近代浙江通商口岸经济社会概况——浙海关　瓯海关　杭州关贸易报告集成》.浙江人民出版社 2002 年版，第 114 页。

③ 《浙海关十年报告（1892—1901 年）》，杭州海关译编：《近代浙江通商口岸经济社会概况——浙海关　瓯海关　杭州关贸易报告集成》，浙江人民出版社 2002 年版，第 46 页。

④ 李哲濬、景学钤编辑：《中国商业地理》，商务印书馆，清宣统二年（1910 年），第 382 页

规模盛大，由两地进口蔗糖和大米。"①

三、清代后期浙东运河与海上丝绸之路的贸易通道

清代后期浙东运河萧绍段航运依然采用帆船航运，航路分为内河、外江两道："东自曹娥沿官塘径直西行，而东关，而泾口，而陶堰，而樊江，而皋埠，至郡城之五云门，延长九十里，谓之运河。再由五云门沿城北，下经山阴之昌安、西郭、柯桥，直达萧山之西兴；自曹娥出外江，向东北行经上虞、余姚，可直达宁波；由曹娥江西行，经山阴之三江，可直达杭州；由蒿坝出外江，经章家埠，可直至嵊县。至内河，港汊交错，四通八达，除东南区山乡外，无不可以一苇。杭铁路未通以前。利便已有若是者。"②这是一条非常成熟的浙东运河连通沿线区域的路线。通过浙东运河，宁波与处州之间的贸易通道也相当通畅。据浙海关税务司墨贤里的海关报告记载："运货到处州——一个既偏僻又重要的地方——从宁波的江北岸运出的货物，经余姚运到百官，在那里再转到另外的船上，然后在钱塘江（位于杭州城）上从绍兴运到安昌，再转船到达目的地。"③自钱塘江左岸之江干溯钱塘江可通于金华、衢州、严州。自严州、屯溪可沿徽江至徽州府，自衢州府常山县越怀玉山可通江西省。④从绍兴的三江口起航，可沿海路北上至山东等地，史载："道光廿二年以前，洋人轮船未集中华，吾

---

① ［英］施美夫：《五口通商城市游记》，温时幸译，北京图书馆出版社2007年版，第159页。

② （清）会稽县劝业所编：《会稽县劝业所报告册》，《史迹汇纂》，第三册，绍兴丛书编辑委员会编：《绍兴丛书》，第二辑，中华书局2009年版，第254页下栏。

③ 《宁波海关十年报告之一（1882—1891年）》，陈梅龙、景消波译编：《近代浙江对外贸易及社会变迁——宁波、温州、杭州海关贸易报告译编》，宁波出版社2003年版，第22—23页。

④ 李哲濬、景学钤编辑：《中国商业地理》，商务印书馆，清宣统二年（1910年），第374页。

绍之商于山东者，每由三江乘舶漂海往还。"①

　　依托浙东运河的水上航路，宁波港的贸易路线延伸至国内主要商贸城市。对此，宁波海关税务司墨贤里有专门的评价："宁波所在的甬江，是一条深水河，有两条支流，向北的支流连同其天然的或人工的小支流，形成一条最有价值的出入内地运送货物的河道。"② 这条最有价值的河道指的便是浙东运河。但宁波的水上交通也有其自身的问题，宁波海关税务司包腊曾指出，宁波的"弊在处于河道纵横虽多但又不能从内陆省府杭州有直达之通道。纵有水道但利用率不高，反而造成间断性水陆多次搬运劳民伤财之苦"。③ "即运河中的河坝妨碍水上运输，有时甚至得把货物卸下来。这种水坝旨在让运河保持合适的水位。它们是两个土做的斜坡平台，船在这两个坝之间往返，从这一段又到那一段。……从而不难看出，那些被运送的商品已摊上了很多的附加费用，而这还是在运河处于良好状态的时期而言的。如果遇上旱季，从余姚到曹娥江一段水域，舢板就有多处要搁浅，那就只有请民工，甚至用水牛拉好几里，这就更意味着费用的增加了。"④ 上虞段运河航道狭窄，只能容纳小吨位的航船航行其中，货物的承载量亦十分有限，故运输成本陡增，进而影响到外地商人来宁波贸易的积极性。

　　19 世纪 70 年代以后，宁波港运输在外海以轮船为主。⑤ 同治十一年

① （清）范寅编撰：《越谚》卷下附论，"论古今山海变易"，上海文艺出版社 1987 年版影印本，第 30 页 b。

② 《宁波海关十年报告之一（1882—1891 年）》，陈梅龙、景消波译编：《近代浙江对外贸易及社会变迁——宁波、温州、杭州海关贸易报告译编》，宁波出版社 2003 年版，第 40 页。

③ 《同治七年（1868 年）浙海关贸易报告》，杭州海关编：《近代浙江通商口岸经济社会概况——浙海关　瓯海关　杭州关贸易报告集成》，浙江人民出版社 2002 年版，第 115 页。

④ 《同治三年（1864 年）浙海关贸易报告》，杭州海关编：《近代浙江通商口岸经济社会概况——浙海关　瓯海关　杭州关贸易报告集成》，浙江人民出版社 2002 年版，第 98 页。

⑤ 郑绍昌：《宁波港史》，人民交通出版社 1989 年版，第 233 页。

（1872 年），招商局在上海成立，随即筹建"轮船招商局宁波分局"，并于当年 9 月开辟了甬沪航线。1895 年后，清政府解除对华商开办内河轮船航运的禁令，宁绍等地商人相继创办外海商轮局、志澄轮船局、永安商轮局、美益利记宁绍轮船公司等多家轮船公司，开辟了宁波至上海、温州、宁海、石浦、三门湾、舟山、岱山等邻近地区的沿海航线。1907 年设立的中国商业轮船公司主要发展宁波港与省外的兴化、泉州、厦门、烟台、营口、龙口、安东等地航线，并设有与海参崴之间的远洋航线，其"德裕"轮从宁波起航抵达温州后再转航泉州、厦门。随着宁波港和上海之间贸易联系的增强，1908 年，由宁波籍实业家虞洽卿集资 100 万元，发起筹建宁绍轮船股份有限公司，总部设在上海，在宁波设分行，开通沪甬之间的客货运输业务。次年 7 月，购买的甬兴轮和宁绍轮便投入到沪甬航线的运营中。"与上海定期班轮的开航和当地运输效率的适当改善，提高了宁波腹地内进口商品的比例和促进了农业的商品化，整个宁波的腹地中新设了好几十个定期集镇。"①

浙东区域内的航线中，主要以宁波与余姚、镇海以及奉化西坞之间的航线为主，尤以浙东运河航线上的宁波与余姚之间的航次为最多。1895 年成立的永安商轮局率先开辟宁波至余姚的航线。1899 年成立的美益利记宁绍轮船公司、1906 年成立的通裕小轮局、1907 年成立的永安（永益利）汽船局、1909 年成立的利运公司等都开通了宁波至余姚的航线。②上述多家公司纷纷选择开通宁波与余姚的通航线路，主要与余姚位于浙东运河上的交通枢纽密切相关。余姚境内的余姚江东与宁波连通，且宁波与余姚之间的浙东运河段航运条件颇佳，西可通过浙东运河上的旧式帆船，接驳乘客或转运货物。宁波港出口的大宗物资棉花便主产自余姚，因而两地之间也有重要的物资往来，且在杭州开埠后，虽然宁波港腹地进一步萎缩，但余

---

① ［日］斯波义信：《宁波及其腹地》，［美］施坚雅主编：《中华帝国晚期的城市》，叶光庭等译，中华书局 2000 年版，第 482 页。

② 童隆福主编：《浙江航运史（古近代部分）》，人民交通出版社 1993 年版，第 262 页、264 页、266 页。

姚依然是宁波港重要的腹地。1913年宁波和曹娥间的铁路通车，有两列火车每天对开，分担了浙东运河的水运压力。宁波美益利记宁绍轮船公司在开辟宁波至余姚的航线外，还经营宁波至绍兴的航线。

浙东运河的宁波至绍兴段航程中，商船本可连续通航，中途货物不需要在任何地点转运，但光绪九年（1883年）在曹娥江边的上浦，一艘拥挤的小船在坝那里倾翻了，几个人丧生。由于这个原因，此后曹娥江上所有的坝都被关闭，并由立在现场的石碑为证。① 直到1903年，宁波和绍兴之间的水程才再次开通，即百官新开一坝是也，相距旧坝不远。② 1905年，绍兴人孙秉毅、徐淮钓、童学新等创立沪绍轮船公司，其小绍兴号船载重千吨，沿近海来往于上虞同上海之间。1911年成立的招商小轮船局，开通绍兴到萧山的航线。③ 清末浙东地区的邮政业务也通过运河的航船来传送，从绍兴到杭州先由航船运至西兴，再由邮差带来，16小时后到达杭州。……每天从绍兴到宁波的邮件经过百官和余姚。④

四、清代后期浙东运河与海上丝绸之路上茶叶贸易的起伏

清代后期浙东运河与海上丝绸之路上的茶叶出口，从宁波开埠后逐年增加，至19世纪末前后达到一个高峰，之后开始回落。由于茶叶是清代

① 《海关十年报告（宁波，1892—1901年）》，陈梅龙、景消波译编：《近代浙江对外贸易及社会变迁——宁波、温州、杭州海关贸易报告译编》，宁波出版社2003年版，第52页。
② 《光绪二十九年（1903年）宁波口华洋贸易情形论略》，杭州海关译编：《近代浙江通商口岸——浙海关 瓯海关 杭州关贸易报告集成》，浙江人民出版社2002年版，第312页。
③ 李永鑫主编：《绍兴通史》，第5卷，浙江人出版社2012年版，第172页。
④ 《海关十年报告（杭州，1896—1901年）》，陈梅龙、景消波译编：《近代浙江对外贸易及社会变迁——宁波、温州、杭州海关贸易报告译编》，宁波出版社2003年版，第237页。

后期浙东运河与海上丝绸之路上的主要出口商品，因而清代后期浙东运河与海上丝绸之路上茶叶贸易的起伏，实际上也是浙东运河与海上丝绸之路贸易情况的真实写照。

清代前期，茶叶就已经在浙东海上丝绸之路贸易中外销。1700年，英国"伊顿"号商船在宁波购买了价值8000两白银的茶叶。虽然英国在宁波购买的茶叶仅占其所订货物总值24.55万两的3.26%，[①]但也说明浙东茶叶已开始走向国际市场。在清嘉庆（1796—1820年）、道光（1821—1850年）年间，平水茶"已有输往海外，当时由广东出口，其茶市价格之涨落，有驿马为之递报"。[②]五口通商以后，"浙江绍兴茶输至美利坚，宁波茶输至日本"。[③]浙东的绍兴茶主要是一种圆形的平水珠茶，"绍兴南方和西南方的山里盛产茶叶，有一条叫平水河的河流流经此间，因此在它的流域出产的茶叶也被命名为平水茶。有两条河，一条就是平水河，它流经诸暨附近，源于金华山中；另一条是曹娥江（或叫上虞江），它的流域也是一片茶叶生产区。从杭州至严州的乡间也产茶叶，同样从宁波港出口。温州和台州地区也生产大量茶叶。至于奉化地区的茶叶，因质量不佳，未列入出口产品。在很长时间内，中国茶商将茶叶销往上海，但是外国茶商却习惯于去产地采购茶叶，因此大部分茶叶贸易在宁波港进行。平水茶最受美洲人青睐"。[④]可见五口通商以来从宁波港出口的浙江茶叶除了平水茶之外，还有浙西杭州到严州地区所产茶叶和台州茶，其中以平水茶的出口为主。

---

① ［美］马士：《东印度公司对华贸易编年史（1635—1834年）》，欧宗华译，林树惠校，第一卷，广东人民出版社2016年版，第121页。

② 国民党建设委员会经济调查所编：《浙江之平水茶》，民国浙江史研究中心杭州师范大学选编：《民国浙江史料辑刊》，第一辑，第8册，国家图书馆出版社2008年版，第8页。

③ （清）赵尔巽等撰：《清史稿》卷124《志九十九·食货五》，中华书局1976年版，第3653页。

④ 《同治三年（1864年）浙海关贸易报告》，杭州海关译编：《近代浙江通商口岸经济社会概况——浙海关 瓯海关 杭州关贸易报告集成》，浙江人民出版社2002年版，第97页。

平水茶区，位于浙江东北部，东濒东海，南至天台、东阳，西北接钱塘江流域。[①] 有鉴于平水茶畅销海外，四明山所产茶也将长身改为圆形，其茶叶外销也纳入平水茶范围之内。平水茶区包括整个会稽山脉，以迄四明、天台。[②] 因此以绍兴平水镇为中心，绍兴府所属七县，加上奉化、鄞县，均为平水茶产地，主要生产珠茶、圆头、眉茶、熙春等茶叶，尤以珠茶最为出名。绍兴府七县之中，以诸暨、嵊县茶地面积为最广，产量亦丰，绍兴次之，新昌、余姚又次之，上虞、萧山最少。[③] 平水茶因地理上的优势使其经浙东运河运至宁波港出口相当便捷。"平水茶区之交通，在昔交通，全恃水运，有曹娥江横贯中央，支流四达，舟筏可通，复有运河可西通杭州；至平水镇之能为茶叶集散中心者，全赖若耶溪之北达绍城，东向抵百官而至宁波，西达西兴而渡钱江也。"[④] 平水茶"就其大小精粗，分成等级，外销数量，曾占华茶出口的首位"。[⑤] 五口通商时期，浙江出口茶叶达 4 万吨，其中经宁波出口的珠茶和其他红绿茶达 2 万吨，年出口量占全国出口量的七分之一。[⑥] 据统计，1869—1879 年间，中国销美绿茶中，约半数以上为浙江所产的平水珠茶。[⑦] 平水茶的出口从 1892 年的 28258

① 吴觉农编：《浙江之平水茶业》，农村复兴委员会委托调查，茶业调查第一种，民国二十三年（1934 年）第 1 页。
② 陈一鸥：《浙东茶叶剥削史》，《浙江文史资料选辑》，第 11 辑，浙江人民出版社 1979 年版，第 39 页。
③ 国民党建设委员会经济调查所编：《浙江之平水茶》，民国浙江史研究中心杭州师范大学选编：《民国浙江史料辑刊》，第一辑，第 8 册，国家图书馆出版社 2008 年版，第 11 页。
④ 国民党建设委员会经济调查所编：《浙江之平水茶》，民国浙江史研究中心杭州师范大学选编：《民国浙江史料辑刊》第一辑，第 8 册，国家图书馆出版社 2008 年版，第 9 页。
⑤ 陈一鸥：《浙东茶业剥削史》，《浙江文史资料选辑》，第 11 辑，浙江人民出版社 1979 年版，第 36 页。
⑥ 程启坤、庄雪岚主编：《世界茶业 100 年》，上海科技教育出版社 1995 年版，第 70 页。
⑦ 程启坤、庄雪岚主编：《世界茶业 100 年》，上海科技教育出版社 1995 年版，第 70 页。

担上升至 1893 年的 109974 担，从 1897 年开始，平水茶基本保持在 5—7 万担左右。[1] 1910 年出口平水茶 110763 担，自光绪二十九年（1903 年）以来最多。[2]

浙东运河是清代后期徽州茶经宁波出口的主要内河通道。徽州东部的歙县、休宁、黟县、绩溪四县的茶叶经新安江到严陵、富春到杭州后，"惟走绍兴内河抵义桥，搬运过塘，到曹娥过坝，不数里又百官坝，数易其船。由百官至余姚复有河清、横山、马车、陡门等堰，始抵宁波"。[3] "茶叶在钱塘江的义桥上岸，越过难走而拥挤的道路运到宁波的运输费用，加上宁波的轮船运费，用它避免在直运路线上被征收的沉重税款比较，还是合算的。"[4] 徽茶经杭州运至上海，所交纳的水脚、税捐每担为关平银 6.65两，而经由宁波之水脚、税捐则是关平银 5.65 两。即从宁波这条线可以节省每担关平银 1 两。[5] 显然，茶叶走浙东运河经宁波至上海的路线，虽然过程相对不易，但费用要低于税款较重的杭州至上海的路线。与徽茶同样处境的天台茶，为了逃避所谓"海塘捐"或"堤防税"的杭州关卡税（那样会使捐税总数高达 4 两左右），因而回避通过大运河到上海的直达路线

---

① 《浙海关十年报告（1892—1901 年）》，杭州海关译编：《近代浙江通商口岸经济社会概况——浙海关 瓯海关 杭州关贸易报告集成》，浙江人民出版社 2002 年版，第 44 页。

② 《宣统二年（1910 年）宁波口华洋贸易情形论略》，杭州海关译编：《近代浙江通商口岸经济社会概况——浙海关 瓯海关 杭州关贸易报告集成》，浙江人民出版社 2002 年版，第 331 页。

③ （清）刘锦藻：《清朝续文献通考》卷 42《征榷考十四·榷茶》，商务印书馆民国二十五年（1936 年）版，第 7969 页下栏。

④ 《领事麦华陀 1868 年度上海港贸易报告》，李必樟译编，张仲礼校订：《上海近代贸易经济发展概况：1854—1898 年英国驻上海领事贸易报告汇编》，上海社会科学院出版社 1993 年版，第 174 页。

⑤ 《光绪元年（1875 年）浙海关贸易报告》，杭州海关译编：《近代浙江通商口岸经济社会概况——浙海关 瓯海关 杭州关贸易报告集成》，浙江人民出版社 2002 年版，第 166 页。

而改道宁波再花一笔小轮船的运费从那里运来上海。^①浙西地区所产茶叶出口的路径亦是如此。如1877年宁波港出口绿茶达14.5万担，其中平水茶4万担、徽州茶9.5万担，余下之1万担来自浙西之严州、淳安、开化县以及开化县境内华埠镇。浙西三县所产的1万担茶叶，由钱塘江而东往义桥以后也如徽州茶一样运宁波。^②

五口通商后，平水茶的出口从广州移至宁波和上海。绿茶——全部贸易都是在上海做成的。宁波及其附近地区焙制的平水茶，它几乎构成了总产量的一半。^③随着平水茶销量的不断上升，绍兴平水镇珠茶主产区附近诸多茶栈应运而生。1845年，会稽县王化人宋瑞泰在当地开办了"瑞泰"号茶栈，专门收购平水的圆毛茶，精加工后售于上海外商洋行出口。瑞泰有瑞隆、瑞丰、瑞康、瑞元、瑞兴、瑞记、瑞升、新瑞兴等多个分支。"瑞"字牌号每年出口的箱茶，要以万数计算。^④1875—1897年为珠茶外销的兴盛时期，也是茶栈大发展时期，仅平水茶区较大茶栈就多达100多家，这一时期珠茶常年外销量保持在1万吨左右。^⑤19世纪70年代初期，"宁波从事烤茶及拣茶的男工和女工的人数约可估计有9450人。平均每一茶行雇有355名工人。男工主要来自邻省安徽，……女工则来自绍兴附近各

① 《领事麦华陀1875年度上海贸易报告》，李必樟译编，张仲礼校订：《上海近代贸易经济发展概况：1854—1898年英国驻上海领事贸易报告汇编》，上海社会科学院出版社1993年版，第378页。

② 《光绪三年（1877年）浙海关贸易报告》，杭州海关译编：《近代浙江通商口岸经济社会概况——浙海关 瓯海关 杭州关贸易报告集成》，浙江人民出版社2002年版，第186—187页。

③ 《总领事许士1888年上海贸易报告》，李必樟译编，张仲礼校订：《上海近代贸易经济发展概况：1854—1898年英国驻上海领事贸易报告汇编》，上海社会科学院出版社1993年版，第736页。

④ 陈一鸥：《浙东茶叶剥削史》，《浙江文史资料选辑》，第11辑，浙江人民出版社1979年版，第42页。

⑤ 陆伟民：《平水茶栈的兴衰》，《农业考古》1998年第2期。

县"。①据此，宁波茶行已有近 30 家，雇用的茶工人数也相当可观，反映出宁波港茶叶出口贸易的兴盛。

出口精制茶叶所获的巨大利润，推动了土庄茶栈创设。洋庄茶栈一般多通过注重原料把关、精细加工及讲究信誉来保证茶叶品质。土庄茶栈因资本额有限，设备简陋，品种稀少，但胜在销售流通迅速，所获利润也颇为丰厚。清同治、光绪年间（1862—1908 年），"绍兴上虞茶叶，由茶栈精制，运往外洋者甚多，获利殊巨，此后诸暨嵊县等处，亦先后设立茶栈"。至光绪二十二年（1896 年），绍兴茶栈"增至十六家，上虞、嵊县、诸暨等县，均有增无减"。②浙东地区茶栈的大量出现，有效地沟通了茶叶的生成与销售环节，极大地便利了茶叶的外销。

从宁波港出口的绿茶，主要销往美国和英国，其中美国更是中国绿茶的主要消费市场。1869 年运至上海的绿茶中，约有三分之二是出口到美国去的。③19 世纪 60 年代，运来上海的平水茶叶，品质优良不掺杂，在伦敦和纽约市场上卖得相当好价钱。以后需求增加到明显超出该地区实际能够生产的程度，即每年约 20 万余箱。④平水茶在英美市场的成功销售，促成了平水茶出口贸易的兴盛。为完成欧美市场对平水茶的巨大订单，土庄茶栈开始对茶叶染色，以伪劣茶叶充斥市场，部分洋庄茶栈在激烈的茶叶贸易竞争中也仿效土庄，从而导致平水珠茶在英美市场的声誉受损，市场占有率也开始下降。1867 年，英国对茶叶需求的增加量还是由中国和印度双

---

① 彭泽益编：《中国近代手工业史资料（1840—1949）》，第二卷，《中国近代经济史参考资料丛刊》，第四种，科学出版社 2016 年版，第 272 页。

② 实业部国际贸易局编纂：《中国实业志（浙江省）》，第七编，工业，实业部国际贸易局印，民国二十二年（1933 年），第 158—159 页。

③ 《领事麦华陀 1869 年度上海贸易报告》，李必樟译编，张仲礼校订：《上海近代贸易经济发展概况：1854—1898 年英国驻上海领事贸易报告汇编》，上海社会科学院出版社 1993 年版，第 203 页。

④ 《浙海关十年报告（1892—1901 年）》，杭州海关译编：《近代浙江通商口岸经济社会概况——浙海关 瓯海关 杭州关贸易报告集成》，浙江人民出版社 2002 年版，第 44 页。

方均分，但 1868 年中国茶在英国的消费量却第一次出现停滞状态，整个增加量都由印度一方供应。中国茶叶在美国也有完全相似的情况。美国市场的茶叶消费量的一半已是日本茶，而十五年前，消费量的全部是中国茶。①

从 19 世纪 70 年代中期开始，中国茶叶在国际市场上的占有率开始下降，反映在浙东运河输出的绿茶亦是呈现出同样的趋势。宁波港出口的绿茶从 1872 年 180033 担降至 1878 年的 103206 担。绿茶出口不仅是宁波减少，其他地方出口的也是在下降。② 19 世 80 年代以后，宁波港出口的绿茶销量有所回升。1885 年，茶叶在复出口除外就有 166604 担，除了 1872 年以外比哪一年都多。③ 1894 年，宁波港出口的 188770 担绿茶中，其中徽茶计达 90380 担，其余 98390 担系平水茶。④ 徽茶在 1895 年杭州开埠后，重新走回初始的经杭州至上海的出口路线，而平水茶依然循浙东运河经宁波至上海出口的路线。虽然宁波港出口的平水茶在出口数量上并没有太大的变化，但在出口商品中的比例不断下降。这从中国茶叶在出口商品构成中的比例亦可窥见。1882 年，中国茶叶在中国的出口商品构成中约为 46.53%，1902 年降至 10.67%，1910 年继续下降至 9.44%，至 1920 年，更是跌至 1.64%。⑤ 茶叶在中国出口商品中的构成比例的不断下降，折射出经

---

① 《领事麦华陀 1875 年度上海贸易报告》，李必樟译编，张仲礼校订：《上海近代贸易经济发展概况：1854—1898 年英国驻上海领事贸易报告汇编》，上海社会科学院出版社 1993 年版，第 375 页。

② 《光绪四年（1878 年）浙海关贸易报告》，杭州海关译编：《近代浙江通商口岸经济社会概况——浙海关　瓯海关　杭州关贸易报告集成》，浙江人民出版社 2002 年版，第 202 页。

③ 《光绪十一年（1885 年）宁波口华洋贸易情形论略》，杭州海关译编：《近代浙江通商口岸经济社会概况——浙海关　瓯海关　杭州关贸易报告集成》，浙江人民出版社 2002 年版，第 256 页。

④ 《光绪二十一年（1895 年）宁波口华洋贸易情形论略》，杭州海关译编：《近代浙江通商口岸经济社会概况——浙海关　瓯海关　杭州关贸易报告集成》，浙江人民出版社 2002 年版，第 290 页。

⑤ 徐雪筠等译编：《上海近代社会经济发展概况（1882—1931）——海关十年报告译编》，上海社会科学院出版社 1985 年版，第 378—379 页。

浙东运河进行的茶叶贸易的萎缩。

从清代后期浙东运河与海上丝绸之路上茶叶的基本交易情况来看，茶叶的贸易行情既与自身品质有关，同时还深受国际和国内因素的影响。就其自身因素而言，平水茶在出口商品中的比例不断降低，与茶叶本身品质的下降也有一定的关系。18世纪60年代之前，中国茶叶在美国自华输入品的比例中一直占据主导地位，1845年为78.6%，1850年为69.5%，1855年为61.6%，至1860年为64.8%。同时期美国进口的日本茶数量较为有限。1856年日本输入美国的茶叶为50小箱，第二年为400小箱。而1859年则为10万小箱；至1860年，日本人模仿中国的制茶方式已经成功。[1] 在政府的大力扶持和激励下，日茶采用科学的方式进行种植并实现机械化生产，茶叶品质大为改进，提升了在国际市场上的竞争力，输入美国的日茶数量也不断增加。1873年，日茶出口为中国绿茶出口的59%，第二年增为70%；1875—1876年度两者比例相等，但截至1876年12月31日为止，日本茶出口已为中国绿茶的一倍以上。[2] 而中国茶农依然停留在传统的手工制茶层面，茶树品种少有改良，难以保证茶叶稳定的品质。19世纪70年代中期，平水茶因着色过浓、制作粗糙遭到英美两国的指责，导致其在国际市场的价格骤降，只有历史最高时期的1/3。[3] 1883年美国议会通过茶叶法，专门限制中国茶叶输入。[4] 同年，美国"验得美商某号买中国平水茶三千箱，从前另有验出私以别物搀杂之茶亦由中国购到，均不准其在本国售卖"。[5] 1897年美国国会颁布实施《茶叶进口法》，从纯净度、品质和

① 姚贤镐编：《中国近代对外贸易史资料（1840—1895）》，第一册，《中国近代经济史参考资料丛刊》，第五种，中华书局1962年版，第656页。

② 李文治编：《中国近代农业史资料（1840—1911）》，第一辑，《中国近代经济史参考资料丛刊》，第三种，科学出版社2016年版，第394页。

③ 《光绪四年（1878年）浙海关贸易报告》，杭州海关译编：《近代浙江通商口岸经济社会概况——浙海关 瓯海关 杭州关贸易报告集成》，浙江人民出版社2002年版，第202页。

④ 陈椽：《中国茶叶外销史》，碧山岩出版公司1993年版，第133页。

⑤ 《丝茶新论》，《申报》1887年6月27日。

消费适宜性三个方面对进口茶叶标准提出原则性要求。当此项法案开始实施时，"大量的平水茶被禁止进入这个国家"。[①]1911 年，美国禁止进口着色茶。"若不守之，则此着色茶输入美国时，遭美国官吏之检查，必认为不合格。"[②] 在美国不断出台的法律条款的制约下，以美国为最大消费市场的浙江绿茶无疑遭受重挫。

浙江绿茶在国际上面临着日本绿茶的激烈竞争。19 世纪 70 年代，在英美两大茶叶消费市场，中国绿茶"分别受到了阿萨姆浓红茶和日本茶的排挤，中国绿茶在两国（英美两国）的消费量日益下降，以致其价格也从 1872 年和 1873 年的高价逐步下跌，这种价格的逐步持续下跌导致了长期持久的茶叶贸易萧条状况"。[③]1870—1871 年度以后，日茶便专运美国。这一年运美日茶已增至 1350 万磅。1874—1875 年度运美日茶第一次超过了中国绿茶。1875 年运美日茶已超过华茶一倍以上。在 1876—1877 年度，输美日茶达 1930 万磅，而中国绿茶只有 950 万磅。[④] 英国驻上海总领事韩能在 1891 年度的上海贸易报告中称："日本绿茶的出口量正在逐年上升，同仍然停留在 10 年前出口水平上的上海茶叶相比，它现在的出口量为后者的两倍。"[⑤] 美国是浙江绿茶的主要销售市场，日本绿茶的崛起和激烈竞争直接导致中国绿茶在北美市场销量的大幅萎缩，经浙东运河至宁波港、上海港出口的绿茶无疑也遭受重大影响。

---

① 徐雪筠等译编：《上海近代社会经济发展概况（1882—1931）——海关十年报告译编》，上海社会科学院出版社 1985 年版，上海社科院出版社 1985 年版，第 60 页。
② 伧父：《着色茶之禁止（译日本时事新报）》，《东方杂志》第 8 卷第 3 号，宣统三年（1911 年）四月二十五日，工艺商务印书馆发行，第 18 页。
③ 《领事达文波 1876 年度上海贸易报告》，李必樟译编，张仲礼校订：《上海近代贸易经济发展概况：1854—1898 年英国驻上海领事贸易报告汇编》，上海社会科学院出版社 1993 年版，第 413 页。
④ 姚贤镐编：《中国近代对外贸易史资料》，第二册，《中国近代经济史参考资料丛刊》，第五种，中华书局 1962 年版，第 1198 页。
⑤ 《总领事韩能 1891 年度上海贸易报告》，李必樟译编，张仲礼校订：《上海近代贸易经济发展概况：1854—1898 年英国驻上海领事贸易报告汇编》，上海社会科学院出版社 1993 年版，第 764 页。

此外，中国茶叶所交纳的重税也影响着其在国际茶叶市场的竞争力。印度锡兰之茶，其出口税全免完纳。日本则每斤不过完洋一元。中国则不然，每茶百斤须纳关税库平银二两五钱，又加厘捐及各项捐款甚巨。[①] 光绪十四年（1888 年），徽茶来宁，每百斤应在婺源完银共二两一钱三分，在屯溪完银二钱，在界口完银三分，在深渡完银一分，在威坪完银共三钱七分三厘，统共完银二两七钱四分三厘，应完出口海关正税银二两五钱，通共每百斤完银五两二钱四分三里。现在茶价，每百斤只值银十五两至二十五两，其中税厘已逾四分之一。平水茶来宁波，每百斤应在绍兴完银七钱三分四厘，出口海关正税银二两五钱，共完银三两二钱三分四厘。现在茶价，每百斤只值银十三两至二十六两，税厘在内，数亦不少。[②] 在中国茶叶出口价格不断下跌的形势下，税负的相对比重就显得更高。这使得中国茶叶在面临来自日本、印度及斯里兰卡茶叶竞争时处于明显的不利地位。

清代后期浙东运河与海上丝绸之路上的茶叶贸易以平水茶和徽州茶为大宗。平水茶产于浙东运河沿线区域，得益于天然的地理方位优势，可循浙东运河经宁波港运贩至上海出口。徽州茶选择经新安江到严子陵钓台到杭州后，经义桥转入浙东运河至宁波的路线。在 1896 年杭州开埠后徽州茶便转而经杭州往上海出口的贸易路线，从宁波港输往上海的茶叶大为减少。可以说，这时期经浙东运河与海上丝绸之路直接运贩至海外的茶叶微乎其微，多为从宁波中转，经宁波运往上海后再出口至欧美各国。浙东运河与海上丝绸之路上茶叶贸易的式微，亦是这条传统贸易通道上其他商品贸易的真实写照，在西方资本主义经济的冲击下，传统的海上贸易大港宁波不得不转型为沿海贸易的转口港。

---

① 彭泽益编：《中国近代手工业史资料（1840—1949）》，第二卷，《中国近代经济史参考资料丛刊》，第四种，科学出版社 2016 年版，第 309 页。

② 彭泽益编：《中国近代手工业史资料（1840—1949）》，第二卷，《中国近代经济史参考资料丛刊》，第四种，科学出版社 2016 年版，科学出版社 2016 年版，第 308—309 页。

结　语

　　浙东运河脱胎于春秋时期越国疏凿的东西向的山阴故水道，借助这条水上交通要道，往北经固陵港过钱塘江后，可直抵吴国及中原地区，往东经曹娥江可至句章等沿海港口。越国的通海门户句章港，在春秋末期就已开展以军事为主要目的的远距离航海活动，虽然对外的商业贸易活动极为有限，但也为日后作为浙东海上丝绸之路贸易港的兴起奠定了基础。秦汉时期，会稽沿海句章、鄞县出现了与日本群岛居民的交易活动，考古发现也证明了当时有江南居民经舟山群岛、台湾岛至日本，可知此时的浙东海上丝绸之路已经萌芽而出。东汉永和年间会稽郡太守马臻引稽北丘陵三十六源之水兴建鉴湖，山阴故水道被纳入鉴湖形成鉴湖航道。西晋会稽内史贺循于西晋后期主持修建了漕渠：西起钱塘江南岸的西陵，往东经钱清、柯桥至会稽郡城，史称西兴运河。西兴运河开凿以后至南北朝时期，经过对天然河道的人工渠化，形成了西自西陵东至句章的浙东运河的雏形。浙东海上丝绸之路贸易商品的运送也因有了浙东运河而变得更为便利。隋代疏凿了以洛阳为中心，北通涿郡、西至长安、南至余杭的运河，并将京口至余杭的江南运河重新疏浚成为一条水上通衢。浙东运河经钱塘江与江南运河、隋唐大运河连通，从而将浙东海上丝绸之路的贸易通道延伸至中原内陆地区。从此，浙东运河与海上丝绸之路二者交织在一起，彼此互通关联，推动着中外交通和贸易的发展，带动了运河沿线区域市镇经济的繁荣，并经由这条水上交通要道展开了中外文明间的对话。综观不同历史时期浙东运河与海上丝绸之路互通关联的具象，可知其在中国历史进程中具有的独特地位。

首先，浙东运河与海上丝绸之路是中国大运河连通海外诸国的双向交通通道。

　　隋唐时期，大运河借助浙东运河与海上丝绸之路上迅速崛起的明州港、初兴的越州白洋港及台州章安港，沟通了隋、唐政府与日本、朝鲜半岛等地的政治及贸易往来。唐代前期，日本政府派出的遣唐使从初始偶然性地选择在浙东海上丝绸之路港口登陆，到唐中后期明确地登陆明州等港，这其中的变化，除了中日海上航路的发展外，很重要的原因就在于，这些来华使者在明州等浙东海上丝绸之路港登陆后，可直接循浙东运河和大运河的水上通道，顺畅地到达长安及洛阳。五代吴越国时期，因陆路交通及内河航运受阻，浙东运河成为往返于海上丝绸之路上的中外船舶北上中原、南下闽广以及贸易内外的必经通道。北宋时期国内复杂的政治格局下，能够为财政上捉襟见肘的宋政府带来丰厚收益的海外贸易，对于宋政府而言无疑有着举足轻重的地位。在宋政府虽不时调整但整体开放的贸易政策下，浙东运河与海上丝绸之路上的明州港成为宋政府连通日本、高丽及南海诸国的主要交通口岸。南宋浙东运河成为国家赖以生存的生命线，是都城临安沟通富庶的绍兴、明州（庆元）等浙东地区的要道，在内河航运上是漕运的关键通道，又通过与浙东海上丝绸之路的连通成为南宋交通海外各国获取商税的黄金水道。元代京杭大运河的疏凿畅通了杭州至大都间的水上交通，从而将浙东运河的北端终点延伸至大都。在有利的对外贸易政策和日趋完善的经营管理下，凭依浙东运河与海上丝绸之路连通的畅达交通，元朝与海外诸国的往来可谓形成了一个小高潮。

　　明初实行"海禁"与朝贡贸易并行的贸易政策，宁波被指定为对日实行勘合贸易的港口，浙东运河和大运河便成为日本贡使及相关物资往返和流通于宁波与京城间的必经之路。日本遣明使团在宁波港登陆后，循浙东运河和大运河的水路北上至北京，在完成对明的朝贡后又循同样的路线南下至宁波，经浙东海上丝绸之路的海上航线返航。以明与日本之间的朝贡贸易为主，包括明与暹罗、明与琉球等国的朝贡贸易也都不时借助浙东运河与海上丝绸之路的交通通道实现了中外贸易物资的互通流转。清前期康熙帝宣布开"海禁"后，浙东运河与海上丝绸之路成为中国商船赴日本和东南亚各国的重要交通航线，同时东南亚各国以及英国东印度公司商船也是循着这条线路前来中国的。

其次，浙东运河与海上丝绸之路是浙东地区内连外通的主要贸易干道。

浙东海上丝绸之路在秦汉时期萌芽后，于魏晋南北朝时期获得了初步的发展，并由此开启了浙东海上丝绸之路的陶瓷贸易。汉魏晋南北朝时期从浙东运河与海上丝绸之路输出的物品以越窑青瓷和铜镜为主。迄今在朝鲜半岛和东南亚等地考古发掘的青瓷多为浙东运河沿线的上虞曹娥江中游地区、余姚上林湖等地的瓷窑所产，输往日本的铜镜多数产自会稽。隋唐五代时期浙东运河与海上丝绸之路通过与大运河相接，使得远距离的贸易商品的运输更为便利，区域内外的商品经四通八达的水陆交通网进入浙东运河后至海上丝绸之路贸易港出海，抑或是经浙东海上丝绸之路贸易港输入的商品，经浙东运河连通大运河运贩至广大的运河沿线及周边地区。隋唐五代时期浙东海上丝绸之路出口的瓷器除了浙东运河沿线区域生产的越窑青瓷外，长沙窑瓷器也多选择从浙东海上丝绸之路诸港输出至海外诸国。明州港因贸易瓷的大量外销在浙东海上丝绸之路中的地位更为突出。宋元时期的明州港在唐代浙东海上丝绸之路贸易发展的基础上，不仅在与日本、高丽的贸易中具有关键的地位，而且与南海诸国有了直接的贸易往来。

明代浙东运河与海上丝绸之路成为中日之间勘合贸易的主要交通要道，然而自明代中叶以来朝贡贸易日渐衰微，同时期新航路的开辟将海上丝绸之路推进至商品贸易全球化时期，在官方朝贡贸易之外的浙东海上丝绸之路上的私人海上贸易出现了短暂的勃兴。东南沿海的中外海商以宁波双屿港为贸易基地，通过浙东运河连通贸易物资的主产地：宁波、绍兴、杭州与长江三角洲市镇，将中国与日本、东南亚之间开展三角贸易所需的生丝、棉布运销至日本换回金银，再用金银购得东南亚所产香料，并将香料运至双屿港后，经浙东运河运送至国内各地售卖。清前期"开海"贸易后，浙东海上丝绸之路上的大宗商品生丝和丝织品基本产自杭嘉湖及宁绍地区，而杭州是长江三角洲地区生丝的主要生产地和集散地。因此，从浙东海上丝绸之路前往海外贸易的商人往往在以杭州为主的浙东运河沿线地区采买所需的丝货，经浙东运河运送至宁波、普陀山、舟山等港后出海运贩至海外各国，近及日本、琉球、吕宋等东亚及东南亚等国，远至美洲诸国。而从日本输入浙东海上丝绸之路港口的有铜及海产品等，从东南亚各国输入的有香料、大米、蔗糖等，这些物品也多经浙东运河运贩至国内各地。清代后期宁波港开埠后，浙东运河依然承担着宁波港与内陆地区之间的货运业务，成为宁波港开展转口贸易的主要内河航道。

再次，浙东运河与海上丝绸之路是中国和世界文明交流互鉴的通道。

浙东运河与海上丝绸之路是通过河道、海道与不同国家、地区开展文明对话的重要通道，是彼此进行文化交流的友谊之道。浙东海上丝绸之路通过浙东运河连接大运河，为中外使节、僧侣、学者及商旅等人士的往来提供了便捷的交通通道。他们借助这一贯穿中国南北的水上交通大通道，选择以自己独有的方式与对方展开包括思想、宗教、艺术、文学、技艺等方面的多种形式的文明交流互鉴。

隋唐时期经浙东海上丝绸之路与中国往来频繁的日本及朝鲜半岛，为学习先进的中国文化，派出大量的遣唐使来华。唐显庆四年（659年）日本派出的第四次遣唐使第二船在鄞县登陆后，经浙东运河至越州都督府申报入境，此后第十二次和第十八次遣唐使均有使舶在明州登陆。其中有相当比例的僧人搭乘遣唐使和唐商的船只入唐学习佛法，在浙东海上丝绸之路港口登陆后经浙东运河可方便地到达越州、明州及台州等地学习佛法。他们选择浙东名刹巡礼求法，研习佛教教义，抄写佛经，搜集各类汉籍回国。唐代僧人东渡日本弘法也不在少数，六次东渡日本的鉴真便是其中最为经典的代表人物，其五次东渡尝试皆与浙东海上丝绸之路有关。鉴真及随其东渡的人士将他们所掌握的医学、中药、雕塑、绘画、建筑等技艺无私地介绍给日本。宋元时期前来浙东朝拜和巡礼的日本和高丽僧人不在少数。他们带来了部分散佚的佛教经卷，回国时也将在中国获赠或搜罗的佛经、佛像、佛画及汉籍等带回。这时期的浙东地区高僧也相继前往日本弘法，并借此传播汉学。宋代西亚等国的阿拉伯商人、波斯商人通过登陆明州港三江口码头后入宋。为接待前来贸易的西亚商人，明州地方政府专门设置了波斯馆。寓居于此的他们也在狮子桥附近建造清真寺，在满足自身宗教信仰所需的同时，也将他们的宗教文化带至明州。

明代浙东运河与海上丝绸之路上的文化交流，主要是日本的遣明使团成员利用勘合贸易之机与明代文人展开两国之间的文明交流互鉴。日本遣明使团主要由入明禅僧组成，这些肩负政治使命的日僧在明州登陆后，经浙东运河与大运河的水上通道进入明朝首都北京，往返路途中，顺道游历运河沿线的名刹古寺。他们在明停留期间，多以酬唱、求题序跋、撰写像赞和行录等形式与明代文人展开文学艺术方面的交流。降至清代，由于日本实行"锁国"政策，中日间并未建立官方关系，两国仅有的互通表现为中国商船赴日贸易。搭乘这些赴日贸易商船前往日本的中国文人、僧人、医师等人员在思想文化、绘画艺术、医药卫生及书籍等方面与日方展开了积极的沟通，尤其是书籍的交流可谓空前活跃。清代书籍作为重要的文化商品输入日本，日本从中国典籍中摄取了丰富的养料。

正是因为浙东运河与海上丝绸之路在历史进程中具有如此独特的地位，所以其产生的影响亦不容小觑。作为浙东运河与海上丝绸之路上河海交汇的宁波港，其发展历程便深受浙东运河与海上丝绸之路的影响。唐代随着浙东海上丝绸之路贸易的快速发展，明州的海港经济也获得了前所未有的发展机遇，遂成为东南沿海海道辐辏之所。宋元时期浙东海上丝绸之路贸易日益兴盛，明州（庆元）港成为名副其实的远东国际贸易大港，推动着政府更加关注和重视明州（庆元）港的发展。明代宁波港被政府指定为对日实行勘合贸易的唯一口岸，无论是在明代的勘合贸易还是在明代中期兴起的私人海上贸易中，宁波港都是浙东运河连接海上丝绸之路的关键口岸，而浙东运河承载着海上丝绸之路上中外商品内运外输的重责。虽然宁波双屿港的勃兴非常短暂，但也从侧面地印证了这条河海相联的交通要道在商品输送与交流中发挥的独特作用。清代前期浙东海上丝绸之路对外贸易的兴盛，推动着传统国际贸易大港宁波港的再度兴起。客观而言，从浙东运河与海上丝绸之路贸易中获益的不仅只有宁波一地，而是包括浙东沿海诸港在内、延及浙东运河及江南运河沿线区域的整个长江三角洲地区。清代后期，在外来资本主义贸易的冲击下，浙东海上丝绸之路趋向于衰落，宁波港亦由原来的国际贸易港转型为国内贸易中转港。

　　浙东运河与海上丝绸之路在和贸易港口休戚与共的同时，还带动了沿线区域经济的繁荣，把原来封闭在自然经济之中的农村地区引入到市场交换中来。可以说，浙东运河与海上丝绸之路的贸易很大程度上是以区域经济作为其强大的后备物质保障的。唐至北宋时期越窑青瓷的大量外销，带动和加速了浙东地区青瓷制造业的兴盛，青瓷的烧制中心由曹娥江中游两岸地区扩展至上林湖地区，五代吴越国时期东扩至鄞县东钱湖地区。三大越窑青瓷烧制中心的兴起，带动了以青瓷烧制为主业的浙东运河沿线地区经济的发展。而那些散布于浙东运河与海上丝绸之路交通线上的乡村及市镇也凭借着显著的区位优势迅速成长，既有因浙东海上丝绸之路海洋交通及贸易而兴的奉化鲒埼镇、明州望海镇，也有因处于浙东运河交通干线而发展起来的，如绍兴钱清，萧山渔浦、西兴，上虞曹娥等，这些市镇的兴起有力地促进了当地商品经济的发展。明代中叶以来，生丝和丝织品成为浙东海上丝绸之路贸易中交易量最大的商品，在海外市场的极大需求下，曾经一度衰落的杭州丝织业逐渐复苏，并成为杭州的支柱产业之一，带动了杭州和所辖市镇以及周边嘉兴、湖州等地的经济逐渐走向繁荣。浙东地区的丝织业规模虽难以企及杭嘉湖地区，但也保持着一定的产量。可见浙东运河与海上丝绸之路上贸易商品与沿线区域经济存在着紧密的双向联动关系。

　　浙东运河与海上丝绸之路上的中外文明互鉴交流亦是在东亚海域各国产生了极为深远的影响。在宗教文化交流层面，浙东地区的天台宗对日本和朝鲜半岛的佛教文化产生的影响巨大。唐贞元年间（785—805 年）到达明州的日僧最澄经浙东运河至沿线区域的天台山、上虞峰山道场等地求法巡礼，后回到日本创立了天台宗，成为日本佛学界最早的门派。北宋前期高丽义天专门前往天台山、明州巡礼求法，回国后开创海东天台宗。宋代开始，禅宗的影响力大增，南宋年间两次入宋的日僧荣西巡礼天台山、阿育王山、天童山等地名寺，返日后创立临济宗，成为日本禅宗的始祖。荣西的再传弟子道元在天童寺参禅两年，回国后开创日本曹洞宗。伴随着东亚海域各国佛教文化的密切交流互动，佛教典籍及汉籍也频繁地流通起来，茶文化的交流也随之兴起。荣西将茶种和饮茶习俗带至日本，开启日本民众的饮茶之风。在技艺文化交流层面，两汉、三国时期经浙东海上丝绸之路运至日本销售的会稽铜镜，在会稽工匠移入日本的背景下，日本出现了仿制的铜镜。唐五代时期越窑青瓷经浙东海上丝绸之路大量外销的同时，也直接推动着朝鲜半岛、日本等国制瓷业的诞生和烧制技艺的提升。在思想文化层面，明末清初渡日的明朝遗臣朱舜水在日的讲学促成日本儒家学派之一的水户学派的形成，水户学派主张的"水户学"则成为日本近代明治维新的理论基石。

通览浙东运河与海上丝绸之路在历史上的地位及产生的影响，可知这条通江达海的运河往北连通了大运河，实现水运交通的一体化，为浙东海上丝绸之路各贸易港口的兴起和发展提供了广阔的内陆腹地；也为浙东海上丝绸之路贸易商品的内销搭建起便捷的水路交通，从而成为一条重要的双向贸易通道。借助浙东运河与海上丝绸之路这条交通要道，中外之间的政治、经贸和文化实现了有效的沟通。这条交通干线虽是浙东地区生产生活的生命线，但却早已突破区域应有的界限，在不同历史时期发挥着远超其地域的深远影响力。然而，浙东运河尽管在很大程度上成就了浙东海上丝绸之路的兴起、发展及繁荣，为浙东海上丝绸之路搭建起连通内外的关键交通干道，但在封建帝国"重农抑商"的大环境背景下，浙东海上丝绸之路贸易往往被置于封建政府的严格管制下，能够容纳浙东海上丝绸之路贸易的发展空间极为有限，这就使得浙东海上丝绸之路虽有较为稳定、持续的发展，但整体呈现曲折、艰难的态势。鸦片战争结束后，中国的国家主权遭受破坏，西方列强主导了中国的国际贸易管理权，宁波港成为最早的五口通商口岸之一开埠，从远洋国际贸易大港转型为沿海转运贸易港，浙东海上丝绸之路上的传统海外贸易走向衰落。

参考文献

古籍文献

《竹书纪年》，平津馆刊本，嘉庆十一年（1806 年）。

（春秋）左丘明：《左传》，岳麓书社 1988 年版。

（春秋）左丘明：《国语》，李维琦点校：《国语　战国策》，岳麓书社 2006 年版。

（汉）班固撰，（唐）颜师古注：《汉书》，中华书局 1962 年版。

（汉）司马迁：《史记》，中华书局 1959 年版。

（汉）赵晔：《吴越春秋》，中华书局 1985 年版。

（西汉）刘安等著：《淮南子》，岳麓书社 2015 年版。

（东汉）袁康、吴平著，张仲清译注：《越绝书》，中华书局 2020 年版。

（北魏）郦道元：《水经注》，《景印文渊阁四库全书》，史部三三，地理类，第 573 册，台湾商务印书馆 1986 年版。

（吴）谢承：《会稽先贤传》，鲁迅编：《会稽郡故书杂集》，鲁迅先生纪念委员会编印，民国三十年（1941 年）。

（晋）陆云：《陆士龙集》，《景印文渊阁四库全书》，集部二，别集类，第 1063 册，台湾商务印书馆 1986 年版。

（西晋）左思：《吴都赋》，（清）胡绍煐撰，蒋立甫校点：《文选笺证》，黄山书社 2004 年版。

（晋）陈寿撰，（宋）裴松之注：《三国志》，中华书局 1959 年版。

（南朝宋）谢灵运：《谢康乐集》，明万历十一年（1583 年）刻本。

（南朝宋）范晔：《后汉书》，中华书局 1965 年版。

（梁）沈约：《宋书》，中华书局 1974 年版。

（唐）欧阳询著，汪绍楹校：《艺文类聚》，上海古籍出版社 1965 年版。

（唐）李吉甫：《元和郡县图志》，中华书局 1983 年版。

（唐）李延寿：《南史》，中华书局 1975 年版。

（唐）李肇：《唐国史补》，《景印文渊阁四库全书》，子部三四一，小说家类，第 1035 册，台湾商务印书馆 1986 年版。

（唐）欧阳修、宋祁：《新唐书》，中华书局 1975 年版。

（唐）陆羽等原典：《茶经》，卡卡译注，中国纺织出版社 2006 年版。

（唐）魏征等撰：《隋书》，中华书局 1973 年版。

（唐）杜佑：《通典》，中华书局 1988 年版。

（唐）刘禹锡：《刘禹锡集》，上海人民出版社 1975 年版。

（唐）李林甫等撰，陈仲夫点校：《唐六典》，中华书局 2014 年版。

（后晋）刘昫等撰：《旧唐书》，中华书局 1975 年版。

（宋）王十朋：《梅溪后集》，《景印文渊阁四库全书》，集部九〇，别集类，第 1151 册，台湾商务印书馆 1986 年版。

（宋）毛晃：《禹贡指南》，《景印文渊阁四库全书》，经部五十，书类，第 56 册，台湾商务印书馆 1986 年版。

（宋）曾巩：《元丰类稿》，《景印文渊阁四库全书》，集部三七，别集类，第 1098 册，台湾商务印书馆 1986 年版。

（宋）孔延之：《会稽掇英总集》，《景印文渊阁四库全书》，集部二八四，总集类，第 1345 册，台湾商务印书馆 1986 年版。

（宋）曾巩著，陈杏珍、晁继周点校：《曾巩集》，中华书局 1998 年版。

（宋）张津等：《乾道四明图经》，《宋元方志丛刊》，第 5 册，中华书局 1990 年版。

（宋）魏岘：《四明它山水利备览》，《景印文渊阁四库全书》，史部三三四，地理类，第 576 册，台湾商务印书馆 1986 年版。

（宋）司马光编著，（元）胡三省音注：《资治通鉴》，中华书局 1956 年版。

（宋）欧阳修撰，徐无党注：《新五代史》，中华书局 1974 年版。

（宋）薛居正等撰：《旧五代史》，中华书局 1976 年版。

（宋）杨忆：《杨文公谈苑》，上海古籍出版社 1993 年版。

（宋）钱俨：《吴越备史》，《景印文渊阁四库全书》，史部二二二，载记类，第 464 册，台湾商务印书馆 1986 年版。

（宋）苏轼撰，孔凡礼点校：《苏轼文集》，中华书局 1986 年版。

（宋）王溥：《唐会要》，中华书局 1955 年版。

（宋）赞宁撰，范祥雍点校：《宋高僧传》，中华书局 1987 年版。

（宋）乐史撰，王文楚等点校：《太平寰宇记》，中华书局 2007 年版。

（宋）李心传：《建炎以来系年要录》，中华书局 1956 年版。

（宋）陆游：《陆游集》，中华书局 1976 年版。

（宋）高斯得：《耻堂存稿》，《景印文渊阁四库全书》，集部一二一，别集类，第 1182 册，台湾商务印书馆 1986 年版。

（宋）陆游：《剑南诗稿》，中华书局 1976 年版。

（宋）欧阳修：《归田录》，《景印文渊阁四库全书》，子部三四二，小说家类，第 1036 册，台湾商务印书馆 1986 年版。

（宋）庄绰：《鸡肋编》，朱易安、傅璇琮等主编：《全宋笔记》，第四编，七，大象出版社 2008 年版。

（宋）陈槱：《负暄野录》，《景印文渊阁四库全书》，子部一七七，杂家类，第 871 册，台湾商务印书馆 1986 年版。

（宋）徐兢：《宣和奉使高丽图经》，朱易安、傅璇琮等主编：《全宋笔记》，第三编，八，大象出版社 2008 年版。

（宋）吴自牧：《梦粱录》，浙江人民出版社 1980 年版。

（宋）王栐：《宋朝燕翼诒谋录》，商务印书馆民国二十八年（1939 年）版。

（宋）包恢：《敝帚稿略》，清乾隆年间（1736—1795 年）刻本。

（宋）苏辙著，马得富等校点：《栾城集》，上海古籍出版社 1987 年版。

（宋）赵汝适撰，钟翀整理：《诸蕃志》，朱易安、傅璇琮等主编：《全宋笔记》，第七编，一，大象出版社 2015 年版。

（宋）陆游：《放翁家训》，朱易安、傅璇琮等主编：《全宋笔记》，第五编，八，大象出版社 2012 年版。

（宋）邓椿：《画继》，《景印文渊阁四库全书》，子部一一九，艺术类，第 813 册，台湾商务印书馆 1986 年版。

（宋）姚宽：《西溪丛语》，朱易安、傅璇琮等主编：《全宋笔记》，第四编，三，大象出版社 2008 年版。

（宋）范成大：《范石湖集》，上海古籍出版社 1981 年版。

（宋）赵彦卫撰，傅根清点校：《云麓漫钞》，中华书局 1996 年版。

（宋）王辟之：《渑水燕谈录》，朱易安、傅璇琮等主编：《全宋笔记》，第二编，四，大象出版社 2008 年版。

（宋）周去非著，屠友祥校注：《岭外代答》，上海远东出版社 1996 年版。

（宋）张邦基：《墨庄漫录》，朱易安、傅璇琮等主编：《全宋笔记》，第三编，九，大象出版社 2008 年版。

（宋）廖行之：《省斋集》，《景印文渊阁四库全书》，集部一〇六，别集类，第 1167 册，台湾商务印书馆 1986 年版。

（宋）朱熹：《晦庵集》，《景印文渊阁四库全书》，集部八二，别集类，第 1143 册，台湾商务印书馆 1986 年版。

（宋）方大琮：《铁庵集》，《景印文渊阁四库全书》，集部一一七，别集类，第 1178 册，台湾商务印书馆 1986 年版。

（宋）王十朋：《会稽三赋》，民国三十年（1941 年）丁氏致远堂明刻本。

（宋）高承：《事务纪原》，王云五主编：《丛书集成初编》，商务印书馆民国二十六年（1937 年）版。

（宋）陈著：《本堂集》，《景印文渊阁四库全书》，集部一二四，别集类，第 1185 册，台湾商务印书馆 1986 年版。

（宋）孟元老等著：《东京梦华录》（外四种），古典文学出版社 1957 年版。

（宋）吴潜：《许国公奏议》，王云五主编：《丛书集成初编》，商务印书馆民国二十八年（1939 年）版。

（宋）梅尧臣：《宛陵集》，《景印文渊阁四库全书》，集部三八，别集类，第 1099 册，台湾商务印书馆 1986 年版。

（宋）郭彖：《睽车志》，朱易安、傅璇琮等主编：《全宋笔记》，第九编，二，大象出版社 2018 年版。

（宋）周必大：《思陵录》，邑后学欧阳棨介卿重刊。

（元）《元典章》，中华书局、天津古籍出版社 2011 年版。

（元）《大元通制条格》，法律出版社 2000 年版。

（元）刘仁本：《羽庭集》，《景印文渊阁四库全书》，集部一五五，别集类，第 1216 册，台湾商务印书馆 1986 年版。

（元）脱脱等：《宋史》，中华书局 1977 年版。

（元）吴莱：《渊颖吴先生集》，明嘉靖元年（1522 年）刻本。

（元）程端礼：《畏斋集》，《四明丛书》约园刊本，民国二十一年（1932 年）。

（元）周达观原著，夏鼐校注：《真腊风土记校注》，中华书局 2000 年版。

（元）汪大渊：《岛夷志略》，《景印文渊阁四库全书》，史部三五二，地理类，第 594 册，台湾商务印书馆 1986 年版。

（元）马端临：《文献通考》，中华书局 1986 年版。

（元）张翥：《蜕庵集》，《景印文渊阁四库全书》，集部一五四，别集类，第 1215 册，台湾商务印书馆 1986 年版。

（元）宋褧：《燕石集》，《北京图书馆古籍珍本丛刊》，集部·元别集类，书目文献出版社 1991 年版。

（元）邓文原：《巴西邓先生文集》，《北京图书馆古籍珍本丛刊》，集部·元别集类，第 92 册，书目文献出版社 1991 年版。

（元）袁桷：《清容居士集》，清康熙三十三年（1694 年）刻本。

（元）戴良：《九灵山房集》，《景印文渊阁四库全书》，集部一五八，别集类，第 1219 册，台湾商务印书馆 1986 年版。

（元）黄溍：《金华黄先生文集》，《续修四库全书》，一三二三·集部·别集类，上海古籍出版社 1996 年版。

（明）刘基：《诚意伯文集》，《景印文渊阁四库全书》，集部一六四，别集类，第 1225 册，台湾商务印书馆 1986 年版。

（明）宋濂等撰：《元史》，中华书局 1976 年版。

（明）陆容：《菽园杂记》，《元明史料笔记丛刊》，中华书局 1985 年版。

（明）徐光启：《农政全书》，明崇祯十二年（1639 年）平露堂刊本。

（明）王圻：《续文献通考》，明万历三十一年（1603 年）刻本。

（明）胡震亨辑著：《海盐县图经》，浙江古籍出版社 2009 年版。

（明）谢杰：《虔台倭纂》，明万历二十三年（1595 年）刻本。

（明）严从简著，余思黎点校：《殊域周咨录》，中华书局 1993 年版。

（明）高宇泰：《敬止录》，《北京图书馆古籍珍本丛刊》，史部·地理类，书目文献出版社 2000 年版。

（明）陈霆：《两山墨谈》，明嘉靖十八年（1539 年）刻本。

（明）傅维鳞：《明书》，王云五主编：《丛书集成初编》，商务印书馆民国二十五年（1936 年）版。

《明太祖实录》，台湾"中央研究院"历史语言研究所 1962 年校印。

《明太宗实录》，台湾"中央研究院"历史语言研究所 1962 年校印。

《明英宗实录》，台湾"中央研究院"历史语言研究所 1962 年校印。

《明世宗实录》，台湾"中央研究院"历史语言研究所 1962 年校印。

《明熹宗实录》，台湾"中央研究院"历史语言研究所 1962 年校印。

《明宣宗实录》，台湾"中央研究院"历史语言研究所 1962 年校印。

《明神宗实录》，台湾"中央研究院"历史语言研究所 1962 年校印。

（明）焦竑：《国朝献征录》，台湾学生书局 1984 年版。

（明）郑若曾：《筹海图编》，《中国兵书集成（15—16 册）》，解放军出版社、辽沈书社 1990 年版。

（明）叶权：《贤博编》，《元明史料笔记丛刊》，中华书局 1987 年版。

（明）陈子龙：《明经世文编》，中华书局 1962 年版。

（明）朱纨：《甓余杂集》，《四库全书存目丛书》，集部，第 78 册，齐鲁书社 1997 年版。

（明）万表：《玩鹿亭稿》，四明张氏约园刊本，民国二十九年（1940 年）。

（明）何乔远：《名山藏》，北京大学出版社 1993 年版。

中国历史研究社编：《倭变事略》，《中国历史研究资料丛书》，上海书店 1982 年版。

（明）王在晋：《海防纂要》，明万历四十一年（1613 年）刻本。

（明）王在晋：《越镌》，《四部禁毁书丛刊》，集部，第 104 册，北京出版社 1997 年版。

（明）董应举：《崇相集选录》，《台湾文献史料丛刊》，第八辑，台湾大通书局 2000 年版。

（明）俞大猷：《正气堂集》，道光二十三年（1843 年）刻本。

（明）郑舜功：《日本一鉴　穷河话海》，民国二十八年（1939 年）影印本。

（明）郑舜功：《日本一鉴　绝岛新编　桴海图经》，文物出版社 2022 年版。

（明）李延恭、郝杰著，汪向荣、严大中校注：《日本考》中华书局 1983 年版。

（明）徐光启：《农政全书》，明崇祯十二年（1639 年）平露堂刊本。

（明）张瀚：《松窗梦语》，《元明史料笔记丛刊》，中华书局

1985 年版。

（明）王士性撰，吕景琳点校：《广志绎》，中华书局 1981 年版。

（明）李鼎：《李长卿集》，万历四十年（1612 年）刻本。

（明）姚叔祥：《见只编》，王云五主编：《丛书集成初编》，商务印书馆民国二十五年（1936 年）版。

（明）谢肇淛：《五杂俎》，远方出版社 2005 年版。

（明）张燮著，谢芳点校：《东西洋考》，中华书局 1981 年版。

（明）赵用贤等纂：《大明会典》，《续修四库全书》，七九一·史部·政书类，上海古籍出版社 2002 年版。

（清）《全唐文》，中华书局 1983 年版。

（清）《全唐诗》，中华书局 1960 年版。

（清）顾祖禹撰，贺次君、施和金点校：《读史方舆纪要》，中华书局 2005 年版。

（清）阮元编录：《两浙金石志》，浙江书局，清光绪十六年（1890 年）。

（清）范寅编撰：《越谚》，上海文艺出版社 1987 年版影印本。

（清）吴任臣：《十国春秋》，中华书局 1983 年版。

（清）董诰等编：《全唐文》，中华书局 1983 年版。

（清）顾炎武：《天下郡国利病书》，《续修四库全书》，五九七·史部·地理类，上海古籍出版社 1996 年版。

（清）顾炎武著，陈垣校注：《日知录校注》，安徽大学出版社 2007 年版。

（清）黄宗羲：《黄宗羲全集》，浙江古籍出版社 2005 年版。

（清）袁枚：《小仓山房外集》，博文印书馆民国三十三年（1944 年）版。

（清）陆以湉：《冷庐杂识》，清咸丰六年（1856 年）刻本。

（清）倪璠：《神州古史考》，清光绪十五年（1889 年）嘉惠堂丁氏刻本。

（清）徐松辑：《宋会要辑稿》，中华书局1957年版。

（清）凌扬藻：《蠡勺编》，王云五主编：《丛书集成初编》，商务印书馆民国二十五年（1936年）版。

（清）谷应泰：《明史纪事本末》，中华书局1977年版。

（清）宗源瀚等纂：《浙江全省舆图并水陆道里记》，《中国方志丛书·华中地方·第四七号》，台湾成文出版社1970年影印本。

（清）黄以周等辑注，颜吉辰点校：《续资治通鉴长编拾补》，中华书局2004年版。

（清）顾嗣立编：《元诗选》，《景印文渊阁四库全书》，集部四〇七，总集类，第1468册，台湾商务印书馆1986年版。

（清）屈大均：《广东新语》，《历代史料笔记丛刊》，中华书局1985年版。

（清）梁廷枏等纂：《粤海关志》，沈云龙主编：《近代中国史料丛刊续编》，第19辑，文海出版社1974年版。

（清）胡文学、李嗣辑：《甬上耆旧诗》，清康熙十四年至十五年（1675—1676年）胡氏敬义堂刻本。

（清）童岳荐编撰，张延年校注：《调鼎集》，中国纺织出版社2006年版。

（清）张廷玉等撰：《明史》，中华书局1974年版。

（清）徐兆昺：《四明谈助》，清道光八年（1828年）刻本。

（清）谢宝书：《姚江诗录》，王卓华，曹辛华主编：《清诗总集丛刊》，第414册，线装书局2019年版。

（清）万斯同：《石园文集》，《四明丛书》约园刊本，民国二十五年（1936年）。

（清）臧麟炳、杜德祥：《桃源乡志》，民国二十三年（1934年）。

（清）叶梦珠著，来新夏点校：《阅世编》，上海古籍出版社1981年版。

（清）张寿镛：《皇朝掌故汇编》，求实书社，光绪二十八年（1902年）

铅印本。

（清）昆冈等修，刘启端等纂：《钦定大清会典事例》，《续修四库全书》，八〇九·史部·政书类，上海古籍出版社 2002 年版。

（清）洪若皋：《海寇记》，《台湾文献史料丛刊》，第 260 种，台北大通书局 1987 年。

（清）梁廷枏《夷氛记闻》，商务印书馆民国二十六年（1937 年）版。

（清）郁永河：《裨海纪游》，清道光十五年（1835 年）刻本。

（清）阮旻锡：《海上见闻录》，《台湾文献丛刊》24，台湾银行，1958 年。

（清）贺长龄辑：《皇朝经世文编》，沈云龙主编：《近代中国史料丛刊》，第七十四辑，文化出版社 1966 年版。

（清）赵尔巽等撰：《清史稿》，中华书局 1976 年版。

（清）刘锦藻：《清朝续文献通考》，商务印书馆民国二十五年（1936 年）版。

（清）席裕福、沈师徐辑：《皇朝政典类纂》，沈云龙主编：《近代中国史料丛刊续编》，第 89 辑，文海出版社 1982 年版。

（清）蓝鼎元：《鹿洲初集》，《景印文渊阁四库全书》，集部二六六，别集类，第 1327 册，台湾商务印书馆 1986 年版。

《清世宗实录》，中华书局 1985 年版。

《清高宗实录》，中华书局 1985 年版。

（清）吴坛恭撰，马建石、杨育裳主编：《大清律例通考校注》，中国政法大学出版社 1992 年版。

（清）郝玉麟编：《朱批谕旨》，上海点石斋，清光绪十三年（1887 年）。

台北故宫博物院：《宫中档雍正朝奏折》，第 15 辑，台北故宫博物院 1979 年版。

（清）靳辅：《靳文襄公奏疏》，清嘉庆年间（1796—1820 年）刻本。

（清）张廷玉等撰：《清朝文献通考》，商务印书馆民国二十五年（1936

年）版。

（清）翁广平：《吾妻镜补》，嘉庆十九年（1814年）刻本。

（清）程鸣九：《闸务全书》，冯建荣主编：《绍兴水利文献丛集》，上册，广陵书社2014年版。

（清）齐召南：《水道提纲》，《景印文渊阁四库全书》，史部三四一，地理类，第583册，台湾商务印书馆1986年版。

（清）吴中孚纂辑，杨正泰点校：《商贾便览》，南京出版社2019年版。

（清）梁章钜：《浪迹续谈》，大达图书供应社刊行，民国二十四年（1935年）。

（清）黄叔璥撰：《台海使槎录》，清光绪五年（1879年）刻本。

（清）全祖望：《全祖望集汇校集注》，上海古籍出版社2000年版。

（清）高濂：《四时幽赏录》，浙江古籍出版社2018年版。

（清）黄遵宪：《日本国志》，《续修四库全书》，七四五·史部·地理类，上海古籍出版社2002年版。

（清）徐珂编撰：《清稗类钞》，中华书局1984年版。

（清）刘锦藻：《清朝续文献通考》，商务印书馆民国二十五年（1936年）版。

（清）会稽县劝业所编：《会稽县劝业所报告册》，绍兴丛书编辑委员会编：《绍兴丛书》第二辑，《史迹汇纂》第三册，中华书局2009年版。

（清）贾桢等编辑：《筹办夷务始末（咸丰朝）》，中华书局1979年版。

齐思和等整理：《筹办夷务始末（道光朝）》，中华书局1964年版。

向达校注：《两种海道针经》，中华书局1961年版。

地方志

（吴）沈莹撰，张崇根辑注：《临海水土志》，中央民族大学出版社1998年版。

（宋）罗浚等撰：宝庆《四明志》，《宋元方志丛刊》，第5册，中华书局1990年版。

（宋）施宿等撰：嘉泰《会稽志》，《宋元方志丛刊》，第7册，中华书局1990年版。

（宋）张淏：宝庆《会稽续志》，《宋元方志丛刊》，第7册，中华书局1990年版。

（宋）陈耆卿：嘉定《赤城志》，《景印文渊阁四库全书》，史部二四四，地理类，第486册，台湾商务印书馆1986年版。

（宋）梅应发等撰：开庆《四明续志》，《宋元方志丛刊》，第6册，中华书局1990年版。

（宋）施谔：淳祐《临安志》，《宋元方志丛刊》，第4册，中华书局1990年版。

（宋）常棠：《澉水志》，《宋元方志丛刊》，第5册，中华书局1990年版。

（元）王元恭：至正《四明续志》，《宋元方志丛刊》，第7册，中华书局1990年版。

（元）袁桷：延祐《四明志》，《宋元方志丛刊》，第6册，中华书局1990版。

（元）冯福京等撰：大德《昌国州图志》，《宋元方志丛刊》，第6册，中华书局1990年版。

（明）萧良幹修，张元忭、张镕纂，李能成点校：万历《绍兴府志》点校本，宁波出版社2012年点校本。

（明）张时彻：嘉靖《宁波府志》，明嘉靖三十九年（1560年）刻本。

（明）黄润玉：成化《宁波府简要志》，《四明丛书》约园刊本，民国二十四年（1935年）。

（明）杨寔：成化《宁波郡志》，约园钞本，民国三十一年（1942年）刻本。

（明）宋奎光：崇祯《宁海县志》，《中国方志丛书·华中地方·第

503 号》，台湾成文出版社 1983 年影印本。

（明）徐待聘修：《新修上虞县志》，明万历三十四年（1606 年）刻本。

（明）李逢甲、姚宗文纂修：天启《慈溪县志》，明天启四年（1624 年）刻本。

（清）方溶：《澉水新志》，清道光三十年（1850 年）刻本。

（清）高杲、沈煜：道光《浒山志》，慈溪市地方文献整理委员会编：《慈溪文献集成》，第 1 辑，杭州出版社 2004 年版。

（清）楼卜瀍等撰：乾隆《诸暨县志》，清乾隆三十八年（1773 年）刻本。

（清）陈遹声：光绪《诸暨县志》，清宣统二年（1910 年）刻本。

（清）陈琦等纂：乾隆《奉化县志》，乾隆三十八年（1773 年）刻本。

（清）朱士黼等撰：光绪《上虞县志》，《中国方志丛书·华中地方·第六三号》，台湾成文出版社 1970 年影印版。

（清）储家藻：光绪《上虞县志校续》，清光绪二十四年——二十五年（1898—1899 年）刻本。

（清）汪源泽：康熙《鄞县志》，《中国地方志集成·浙江府县志辑 18》，上海书店 1993 年版。

（清）李亨特修，平恕、徐嵩纂：乾隆《绍兴府志》，《中国地方志集成·浙江府县志辑 39》，上海书店 1993 年版。

（清）徐元梅等修，朱文翰等辑：嘉庆《山阴县志》，《中国地方志集成·浙江府县志辑 37》，上海书店 1993 年版。

（清）曹秉仁纂：雍正《宁波府志》，《中国地方志集成·浙江府县志辑 30》，上海书店 1993 年版。

（清）王棻等纂：光绪《黄岩县志》，《中国地方志集成·浙江府县志辑 51》，上海书店 1993 年版。

（清）冯可镛等纂：光绪《慈溪县志》，《中国地方志集成·浙江府县志辑 35—36》，上海书店 1993 年版。

（清）宋景关：乾隆《乍浦志》，《中国地方志集成·乡镇志专辑20》，上海书店1992年版。

（清）邹存淦纂：同治《修川小志》，《中国地方志集成·乡镇志专辑20》，上海书店1992年版。

（清）钱维乔：乾隆《鄞县志》，清乾隆五十三年（1788年）刻本。

（清）戴枚修，张恕纂：光绪《鄞县志》，清光绪三年（1877年）刻本。

（清）唐若瀛：乾隆《余姚志》，清乾隆四十六年（1781年）。

（清）周炳麟：光绪《余姚县志》，清光绪二十五年（1899年）刻本。

（清）蒋鸿藻：光绪《诸暨县志》，清宣统二年（1910年）刻本。

（清）姜炳璋等纂：乾隆《象山县志》，《中国方志丛书·华中地方·第四七六号》，台湾成文出版社1983年影印本。

（清）王嗣皋纂：康熙《绍兴府志》，清康熙十二年（1673年）刻本。

（清）董钦德辑：康熙《会稽县志》，《中国方志丛书·华中地方·第五五三号》，台湾成文出版社1983年影印本。

（清）高登先修，范其铸增刻：康熙《山阴县志》，清康熙二十二年（1683年）增刻本。

（清）郑沄：乾隆《杭州府志》，清乾隆四十九年（1784年）刻本。

（清）龚嘉俊等修，李榕等撰：光绪《杭州府志》，《中国方志丛书·华中地方·第一九九号》，台湾成文出版社1974年影印本。

（清）李卫等修，傅王露等纂：雍正《西湖志》，《中国方志丛书·华中地方·第五四三号》，台湾成文出版社1983年影印本。

（清）史致驯：《定海厅志》，清光绪十一年（1885年）刻本。

（清）王梦弼、邵向荣：乾隆《镇海县志》，清乾隆十七年（1752年）刻本。

（清）穆彰阿、潘锡恩等：嘉庆《重修大清一统志》，《续修四库全书》，六一九·史部·地理类，上海古籍出版社1996年版。

（清）和珅等撰：《钦定大清一统志》，《景印文渊阁四库全书本》，史部二三七，地理类，第 479 册，台湾商务印书馆 1986 年版。

（清）嵇曾筠等修，沈翼机等纂：雍正《浙江通志》，《景印文渊阁四库全书》，史部二七九，地理类，第 521 册，台湾商务印书馆 1986 年版。

（民国）杨积芳总纂：民国《余姚六仓志》，慈溪市地方文献整理委员会编：《慈溪文献集成》，第一辑，杭州出版社 2004 年版。

王昭旭等修，于清泮纂：民国《牟平县志》，山东印刷局民国二十五年（1936 年）铅印本。

陈训正、马瀛：民国《鄞县通志》，《中国方志丛书·华中地方·第二一六号》，台湾成文出版社 1974 年影印本。

金城修，陈畲等撰：民国《新昌县志》，《中国方志丛书·华中地方·第七九号》，成文出版社 1970 年影印本。

中文著作

李哲濬、景学钤编辑：《中国商业地理》，江宁劝业所刊行，清宣统二年（1910 年）。

盛鸿郎主编：《鉴湖与绍兴水利》，中国书店 1991 年版。

陈鹏儿：《鉴湖史》，中华书局 2011 年版。

方杰主编：《越国文化》，上海社会科学院出版社 1998 年版。

邱志荣、陈鹏儿：《浙东运河史》，中国文史出版社 2014 年版。

金普森、陈剩勇主编：《浙江通史》，浙江人民出版社 2005 年版。

李永鑫：《绍兴通史》，浙江人民出版社 2012 年版。

傅璇琮主编：《宁波通史》，宁波出版社 2009 年版。

乐成耀：《宁波经济史》，宁波出版社 2010 年版。

郑绍昌：《宁波港史》，人民交通出版社 1989 年版。

马新正主编：《桐乡县志》，上海书店出版社 1996 年版。

魏建钢：《千年越窑兴衰研究》，中国科学技术出版社 2008 年版。

林士民：《青瓷与越窑》，上海古籍出版社 1999 年版。

孙光圻：《中国古代航海史》，海洋出版社 2005 年版。

冯先铭主编：《中国陶瓷》，上海古籍出版社 2001 年版。

陈尚胜：《中韩交流三千年》，中华书局 1997 年版。

李伯重：《唐代江南农业的发展》，农业出版社 1990 年版。

黄启臣主编：《广东海上丝绸之路史》，广东经济出版社 2003 年版。

冯立君：《唐朝与东亚》，社会科学文献出版社 2019 年版。

林士民：《再现昔日的文明：东方大港宁波考古研究》，上海三联书店 2005 年版。

杨正泰：《明代驿站考》，上海古籍出版社 2006 年版。

李英魁主编：《宁波与海上丝绸之路》，科学出版社 2006 年版。

马文宽、孟凡人：《中国古瓷在非洲的发现》，紫禁城出版社 1987 年版。

宁波市文化局编：《千年海外寻珍：中国宁波"海上丝绸之路"在日本、韩国的传播及影响》，宁波市文化局，2003 年。

林士民、沈建国：《万里丝路——宁波与海上丝绸之路》，宁波出版社 2002 年版。

龙登高：《宋代东南市场研究》，云南大学出版社 1994 年版。

叶喆民：《中国陶瓷史》，生活·读书·新知三联书店 2006 年版。

王勇、[日]上原昭主编：《中日文化交流史大系·艺术卷》，浙江人民出版社 1996 年版。

王勇、[日]中西进主编：《中日文化交流史大系·人物卷》，浙江人民出版社 1996 年版。

王晓秋、[日]大庭修主编：《中日文化交流史大系·历史卷》，浙江人民出版社 1996 年版。

陈小法：《明代中日文化交流史研究》，商务印书馆 2011 年版。

徐定宝主编：《越窑青瓷文化史》，人民出版社 2001 年版。

林士民：《宁波造船史》，浙江大学出版社 2012 年版。

喻常森：《元代海外贸易》，西北大学出版社 1994 年版。

周望森主编：《浙江省华侨志》，浙江古籍出版社 2010 年版。

陈高华、吴泰：《宋元时期的海外贸易》，天津人民出版 1981 年版。

吴振华：《杭州古港史》，人民交通出版社 1989 年版。

傅宗文：《宋代草市镇研究》，福建人民出版社 1989 年版。

谢桃坊：《柳永词选评》，上海古籍出版社 2002 年版。

朱亚非：《明代中外关系史研究》，济南出版社 1993 年版。

赵兰坪：《日本对华商业》，商务印书馆民国二十二年（1933 年）版。

王万盈：《东南孔道：明清浙江海洋贸易与商品经济研究》，海洋出版社 2009 年版。

李庆新：《明代海外贸易制度》，社会科学文献出版社 2007 年版。

王慕民、张伟、何灿浩：《宁波与日本经济文化交流史》，海洋出版社 2006 年版。

周景濂：《中葡外交史》，商务印书馆民国二十五年（1936 年）版。

童银舫编注：《溪上流韵——慈溪历代风物诗选》，宁波出版社 2002 年版。

乐成耀：《宁波农业史》，宁波出版社 2013 年版。

赵畅：《曹娥江史话》，中国文史出版社 2016 年版。

李志庭：《浙江地区开发探源》，江西教育出版社 1997 年版。

徐新吾主编：《近代江南丝织工业史》，上海人民出版社 1991 年版。

姚贤镐编：《中国近代对外贸易史资料（1840—1895）》，《中国近代经济史参考资料丛刊》，第五种，中华书局 1962 年版。

李文治编：《中国近代农业史资料（1840—1911）》，《中国近代经济史参考资料丛刊》第三种，科学出版社 2016 年版。

彭泽益编：《中国近代手工业史资料（1840—1949》，《中国近代经济史参考资料丛刊》第四种，科学出版社 2016 年版。

建设委员会经济调查所统计课编辑：《绍兴之丝绸》，民国二十六年（1937 年）。

卓贵德等：《绍兴农业史》，中华书局 2004 年版。

实业部国际贸易局编纂：《中国实业志（浙江省）》，实业部国际贸易局印，民国二十二年（1933 年）。

　　徐雪筠等译编：《上海近代社会经济发展概况（1882—1931）——海关十年报告译编》，上海社会科学院出版社 1985 年版。

　　王宝平主编：《中日文化交流史研究》，上海辞书出版社 2008 年版。

　　刘恒武：《宁波古代对外文化交流——以历史文化遗存为中心》，海洋出版社 2009 年版。

　　民国浙江史研究中心杭州师范大学选编：《民国浙江史料辑刊》第一辑，国家图书馆出版社 2008 年版。

　　吴觉农编：《浙江之平水茶业》，农村复兴委员会委托调查，茶业调查第一种，民国二十三年（1934 年）。

　　中国科学院编辑：《明清史料》，国家图书馆出版社 2008 年版。

　　程启坤、庄雪岚主编：《世界茶业 100 年》，上海科技教育出版社 1995 年版。

　　陈梅龙、景消波译编：《近代浙江对外贸易及社会变迁——宁波、温州、杭州海关贸易报告译编》，宁波出版社 2003 年版。

　　杭州海关译编：《近代浙江通商口岸经济社会概况——浙海关　瓯海关　杭州关贸易报告集成》，浙江人民出版社 2002 年版。

　　李必樟译编：《上海近代贸易经济发展概况：1854—1898 年英国驻上海领事贸易报告汇编》，上海社会科学院出版社 1993 年版。

　　宁波海关志编纂委员会编：《宁波海关志》，浙江科学技术出版社 2000 年版。

　　中国第一历史档案馆编：《鸦片战争档案史料》，天津古籍出版社 1992 年版。

　　杨昭全：《宋丽关系史研究》，杭州大学出版社 1997 年版。

　　童隆福主编：《浙江航运史（古近代部分）》，人民交通出版社 1993 年版。

　　王钟麟：《全国商埠考察记》，世界书局 1921 年版。

　　盛鸿郎：《绍兴水文化》，中华书局 2004 年版。

绍兴县修志委员会:《绍兴县志资料》第一辑,台湾成文出版社 1983
年版。

连横:《台湾通史》,商务印书馆 2017 年版。

梁晓红:《日本禅》,浙江人民出版社 1977 年版。

《明清史料》丁编,国家图书馆出版社 2008 年版。

杨昭全、何彤梅:《中国——朝鲜·韩国关系史》,天津人民出版社
2001 年版。

赵烈编著:《中国茶业问题》,上海大东书局民国二十年(1931
年)版。

《浙江通志》编纂委员会编:《浙江通志·运河专志》,浙江人民出版
社 2021 年版。

外文译著

〔美〕施坚雅:《中华帝国晚期的城市》,陈桥驿等译校,中华书局
2000 年版。

〔英〕施美夫:《五口通商城市游记》,温时幸译,北京图书馆出版社
2007 年版。

〔美〕马士:《中国帝国对外关系史》,张汇文等译,上海书店出版社
2006 年版。

〔美〕马士:《东印度公司对华贸易编年史(1635—1834 年)》,欧宗
华译,林树惠校,章文钦校注,广东人民出版社 2016 年版。

〔罗马尼亚〕尼·斯·米列斯库:《中国漫记》,蒋本良、柳凤运译,
中华书局 2000 年版。

〔日〕大庭修:《江户时代中国典籍流播日本之研究》,戚印平、王勇、
王宝平译,杭州大学出版社 1998 年版。

〔日〕木宫泰彦:《日中文化交流史》,胡锡年译,商务印书馆 1980
年版。

〔日〕木宫泰彦:《中国日本交通史》,陆捷译,王云五主编:《中国文

化史丛书》，第二辑，商务印书馆民国二十六年（1937年）版。

［日］斯波义信：《宋代江南经济史研究》，方健等译，江苏人民出版社2001年版。

［日］藤家礼之助：《日中交流二千年》，张俊彦、卞立强译，北京大学出版社1982年版。

［日］伊藤松辑，王宝平、郭万平等编：《邻交征书》，上海辞书出版社2007年版。

［日］村上专精：《日本佛教史纲》，杨曾文译，商务印书馆1992年版。

［日］真人元开：《唐大和上东征传》，汪向荣校注，《中外交通史籍丛刊》14，中华书局2000年版。

［日］加藤繁：《中国经济史考证》，吴杰译，商务印书馆1963年版。

［日］斯波义信：《宋代商业史研究》，庄景辉译，台湾稻禾出版社1997年版。

［日］藤田丰八：《宋代之市舶司与市舶条例》，魏重庆译，山西人民出版社2015年版。

［日］大庭修著：《江户时代日中秘话》，徐世虹译，中华书局1997年版。

［日］三上次男：《陶瓷之路》，李锡经、高喜美译，文物出版社1984年版。

［日］大庭修，［美］索高罗夫，［美］唐涅利：《唐船图考证　中国船　中国木帆船》，朱家骏等译，海洋出版社2013年版。

［日］上田信：《海与帝国：明清时代》，高莹莹译，广西师范大学出版社2014年版

［美］爱德华·谢弗；《唐代的外来文明》，吴玉贵译，陕西师范大学出版社2005年版。

［法］索瓦杰译注：《中国印度见闻录》，穆根来等译，中华书局1983年版。

　　[摩洛哥]伊本·白图泰:《伊本·白图泰游记》,马金鹏译,宁夏人民出版社 2000 年版。

　　[葡萄牙]费尔南·门德斯·平托:《远游记》,金国平译注,葡萄牙大发现纪念澳门地区委员会、澳门基金会、澳门文化司署、东方葡萄牙学会,1999 年。

　　[德]贡德·弗兰克:《白银资本:重视经济全球化中的东方》,刘成北译,中央编译出版社 2001 年版。

　　[英]C.R.博克舍编注,《十六世纪中国南部纪行》,何高济译,中华书局 1990 年版。

　　[加拿大]卜正民:《纵乐的困惑:明代的商业与文化》,方骏等译,三联书店 2004 年版。

　　[法]裴化行:《天主教十六世纪在华传教志》,萧濬华译,商务印书馆民国二十五年(1936 年)版。

　　[意大利]马可·波罗:《马可波罗行纪》,冯承均译,上海书店出版社 1999 年版。

外文原著

　　[日]虎关师炼:《元亨释书》,日本贞治三年(1364 年)和刻本。

　　[日]早川纯三郎编辑:《通航一览》,国书刊行会,1913 年。

　　[日]林春胜,林信笃编:《华夷变态》,东方书店 1981 年版。

　　[日]永积洋子编:《唐船输出入品数量一览(1637—1833 年)》,创文社 1987 年版。

　　[日]大庭修编著:《唐船进港回棹录　岛原本唐人风说书　割符留帐》,关西大学东西学术研究所,1974 年。

　　[日]西川如见:《华夷通商考》,甘节堂,1695 年。

　　[日]西川如见:《增补华夷通商考》,甘节堂,1708 年。

　　[日]《扶桑略记》,《国史大系》,第 6 卷,经济杂志社,1897 年。

　　[日]《日本书纪》,《国史大系》,第 1 卷,经济杂志社,1897 年。

［日］《吾妻镜》，《续国史大系》，第 4 卷，经济杂志社，1903 年。

［日］黑板胜胜美编：《日本三代实录》，经济杂志社，1914 年。

［日］《日本后纪》，经济杂志社，1913 年。

［日］山协悌二郎：《长崎の唐人贸易》，吉川弘文馆 1972 年版。

［日］壶井国三编纂：《弘法大师全集》，壶井老铺，1900 年。

［日］榎本涉：《僧侣と海商たちの東シナ海》，讲谈社 2010 年版。

［日］塚本善隆：《日中仏教交涉史研究》，《塚本善隆著作集》第六卷，大东出版社 1974 年版。

［日］圆仁：《入唐求法巡礼行记》，崇文书局 2022 年版。

［日］成寻著，白化文、李鼎霞校点：《参天台五台山记》，花山文艺出版社 2008 年版。

［日］策彦周良：《策彦入明记　笑云入明记》，崇文书局 2022 年版。

［朝鲜］崔斗灿：《乘槎录》，［韩］林基中编：《燕行录全集》，第 68 册，东国大学校出版部，2001 年。

［朝鲜］郑麟趾：《高丽史》，朝鲜科学院，1957—1958 年。

［朝鲜］崔溥：《漂海录——中国行记》，社会科学文献出版社 1992 年版。

［英］C.R.Boxer, Fidalgos in the Far East (1550－1770), Fact and Fancy in the History of Macao, The Hague: Martinus Nijhoff, 1948.

论文集

秦大树：《非洲发现的早期中国贸易瓷器及其发展变化》，李庆新等主编：《海洋史研究》，第十八辑，社会科学文献出版社 2022 年版。

陈信雄：《唐代中国与非洲的关系——间接而强势的海路贸易》，吴剑雄主编：《中国海洋发展史论文集》，第四辑，台湾"中央研究院"中山人文社会科学研究所，1991 年。

张彬村：《十六世纪舟山群岛的走私贸易》，中国海洋发展史论文集编辑委员会主编：《中国海洋发展史论文集》，第一辑，台湾"中央研究院"

人文社会科学研究中心，1984年。

［韩国］尹武炳：《关于新安发现的文物调查报告》，姚楠主编：《中外关系史译丛》，第5辑，上海译文出版社1991年版。

林士民：《浙江宁波古代瓷窑遗址概述》，冯先铭主编：《中国古陶瓷研究》，第二辑，紫禁城出版社1988年版。

［日］田中健夫：《东亚国际交往关系格局的形成和发展》，中外关系史学会编：《中外关系史译丛》，第二辑，上海译文出版社1985年版。

葛金芳：《南宋海商群体的构成、规模及其民营性质考述》，《中华文史论丛》2013年第4期。

陈一鸥：《浙东茶业剥削史》，《浙江文史资料选辑》，第11辑，浙江人民出版社1980年版。

林士民：《宁波考古新发现》，中国人民政治协商会议宁波市委员会文史资料研究委员会编：《宁波文史资料》，第2辑，1984年。

林士民：《浙江宁波东钱湖窑场调查与研究》，冯先铭主编：《中国古陶瓷研究》，第3辑，紫禁城出版社1990年版。

中文期刊和论文

伧父：《着色茶之禁止（译日本时事新报）》，《东方杂志》第8卷第3号，宣统三年（1911年）四月二十五日，工艺商务印书馆发行。

《乾隆朝外洋通商案·喀尔吉善、周人骥折》，《史料旬刊》第10期，京华印书局1930年。

河姆渡遗址考古队：《浙江河姆渡遗址第二期发掘的主要收获》，《文物》1980年第5期。

陈桥驿：《越族的发展与流散》，《东南文化》1989年第6期。

孙竞昊：《浙东运河考辨——兼论宁绍平原区域水环境结构及水利形势》，《社会科学战线》2019年第12期。

肖华忠、李青：《秦汉时期江南地区的陆路交通》，《安徽大学学报（哲学社会科学版）》2012年第2期。

王子今：《汉武帝时代的海洋探索与海洋开发》，《中国高校社会科学》2013 年第 4 期。

［日］洋太郎：《日本货币简史》，肖芳译，《中国钱币》1984 年第 12 期。

［日］佐贺县徐福理事会：古川春雄：《从江南出发的海上通道》，舟山徐福国际研讨会投稿，中国（岱山）徐福东渡节暨徐福文化国际研讨会论文，浙江岱山，2004 年。

李刚：《汉晋胡俑发微》，《东南文化》1991 年第 8 期。

［韩］赵胤宰：《略论韩国百济故地出土的中国陶瓷》，《故宫博物院院刊》2006 年第 2 期。

王铿：《六朝时期会稽郡的海外贸易——以古代中日之间的一条海上航道为中心》，《中华文史论丛》2018 年第 2 期。

王仲殊：《从日本出土的铜镜看三世纪倭与中国江南的交往》，《华夏考古》1988 年第 2 期。

辛光灿：《9—10 世纪东南亚海洋贸易沉船研究——以"黑石号"沉船和"井里汶"沉船为例》，《自然与文化遗产研究》2019 年第 10 期。

谢明良：《记黑石号（Batu Hitam）沉船中的中国陶瓷器》，台湾《美术史研究集刊》2002 年第 13 期。

秦大树：《拾遗南海补阙中途——谈井里汶沉船的出水瓷器》，《故宫博物院院刊》2007 年第 6 期。

［日］龟井明德：《日本古代史料中"秘色"青瓷的记载与实例》，王竞香译，《文博》1995 年第 6 期。

［日］弓场纪知：《福斯塔特遗址出土的中国陶器——1998—2001 年研究成果介绍》，《故宫博物院院刊》2016 年第 1 期。

［韩国］崔光南：《东方最大的古代贸易船舶的发掘——新安海底沉船》，郑仁甲，金宪镛译，《海交史研究》1989 年第 1 期。

李蔚：《从考古发现看唐宋时期博多地区与明州间的贸易往来》，《宁波大学学报（人文科学版）》2007 年第 3 期。

陈洁：《明代早中期瓷器外销相关问题研究——以琉球与东南亚地区为中心》，《上海博物馆集刊》，2012 年。

秦大树、任林梅：《早期海上贸易中的越窑青瓷及相关问题讨论》，《遗产与保护研究》2018 年第 2 期。

林士民：《唐、吴越时期浙东与朝鲜半岛通商贸易和文化交流之研究》，《海交史研究》1993 年第 1 期。

台州地区文管会、温岭文化局：（金祖明执笔）《浙江温岭青瓷窑址调查》，《考古》1991 年第 7 期。

华林甫：《唐代两浙驿路考》，《浙江社会科学》1999 年第 5 期。

樊文礼：《登州与唐代的海上交通》，《海交史研究》1994 年第 2 期。

朱祖德：《唐代越州经济发展探析》，台湾《淡江史学》第 18 期，2007 年。

竺岳兵：《渔浦——浙东唐诗之路的起讫点》，《萧山记忆》，第 7 辑，2014 年。

秦大树：《埃及福斯塔特遗址中发现的中国陶瓷》，《海交史研究》，1995 年第 1 期。

陈鹏儿：《绍兴平原现代河网水系形成的探讨》，《浙江水利科技》1981 年第 4 期。

王曾瑜：《谈宋代的造船业》，《文物》1975 年第 10 期。

叶文程、芮国耀：《宋元时期龙泉青瓷的外销及其有关问题的探讨》，《海交史研究》1987 年第 2 期。

刘未：《中国东南沿海及东南亚地区沉船所见宋元贸易陶瓷》，《考古与文物》2016 年第 6 期。

江怀海，贺云翱：《西日本出土的唐宋越窑青瓷与宁波海上陶瓷之路》，《元史及民族与边疆研究集刊》2020 年第 2 期。

贺云翱、干有成：《考古学视野下的宁波越窑青瓷与东亚海上陶瓷之路》，《海交史研究》2020 年第 3 期。

章金焕：《试述宋代上虞越瓷生产》，《南方文物》2002 年第 1 期。

李云鹏，杨晓维，王力：《浙东运河闸坝控制工程及其技术特征研究》，《中国水利水电科学研究院学报》2020 年第 4 期。

杨渭生：《义通、谛观与天台宗——宋与高丽佛教文化交流之二》，《韩国研究》第 6 辑，2002 年。

冯天瑜：《日本幕末"开国"与遣使上海》，《武汉大学学报（人文社会科学版）》2000 年第 5 期。

林士民：《试论明州港的历代青瓷外销》，《海交史研究》1983 年。

陆伟民：《平水茶栈的兴衰》，《农业考古》1998 年第 2 期。

周德华译：《19 世纪 80 年代浙海关、津海关和殴海关丝绸调查》，《丝绸》2001 年第 9 期。

巴兆祥：《明清时期地方志东传日本的历史过程》，《中国历史地理丛刊》2008 年第 3 期。

陈梅龙、景消波译：《宁波英国领事贸易报告选译》，《档案与史学》2001 年第 4 期。

王勇，［日］半田晴久：《一部鲜为人知的日本入宋僧巡礼记——戒觉《渡宋记》解题并校录》，《文献》2004 年第 3 期。

《千古海舶古明州》，《宁波之窗》2021 年第 1 期。

报刊

《丝茶新论》，《申报》1887 年 6 月 27 日。

吕允福编：《浙江之平水茶业》，《国际贸易导报》1934 年第 6 期。

龚缨晏：《全球史视野下的海上丝绸之路》，《光明日报》2013 年 10 月 10 日。

后 记

　　本书为绍兴文化研究工程重大项目"浙东运河文化研究"立项课题中的"浙东运河与海上丝绸之路"子课题的最终研究成果。海上丝绸之路是我自学生时代以来从事的主要研究方向之一，而浙东运河是我之前未曾涉猎过的"全新"领域，在此领域我作为一名新人边学习边研究。课题自2022年年初立项以来，我便将较多的精力放在了与浙东运河有关文献的研读和资料的收集方面。本书的研究是将浙东运河和海上丝绸之路联系起来展开系统研究，无疑是一项颇具难度和挑战性的工作，尤其是在不到的两年的时间中完成该项任务。为此，我将日常教学之外的时间几乎都投入课题研究中。自2022年5月开始写作，迄2023年8月初稿出炉。三易其稿，尤感时间局促，诸多领域未能来得及深入探讨，留下诸多缺憾和不足，心中时常宽慰自己，日后应有机会再作研究。对于本书写作中存留的不足或偏颇之处，恳请学界同仁不吝赐教。

　　本书能够得以问世，衷心感谢中国水利史学会副会长、绍兴鉴湖研究会会长、同时也是"浙东运河文化研究"课题总负责人的邱志荣先生对于本课题的指导和帮助。邱会长从课题研究内容和资料等方面提出了诸多的宝贵意见，并给予写作中的我殷切的鼓励。感谢中国水利史学会谭徐明会长分阶段指导了本课题的研究；感谢中国水利学会水利史与水利遗产专委会委员张卫东老师、绍兴鉴湖研究会陈鹏儿老师、戴秀丽老师对于本课题研究的支持和帮助。当然，特别感谢我的家人们对我写作工作的全力支持，让我可以心无旁骛地完成创作。

徐淑华

2023 年 12 月于杭州